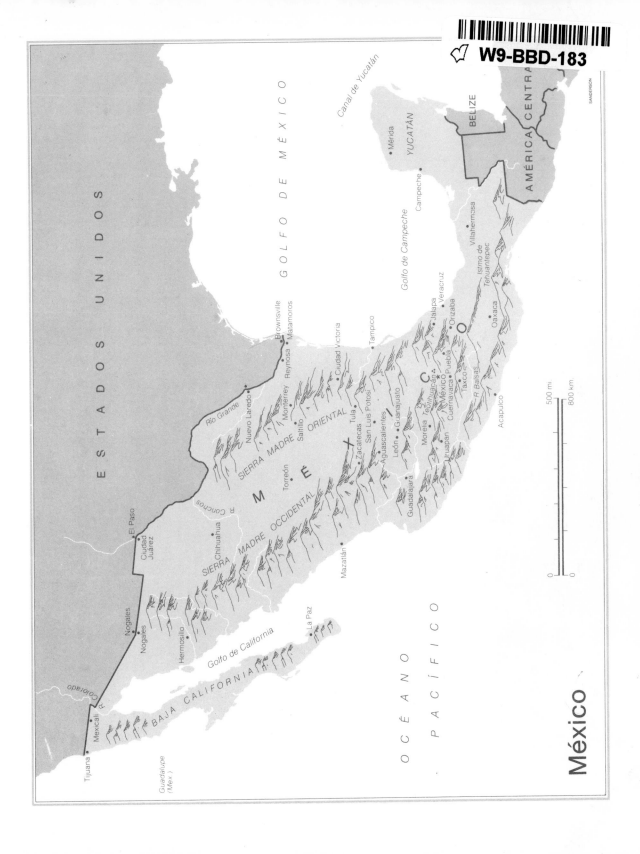

México

W9-BBD-183

ESTADOS UNIDOS

GOLFO DE MÉXICO

Canal de Yucatán

YUCATÁN

Mérida

BELIZE

AMÉRICA CENTRAL

SANDERSON

Campeche

Golfo de Campeche

Istmo de Tehuantepec

Villahermosa

Brownsville
Matamoros
Reynosa

Ciudad Victoria

Tampico

Veracruz
Jalapa
Orizaba

Oaxaca

Río Grande

Nuevo Laredo

Monterrey

Saltillo

SIERRA MADRE ORIENTAL

Torreón

R. Conchos

El Paso
Ciudad Juárez

Chihuahua

SIERRA MADRE OCCIDENTAL

SIERRA MADRE

Zacatecas

San Luis Potosí

Aguascalientes

León
Guanajuato

Guadalajara

Morelia
Tula
Teotihuacán
México
Cuernavaca
Taxco
Uruapan
Puebla
R. Balsas

Acapulco

M É X I C O

Mazatlán

Hermosillo

Nogales
Nogales

Golfo de California

La Paz

BAJA CALIFORNIA

Guadalupe
(Mex.)

OCÉANO PACÍFICO

Colorado

Mexicali

Tijuana

500 mi.

800 km.

# ¿CÓMO SE DICE...?

Ana C. Jarvis
Mesa Community College

Raquel Lebredo
California Baptist College

Francisco Mena
Grafton Hills College

# ¿CÓMO SE DICE...?

## THIRD EDITION

D. C. Heath and Company
Lexington, Massachusetts    Toronto

# PREFACE

*¿Cómo se dice...? Third Edition* is a fully integrated beginning program in college Spanish. The material provided for the students consists of a text, a workbook/laboratory manual, and an audio program—all the components necessary to ensure success in language learning.

The third edition of *¿Cómo se dice...?* has been prepared taking into account the constructive suggestions from many of our colleagues who have used the first and second editions of *¿Cómo se dice...?*, and what we have encountered in our experience with the program. We have retained all those features that have made this text a success, we have omitted those points and aspects that were regarded as too advanced for a first-year program, and we have added more exercises and activities that emphasize communicative competency.

The program emphasizes the active use of language for communication without neglecting the other language skills. A variety of learning activities and strategies provides a flexible framework that may be adapted to different classroom situations as well as to the individual instructor's techniques and teaching methods.

## Organization of the Textbook

This edition of *¿Cómo se dice...?* includes:

A. **Three preliminary lessons:** the first contains greetings and farewells; the second presents brief conversational exchanges; the third contains useful classroom vocabulary and some basic grammar points.

B. **Twenty lessons containing:**

1. Dialogues dealing with practical, every-day situations;
2. Translations of the dialogues;
3. Vocabularies
   This book is designed to encourage the students to use Spanish as much as possible and stresses the acquisition of practical vocabulary from the beginning. The words and expressions used in this program have been selected because of their high-frequency use;

4. Cultural notes: *¿Lo sabía Ud...?*
   Starting with Lección 1, the students are exposed to some aspects of the cultural life of the Spanish-speaking world in Spanish, in order to make students more aware of the people whose language they are studying, and to encourage reading in Spanish from the start;
5. Pronunciation exercises (Lecciones 1–9);
6. Grammar presentations
   The grammar is explained in English and accompanied by numerous examples of usage, to prevent possible misunderstanding and ensure that all students may use these sections for out-of-class reference and study;
7. Exercises
   Each grammatical point is followed by a section called *Práctica*. Depending on the difficulty of the structure, we have one or more exercises, always going from the more mechanical to the more creative use of the language. We recommend that students come to class prepared, that is, having studied the material and done the exercises;
8. *¡A ver cuánto aprendió!*
   At the end of each lesson, there are several activities in which the vocabulary and the grammar from the lesson are used together. These activities have been designed to afford the students every opportunity to use the target language for communicating both orally and in writing. The section is divided thus:
   a. *Conversemos:* to emphasize oral communication;
   b. *Repase el vocabulario;*
   c. *Situaciones:* students are placed in different true-to-life situations and asked what they would say;
   d. *Para escribir:* to improve the students' ability to express themselves in writing;
   e. *Lecturas:* following every two lessons, there is a reading exercise.

C. **Bosquejos culturales**
   There are six reading lessons stressing Hispanic culture and civilization starting after Lección 5. Each *Bosquejo* is followed by comprehension questions.

D. **Self-Tests**
   The self-tests appear after *Paso 3* and after Lecciones 5, 10, 15, and 20. These review units are grouped by lesson and subdivided according to grammatical structures. We suggest that the students prepare these exercises before coming to class and use the answer key in Appendix D to correct their work prior to all quizzes and major exams.

E. **Four Appendices**
   Appendix A: Spanish Sounds, Rhythm, Linking, Intonation, the Alphabet, Syllable Formation, Accentuation, Cognates

Appendix B:  Verbs
Appendix C:  Glossary of Grammatical Terms
Appendix D:  Answer Key to Self-Tests

**F.   Spanish-English and English-Spanish Vocabularies**

**G.   Index**

## Organization of the Workbook/Laboratory Manual

The *Workbook/Laboratory Manual* that accompanies *¿Cómo se dice...?* stresses individualized learning. The different types of exercises are designed to help the students understand and remember the concepts they have studied in class, and are not mere repetitions of the exercises found in the text. The workbook section contains exercises aimed at reinforcing the grammar and the vocabulary covered in class and developing the students' writing skills. The laboratory manual section contains material that is to be used in coordination with the audio program.

## The Audio Program

A complete audio program consisting of 13 reels or cassettes that play for approximately 13 hours accompanies *¿Cómo se dice...?*. The program provides the students with additional practice in listening comprehension, speaking, and writing skills. Each lesson is to be done in conjunction with the laboratory manual.

## Acknowledgments

We wish to thank our colleagues who have used the first and second editions of *¿Cómo se dice...?* for their constructive criticism and suggestions. We are especially grateful to Professors Dorothy Clemmons, Chipola Junior College; Michael Finnamon, Syracuse University; Ronald P. Lombardi, West Chester University; Carol Maier, Bradley University; José Montero, Northern Virginia Community College; Ernest Norden, Baylor University; Alice Kent Taub, St. Louis University; Maxine Williams, Northwest University; and Holly Zimmerman, University of Minnesota. Their constructive criticism and appraisals of the manuscript were invaluable.

Special thanks are also due to the Modern Languages staff of D. C. Heath and Company, for their many valuable suggestions, which have substantially enhanced the quality of the program.

# CONTENTS

# INTRODUCCIÓN

## En la universidad

–Buenos días, señora Soto.
–Buenos días, señorita.

–Buenas tardes, doctor Gómez.
–Buenas tardes, señor Campos.

–Buenas noches,[1] profesor.
–Buenas noches.

–¡Hola, José Luis!
–¡Hola, Ana María!

–Hasta luego, profesora.
–Adiós.

–Hasta mañana, Paco.
–Hasta mañana, Isabel.

---

[1]Generally, people start saying **buenas noches** after 6 P.M. or after it gets dark; it is used both for greeting and for taking leave when visiting someone.

**AT THE UNIVERSITY**

Good morning, Mrs. Soto.
Good morning, Miss.

Good afternoon, doctor Gómez.
Good afternoon, Mr. Campos.

Good evening, professor.
Good evening.

Hi, José Luis!
Hello, Ana María!

See you later, professor.
Good-bye.

I'll see you tomorrow, Paco.
See you tomorrow, Isabel.

## VOCABULARY

### TITLES

**doctor (Dr.)**   doctor[1] (*m.*)
**doctora (Dra.)**   doctor[1] (*f.*)
**profesor**   professor, teacher (*m.*)
**profesora**   professor, teacher (*f.*)
**señor (Sr.)**   Mr., sir, gentleman
**señora (Sra.)**   Mrs., Madam, lady
**señorita (Srta.)**   Miss, young lady

### GREETINGS AND FAREWELLS

**adiós**   good-bye
**buenas noches**   good evening, good night
**buenas tardes**   good afternoon
**buenos días**   good morning
**hasta luego**   I'll see you later
**hasta mañana**   I'll see you tomorrow
**hola**   hello, hi

### GENERAL VOCABULARY

**en la universidad**   at the university

---

[1]In Spanish-speaking countries, lawyers and other professionals who have the equivalent of a Ph.D. are addressed as **doctor** or **doctora**.

## ¡A VER CUÁNTO APRENDIÓ!   (*Let's see how much you learned!*)

A.  Give appropriate responses to the following.

1. Buenos días.
2. Buenas tardes.
3. Buenas noches.
4. Hola.
5. Hasta mañana, señor (señora, señorita).
6. Hasta luego.

B.  Situaciones   (*Situations*)

What would you say in the following situations?

1. You meet your teacher in the morning.
2. You greet Mr. Vega in the afternoon.
3. You say "hi" to your best friend.
4. You greet Miss Olmedo in the evening.
5. You say good-bye to a friend.
6. You say "see you tomorrow" to Dr. María Méndez.

## Conversaciones breves

| | |
|---|---|
| PROFESOR | —Señorita Peña, el doctor Mena.[1] |
| SEÑORITA PEÑA | —Mucho gusto, doctor Mena.[1] |
| DOCTOR MENA | —El gusto es mío, señorita Peña. |
| | |
| SEÑORITA GARCÍA | —Buenos días, señor López. |
| SEÑOR LÓPEZ | —Buenos días, señorita García. ¿Cómo está usted? |
| SEÑORITA GARCÍA | —Muy bien, gracias. ¿Y usted? |
| SEÑOR LÓPEZ | —Bien, gracias. |
| SEÑORITA GARCÍA | —Hasta luego. |
| SEÑOR LÓPEZ | —Adiós. |
| | |
| ALUMNA | —Buenas tardes, profesora. |
| PROFESORA | —Buenas tardes, señorita. ¿Cómo se llama usted? |
| ALUMNA | —Me llamo Julia Sandoval. |
| | |
| SEÑOR CORTÉS | —Buenas noches, señora. ¿Cómo está usted? |
| SEÑORA DÍAZ | —No muy bien. |
| SEÑOR CORTÉS | —Lo siento. |
| | |
| SEÑORA VEGA | —Muchas gracias, señorita. |
| SEÑORITA PAZ | —De nada, señora. Hasta mañana. |
| SEÑORA VEGA | —Hasta mañana. |
| | |
| PROFESOR | —¿Qué día es hoy, Carlos? |
| CARLOS | —Hoy es miércoles. Profesor, ¿cómo se dice «*you're welcome*» en español? |
| PROFESOR | —Se dice «de nada». |
| CARLOS | —¿Qué quiere decir «lo siento»? |
| PROFESOR | —Quiere decir «*I'm sorry*». |
| | |
| JULIA | —Carlos, ¿cuál es tu número de teléfono? |
| CARLOS | —Cinco-cuatro-ocho-tres-dos-cero-nueve. |

---

[1]When you are speaking about a third person (indirect address) and using a title with the name, the definite article is required. It is omitted when you are addressing someone directly.

7

## BRIEF CONVERSATIONS

| | |
|---|---|
| PROF. | Miss Peña, Doctor Mena. |
| MISS P. | A pleasure, Doctor Mena. |
| DR. M. | The pleasure is mine, Miss Peña. |
| MISS G. | Good morning, Mr. López. |
| MR. L. | Good morning, Miss García. How are you? |
| MISS G. | Very well, thank you. And you? |
| MR. L. | Fine, thank you. |
| MISS G. | See you later. |
| MR. L. | Good-bye. |
| STUDENT | Good afternoon, professor. |
| PROF. | Good afternoon, young lady. What is your name? |
| STUDENT | My name is Julia Sandoval. |
| MR. C. | Good evening, Madam. How are you? |
| MRS. D. | Not very well. |
| MR. C. | I'm sorry. |
| MRS. V. | Thank you very much, Miss. |
| MISS P. | You're welcome, Madam. I'll see you tomorrow. |
| MRS. V. | I'll see you tomorrow. |
| PROF. | What day is it today, Carlos? |
| CARLOS | Today is Wednesday. Professor, how does one say "you're welcome" in Spanish? |
| PROF. | One says "de nada." |
| CARLOS | What does "lo siento" mean? |
| PROF. | It means "I'm sorry." |
| JULIA | Carlos, what is your phone number? |
| CARLOS | Five-four-eight-three-two-zero-nine. |

## VOCABULARY

### POLITE EXPRESSIONS

**de nada**   you're welcome
**el gusto es mío**   the pleasure is mine
**gracias**   thank you
**lo siento**   I'm sorry
**muchas gracias**   thank you very much
**mucho gusto**   a pleasure; how do you do?

### SOME USEFUL QUESTIONS

**¿Cómo está usted?**   How are you?
**¿Cómo se dice... ?**   How does one say . . . ?
**¿Cómo se llama usted?**   What is your name?
**¿Cuál es tu número de teléfono?**   What is your phone number?
**¿Qué día es hoy?**   What day is it today?
**¿Qué quiere decir... ?**   What does . . . mean?

### GENERAL VOCABULARY

**alumno(-a)**   student, pupil
**bien**   well
**¿cómo?**   how?
**conversaciones breves**   brief conversations
**¿cuál?**   which?, what?
**en español**   in Spanish
**hoy**   today
**hoy es**   today is
**me llamo...**   my name is . . .
**miércoles**   Wednesday
**muy bien**   very well
**no**   not
**por todo**   for everything
**quiere decir...**   it means . . .
**se dice...**   one says . . .
**y**   and

► Cardinal numbers 0–10   *(Números cardinales 0–10)*

If you learn to count from zero to ten, you will be able to give your phone number in Spanish.

| | | | | | |
|---|---|---|---|---|---|
| 0 | **cero** | 4 | **cuatro** | 8 | **ocho** |
| 1 | **uno** | 5 | **cinco** | 9 | **nueve** |
| 2 | **dos** | 6 | **seis** | 10 | **diez** |
| 3 | **tres** | 7 | **siete** | | |

Now learn how to ask someone what his or her phone number is.

¿Cuál es su[1] número de teléfono?       *What is your phone number?*

► Days of the week   *(Los días de la semana)*

| lunes | martes | miércoles | jueves | viernes | sábado | domingo |
|---|---|---|---|---|---|---|
| | 1 | 2 | 3 | 4 | 5 | 6 |
| 7 | 8 | 9 | 10 | | | |

**lunes**   Monday          **viernes**   Friday
**martes**   Tuesday        **sábado**   Saturday
**miércoles**   Wednesday   **domingo**   Sunday
**jueves**   Thursday

◈ In Spanish-speaking countries, the week starts on Monday.

◈ Note that the days of the week are not capitalized in Spanish.

◈ The days of the week are masculine in Spanish, and they are used with the masculine definite article **el**—i.e., **el lunes, el jueves, el domingo.**

## ¡A VER CUÁNTO APRENDIÓ!

A. ¡Conversemos!   *(Let's talk!)*

Give appropriate responses to the following.

1. Mucho gusto, señor (señora, señorita).
2. Buenos días.
3. Buenas tardes.
4. Buenas noches.

---

[1]**Su** is the formal equivalent of *your.*

5. ¿Cómo está usted?
6. ¿Cómo se llama usted?
7. ¿Cuál es su número de teléfono?
8. ¿Cómo se dice «*thank you very much*» en español?
9. ¿Qué quiere decir «lo siento»?
10. Hasta mañana, señor (señora, señorita).
11. Muchas gracias.
12. ¿Qué día es hoy?

B. The person asking these questions is always a day ahead. Respond, following the model.

MODELO:    Hoy es lunes, ¿no?
           *No, hoy es domingo.*

1. Hoy es miércoles, ¿no?      4. Hoy es martes, ¿no?
2. Hoy es domingo, ¿no?        5. Hoy es sábado, ¿no?
3. Hoy es viernes, ¿no?        6. Hoy es jueves, ¿no?

C. Complete the following dialogues.

1. *Mr. Lima meets Mrs. Alba.*

MR. LIMA    —¿Cómo está usted, señora?
MRS. ALBA   —_____
MR. LIMA    —Lo siento. Hasta mañana, señora.
MRS. ALBA   —_____

2. *Professor Mena and Mr. Roberto Soto are in the classroom. Today is Friday.*

PROF. MENA  —¿Cómo se llama usted, señor?
ROBERTO     —_____
PROF. MENA  —Mucho gusto, señor Soto.
ROBERTO     —_____
PROF. MENA  —¿Qué día es hoy?
ROBERTO     —_____
PROF. MENA  —¿Cómo se dice «*seven*» en español?
ROBERTO     —_____
PROF. MENA  —¿Qué quiere decir «hasta luego»?
ROBERTO     —_____
PROF. MENA  —Muy bien. Hasta luego, señor Soto.
ROBERTO     —_____

3. *A student thanks her teacher for helping her.*

ALUMNA      —_____

PROFESORA  —De nada, señorita García. Hasta luego.

ALUMNA      —_____


D. Situaciones

What would you say in each of the following situations?

1. You meet Mr. García in the evening, and you ask him how he is.
2. You ask Professor Vega how to say "you're welcome" in Spanish.
3. You ask a young woman what her name is.
4. You ask a woman what her phone number is.
5. You ask Professor Gómez what *"muy bien"* means.
6. You introduce Dr. Cortés to your teacher.

## En la clase

You will see the people and objects in the illustration below in a typical classroom. Learn these words, which will be used frequently both in class and in this book.

▶ Expresiones útiles para la clase   *(Useful expressions for the class)*

You will hear your professor use the following directions and general terms in class. You should familiarize yourself with them.

**A.** When the professor is speaking to the whole class:

| | |
|---|---|
| 1. **Abran sus libros, por favor.** | *Open your books, please.* |
| 2. **Cierren sus libros, por favor.** | *Close your books, please.* |
| 3. **Escriban, por favor.** | *Write, please.* |
| 4. **Escuchen, por favor.** | *Listen, please.* |
| 5. **Estudien la lección… .** | *Study lesson . . . .* |
| 6. **Hagan el ejercicio número… .** | *Do exercise number . . . .* |
| 7. **Pronuncien, por favor.** | *Pronounce, please.* |
| 8. **Repitan, por favor.** | *Repeat, please.* |
| 9. **Siéntense, por favor.** | *Sit down, please.* |
| 10. **Vayan a la página… .** | *Go to page . . . .* |

**B.** When the professor is speaking to one student:

| | |
|---|---|
| 1. **Continúe, por favor.** | *Go on, please.* |
| 2. **Lea, por favor.** | *Read, please.* |
| 3. **Vaya a la pizarra, por favor.** | *Go to the chalkboard, please.* |

**C.** Some other words used in the classroom:

| | |
|---|---|
| 1. **dictado** | *dictation* |
| 2. **examen** | *exam* |
| 3. **presente** | *present, here* |

▶ Colores   *(Colors)*

You will see different colors in the classroom. Learn how to say them in Spanish.

| | | | |
|---|---|---|---|
| **blanco** | *white* | **azul** | *blue* |
| **amarillo** | *yellow* | **verde** | *green* |
| **anaranjado** | *orange* | **marrón (café)** | *brown* |
| **rosado** | *pink* | **gris** | *gray* |
| **rojo** | *red* | **negro** | *black* |

## ESTRUCTURAS GRAMATICALES

▶ **1.** Gender, Part I   (*Género, Parte I*)

**A.** In Spanish, all nouns—including those denoting non-living things—are either masculine or feminine.

| *Masculine* | *Feminine* |
|---|---|
| el  hombre | la  mujer |
| el  profesor | la  profesora |
| el  cuaderno | la  tiza |
| el  lápiz | la  ventana |

◈ Nouns ending in **-o** or denoting male beings are masculine: **cuaderno** (*notebook*); **hombre** (*man*).

◈ Nouns ending in **-a** or denoting female beings are feminine: **profesora** (*female professor*); **mujer** (*woman*).

ATENCIÓN: Some common exceptions include the words **el día** (*day*) and **el mapa** (*map*), which end in **-a** but are masculine, and the word **la mano** (*hand*), which ends in **-o** but is feminine.

**B.** Some helpful rules to remember about gender are:

1. Some masculine nouns ending in **-o** have a corresponding feminine form ending in **-a**: **secretario/secretaria.**
2. Some nouns ending in a consonant add **-a** for the corresponding feminine: **profesor/profesora.**
3. Many nouns have the same form for both genders: **el estudiante/la estudiante.** In such cases, gender is indicated by the article **el** (masculine) or **la** (feminine).

## PRÁCTICA

Indicate whether the following nouns are feminine or masculine.

1. mapa
2. tiza
3. escritorio
4. secretaria
5. silla
6. profesora
7. pizarra
8. libro
9. mujer
10. puerta
11. ventana
12. pluma
13. hombre
14. día
15. secretario
16. mano
17. cuaderno
18. doctor

► **2. Plural forms**   (*Formas del plural*)

    **A.** The plural of nouns is formed by adding -s to words ending in a vowel and **-es** to words ending in a consonant.

| | | | |
|---|---|---|---|
| señora: | señoras | reloj: | relojes |
| silla: | sillas | borrador: | borradores |
| libro: | libros | conversación: | conversaciones[1] |

    **B.** Nouns ending in -**z** change the **z** to **c** and add -**es**.

        lápiz:   lápi**c**es              cruz (*cross*):   cru**c**es

    **C.** In referring to two or more nouns of different genders, the masculine form is used in the plural.

        dos chic**a**s y un chic**o** = tres chic**o**s

---

**PRÁCTICA**

Give the plural of the following nouns.

| | | | |
|---|---|---|---|
| 1. | mapa | 6. | puerta |
| 2. | reloj | 7. | lección |
| 3. | tiza | 8. | escritorio |
| 4. | lápiz | 9. | borrador |
| 5. | ventana | 10. | día |

► **3. Definite and indefinite articles**   (*Artículos determinados e indeterminados*)

    **A.** The definite article

    Spanish has four forms equivalent to the English definite article *the*.

| | *Singular* | *Plural* | *English* |
|---|---|---|---|
| ***Masculine*** | el | los | *the* |
| ***Feminine*** | la | las | |

EXAMPLES:   **el** profesor          **los** profesores
                 **la** profesora          **las** profesoras
                 **el** lápiz              **los** lápices

---

[1]Note that the plural form does not have a written accent.

ATENCIÓN:    Always learn new nouns with their corresponding definite articles—this will help you identify their gender.

**B.**  The indefinite article

The Spanish equivalents of *a (an)* and *some* are as follows.

|  | Masculine | Feminine | English |
|---|---|---|---|
| **Singular** | un | una | *a (an)* |
| **Plural** | unos | unas | *some* |

EXAMPLES:    **un** libro        **unos** libros
**una** silla        **unas** sillas
**un** profesor    **unos** profesores

## PRÁCTICA

Give the corresponding definite and indefinite article for each of the following nouns.

|  | Definite | Indefinite |  |
|---|---|---|---|
| 1. | _____ | _____ | profesores |
| 2. | _____ | _____ | mujer |
| 3. | _____ | _____ | sillas |
| 4. | _____ | _____ | libro |
| 5. | _____ | _____ | día |
| 6. | _____ | _____ | hombre |
| 7. | _____ | _____ | ventana |
| 8. | _____ | _____ | mapas |
| 9. | _____ | _____ | mano |
| 10. | _____ | _____ | plumas |

Nuestra Gente

## ¡A VER CUÁNTO APRENDIÓ!

A. Review the colors: think about the following objects and give their color(s) in Spanish.

| | |
|---|---|
| 1. an orange | 7. a canary |
| 2. the American flag | 8. a cloudy sky |
| 3. a tree | 9. rosy cheeks |
| 4. coffee | 10. your clothes |
| 5. coal | 11. your shoes |
| 6. snow | 12. the cover of *¿Cómo se dice... ?* |

B. Review the words referring to people and objects you see in the classroom, then name the following, using the definite article.

C.  Match each item in Column **A** with its English equivalent in column **B**.

| **A** | **B** |
|---|---|
| 1.  Estudien la lección dos. | a.  Open the window, please. |
| 2.  Hagan los ejercicios, por favor. | b.  Close the door. |
| 3.  Siéntese, por favor. | c.  Repeat, please. |
| 4.  Vayan a la página diez. | d.  Write the dictation. |
| 5.  Abra la ventana, por favor. | e.  Go to page ten. |
| 6.  Repitan, por favor. | f.  Sit down, please. |
| 7.  Vaya a la pizarra. | g.  Study lesson two. |
| 8.  Cierre la puerta. | h.  Read the book, please. |
| 9.  Escriban el dictado. | i.  Go to the chalkboard. |
| 10.  Lea el libro, por favor. | j.  Do the exercises, please. |

ATENCIÓN:   Be sure you have mastered the material covered in the *Introducción* before you begin *lección* 1.

## PLAZA DE TOROS DE
# SEVILLA
(Propiedad de la Real Maestranza · Empresa Pagés)

# SELF-TEST

Check your progress! (An answer key is provided in Appendix C.)

A. Cardinal Numbers 0–10

Write the following numbers out in Spanish.

9, 5, 3, 2, 0, 10, 7, 1, 4, 6, 8

B. Gender of nouns and the definite and indefinite articles

Give the correct form of the definite and indefinite article for each of the following nouns.

1. puerta
2. libro
3. mapa
4. mujer
5. borrador

6. secretario
7. mano
8. hombre
9. día
10. silla

C. Plural forms

Make the following words plural.

1. el señor y la señorita
2. un reloj
3. la doctora y el profesor
4. un lápiz

5. la conversación
6. una mujer
7. la ventana
8. la pluma y el cuaderno

D. Colors

Think about the following items, then give their color(s) in Spanish.

1. a banana
2. cherries
3. the sky
4. the American flag

5. the grass
6. tar
7. chocolate
8. a pumpkin

E. Just words . . .

Match the items in column **A** with those in column **B**.

| **A** | **B** |
|---|---|
| 1. ¿Cómo está Ud., señora? | a. Desk. |
| 2. ¿Qué día es hoy? | b. 792-3950 |
| 3. ¿Cómo se dice «*chalk*» en español? | c. Pizarra. |
| 4. ¿Qué quiere decir «escritorio»? | d. José Luis Peña. |
| 5. ¿Cómo se llama Ud.? | e. Adiós. |
| 6. ¿Hoy es miércoles? | f. No, jueves. |
| 7. Muchas gracias. | g. Bien, gracias. |
| 8. ¿Cuál es su número de teléfono? | h. Tiza. |
| 9. ¿Cómo se dice «*blackboard*» en español? | i. De nada. |
| 10. Hasta luego. | j. Lunes. |

## OBJECTIVES

PRONUNCIATION  The Spanish **a** and **e**

STRUCTURE  Subject pronouns • Present indicative of regular **-ar** verbs • Gender, Part II • Negative sentences • Interrogative sentences • Cardinal numbers 11–200

COMMUNICATION  You will learn vocabulary used in both making and receiving phone calls.

## Al teléfono

*Raquel desea hablar con Marta.*

| | |
|---|---|
| RAQUEL | —Hola. ¿Está Marta? |
| MARISA | —No, no está. Lo siento. |
| RAQUEL | —¿Dónde está? |
| MARISA | —En el mercado. |
| RAQUEL | —Entonces llamo[1] más tarde. |
| MARISA | —Muy bien. Adiós. |

*Carmen habla con María.*

| | |
|---|---|
| MARÍA | —Bueno. |
| CARMEN | —Hola. ¿Está María? |
| MARÍA | —Sí, con ella habla... ¿Carmen? |
| CARMEN | —Sí. ¿Qué tal, María? |
| MARÍA | —Muy bien, gracias. ¿Qué hay de nuevo? |
| CARMEN | —Nada. ¡Oye! ¿Estudiamos[1] inglés[2] hoy? |
| MARÍA | —Sí, y mañana estudiamos[1] español.[2] |
| CARMEN | —Hasta luego, entonces. |

*Pedro desea hablar con Ana.*

| | |
|---|---|
| ROSA | —Hola. |
| PEDRO | —Hola. ¿Está Ana? |
| ROSA | —Sí. ¿Quién habla? |
| PEDRO | —Pedro Morales. |
| ROSA | —Un momento, por favor. |
| ANA | —Hola, Pedro. ¿Qué tal? |
| PEDRO | —Bien, ¿y tú? |
| ANA | —Más o menos. |

---

[1]The present indicative is often used in Spanish to express a near future.   [2]Names of languages and nationalities are not capitalized in Spanish.

## ON THE PHONE

*Raquel wishes to speak with Marta.*

R.   Hello. Is Marta there?
M.   No, she's not. I'm sorry.
R.   Where is she?
M.   At the market.
R.   Then I'll call later.
M.   Very well. Good-bye.

*Carmen speaks with María.*

M.   Hello.
C.   Hello. Is María there?
M.   Yes, this is she (speaking) . . .
      Carmen?
C.   Yes. How is it going, María?
M.   Very well, thank you. What's new?
C.   Nothing. Listen! Are we studying
      English today?
M.   Yes, and tomorrow we're studying
      Spanish.
C.   See you later, then.

*Pedro wishes to speak with Ana.*

R.   Hello
P.   Hello. Is Ana there?
R.   Yes. Who's speaking?
P.   Pedro Morales.
R.   One moment, please.
A.   Hi, Pedro. How's it going?
P.   Fine, and you?
A.   So-so. (More or less.)
P.   Why? Love problems?
A.   No, financial (ones). I need money!
P.   Me too! Listen! Are you working at
      the hospital today?
A.   No, I'm not working tonight.

PEDRO   —¿Por qué? ¿Problemas sentimentales?
  ANA   —¡No, económicos! ¡Yo necesito dinero!
PEDRO   —¡Yo, también! ¡Oye! ¿Tú trabajas en el hospital hoy?
  ANA   —No, esta noche no trabajo.

## VOCABULARIO

### COGNADOS  (*Cognates*)[1]

| | | | |
|---|---|---|---|
| el **hospital** | hospital | el **problema** | problem |
| la **lección** | lesson | el **teléfono** | telephone |
| **no** | no | | |

**NOMBRES**  (*Nouns*)

el **dinero**   money
el **español**   Spanish (language)
el **inglés**   English (language)
el **mercado**   market

**VERBOS**  (*Verbs*)

**desear**   to wish, want
**está**   is (from the verb **estar,**
   *to be*)[2]
**estudiar**   to study
**hablar**   to speak, talk
**llamar**   to call
**necesitar**   to need
**trabajar**   to work

**OTRAS PALABRAS Y
EXPRESIONES**

**al teléfono**   on the phone
**con**   with
**con ella habla**   this is she
   (speaking)
**¿dónde?**   where?
**en**   in, at, on
**entonces**   then, in that case
**¿está... +** (name)?   is . . . (name)
   there?

**esta noche**   tonight
**hola, bueno**   hello
**mañana**   tomorrow
**más o menos**   so-so, more or
   less
**más tarde**   later
**muy**   very
**nada**   nothing
**o**   or
**¡oye!**   listen!
**por favor**   please
**¿por qué?**   why?
**problemas económicos**   financial
   problems
**problemas sentimentales**   love
   problems
**¿qué?**   what?
**¿qué hay de nuevo?**   what's
   new?
**¿qué tal?**   how is it going?
**¿quién?**   who?
**sí**   yes
**también**   also, too
**un momento**   one moment

---

[1]For a complete explanation of cognates, see Appendix A.   [2]The verb form **está** is used in this lesson to indicate location.

## VOCABULARIO ADICIONAL    (*Additional Vocabulary*)

el **alemán**   German (language)
En Berlín hablan **alemán.**

el **chino**   Chinese (language)
Nosotros no hablamos **chino.**

el **francés**   French (language)
En París hablan **francés.**

el **italiano**   Italian (language)
Sofía Loren habla **italiano.**

el **japonés**   Japanese (language)
Hablan **japonés** en Tokyo.

el **portugués**   Portuguese (language)
En Brasil no hablan español; hablan
  **portugués.**

el **ruso**   Russian (language)
Nosotros estudiamos **ruso** en la
  universidad.

---

1. Contestando el teléfono (*Answering the phone*):
   En España (*Spain*): «Diga», «Dígame», «¿Sí?»
   En Cuba y en otras regiones del Caribe: «Oigo»
   En México: «Bueno»

2. En Latinoamérica y en España los estudiantes generalmente estudian juntos (*together*).

3. «Español» y «castellano» son (*are*) equivalentes.

4. En Latinoamérica hablan español excepto en Brasil, donde hablan portugués.

5. Unos 240.000.000[1] de personas hablan español como (*as*) idioma (*language*) nativo.

**¿Lo sabía Ud....?**
(*Did you know . . . ?*)

## PRONUNCIACIÓN

▶ **A.** The Spanish **a**

The Spanish **a** is pronounced like the *a* in the English word *father*. Listen to your teacher and repeat the following words from the dialogue.

| | | |
|---|---|---|
| **Ana** | tal | está |
| nada | habla | trabaja |
| gracias | hasta | mañana |

▶ **B.** The Spanish **e**

The Spanish **e** is pronounced like the *e* in the English word *met*. Listen to your teacher and repeat the following words from the dialogue.

| | | |
|---|---|---|
| qué | parte | teléfono |
| usted | noche | mercado |
| entonces | problemas | sentimentales |

---

[1]Note that in Spanish numbers, a period is used instead of a comma.

## ESTRUCTURAS GRAMATICALES

▶ **1.** Subject pronouns   (*Pronombres personales usados como sujetos*)

|            | *Singular*        |            | *Plural*         |
| ---------- | ----------------- | ---------- | ---------------- |
| **yo**     | *I*               | **nosotros** | *we* (m.) |
|            |                   | **nosotras** | *we* (f.) |
| **tú**     | *you* (familiar)  | **vosotros** | *you* (m., familiar) |
|            |                   | **vosotras** | *you* (f., familiar) |
| **usted**  | *you* (formal)    | **ustedes**  | *you* (formal) |
| **él**     | *he*              | **ellos**    | *they* |
| **ella**   | *she*             | **ellas**    | *they* |

◆ The masculine plural forms can refer to the masculine gender alone or to both genders together.

| **Ellos (Luis** y **Carlos)** hablan español. | *They (**Luis** and **Carlos**) speak Spanish.* |
| **Ellos (María, Miguel** y **Raúl)** hablan inglés. | *They (**María, Miguel,** and **Raúl**) speak English.* |
| **Nosotros (Ana María, Carlos** y **yo)** trabajamos en el mercado. | *We (**Ana María, Carlos,** and **I**) work at the market.* |

◆ The **vosotros** form is used only in Spain. In Latin America, the plural form **ustedes** (abbrev. **Uds.**) is used as the plural form of both **usted** (abbrev. **Ud.**) and **tú.**

◆ The **tú** form is used as the equivalent of *you* when addressing a close friend, a relative, or a child. The **Ud.** form is used in all other instances. In most Spanish-speaking countries today, young people tend to call each other **tú** even if they have just met.

## PRÁCTICA

A. Say the following in Spanish.

1. we (*f.*)
2. I
3. you (*form. pl.*)
4. he
5. they (*m.*)
6. you (*f. sing.*)
7. they (*f.*)
8. we (*m.*)
9. you (*form. sing.*)
10. she

B. Give the plural of the following subject pronouns.

1. yo
2. ella
3. él

4. tú
5. Ud.

▶ **2. Present indicative of regular -ar verbs**   (*Presente de indicativo de los verbos regulares terminados en -ar*)

Spanish verbs are classified into three main patterns of conjugation, according to the ending of the infinitive. The three infinitive endings are **-ar**, **-er**, and **-ir**.

| hablar   *to speak* | | | |
|---|---|---|---|
| *Singular* | | | |
| **yo** | hablo | Yo **hablo** español. | *I speak Spanish.* |
| **tú** | hablas | Tú **hablas** español. | *You (fam.) speak Spanish.* |
| **Ud.** | habla | Ud. **habla** español. | *You (form.) speak Spanish.* |
| **él** | habla | Él **habla** español. | *He speaks Spanish.* |
| **ella** | habla | Ella **habla** español. | *She speaks Spanish.* |
| *Plural* | | | |
| **nosotros** | hablamos | Nosotros **hablamos** español. | *We speak Spanish.* |
| **vosotros** | habláis | Vosotros **habláis** español. | *You (fam.) speak Spanish.* |
| **Uds.** | hablan | Uds. **hablan** español. | *You (form.) speak Spanish.* |
| **ellos** | hablan | Ellos **hablan** español. | *They speak Spanish.* |

◆ Regular verbs ending in -ar (i.e., **trabajar, necesitar, estudiar, llamar, desear**) are conjugated like the verb **hablar.**

ATENCIÓN:   Notice that the verb forms for **Ud., él,** and **ella** are the same. **Hablan** is used for **Uds., ellos,** and **ellas.** This is true for all verbs in all tenses.

◆ The infinitive of Spanish verbs consists of a stem (such as **habl-**) and an ending (such as **-ar**).

◆ The stem **habl-** does not change. The endings change with the subject.

◆ The Spanish present tense is equivalent to three English forms:

Yo **hablo** inglés.   ⎰ *I speak English.*
   ⎱ *I do speak English.*
   ⎰ *I am speaking English.*

◈ Because the verb endings indicate the speaker, the subject pronouns are frequently omitted.

| | |
|---|---|
| **Necesito** dinero. | *I need money.* |
| **Estudiamos** inglés. | *We study English.* |
| **Deseo** hablar con Roberto. | *I want to speak with Roberto.* |

◈ Subject pronouns can, however, be used for emphasis or clarification.

| | |
|---|---|
| **Tú** hablas francés. | *You speak French.* |
| **Ella** habla inglés y **yo** hablo alemán. | *She speaks English, and I speak German.* |

ATENCIÓN:    In Spanish, as in English, when two verbs are used together, the second verb remains in the infinitive.

Deseo **hablar** con Roberto.    *I want to speak with Roberto.*

## PRÁCTICA

A. Give the corresponding forms of the following regular verbs.

1. *yo:*   trabajar, hablar, necesitar, estudiar
2. *tú:*   necesitar, estudiar, llamar, desear
3. *Luis:*   trabajar, hablar, llamar, desear
4. *Ud.:*   trabajar, hablar, necesitar, estudiar
5. *nosotros:*   necesitar, estudiar, llamar, desear
6. *ellos:*   trabajar, hablar, llamar, desear

B. Change the verbs according to the new subjects.

1. *Ella* necesita dinero.   (Tú, Nosotros, Yo, Ustedes)
2. *Ellos* llaman más tarde.   (Yo, Nosotras, Ud., Tú)
3. *Él* desea hablar con Eva.   (Tú, Ellos, Nosotros, Yo)

C. Complete the following sentences with the present indicative of the verbs in parentheses.

1. Ana y Eva ＿＿ (trabajar) en el hospital.
2. Carlos y yo ＿＿ (necesitar) cuadernos.
3. Teresa también ＿＿ (estudiar) ruso.
4. Tú ＿＿ (desear) hablar con Pedro.
5. Yo ＿＿ (llamar) más tarde.

▶ **3.** Gender, Part II   (*Género, Parte II*)

There are some practical rules to help you determine the gender of those nouns that do not end in **-o** or **-a**. There are also a few important exceptions.

1. Nouns ending in **-sión, -ción, -tad, -dad,** and **-umbre** are feminine.

| | |
|---|---|
| **la** televi**sión** | *television* |
| **la** conversa**ción** | *conversation* |
| **la** liber**tad** | *liberty, freedom* |
| **la** universi**dad** | *university* |
| **la** certid**umbre** | *certainty* |

2. Many words ending in **-ma** are masculine.

| | |
|---|---|
| **el** poema | *poem* |
| **el** telegrama | *telegram* |
| **el** programa | *program* |
| **el** sistema | *system* |
| **el** clima | *climate* |
| **el** idioma | *language* |
| **el** problema | *problem* |
| **el** tema | *subject, theme* |

3. You must learn the gender of nouns that have other endings and that do not refer to male or female beings. Remember that it is helpful to memorize each noun with its corresponding article.

**la** pared (*wall*)    **el** borrador

## PRÁCTICA

Read the following words, adding the corresponding definite article.

1. pared *la pared*
2. mesa *la mesa*
3. turismo *el*
4. mercado *el*
5. problema *el*
6. ciudad *la*
7. sociedad *la*
8. silla *la silla*
9. mano *la*
10. lumbre *la*
11. libertad *la*
12. idioma *el*
13. organización *la*
14. día *el*
15. solución *la*
16. conversación *la*

► **4.** Negative sentences   (*Oraciones negativas*)

**A.** To make a sentence negative, simply place the word **no** in front of the verb.

| | |
|---|---|
| Yo      trabajo en el hospital. | *I work in the hospital.* |
| Yo **no** trabajo en el hospital. | *I don't work in the hospital.* |
| | |
| Ud.      habla español. | *You speak Spanish.* |
| Ud. **no** habla español. | *You don't speak Spanish.* |
| | |
| Ella      habla inglés. | *She speaks English.* |
| Ella **no** habla inglés. | *She doesn't speak English.* |

ATENCIÓN:   Spanish does not use an auxiliary verb, such as the English *do* or *does*, in a negative sentence.

**B.** If the answer to a question is in the negative, the word **no** will appear twice: at the beginning of the sentence, as in English, and in front of the verb.

| | |
|---|---|
| –¿Habla Ud. español? | *Do you speak Spanish?* |
| –**No,** yo **no** hablo español. | *No, I don't speak Spanish.* |

Or, omitting the subject pronoun:

–**No, no** hablo español.

---

## PRÁCTICA

Make the following sentences negative.

1. Hablo japonés.
2. Elsa trabaja en la ciudad.
3. Estudiamos la lección.
4. Ud. habla inglés.
5. Ella llama mañana.

6. Deseas hablar con Ana.
7. Uds. necesitan los mapas.
8. Las mujeres hablan italiano.
9. Roberto necesita el programa.
10. El hombre está en el mercado.

*Secretaria, San José, Costa Rica.*

▶ **5.** Interrogative sentences *(Oraciones interrogativas)*

In Spanish, there are three ways of asking a question to elicit a *yes/no* answer.

1. **¿Elena** habla español?
2. ¿Habla **Elena** español?   }   **Sí,** Elena habla español.
3. ¿Habla español **Elena?**

These three questions ask for the same information and have the same meaning. Example 1 is a declarative sentence that is made interrogative by a change in intonation.

Elena habla español.    ¿Elena habla español?

In example 2 an interrogative is formed by placing the subject (**Elena**) after the verb. In example 3 the subject (**Elena**) has been placed at the end of the sentence. Note that Spanish uses two question marks, an inverted one at the beginning of the sentence and a standard one at the end.

ATENCIÓN:  Spanish does not use an auxiliary verb, such as *do* or *does*, in an interrogative sentence.

## PRÁCTICA

A. Change the following sentences to the interrogative form.

1. Ellos desean hablar chino.
2. La profesora está en la clase.
3. Marisa y Rosa necesitan dinero.
4. Roberto trabaja en la universidad.
5. Necesitas el cuaderno.
6. Nosotros estudiamos la lección.
7. Él también necesita los libros.
8. Ud. trabaja en el hospital.
9. Los profesores estudian los programas.
10. Ana llama esta noche.

B. Give the Spanish equivalent of the following sentences.

1. Does Mary speak Spanish?
2. Do you (*fam. sing.*) work at the hospital?
3. Do they need money?
4. Does Carmen study at the university?
5. Do you (*pl.*) study English?

► **6.** Cardinal numbers 11–200   (*Números cardinales 11–200*)

| | | | |
|---|---|---|---|
| 11 | once | 27 | veintisiete |
| 12 | doce | 28 | veintiocho |
| 13 | trece | 29 | veintinueve |
| 14 | catorce | 30 | treinta |
| 15 | quince | 31 | treinta y uno (and so on) |
| 16 | dieciséis[1] | 40 | cuarenta |
| 17 | diecisiete | 41 | cuarenta y uno (and so on) |
| 18 | dieciocho | 50 | cincuenta |
| 19 | diecinueve | 60 | sesenta |
| 20 | veinte | 70 | setenta |
| 21 | veintiuno[1] | 80 | ochenta |
| 22 | veintidós | 90 | noventa |
| 23 | veintitrés | 100 | cien |
| 24 | veinticuatro | 101 | ciento uno (and so on) |
| 25 | veinticinco | 200 | doscientos |
| 26 | veintiséis | | |

---

[1]The numbers 16 to 29 can also be spelled thus: **diez y seis, diez y ocho, veinte y uno, veinte y siete,** and so on.

Read the following numbers aloud in Spanish.

| | | | | | |
|---|---|---|---|---|---|
| 15 | 68 | 93 | 11 | 79 | 16 |
| 12 | 27 | 13 | 100 | 52 | 118 |
| 31 | 14 | 46 | 119 | 85 | 200 |

*doscientos*

JOYAS DE GOYA®

## ¡A VER CUÁNTO APRENDIÓ!

A. ¡Conversemos!

Reread the dialogues in this lesson and be ready to discuss the following.

1. ¿Con quién desea hablar Raquel?
2. ¿Dónde está Marta?
3. ¿Con quién habla María?
4. ¿Carmen y María estudian español hoy?
5. ¿Necesita dinero Ana?
6. ¿Pedro también necesita dinero?
7. ¿Trabaja Ana esta noche?

B. Give appropriate responses to the following questions. *No hay nada nuevo*

1. Hola. ¿Qué hay de nuevo?   *No hay nada nuevo*
2. ¿Qué idiomas habla Ud.?
3. ¿Dónde trabajan Uds.?
4. ¿Estudias en la universidad?
5. ¿Habla español el profesor (la profesora)?
6. ¿El profesor (La profesora) trabaja en el mercado?
7. Yo necesito dinero. ¿Tú necesitas dinero también?
8. ¿Con quién desea Ud. hablar?
9. Hola. ¿Está el profesor (la profesora)?
10. ¿Estudian Uds. portugués?

C. ¡Repase el vocabulario!   (*Review the vocabulary!*)

Complete the following sentences with the appropriate words, then read them aloud.

1. ¡Oye! ¿ _____ (nosotros) inglés hoy?
2. ¿Qué hay de _____ ? ¿Nada?
3. ¿Problemas sentimentales o _____ ?
4. ¿Por qué _____ ella en el mercado? ¿ _____ dinero?
5. ¿No está? Entonces llamo más _____ .
6. Nosotros _____ hablar español con el profesor.
7. ¿Dónde está el doctor? ¿En el _____ ?
8. Jorge necesita dinero y yo _____ .
9. Sí, está. Un _____ , por favor.
10. Hola, ¿qué _____ ? ¿Bien?
11. En Río de Janeiro hablan _____ y en París hablan _____ .
12. ¿Qué idioma _____ en Roma? ¿Italiano?

D. Situaciones

What would you say in the following situations?

1. You want to ask whether Carlos is home.
2. You tell a caller to wait a moment.
3. You ask who is speaking.
4. Someone asks to speak to you. You say, "This is he (she)."
5. You tell someone you'll call later.
6. Someone asks how you are. You tell him (her) you are fine and ask what's new.

E. Para escribir   (*To write*)

Complete the following sentences in a creative manner.

1. El señor Campos trabaja en el mercado y el profesor…
2. John Wilson estudia español y José García…
3. Yo necesito un lápiz y Teresa…
4. Nosotros trabajamos esta noche y ellos…
5. En México hablan español y en Chicago…
6. Yo deseo hablar con Jorge y tú…

## OBJECTIVES

**PRONUNCIATION**   The Spanish **i** and **o**

**STRUCTURE**   Possession with **de** • Present indicative of **ser** • Adjectives: Forms, position, and agreement with articles and nouns • Possessive adjectives • Present indicative of regular **-er** and **-ir** verbs • Present indicative of the irregular verbs **tener** and **venir**

**COMMUNICATION**   You will learn vocabulary related to personal data.

# 2

## Con la recepcionista

*La señora Mercedes Jiménez Pérez viene a solicitar trabajo en un hospital de Caracas y contesta las preguntas de la recepcionista.*

*Información personal:*

| | |
|---|---|
| SRA. JIMÉNEZ | —Buenos días, señorita. Vengo a solicitar trabajo. |
| RECEPCIONISTA | —Buenos días. Tome asiento, por favor. |
| SRA. JIMÉNEZ | —Gracias. |
| RECEPCIONISTA | —¿Cuál es su nombre y apellido? |
| SRA. JIMÉNEZ | —Mercedes Jiménez Pérez. |
| RECEPCIONISTA | —¿Lugar de nacimiento? |
| SRA. JIMÉNEZ | —Soy de la ciudad de México. |
| RECEPCIONISTA | —¿Dirección? |
| SRA. JIMÉNEZ | —Vivo en la calle Roma número diez y ocho.[1] |
| RECEPCIONISTA | —¿Su número de teléfono? |
| SRA. JIMÉNEZ | —Mi número es cinco-siete-seis-ocho-cinco-cuatro-nueve. |
| RECEPCIONISTA | —¿Su edad? |
| SRA. JIMÉNEZ | —Treinta años. |
| RECEPCIONISTA | —¿Profesión? |
| SRA. JIMÉNEZ | —Soy[2] enfermera. |
| RECEPCIONISTA | —¿Estado civil? |
| SRA. JIMÉNEZ | —Soy casada. |

*Información familiar:*

| | |
|---|---|
| RECEPCIONISTA | —¿Cómo se llama su esposo? |
| SRA. JIMÉNEZ | —Esteban Ruiz. |
| RECEPCIONISTA | —¿Qué profesión tiene su esposo? |
| SRA. JIMÉNEZ | —Es[2] ingeniero. Trabaja para la compañía Sandoval. |

---

[1]Note that in Spanish the name of the street comes *before* the number of the residence. [2]In Spanish, the indefinite article is not used after the verb **ser** when one is merely stating one's profession.

## WITH THE RECEPTIONIST

*Mrs. Mercedes Jiménez Pérez comes to apply for a job at a hospital in Caracas and answers the receptionist's questions.*

*Personal data:*

MRS. J.　Good morning, Miss. I've come to apply for a job.
R.　Good morning. Have a seat, please.
MRS. J.　Thank you.
R.　Your name and surname?
MRS. J.　Mercedes Jiménez Pérez.
R.　Place of birth?
MRS. J.　I'm from Mexico City.
R.　Address?
MRS. J.　I live at eighteen Roma Street.
R.　Your phone number?
MRS. J.　My number is five-seven-six-eight-five-four-nine.
R.　Your age?
MRS. J.　Thirty years old.
R.　Profession?
MRS. J.　I'm a nurse.
R.　Marital status?
MRS. J.　I am married.

*Family data:*

R.　What's your husband's name?
MRS. J.　Esteban Ruiz.
R.　What is your husband's profession?
MRS. J.　He's an engineer. He works for the Sandoval Company.
R.　Do you have children?
MRS. J.　Yes, we have two sons and one daughter.
R.　Are the children Mexican also?
MRS. J.　Yes, they are from Mexico too.
R.　Thank you. Now you must fill out the other form.

*(After filling out the other form, Mrs. Jiménez decides to go into the cafeteria. She eats a ham and cheese sandwich and salad and drinks a soft drink.)*

RECEPCIONISTA　–¿Tienen Uds. hijos?
SRA. JIMÉNEZ　–Sí, tenemos dos hijos y una hija.
RECEPCIONISTA　–¿Los niños son mexicanos también?
SRA. JIMÉNEZ　–Sí, ellos son de México también
RECEPCIONISTA　–Gracias. Ahora debe llenar la otra planilla.

*(Después de llenar la otra planilla, la señora Jiménez decide entrar en la cafetería. Come un sándwich de jamón y queso, ensalada y bebe un refresco.)*

## VOCABULARIO

### COGNADOS

la **cafetería**　cafeteria
la **ciudad**　city
la **compañía**　company
la **ensalada**　salad
la **información**　information, data
el **ingeniero**　engineer

**mexicano(-a)**　Mexican
**personal**　personal
la **profesión**　profession
el (la) **recepcionista**[1]　receptionist
el **sándwich**[2]　sandwich

### NOMBRES

el **año**　year
el **apellido**　surname
la **calle**　street
la **dirección**, el **domicilio**　address
la **edad**　age
el (la) **enfermero(-a)**　nurse
el **esposo**　husband
el **estado civil**　marital status
la **hija**　daughter
el **hijo**　son
los **hijos**　children, son(s) and daughter(s)
el **jamón**　ham
el **lugar**　place
el **nacimiento**　birth
el (la) **niño(-a)**　child
el **nombre**　name
la **planilla**　form

la **pregunta**　question
el **queso**　cheese
el **refresco**　soft drink, soda pop
el **trabajo**　work, job

### VERBOS

**beber, tomar**　to drink
**comer**　to eat
**contestar**　to answer
**deber**　to have to, must, should
**decidir**　to decide
**entrar (en)**　to enter, go (come) in
**llenar**　to fill out
**ser** (*irreg.*)　to be
**solicitar**　to apply for
**tener** (*irreg.*)　to have
**venir** (*irreg.*)　to come
**vivir**　to live

[1]Nouns ending in **-ista** change only the article to indicate gender: *el* **recepcionista** (*m.*); *la* **recepcionista** (*f.*)　[2]In Spain, **emparedado** or **bocadillo** is used.

**ADJETIVO**

**casado(-a)**   married

**OTRAS PALABRAS Y EXPRESIONES**

**a**   to, in order to
**ahora**   now
**¿Cómo se llama... ?**   What is his (her) name . . . ?

**de**   of, from
**después (de)**   after
**otro(-a)**   another, other
**para**   for
**sándwich de jamón y queso**   ham and cheese sandwich
**también**   also, too
**tome asiento**   have a seat

## VOCABULARIO ADICIONAL

**divorciado(-a)**   divorced
Gustavo no es **divorciado.** Es casado.

**la esposa**   wife, spouse
Su **esposa** solicita trabajo.

**los Estados Unidos**   United States
Soy de los **Estados Unidos.**

**norteamericano(-a)**   North American
Yo soy **norteamericano.**

**separado(-a)**   separated
Él está **separado** de su esposa.

**soltero(-a)**   single
No soy casada. Soy **soltera.**

**la viuda**   widow
No tiene esposo. Es **viuda.**

**el viudo**   widower
El señor es **viudo.**

---

**¿Lo sabía Ud....?**

1. En España y en Latinoamérica, muchas personas tienen sobrenombres (*nicknames*). Por ejemplo (*For example*): Enrique: **Quique;** Roberto o Alberto: **Beto;** Francisco: **Paco;** María Teresa: **Marité;** Antonia: **Toña;** Mercedes: **Mecha;** Dolores: **Lola.**

2. En una guía telefónica (*phone book*) en español, alfabetizan (*they alphabetize*) los nombres según (*according to*) los dos apellidos. Por ejemplo:
   Peña Aguilar, Rosa
   Peña Aguilar, Sara Luisa
   Peña Gómez, Raúl
   Quesada Álvarez, Javier
   Quesada Álvarez, Octavio
   Quesada Benítez, Ana María

Cortesía

# Aprendamos a vivir en comunidad

## PRONUNCIACIÓN

▶ **A.** The Spanish **i**

The Spanish **i** is pronounced like the double *e* in the English word *see*.
Listen to your teacher and repeat the following words from the dialogue.

| | | |
|---|---|---|
| decidir | días | niño |
| civil | cinco | hijo |
| información | nacimiento | ingeniero |

▶ **B.** The Spanish **o**

The Spanish **o** is a short, pure vowel. It corresponds to the *o* in the
English word *no*, but without the glide. Listen to your teacher and
repeat the following words.

| | | |
|---|---|---|
| hospital | México | vengo |
| como | vivo | ocho |
| otro | número | esposo |

## ESTRUCTURAS GRAMATICALES

▶ **1.** Possession with **de**   (*El caso posesivo*)

The **de** + *noun* construction is used to express possession. Spanish does not
use the apostrophe.

---

*Raúl       's children*

los hijos    **de** Raúl

(*the children of Raúl*)

---

EXAMPLES:

las preguntas **de la recepcionista**     *the receptionist's questions*
la profesión **de los señores**     *the gentlemen's profession*

ATENCIÓN:   Note the use of the definite article before the words **hijos, preguntas,** and **profesión.**

## PRÁCTICA

A. Show the relationship in each set of figures below, expressing possession or relationship (e.g., the Spanish equivalent of *María's husband*).

1

2

3

4

B. Write the following in Spanish.
1. Miss Vera's question     *las preguntas de la señorita Vera.*
2. the young lady's profession     *la pr*
3. the engineers' wives     *las esposas de los ing*
4. the professors' problems     *los problemas*
5. Aranda's marital status

▶ **2.** Present indicative of **ser**   (*Presente de indicativo del verbo ser*)

| ser   *to be* | | | |
|---|---|---|---|
| yo | soy | *I am* | Yo **soy** de México. |
| tú | eres | *you are* (fam.) | Tú **eres** de California. |
| Ud. ⎫ | | *you are* (form.) | Ud. **es** de los Estados Unidos. |
| él ⎬ | es | *he is* | José **es** profesor. |
| ella ⎭ | | *she is* | Luisa **es** profesora también. |
| nosotros | somos | *we are* | Nosotros **somos** de Madrid. |
| vosotros | sois | *you are* (fam.) | Vosotros **sois** ingenieros. |
| Uds. ⎫ | | *you are* (form.) | Uds. **son** doctores. |
| ellos ⎬ | son | *they are* (m.) | Ellos **son** recepcionistas. |
| ellas ⎭ | | *they are* (f.) | Ellas **son** alumnas. |

◈ Some important Spanish verbs are irregular. This means that they do not follow the regular conjugation pattern of the **-ar**, **-er**, and **-ir** verbs.

◈ The verb **ser**, *to be*, is irregular. Its forms, like the forms of other irregular verbs, must be memorized.

◈ Thus far, **ser** has been used to indicate nationality, profession, or status.

Yo **soy** mexicano.          *I am Mexican. (m.)*
Elena **es** recepcionista.    *Elena is a receptionist.*
Edgardo **es** ingeniero.      *Edgardo is an engineer.*
Marta **es** divorciada.       *Marta is divorced. (f.)*

◈ **Ser** is used with the preposition **de** to indicate origin or possession.

Nosotros **somos de** Madrid.    *We are from Madrid.*
El libro **es de** Pedro.         *The book is Pedro's.*

PRÁCTICA

A. Complete the following dialogue using the appropriate forms of the verb **ser.** Then read the dialogue aloud.

–¿De dónde _____ Uds.?
–María y Elena _____ de México y yo _____ de Cuba.
  ¿De dónde _____ tú?
–Yo _____ norteamericana.
–Y los niños, ¿de dónde _____ ?
–Los niños _____ mexicanos.
–¿Tu esposo _____ profesor?
–No, él _____ ingeniero.

B.  Answer the following questions with complete sentences.

1.  ¿De dónde eres?
2.  ¿Es Ud. de México?
3.  ¿Son Uds. de los Estados Unidos?
4.  ¿Es norteamericano(-a) el (la) profesor(a)?
5.  ¿Eres doctor(a)?
6.  ¿Es Ud. ingeniero(-a)?
7.  ¿Es Ud. divorciado(-a)?
8.  ¿Los libros son de los estudiantes?

**3.** Adjectives: Forms, position, and agreement with articles and nouns   (*Adjetivos: Formas, posición y concordancia con artículos y nombres*)

**A.**  Forms of adjectives

In Spanish, adjectives agree in gender and number with the nouns they modify. Adjectives ending in **-o** form the feminine by changing the **-o** to **-a.**

el profesor mexican**o**          la profesora mexican**a**
el lápiz roj**o**                la pluma roj**a**

Adjectives ending in **-e** or in a consonant have the same form for the masculine and the feminine.

el niño inteligent**e**          la niña inteligent**e**
el esposo feli**z** (*happy*)     la esposa feli**z**
el libro verd**e**               la silla verd**e**

The only exceptions are:

1.  Adjectives of nationality that end in a consonant add an **-a** in the feminine.

el niño españo**l**             la niña español**a**
el señor inglé**s** (*English*)   la señora ingles**a**

2.  Adjectives ending in **-or, -án, -ón,** or **-ín** add an **-a** in the feminine.

el alumno trabajad**or** ⎫     (*the hardworking*
la alumna trabajad**ora** ⎭     *student*)

To form the plural, adjectives follow the same rules as nouns. Adjectives ending in a vowel add **-s;** adjectives ending in a consonant add **-es;** those ending in **-z** change the **-z** to **-c** and add **-es.**

las profesoras mexican**as**
los profesores español**es**
los esposos feli**ces**

When an adjective modifies two or more nouns of different genders, the masculine plural form is used:

la niña mexicana  
el niño mexicano  
} la niña y el niño mexican**os**

**B.** Position of adjectives

Descriptive adjectives—such as adjectives denoting color, size, and so forth—generally follow the noun.

el niño **inteligente**  
la silla **verde**

Adjectives denoting nationality always follow the noun.

el ingeniero **mexicano**

**C.** Agreement of articles, nouns, and adjectives

In Spanish, the article, the noun, and the adjective agree in gender and number.

**el** muchacho alt**o**        **la** muchacha alt**a**  
**los** muchachos alt**os**     **las** muchachas alt**as**

*Arqueóloga trabajando en una escultura azteca encontrada en una excavación en el Templo Mayor, Ciudad de México.*

Change the articles and adjectives according to the new nouns.

1.  el niño español
    niña / niños / niñas
2.  el señor casado
    señora / señores / señoras
3.  el esposo feliz
    esposa / esposos / esposas

4.  el alumno inteligente
    alumna / alumnos / alumnas
5.  el libro rojo
    silla / lápices / mesas

▶ **4.** Possessive adjectives   (*Los adjetivos posesivos*)

FORMS OF THE POSSESSIVE ADJECTIVES

| *Singular* | *Plural* | |
| --- | --- | --- |
| **mi** | **mis** | *my* |
| **tu** | **tus** | *your* (fam.) |
| **su** | **sus** | *your* (form.)<br>*his*<br>*her*<br>*its*<br>*their* |
| **nuestro(-a)** | **nuestros(-as)** | *our* |
| **vuestro(-a)** | **vuestros(-as)** | *your* (fam.) |

Possessive adjectives always precede the nouns they introduce and are never given vocal emphasis as in English. They agree in number with the nouns they modify.

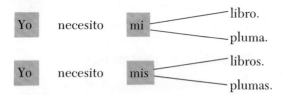

| Yo | necesito | mi | libro.<br>pluma. |

| Yo | necesito | mis | libros.<br>plumas. |

◈ **Nuestro** and **vuestro** are the only possessive adjectives that have the feminine endings **-a** and **-as.** The others take the same endings for both genders.

| Nosotros | necesitamos | nuestro<br>nuestra | libro.<br>pluma. |

| Nosotros | necesitamos | nuestros<br>nuestras | libros.<br>plumas. |

◈ Possessive adjectives agree with the thing possessed and *not* with the possessor. For example: two male students, referring to their female professor will say **nuestra** **profesora.**

◈ Because **su** and **sus** each have several possible meanings, the form **de él** (or **de ella, de ellos, de ellas, de Ud.,** or **de Uds.**) can be substituted to avoid confusion. The "formula" is: *article* + *noun* + **de** + *pronoun.*

> EXAMPLES:  sus casas   las casas **de él** (**ella, Ud.,** etc.)
> su hijo   ·el hijo **de él** (**ella, Ud.,** etc.)

## PRÁCTICA

A. Give the following possessive adjectives in Spanish.

1. (my)  ——— pizarra
2. (our)  ——— cafetería
3. (your) (**Ud.** form) ——— profesora (*or* *la* profesora *de usted*)
4. (her)  ——— teléfono (*or* ——— teléfono ——— ———)
5. (our)  ——— recepcionistas
6. (his)  ——— hijos (*or* ——— hijos ——— ———)
7. (my)  ——— hijas
8. (her)  ——— estado civil (*or* ——— estado civil ——— ———)
9. (their) ——— apellido (*or* ——— apellido ——— ———)
10. (your) (**tú** form) ——— profesores

B. Write the following sentences in Spanish.

1. My husband doesn't work in the cafeteria.
2. Is your (*fam.*) wife from Caracas?
3. Our children need money.
4. His professor works in Mexico. (*Avoid confusion!*)
5. Their wives apply for jobs. (*Avoid confusion!*)
6. Her daughter is (a) nurse. (*Avoid confusion!*)

▶ **5.** Present indicative of regular **-er** and **-ir** verbs    (*Presente de indicativo de los verbos regulares terminados en* **-er** *y en* **-ir**)

| **comer**  *to eat* | | **vivir**  *to live* | |
|---|---|---|---|
| yo | com**o** | yo | viv**o** |
| tú | com**es** | tú | viv**es** |
| Ud.<br>él<br>ella | com**e** | Ud.<br>él<br>ella | viv**e** |
| nosotros | com**emos** | nosotros | viv**imos** |
| vosotros | com**éis** | vosotros | viv**ís** |
| Uds.<br>ellos<br>ellas | com**en** | Uds.<br>ellos<br>ellas | viv**en** |

❖ Other verbs conjugated like **comer: aprender,** *to learn;* **beber,** *to drink;* **creer,** *to believe;* **leer,** *to read;* **vender,** *to sell;* **deber,** *should, must*

❖ Other verbs conjugated like **vivir: abrir,** *to open;* **escribir,** *to write,* **recibir,** *to receive;* **decidir,** *to decide*

**EXAMPLES:**

Nosotros **comemos** sándwiches de jamón y queso y ella **come** ensalada.
Él **vive** en la ciudad de México y sus hijos **viven** en Caracas.

## PRÁCTICA

A. Give the corresponding forms of the following verbs.

1. *yo:*  vivir, deber, creer, escribir, beber
2. *tú:*  aprender, abrir, comer, beber, decidir, deber
3. *ella:*  leer, vivir, creer, recibir, escribir
4. *tú y yo:*  vender, decidir, beber, comer, vivir, leer
5. *Luis y Rosa:*  vivir, deber, creer, escribir, recibir

B. Answer the following questions with complete sentences.

1. ¿Viven Uds. en California?
2. ¿Dónde vive Ud.?
3. ¿Aprenden Uds. el español o el inglés[1]?

---

[1]The definite article is used with names of languages *except* after **hablar** and frequently after **estudiar.**

4. ¿Leen los estudiantes en español?
5. ¿Escribes en español o en inglés?
6. ¿Abre Ud. su libro?
7. ¿Reciben dinero los profesores?
8. ¿Debo llenar la planilla?
9. ¿Comen Uds. ensalada?
10. ¿Venden refrescos?
11. ¿Beben Uds. refrescos en la cafetería?
12. ¿Cree Ud. en Santa Claus?

▶ **6.** Present indicative of the irregular verbs **tener** and **venir**
   (*Presente de indicativo de los verbos irregulares tener y venir*)

| tener | *to have* | venir | *to come* |
|---|---|---|---|
| yo | tengo | yo | vengo |
| tú | tienes | tú | vienes |
| Ud. | | Ud. | |
| él | tiene | él | viene |
| ella | | ella | |
| nosotros | tenemos | nosotros | venimos |
| vosotros | tenéis | vosotros | venís |
| Uds. | | Uds. | |
| ellos | tienen | ellos | vienen |
| ellas | | ellas | |

–¿**Tiene** Ud. hijos?          *Do you have children?*
–Sí, **tengo** dos. Ellos **vienen**     *Yes, I have two. They are*
   más tarde.                        *coming later.*

PRÁCTICA

A. Change the verbs according to the new subjects.

   1. *Yo* tengo dinero. (Él, Uds., Ud. y yo, Su esposo)
   2. *Él* viene con Roberto. (Tú, Juana y él, Juan, Yo, Ud.)

Wed.  B. Answer the following questions with complete sentences.

   1. ¿Tiene Ud. teléfono?
   2. ¿Tienes mi dirección (domicilio)?
   3. ¿Tienen ellos recepcionistas en la universidad?
   4. ¿Tiene mucho dinero su esposo(-a)?

5. ¿Tienen Uds. hijos?
6. ¿Viene Ud. con su esposo(-a)?
7. ¿Vienes con el profesor?
8. ¿Vienen los alumnos con Uds.?
9. ¿Vienen Uds. después de comer?
10. ¿Viene Ud. a solicitar trabajo?

## ¡A VER CUÁNTO APRENDIÓ!

A. ¡Conversemos!

Reread the dialogue in this lesson and be ready to discuss the following:

1. ¿Quién viene a solicitar trabajo?
2. ¿De dónde es la señora Jiménez?
3. ¿Dónde vive ella?
4. ¿La señora Jiménez es ingeniera o enfermera?
5. ¿Es soltera?
6. ¿Cómo se llama el esposo de Mercedes?
7. ¿Dónde trabaja él?
8. ¿Tienen hijos?
9. ¿Los niños son de Caracas?
10. ¿Qué debe llenar la señora Jiménez?

B. Give appropriate responses to the following questions.

1. ¿Su nombre y apellido?
2. ¿Lugar de nacimiento?
3. ¿Cuál es su dirección?
4. ¿Cuál es su número de teléfono?
5. ¿Es Ud. casado(-a) o soltero(-a)?
6. ¿Tiene Ud. hijos?
7. ¿Es ingeniero(-a) su esposo(-a)?
8. ¿Cómo se llama el profesor (la profesora) de Uds.?
9. ¿Tiene Ud. la dirección de su profesor(a)?
10. ¿Lee Ud. bien en español?

En Las Américas

C.  By combining the words in the three columns (one word for each column starting with **A**), you can form many different sentences. Write five in the affirmative and five in the negative.

| A | B | C |
|---|---|---|
| Yo | ser | profesor |
| Mi hijo | estudiar | en el hospital |
| Uds. | trabajar | bien |
| Ud. | contestar | dos hijos |
| Ana y Luisa | solicitar | para la compañía Ford |
| Nosotros | llenar | ingeniero |
| El doctor Jiménez | aprender | la planilla |
| Tú | vivir | las preguntas |
|  | escribir | inglés |
|  | tener | de Madrid |
|  | leer | mexicano |
|  | beber | ensalada |
|  | comer | refrescos |
|  |  | en la calle Roma |
|  |  | trabajo |

D.  ¡Repase el vocabulario!

Match the items in column **A** with those in column **B**.

| A | B |
|---|---|
| 1. Mi esposo se llama | a. de Colombia. |
| 2. Nosotros vivimos | b. la planilla. |
| 3. No tenemos esposos. Somos | c. en La Paz. |
| 4. Yo trabajo para | d. refrescos. |
| 5. Tengo cuatro hijos: | e. la compañía Sandoval. |
| 6. Nosotros somos | f. tres niños y una niña. |
| 7. Ahora debe llenar | g. de teléfono. |
| 8. Tome | h. Roberto González. |
| 9. Ellos beben | i. asiento. |
| 10. Yo no tengo tu número | j. solteras. |
| 11. Entramos en la | k. comer. |
| 12. Venimos después de | l. cafetería. |
| 13. Vengo a solicitar | m. de jamón y queso. |
| 14. Comemos sándwiches | n. trabajo. |

E.  Situaciones

What would you say in the following situations?

1.  You are a receptionist at a hospital. Tell a patient that he or she must fill out another form. Tell the patient that you need the personal data and also information pertaining to his or her family.

2. You are helping a Spanish-speaking woman fill out a form. Ask her her name and surname, her address, where she is from, her age, and whether she is married, single, divorced, or separated. Ask her if she has children.
3. Ask someone if he or she wishes to eat a ham and cheese sandwich and drink a soft drink.

F. Una actividad   *(An activity)*

Following the format of the dialogue in this lesson, interview one of your classmates.

## Ejercicio de lectura

La señora Hilda López es de Chile, pero ahora vive en California. Es enfermera y trabaja en un hospital de Los Ángeles. Sus padres° son médicos,° y viven en Santiago, la capital de Chile.    parents / M.D.'s

Julio, el esposo de la señora López, es ingeniero. Ellos tienen tres hijos: Eduardo, Irene y Teresa. Los niños hablan inglés y español. En la escuela° leen y escriben en inglés.    at school

La familia vive en la ciudad de Los Ángeles, en la calle Figueroa, número ciento treinta. Emilio Ramírez, el padre° de Julio, es viudo y vive con ellos.    father

### ¡A ver cuánto recuerda!   *(Let's see how much you remember!)*

1. ¿De dónde es la señora López?
2. ¿Dónde vive ahora?
3. ¿Dónde trabaja?
4. ¿Cuál es el estado civil de la señora López?
5. ¿Cuál es la profesión de la señora López? ¿De su esposo?
6. ¿Cuántos hijos tienen?
7. ¿Hablan inglés los niños?
8. ¿En qué calle vive la familia? ¿En qué ciudad?
9. ¿Es divorciado el padre de Julio?
10. ¿Con quién vive el señor Ramírez?

### Composición

Following the style and format of the paragraph you have just read, and using the questions above as a guide, write a brief composition about yourself, starting with:

Me llamo _____ ; soy de _____ . Ahora vivo _____ ...

## OBJECTIVES

PRONUNCIATION     The Spanish **u**, linking

STRUCTURE     Expressions with **tener** • Use of **tener que** + infinitive •
The personal **a** • Contractions • Present indicative of the
irregular verbs **ir, dar,** and **estar** • Cardinal numbers
200–1,000

COMMUNICATION     You will learn vocabulary related to parties: drinks, food, and
activities.

*ŧo59 41*

## ¿Bailamos...?

*Susana, una chica uruguaya, da una fiesta de fin de año en su casa. Invita a muchos de sus compañeros de la universidad y a otros amigos. Humberto y Susana conversan mientras bailan.*

| | |
|---|---|
| SUSANA | –¡Oye! ¿Dónde está tu prima? |
| HUMBERTO | –Viene más tarde. Tiene que traer a mi hermana. |
| SUSANA | –También tiene que traer los discos… |
| HUMBERTO | –Sí. ¡Ah! ¿Vamos al baile del Club Náutico más tarde? |
| SUSANA | –Sí. ¿Por qué no invitamos a Julio y a su novia? |
| HUMBERTO | –Tienes razón; ellos son muy simpáticos. |
| SUSANA | –¿Cuántos años tiene Julio? |
| HUMBERTO | –Creo que tiene veintidós. |
| SUSANA | –¡Oye! ¿Tienes hambre? Tenemos pollo, entremeses… |
| HUMBERTO | –No, gracias. No tengo mucha hambre, pero tengo sed. |
| SUSANA | –¿Deseas un coctel, sidra, champán, refrescos, sangría[1]… ? |
| HUMBERTO | –Sangría, por favor. |

*Más tarde, en el Club Náutico:*

| | |
|---|---|
| SUSANA | –Esta orquesta es fantástica. ¿Bailamos, Mario? |
| JULIO | –(*A su novia*) ¿Estás cansada, Teresa? |
| TERESA | –No… tengo calor. ¿Por qué no vamos a la terraza? |
| JULIO | –Buena idea. ¿Llevamos las bebidas? |
| TERESA | –Sí, tengo sed. |
| HUMBERTO | –¿No tienen uvas? En Cuba siempre comemos doce uvas a la medianoche. |
| MARISA | –Aquí brindamos con sidra. |
| SUSANA | –¡Las doce! ¡Feliz Año Nuevo! |
| TODOS | –¡Feliz Año Nuevo! ¡Feliz Año Nuevo… ! |

---

[1]A drink prepared with red wine and fruit.

SHALL WE DANCE?

*Susana, a young Uruguayan woman, gives a New Year's Eve party at her house. She invites many of her classmates from the university and other friends. Humberto and Susana talk while they dance.*

S. Listen! Where is your cousin?

H. She's coming later. She has to bring my sister.

S. She also has to bring the records . . .

H. Yes. Oh! Are we going to the dance at the Club Náutico later?

S. Yes. Why don't we invite Julio and his girlfriend?

H. You're right; they are very nice.

S. How old is Julio?

H. I think he's twenty-two.

S. Listen! Are you hungry? We have chicken, hors d'oeuvres . . .

H. No, thank you. I'm not very hungry, but I'm thirsty.

S. Do you want a cocktail, cider, champagne, soda, sangría . . . ?

H. Sangría, please.

*Later, at the Club Náutico:*

S. This orchestra is fantastic. Shall we dance, Mario?

J. (*To his girlfriend*) Are you tired, Teresa?

T. No . . . I'm hot. Why don't we go to the terrace?

J. Good idea. Shall we take the drinks?

T. Yes, I'm thirsty.

H. Don't they have grapes? In Cuba we always eat twelve grapes at midnight.

M. Over here we toast with cider.

S. Twelve o'clock! Happy New Year!

E. Happy New Year! Happy New Year!

# VOCABULARIO

## COGNADOS

| | | | |
|---|---|---|---|
| el **club** | club | **mucho(-a)** | much, a lot of |
| el **coctel** | cocktail | la **orquesta** | orchestra |
| el **champán** | champagne | la **sidra**[1] | cider |
| **fantástico(-a)** | fantastic | la **terraza** | terrace |
| la **idea** | idea | **uruguayo(-a)** | Uruguayan |

## NOMBRES

el (la) **amigo(-a)**   friend
el **año**   year
el **baile**   dance
la **bebida**   drink, beverage
la **casa**   house, home
el (la) **compañero(-a)**   classmate
la **chica**, la **muchacha**   girl, young woman
el **chico**, el **muchacho**   boy, young man
el **disco**   record
los **entremeses**   hors d'oeuvres
la **fiesta**   party
la **hermana**   sister
el **hermano**   brother
la **medianoche**   midnight
la **novia**   girlfriend, fiancée
el **novio**   boyfriend, fiancé
el **pollo**   chicken
el (la) **primo(-a)**   cousin
las **uvas**   grapes

## VERBOS

**bailar**   to dance
**brindar**   to toast
**conversar, platicar** (*Mex.*)   to talk, converse
**dar** (*irreg.*)   to give
**estar** (*irreg.*)   to be

**invitar**   to invite
**ir** (*irreg.*)   to go
**llevar**   to take (someone or something someplace)
**traer** (**yo traigo**)   to bring

## ADJETIVOS

**bueno(-a)**   good
**cansado(-a)**   tired
**feliz**   happy
**muchos(-as)**   many
**nuevo(-a)**   new
**simpático(-a)**   charming, nice

## OTRAS PALABRAS Y EXPRESIONES

**a**   to, toward
**a la medianoche**   at midnight
**aquí**   here
**¿Bailamos...?**   Shall we dance . . . ?
**¿cuántos(-as)?**   how many?
**fiesta de fin de año**   New Year's Eve party
**mientras**   while
**pero**   but
**que**   that (*relat. pron.*)
**siempre**   always
**todos(-as)**   everybody, all

---

[1] A kind of champagne made from apples.

## VOCABULARIO ADICIONAL

**¿a dónde?**   where (to)?
**¿A dónde** vamos?

**allí**   there, over there
Marisa no está **allí.**

**antipático(-a)**   unpleasant
Josefina es muy **antipática.**

la **cerveza**   beer
Yo no bebo **cerveza.**

la **cinta,** el **casete**   tape, cassette
Ella trae las **cintas.**

la **fiesta de Navidad**   Christmas party
¿A quién llevas a la **fiesta de Navidad?**

**porque**   because
No viene **porque** no tiene dinero.

el **tocadiscos**   record player
¿Dónde está el **tocadiscos?**

el **vino**   wine
¿Deseas tomar **vino?**

---

**¿Lo sabía Ud....?**

1. En España y en Latinoamérica, no existe la separación entre (*among*) generaciones como en los Estados Unidos. Los niños, los padres y los abuelos frecuentemente van juntos a fiestas y celebraciones.
2. En los países (*countries*) de habla hispana, las chicas y los muchachos generalmente salen (*go out*) en grupos. Van juntos a fiestas, al teatro y a conciertos. La necesidad de una «chaperona» está desapareciendo.
3. «Novia» y «novio» equivalen también a «*bride*» y «*groom*».
4. En los países hispanos no existe una edad mínima para comprar o tomar bebidas alcohólicas.
5. En español se dice «¡Salud!» (*Cheers!*) al brindar.

## PRONUNCIACIÓN

▶ **A.** The Spanish **u**

The Spanish **u** is shorter in length than the English *u*. It corresponds to the *ue* sound in the English word *Sue*. Listen to your teacher and repeat the following words.

| | | | |
|---|---|---|---|
| muchacho | Susana | azul | universidad |
| Humberto | Cuba | bueno | uruguayo |

► **B.** Linking

1. In Spanish, a final consonant is always linked with the next initial vowel.

    mis hermanos        ¿Vas al baile?

2. When two identical consonants are together, they are pronounced as one.

    es simpática        Voy con Norma.

3. When two identical vowels are together, they are pronounced as one long vowel.

    Rodolfo Ochoa        ¿Va Ana?

4. The final vowel of one word is linked with the initial vowel of the following word to form one syllable.

    fin de año        la hermana de Olga
    hablo español

## ESTRUCTURAS GRAMATICALES

► **1.** Expressions with **tener**   (*Expresiones con* ***tener***)

Many useful idiomatic expressions are formed with **tener.**

| | |
|---|---|
| tener (mucho) frío | *to be (very) cold* |
| tener (mucha) sed | *to be (very) thirsty* |
| tener (mucha) hambre | *to be (very) hungry* |
| tener (mucho) calor | *to be (very) hot* |
| tener (mucho) sueño | *to be (very) sleepy* |
| tener prisa | *to be in a hurry* |
| tener miedo | *to be afraid* |
| tener razón | *to be right* |
| no tener razón | *to be wrong* |
| tener... años de edad | *to be . . . years old* |

| | |
|---|---|
| –¿**Tienes** frío? | *Are you cold?* |
| –No, **tengo** mucho calor. | *No, **I** am very hot.* |
| –¿Cuántos años **tienes**? | *How old **are you**?* |
| –**Tengo** diecinueve años. | *I'm nineteen years old.* |

ATENCIÓN: Note that while Spanish uses **mucho(-a)** + *noun* (as in **mucha hambre**), English uses *very* + *adjective* (as in *very hungry*).

## PRÁCTICA

A. Answer the following questions with complete sentences.

1. ¿Tienes sed?
2. ¿Tienen Uds. prisa?
3. ¿Cuántos años tiene Ud.?
4. ¿Tienes calor?
5. ¿Tiene Ud. mucha hambre?
6. ¿Tienes miedo?
7. ¿Tiene sueño el profesor (la profesora)?
8. ¿Tiene razón Ud. o tengo razón yo?
9. ¿Tienes frío?
10. ¿Tienen Uds. mucho sueño?

B. Write the following dialogues in Spanish.

1. Are you in a hurry, Mr. Peña?
   No, I'm not in a hurry.
2. How old is your sister, Anita?
   She is twenty years old.
3. Are you thirsty?
   No, we are hungry.

▶ **2.** Use of **tener que** + infinitive  (*Uso de **tener que** + infinitivo*)

**Tener que** is the Spanish equivalent of *to have to.*

Yo **tengo** que traer los discos.
*I*  *have*  *to bring the records.*

–¿A dónde **tienen que** ir?          *Where do **you have to** go?*
–**Tenemos que** ir a la universidad.  ***We have to** go to the university.*

## PRÁCTICA

A. Change the verbs according to the new subjects.

1. *Yo* tengo que trabajar. (Tú, Nosotros, Él, Ellos)
2. *Él* tiene que estudiar. (Nosotros, Uds., Tú, Ellos, Yo)

B. Answer the following questions with complete sentences.

1. ¿Tienes que estudiar hoy?
2. ¿A dónde tienes que ir mañana?
3. ¿Tienen que trabajar hoy?
4. ¿Qué tienes que traer a clase?
5. ¿Qué tienes que llevar a la fiesta?
6. ¿Tenemos que hablar español en la clase?

▶ **3.** The personal **a**   (*La a personal*)

The preposition **a** is used in Spanish before a direct object[1] referring to a specific person. It is called the "personal a" and has no equivalent in English.

Yo llevo **a mi hermana.**
　　　　　D.O.

*I  take    my sister.*
　　　　　D.O.

◈ The personal **a** is *not* used when the direct object is not a person.

Yo llevo **los discos.**
　　　　D.O.

*I   take  the records.*
　　　　　D.O.

◈ The verb **tener** does not take the personal **a,** even if the direct object is a person.

Tengo **hijos.**　　　　　Tenemos **dos hermanas.**
　　　D.O.　　　　　　　　　　　　D.O.

*I have **children.***　　　*We have  two sisters.*
　　　D.O.　　　　　　　　　　　　D.O.

### PRÁCTICA

A. Read the following dialogues, adding the personal **a** when needed.

　1. –¿Cuántos primos tienes?
　　　–Tengo _____ dos primos y una prima.
　2. –¿Llama Ud. _____ Carmen o _____ Elena?
　　　–Llamo _____ Carmen.
　3. –¿Tu amigo lleva _____ Rosa a la fiesta de Navidad?
　　　–No, lleva _____ su novia.
　4. –¿A dónde lleva Ud. _____ las bebidas?
　　　–A la fiesta.
　5. –¿Tienes _____ muchos hermanos?
　　　–No, no tengo _____ hermanos.
　6. –¿Qué lees?
　　　–Leo _____ la lección.

---

[1]See *lección 6* for further explanation of the direct object.

B.  Answer the following questions.

    1.  ¿A quién invitas siempre a tus fiestas?
    2.  ¿Llevas a tu novio(-a) a los bailes de la universidad?
    3.  ¿Tienes hermanos? ¿Cuántos?
    4.  ¿Traes a tus amigos a la clase?
    5.  ¿Tienes primos? ¿Cuántos?

C.  Write the following sentences in Spanish.

    1.  Do you need his phone number?
    2.  She takes the girls to the party.
    3.  I have a boyfriend.
    4.  We always call my sister.
    5.  Are you taking your boyfriend?
    6.  He takes the tapes to his house.

► **4.**  Contractions  (*Contracciones*)

There are only two contractions in Spanish: **del** and **al.**
The preposition **de** (*of, from*) plus the article **el** becomes **del.**

    **La hija de + el** profesor López  ⟶  La hija **del** profesor López

The preposition **a** (*to, toward*) or the personal **a** plus the article **el** form **al.**

    ¿Vas **a + el** baile?  ⟶  ¿Vas **al** baile?

    Llevo **a + el** primo de Roberto.  ⟶  Llevo **al** primo de Roberto.

    –¿Llevas **al** hermano de Ana?     *Are you taking Ana's brother?*
    –No, llevo **a las** hijas de Eva.     *No, I'm taking Eva's daughters.*

ATENCIÓN:  None of the other combinations (**de la, de las, de los, a la, a las, a los**) is contracted.

PRÁCTICA

A.  Complete the following sentences orally, with one of the following: **de la, de las, del, de los, a la, a las, al, a los.**

    1.  Vengo ____ baile ____ universidad.
    2.  Ellos necesitan ____ muchachas.
    3.  Ellos llaman ____ estudiantes.
    4.  El libro es ____ compañera de María.

5. Humberto lleva ____ chicas ____ baile de fin de año.
6. El tocadiscos es ____ primos de Juan.
7. La sidra es ____ señor López.
8. Nosotros tenemos la dirección ____ chicas.

B. Write the following sentences in Spanish.

1. Are they coming from the dance?
2. My cousin is from the United States.
3. The money is Mr. Vega's.
4. I am taking Mr. Guerra's son to the dance.
5. Are you Dr. Rita Pereyra's fiancé?

▶ **5.** Present indicative of the irregular verbs **ir**, **dar**, and **estar**
   (*Presente de indicativo de los verbos irregulares* **ir**, **dar** *y* **estar**)

| | **ir**  *to go* | **dar**  *to give* | **estar**  *to be* |
|---|---|---|---|
| yo | voy | doy | estoy |
| tú | vas | das | estás |
| Ud.<br>él<br>ella | va | da | está |
| nosotros | vamos | damos | estamos |
| vosotros | vais | dais | estáis |
| Uds.<br>ellos<br>ellas | van | dan | están |

| | |
|---|---|
| —Susana **da** una fiesta hoy. ¿Tú **vas?** | *Susana **is giving** a party today. **Are you going?*** |
| —No, no **voy** porque **estoy** muy cansada. | *No, I'm not **going** because I **am** very tired.* |
| —Oye, ¿dónde **está** tu hermana? | *Listen, where **is** your sister?* |
| —**Está** en el Club Náutico. | *She **is** at the Náutico Club.* |

ATENCIÓN:   Thus far, **estar** has been used to indicate current condition (**estoy muy cansado**) and location (**está en el club**).

## PRÁCTICA

A. Change the verbs according to the new subjects.

1. *Yo* voy a la fiesta. (Nosotros, Tú, Mis amigos, Uds.)
2. *Ellos* están bien. (Nosotros, Yo, Tú, Mi hijo, Ud.)
3. *Él* da dinero. (Ud., Yo, Tú, Ella y yo, Ellos)

B. Answer the following questions with complete sentences.

    1. ¿Cómo está Ud.?
    2. ¿Está Ud. cansado(-a)?
    3. ¿Quién no está aquí hoy?
    4. ¿Con quién vas a la fiesta de Navidad?
    5. ¿Van Uds. con el profesor (la profesora)?
    6. ¿A dónde vamos mañana?
    7. ¿A qué club vas tú?
    8. ¿Dan Uds. muchas fiestas?
    9. ¿Da Ud. una fiesta de fin de año?
    10. ¿Dónde están tus amigos?

C. Complete the following sentences in a logical manner.

    1. Roberto está allí y nosotros…
    2. Yo doy una fiesta esta noche y tú…
    3. Tú vas a la universidad y yo…
    4. Yo estoy muy cansado pero ellos…
    5. Nosotros damos una fiesta de Navidad y él…
    6. Ellos van hoy y nosotros…

▶ **6.** Cardinal numbers 200–1,000   (*Números cardinales 200–1.000*)

| | | | |
|---|---|---|---|
| **200** | doscientos | **600** | seiscientos |
| **245** | doscientos cuarenta y cinco | **700** | setecientos |
| **300** | trescientos | **800** | ochocientos |
| **400** | cuatrocientos | **900** | novecientos |
| **500** | quinientos | **1.000** | mil |

◈ When counting beyond 100, **ciento** is used.

◈ Note that **y** appears only in numbers between 16 and 99.

◈ In Spanish, one does not count in hundreds beyond **1.000**; thus, **1.100** is expressed as **mil cien.** After **1.000**, the numbers are represented thus: **dos mil, tres mil, catorce mil,** and so on. Note that in Spanish numbers, a period is used instead of a comma.

PRÁCTICA

Read the following numbers aloud in Spanish.

| | | |
|---|---|---|
| 298 | 3.575 | 38.381 |
| 502 | 5.126 | 27.957 |
| 1.893 | 14.740 | 428.632 |

## ¡A VER CUÁNTO APRENDIÓ!

A. ¡Conversemos!

Reread the dialogue in this lesson and be ready to discuss the following.

1. ¿Es uruguayo Humberto?
2. ¿A quiénes invita Susana?
3. ¿Qué tiene que traer la prima de Humberto?
4. ¿Quiénes son muy simpáticos?
5. ¿Cuántos años tiene Julio?
6. ¿Qué desea beber Humberto?
7. ¿A dónde van todos más tarde?
8. ¿Por qué van Julio y Teresa a la terraza?
9. ¿Qué llevan a la terraza?
10. ¿Con qué brindan en la fiesta?

B. Give appropriate responses to the following questions.

1. ¿Cuántos años tiene Ud.?
2. ¿Es Ud. feliz?
3. ¿Da Ud. muchas fiestas en su casa?
4. ¿Baila Ud. muy bien?
5. ¿Bebe Ud. vino, cerveza o refrescos?
6. ¿Qué orquesta cree Ud. que es muy buena?
7. ¿Es una buena idea tener una fiesta hoy?
8. ¿A dónde va Ud. esta noche?
9. ¿Tienes discos o cintas?
10. ¿Deseas comer pollo o entremeses?

C. ¡Repase el vocabulario!

Complete the following sentences with the appropriate words, then read them aloud.

1. Ellos conversan _____ bailan.
2. En las fiestas de _____ de año en Cuba, comen doce _____ a la _____ .
3. Esta orquesta es muy, muy buena. ¡Es _____ !
4. ¿Por qué no comen? _____ no tienen hambre...
5. ¿ _____ vas? ¿Al club?
6. ¡Feliz año _____ !
7. No es antipático. Es muy _____ .
8. ¿Tienes refrescos? Tengo mucha _____ .
9. No tengo cintas pero tengo _____ .
10. No deseo bailar porque estoy muy _____ .

D. Situaciones

What would you say in the following situations?

1. You ask someone to dance with you.
2. You ask someone whether he or she wishes to drink champagne, a cocktail, or a soft drink.
3. Your friend is hungry and thirsty. Offer him or her things to eat and drink.
4. Tell a friend that you are bringing the drinks for a party.
5. Wish someone a happy new year.

E. Para escribir

Complete the following sentences.

1. Yo traigo el pollo y tú...
2. Nosotros bebemos sangría y ellos...
3. Ellos platican y nosotros...
4. Ellos van al baile con sus primos y yo...
5. Yo invito a mis amigos y Uds. ...
6. Yo llevo al hijo del profesor y tú...
7. Yo tengo veinte años y tú...
8. Ellos llevan el vino y yo...
9. Ellos brindan con sidra y nosotros...
10. Ellos son uruguayos y nosotros...

*Grupo de estudiantes en un club en Sevilla, España.*

The Spanish **b, v, d,** and **g** (before **a, o,** or **u**)

Present indicative of **e > ie** stem-changing verbs • Comparison of adjectives and adverbs • Irregular comparison of adjectives and adverbs • **Ir a** + infinitive • Ordinal numbers • Months and seasons of the year

You will learn vocabulary related to family relationships and personal characteristics.

# LECCIÓN 4

## ¡Vamos a Madrid!

*Carol, una muchacha norteamericana, está en España. Asiste a la universidad de Salamanca y vive en una pensión cerca de la Plaza Mayor. Quiere aprender a[1] hablar español perfectamente y por eso nunca pierde la oportunidad de practicar el idioma. Ahora está en un café con dos amigos españoles.*

LUIS —¿Quieres ir con nosotros a Madrid este fin de semana?

CAROL —No… tengo que escribir muchas cartas: a mi abuela, a mi tío…

LUIS —Tú extrañas mucho a tu familia, ¿no?

CAROL —Sí… Mañana es el cumpleaños de mi hermano.

CARMEN —¿Cómo es tu hermano? ¿Rubio? ¿Moreno?

CAROL —Es rubio, alto y delgado. Es guapo, inteligente… Estudia medicina.

CARMEN —¡Muy interesante! ¿Piensa venir a España?

CAROL —No, va a viajar a México con su esposa y sus dos hijas en el verano.

CARMEN —¡Bah! Es casado… ¡Qué lástima!

CAROL —¿Quieren ver una fotografía de mis sobrinas?

CARMEN —Sí. (*Mira la foto.*) ¡Son muy bonitas!

CAROL —Empiezan a[1] asistir a la escuela en septiembre.

LUIS —¡Oye! ¿Por qué no vas a Madrid con nosotros? Es más interesante que escribir cartas…

CAROL —¿Van en coche?

LUIS —No, preferimos ir en autobús. Es tan cómodo como el coche y no tenemos que manejar.

CARMEN —Pensamos ir al Museo del Prado…

CAROL —Oh… allí están algunos de los cuadros más famosos del mundo.

LUIS —¡Es muy interesante! ¡Y Madrid tiene unos restaurantes muy buenos!

CAROL —Vale. ¡Vamos a Madrid!

---

[1]The preposition **a** is used after **aprender** and **empezar** when they are followed by a verb in the infinitive.

## LET'S GO TO MADRID!

*Carol, an American girl, is in Spain. She attends the University of Salamanca and lives in a boardinghouse near the Plaza Mayor. She wants to learn to speak Spanish perfectly, and that is why she never misses the opportunity to practice the language. Now she is at a café with two Spanish friends.*

L.  Do you want to go with us to Madrid this weekend?

C.  No . . . I have to write many letters: to my grandmother, to my uncle . . .

L.  You miss your family very much, don't you?

C.  Yes . . . Tomorrow is my brother's birthday.

C.  What is your brother like? Blond? Dark?

C.  He's blond, tall, and slim. He's handsome, intelligent . . . He's studying medicine.

C.  Very interesting! Is he planning on coming to Spain?

C.  No, he's going to travel to Mexico with his wife and two daughters in the summer.

C.  Bah! He's married . . . What a pity!

C.  Do you want to see a picture of my nieces?

C.  Yes. (*She looks at the picture.*) They are very pretty!

C.  They start attending school in September.

L.  Listen! Why don't you come[1] to Madrid with us? It's more interesting than writing letters . . .

C.  Are you going by car?

L.  No, we prefer to go by bus. It's as comfortable as the car, and we don't have to drive.

C.  We're planning on going to the Museo del Prado . . .

C.  Oh ... some of the most famous paintings in the world are there.

L.  It's very interesting! And Madrid has some very good restaurants!

C.  Okay. Let's go to Madrid!

---

[1]In Spanish, the verb **ir** (*to go*) would be used here.

# VOCABULARIO

### COGNADOS

el **café**   café
la **familia**   family
**famoso(-a)**   famous
la **fotografía**, la **foto**   photograph
**inteligente**   intelligent
**interesante**   interesting

la **medicina**   medicine
el **museo**   museum
la **oportunidad**   opportunity
**perfectamente**   perfectly
el **restaurante**   restaurant
**septiembre**   September

### NOMBRES

la **abuela**   grandmother
el **autobús**, el **ómnibus**, el **camión de pasajeros** (*Mex.*)   bus
la **carta**   letter
el **coche**, el **carro**, el **automóvil**, el **auto**   car, automobile
el **cuadro**, la **pintura**   painting, picture
el **cumpleaños**   birthday
**España**   Spain
el **fin de semana**   weekend
el **mundo**   world
la **pensión**   boardinghouse
la **sobrina**   niece
el **tío**   uncle
el **verano**   summer

### VERBOS

**asistir (a)**   to attend
**empezar (e>ie)**, **comenzar (e>ie)**   to begin, start
**extrañar**   to miss, feel homesick
**manejar**   to drive
**mirar**   to look at
**pensar (e>ie)**   to plan; to think
**perder (e>ie)**   to miss; to lose
**practicar**   to practice

**preferir (e>ie)**   to prefer
**querer (e>ie)**   to want, wish
**ver (yo veo)**   to see
**viajar**   to travel

### ADJETIVOS

**alto(-a)**   tall
**bonito(-a)**   pretty
**cómodo(-a)**   comfortable
**delgado(-a)**   thin, slim, slender
**este**   this (*m.*)
**guapo(-a)**   handsome, good-looking
**moreno(-a)**   dark; brunette
**rubio(-a)**, **güero(-a)** (*Mex.*)   blond

### OTRAS PALABRAS Y EXPRESIONES

**algunos(-as)**   some
**cerca (de)**   near
**¿cómo es... ?**   what is . . . like?
**nunca**   never
**por eso**   that is why
**¡qué lástima!**   what a pity!
**vale**   okay
**vamos**   let's go

## VOCABULARIO ADICIONAL

**bajo(-a), chaparro(-a)** (*Mex.*)   short
(in height)
No es alto; es **bajo.**

**feo(-a)**   ugly
Es **feo,** pero es simpático.

**gordo(-a)**   fat
No es **gordo;** es delgado.

**grande**   big
Tengo un escritorio muy **grande.**

**pelirrojo(-a)**   redheaded
Teresa es una chica **pelirroja.**

**pequeño(-a)**   small
Es un libro muy **pequeño.**

## La familia

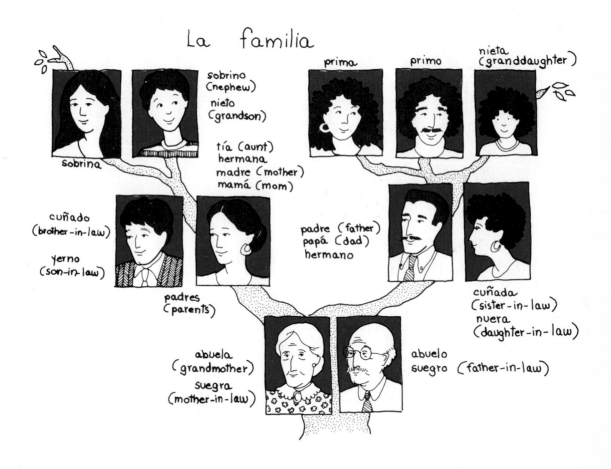

1. La Universidad de Salamanca es una de las universidades más antiguas y famosas del mundo. Además de los cursos regulares para españoles, ofrece muchas clases para estudiantes extranjeros (*foreign*).

2. El Museo del Prado es uno de los museos más importantes del mundo. Tiene una colección de más de dos mil cuadros y más de trescientas esculturas. Allí están representados los grandes pintores españoles—Goya, Murillo, Velázquez, El Greco y otros. También hay cuadros de otros pintores europeos famosos.

3. En la mayoría de los países hispánicos, las universidades no tienen residencias universitarias (*dorms*). Los estudiantes viven con su familia o en pensiones, donde el precio incluye el cuarto y la comida (*room and board*).

4. En los países hispánicos, hay (*there are*) muchos cafés al aire libre (*sidewalk cafés*), donde la gente (*people*) conversa mientras come y toma algo (*something*).

5. Los hispanos generalmente celebran su cumpleaños y también el día de su «santo». Muchos padres les dan a sus hijos el nombre del santo que corresponde al día de su nacimiento según el calendario católico. Por ejemplo, si un niño nace (*is born*) el 24 de junio, que es el día de San Juan, el niño se llama Juan. Pero si nace el 24 de junio y sus padres lo llaman Miguel, celebra su cumpleaños en junio y celebra el día de su «santo» el 29 de septiembre, que es el día de San Miguel.

## PRONUNCIACIÓN

▶ **A.** The Spanish **b** and **v**

The Spanish **b** and **v** are pronounced exactly alike. Both sound like a weak English *b*, as in the word *Abe*. In Spanish, they are even weaker when pronounced between vowels. Never pronounce these consonants like English *v*. Listen to your teacher and repeat the following words from the dialogue.

| | |
|---|---|
| vale | bien |
| viajar | abuela |
| Ana va | rubio |
| verano | sobrina |

▶ **B.** The Spanish **d**

The Spanish **d** is slightly softer than the *d* in the English word *day*. When pronounced between two vowels or at the end of a word, it is similar to the *th* in the English word *they*. Listen to your teacher and repeat the following words from the dialogue.

delgado        oportunidad
de             sábado
debe           medicina
dos            Adela

▶ **C.** The Spanish **g**

1. When followed by **a, o,** or **u,** the Spanish **g** is similar to the *g* in the English word *guy.* Listen to your teacher and repeat the following words.

    delgado        guapo        gordo

2. When pronounced between vowels, the Spanish **g** is much softer. Repeat after your teacher.

    amigo        pregunta        agosto

3. In the combinations **gue** and **gui,** the **u** is silent. Repeat after your teacher.

    Guevara        Guillermo        alguien

## ESTRUCTURAS GRAMATICALES

▶ **1.** Present indicative of **e>ie** stem-changing verbs   *(Presente de indicativo de los verbos que cambian en la raíz e>ie)*

Some verbs undergo a change in the stem in the present indicative. When **e** is the last stem vowel and it is stressed, it changes to **ie** as follows.

| preferir   *to prefer* | | | |
|---|---|---|---|
| yo | pref**ie**ro | nosotros | preferimos |
| tú | pref**ie**res | vosotros | preferís |
| Ud.<br>él<br>ella } | pref**ie**re | Uds.<br>ellos<br>ellas } | pref**ie**ren |

◈ Note that the stem vowel is not stressed in the verb forms used with **nosotros** and **vosotros;** therefore, the **e** does not change to **ie.**

◈ Stem-changing verbs have regular endings like other **-ar, -er,** and **-ir** verbs.

◈ Some other verbs that undergo the same change are **cerrar,** *to close;* **entender,** *to understand;* **perder,** *to lose;* **querer,** *to want, to love;* **empezar** and **comenzar,** both meaning *to begin, to start;* **pensar,** *to think, to plan.* (For a complete list of stem-changing verbs, see the Appendix.)

## PRÁCTICA

A. Change the verbs according to the new subjects.

1. *Yo* quiero ir con ellas. (Tu sobrina y yo, Tú, Ellos, Él)
2. *Yo* empiezo la clase. (Tú, Mi tío, Nosotros, Ellos)
3. *¿Tú* cierras la puerta? (Nosotros, Yo, Ella, Uds.)

B. Answer the following questions with complete sentences.

1. ¿Prefieres vivir en Buenos Aires o en Los Ángeles?
2. ¿Prefieren Uds. ir a un café o a un restaurante?
3. ¿Entiende Ud. una conversación en español?
4. ¿Entienden Uds. el inglés?
5. ¿Quieres bailar con mi hermano(-a)?
6. ¿Quiere Ud. un café o un refresco?
7. ¿Entiendes la lección?
8. ¿Piensa Ud. ir al baile de fin de año?

C. Complete the following dialogues, using the verbs given.

1. preferir      —¿Dónde _____ comer Uds.? ¿En el café o en el restaurante?
                 —_____ comer en el restaurante.
2. querer        —¿Qué _____ comer (Uds.)?
                 —Rosa _____ comer pollo y Oscar y yo _____ comer sándwiches.
3. pensar        —¿A dónde _____ Uds. ir este fin de semana?
                 —_____ ir al Museo del Prado.
4. cerrar        —¿No _____ (ellos) el museo los sábados?
                 —No, creo que nunca _____ .

▶ **2.** Comparison of adjectives and adverbs   (*Comparación de los adjetivos y adverbios*)

A. In Spanish, the comparative of most adjectives and adverbs is formed by placing **más** (*more*) or **menos** (*less*) before the adjective or the adverb and **que** (*than*) after it.

| más or menos | + | *adjective* or *adverb* | + | **que** |
|---|---|---|---|---|

| | |
|---|---|
| –¿Tú eres **más alta que** Ana? | *Are you **taller than** Ana?* |
| –Sí, ella es mucho **más baja que** yo. | *Yes, she is **much shorter than I**.* |
| –¿Qué edad tiene Ana? | *How old is Ana?* |
| –Creo que tiene **más de** veinte años. | *I think she's **over** twenty.* |

ATENCIÓN:    **De** is used instead of **que** before a numerical expression of quantity: **...más *de* veinte años.**

**B.   Tan... como** (*as . . . as*) is used in an equal comparison.

| | | | | |
|---|---|---|---|---|
| **tan** | + | *adjective* or *adverb* | + | **como** |

| | |
|---|---|
| –¿Vas en autobús? | *Are you going by bus?* |
| –Sí, es **tan cómodo como** el coche. | *Yes, it's **as comfortable as** the car.* |

**C.**   The superlative construction is similar to the comparative. It is formed by placing the definite article before the person or thing being compared.

| | | | | | | |
|---|---|---|---|---|---|---|
| *definite article* | + | *(noun)* | + | **más** or **menos** | + | *adjective* |

| | |
|---|---|
| –¿Quieres ir al Museo del Prado? | *Do you want to go to the Museo del Prado?* |
| –Sí, allí están **los cuadros más famosos** del mundo. | *Yes, **the most famous paintings** in the world are there.* |

## PRÁCTICA

A.  Complete the following sentences, using the Spanish equivalent of the words in parentheses.

1. Tu primo es _____ tú. (*fatter than*)
   Tú eres _____ que él. (*much thinner*)
2. Mi cuñado es _____ que ella, pero estudia mucho.
   (*less intelligent*)
3. Mi suegra tiene _____ años, pero mi suegro tiene _____ .
   (*less than fifty  /  more than seventy*)

4. Mi sobrina es _____ su mamá. (*as tall as*)
5. Tu tía habla español _____ mi padre. (*as well as*)

B. Compare the people in the picture below to each other.

1. María es _____ Rosa.
2. Rosa es _____ María.
3. Carlos es _____ Rosa y María.
4. Carlos es _____ Juan.
5. Juan es _____ Carlos.
6. Juan es _____ María.
7. Juan es el _____ de todos.
8. Carlos es el _____ de todos.
9. Rosa es la _____ de todos.
10. Juan no es tan _____ Carlos.

C. Give the Spanish equivalent of the following dialogues.

1. Are you taller than your sister?
   Yes, I am the tallest in the family.
2. You are the most intelligent girl in the world.
   No, you are as intelligent as I (am).
3. Is your house as big as Mr. Soto's house?
   No, it is smaller.

▶ **3.** Irregular comparison of adjectives and adverbs　(*Comparación irregular de adjetivos y adverbios*)

| Adjectives | | Adverbs | | Comparative | | Superlative | |
|---|---|---|---|---|---|---|---|
| **bueno** | *good* | **bien** | *well* | **mejor** | *better* | **el mejor** | *the best* |
| **malo** | *bad* | **mal** | *badly* | **peor** | *worse* | **el peor** | *the worst* |
| **mucho** | *much* | **mucho** | *much* | **más** | *most* | **el más** | *the most* |
| **poco** | *little* | **poco** | *little* | **menos** | *less* | **el menos** | *the least* |
| **grande** | *big* | | | **mayor** | *bigger, older* | **el mayor** | *the biggest, oldest* |
| **pequeño** | *small* | | | **menor** | *smaller, younger* | **el menor** | *the smallest, youngest* |

When the adjectives **grande** and **pequeño** refer to size, the regular forms are generally used.

> Tu casa es **más grande** que la de Carolina.　　*Your house is **bigger** than Carolina's.*

When these adjectives refer to age, the irregular forms are used.

> Ella es mucho **mayor** que yo.　　*She is much **older** than I.*

## PRÁCTICA

A. Answer the following questions with complete sentences.

1. Mi nieta tiene veinte años y mi nieto tiene treinta. ¿Quién es mayor? ¿Menor?
2. Mi yerno tiene cuarenta años y mi nuera tiene treinta y ocho. ¿Quién es menor? ¿Mayor?
3. Yo tengo veinte dólares y tú tienes diecisiete. ¿Quién tiene menos dinero? ¿Más?
4. ¿Quién habla mejor el español: tú o el profesor (la profesora)?
5. Pedro tiene una «D» en inglés; Antonio tiene una «F». ¿Quién es el peor estudiante?
6. ¿Quién tiene más dinero, tus padres o tú?

B. Give the Spanish equivalent of the following dialogues.

1. Do you attend Harvard University?
   Yes, and I think (that) it is the best university in the world.
2. Are you older than your cousin?
   Yes, she is two years younger than I.
3. I have very little money.
   I have less than you (do).

▶ **4. Ir a** + infinitive   (**Ir a** + *infinitivo*)

**Ir a** + *infinitive* is used to express time in the future. It is equivalent to the English expression *to be going to* + *infinitive*. The "formula" is as follows:

---

**ir** (conjugated) + **a** + *infinitive*

---

| **Voy** | **a** | **trabajar.** |
| *I am going* | | *to work.* |

---

–¿A qué universidad **van a asistir** Uds.? 

*What university **are you going to attend?***

–**Vamos a asistir** a la Universidad de México.

***We're going to attend** the University of Mexico.*

### PRÁCTICA

A. Change the verbs to the future in the following sentences, using the **ir a** + *infinitive* construction.

1. Yo *viajo* a Puerto Rico. *Voy a viajar a Puerto Rico*
2. ¿Tú *practicas* el español? *Vas a practicar el español?*
3. Gerardo *empieza* las clases en septiembre. *Gerardo va a empezar las clases*
4. Nosotros *damos* una fiesta de fin de año.
5. ¿Uds. *vienen* a la fiesta? *Damos a venir a la fiesta*
6. Mis padres *están* allí. *van a estoy*

*Nosotros vamos a dar una fiesta de fin de año*

B. Answer the following questions, using the cues provided.
1. ¿A dónde vas a viajar este verano? (*a España*) *Este verano voy a viajar a España.*
2. ¿Vas a extrañar a tus amigos? (*Sí,... mucho*) *Voy a extrañar a mis amigos muchos*
3. ¿Tus padres van a ir también? (*Sí*) *Sí, mis padres van a ir también.*
4. ¿Cuántos días van a estar Uds. en Madrid? (*cinco días*) *Voy a estar en Madrid cinco días.*
5. ¿A dónde va a ir tu hermano? (*a Caracas*) *Mi hermano va a ir a Caracas*
6. ¿Dónde va a vivir? (*en una pensión*) *Voy a vivir en una pensión*

C. Complete the following sentences in an original manner, indicating what the other people are going to do.

1. Yo voy a comer en un restaurante y ellos.... .
2. Uds. van a ir al museo y nosotros.... .
3. Ella va a mirar las fotografías de sus padres y yo.... .
4. Jorge va a bailar con Gabriela y tú.... .
5. Yo voy a brindar con sidra y Ud.... .
6. Yo voy a estudiar ruso y mi mejor amigo.... .

▶ **5.** Ordinal numbers   (*Números ordinales*)

| | | | |
|---|---|---|---|
| primero(-a) | *first* | sexto(-a) | *sixth* |
| segundo(-a) | *second* | séptimo(-a) | *seventh* |
| tercero(-a) | *third* | octavo(-a) | *eighth* |
| cuarto(-a) | *fourth* | noveno(-a) | *ninth* |
| quinto(-a) | *fifth* | décimo(-a) | *tenth* |

◈ The ordinal numbers **primero** and **tercero** drop the final **-o** before masculine singular nouns.

   el **primer** profesor      el **tercer** profesor

◈ Ordinal numbers agree in gender and number with the nouns they modify.

   **el segundo profesor**      **la segunda profesora**
   **los primeros días**      **las primeras semanas**

◈ Ordinal numbers are seldom used after **décimo** (*tenth*).

## PRÁCTICA

Supply the ordinal numbers that correspond to the following cardinal numbers.

1. cuatro *cuarto*
2. diez *décimo*
3. uno *primero*
4. siete *séptimo*
5. dos *segundo*

6. ocho *octavo*
7. tres *tercero*
8. nueve *noveno*
9. cinco *quinto*
10. seis *sexto*

▶ **6.** Months and seasons of the year   (*Los meses y las estaciones del año*)

**A.** Los meses del año

| | | | |
|---|---|---|---|
| **enero** | *January* | **julio** | *July* |
| **febrero** | *February* | **agosto** | *August* |
| **marzo** | *March* | **septiembre** | *September* |
| **abril** | *April* | **octubre** | *October* |
| **mayo** | *May* | **noviembre** | *November* |
| **junio** | *June* | **diciembre** | *December* |

◈ In Spanish, months are not capitalized.

**B.** Las estaciones del año

| | | | |
|---|---|---|---|
| **la primavera** | *spring* | **el otoño** | *fall* |
| **el verano** | *summer* | **el invierno** | *winter* |

◈ Note that all the seasons are masculine except **la primavera**.

◈ To ask for the date, say:

**¿Qué fecha es hoy?**        *What's the date today?*

◈ When giving the date, always begin with the expression **Hoy es el...**

**Hoy es el** veinte de mayo.        ***Today is** May twentieth.*

◈ Begin with the number, followed by the preposition **de** (*of*), then the month.

**quince de agosto**              *August 15th*
**diez de septiembre**            *September 10th*

–¿Qué fecha es hoy? **¿El**        *What's the date today?*
**primero de mayo?**                ***May first?***
–No, hoy es **el treinta de**       *No, today is **April thirtieth.***
**abril.**

ATENCIÓN:    **Primero** is the only ordinal number used with dates.

---

## PRÁCTICA

**A.** Give the Spanish equivalent of the following dates.

1. The 4th of July
2. The 31st of October
3. The 1st of January
4. May 5th
5. February 12th
6. December 25th
7. March 21st
8. April 1st
9. June 20th
10. September 9th
11. August 13th
12. November 11th

B. Indicate in which season the following months fall.

1. febrero
2. agosto
3. mayo
4. enero
5. octubre
6. julio
7. abril
8. noviembre

## ¡A VER CUÁNTO APRENDIÓ!

**A.** ¡Conversemos!

Reread the dialogue in this lesson and be ready to discuss the following.

1. ¿Carol es española?
2. ¿Dónde estudia?
3. ¿Dónde vive?

*[handwritten:]* Carol quiere a escribir muchas cartas este fin de semana de Carol. El hermano de Carol es rubio y delgado y es muy guapo y inteligente.

4. ¿Por qué no quiere Carol ir a Madrid este fin de semana?
5. ¿Cómo es el hermano de Carol? *[hw: va a venir]*
6. ¿Va a venir a España? *[hw: Sí, va a España en la primavera y va a ir a México con su esposa y sus hijos]*
7. ¿Con quién va a viajar a México? *[hw: Va a viajar a México con su esposa a]*
8. ¿Cuándo empiezan a asistir a la escuela las sobrinas de Carol? *[hw: las sobrinas de Carol empiezan a asistir a la escuela en septiembre]*
9. ¿Por qué prefiere Luis viajar en ómnibus? *[hw: Luis prefiere a viajar en ómnibus porque es tan cómodo como el coche y no tiene a manejar.]*
10. ¿Dónde están algunos de los cuadros más famosos del mundo? *[hw: Algunos de los cuadros más famosos del mundo están en Madrid]*

B. Give appropriate responses to the following questions.

1. ¿Cómo es Ud.? ¿Rubio(-a)? ¿Moreno(-a)? ¿Pelirrojo(-a)?
2. ¿Es Ud. más bajo(-a) que su papá?
3. ¿Es Ud. mayor o menor que el profesor (la profesora)?
4. ¿Cuándo es su cumpleaños?
5. ¿Vive Ud. cerca de la universidad?
6. ¿Cuándo empiezan Uds. las clases?
7. ¿Es la clase de español la más interesante que Ud. tiene?
8. ¿Ud. va a viajar este verano, o piensa estudiar?
9. ¿Qué estación del año prefiere Ud.?
10. ¿Cuál es la ciudad más bonita de los Estados Unidos?

C. ¡Repase el vocabulario!

Match the questions in column **A** with the answers in column **B**, then read them aloud.

| **A** | **B** |
|---|---|
| 1. ¿Hablan español? | a. No, es muy fea. |
| 2. ¿Qué estudias? | b. En un restaurante. |
| 3. ¿Qué escribes? | c. El 3 de septiembre. |
| 4. ¿Vamos al museo mañana? | d. Medicina. |
| 5. ¿Practicas el español? | e. El 21 de marzo. |
| 6. ¿Es bonita? | f. No, es mi sobrina. |
| 7. ¿No tienen dinero para ir a un hotel? | g. Sí, ¡qué lástima! |
| 8. ¿Dónde comen hoy? | h. ¡Vale! |
| 9. ¿Es tu prima? | i. Sí, de Picasso y de Dalí. |
| 10. ¿Van en ómnibus? | j. No, yo trabajo este fin de semana. |
| 11. ¿Cuándo es tu cumpleaños? | k. Sí, perfectamente. |
| 12. ¿Cuándo empieza la primavera? | l. No, por eso van a una pensión. |
| 13. ¿Quieres ir el sábado? | m. No, vamos en coche. |
| 14. ¿Van a perder la oportunidad de ir a México? | n. Una carta. |
| 15. ¿Tienen muchas pinturas famosas? | o. Sí, nunca pierdo la oportunidad. |

D.  Situaciones

What would you say in the following situations?

1.  You are trying to convince a friend to go on a blind date. Describe the person with whom he or she will be going out.
2.  Tell a Spanish-speaking friend you don't want to miss the opportunity to practice Spanish.
3.  Someone asks about your weekend plans.
4.  You are talking about some important dates in the United States.
5.  Ask a friend if he or she wants to see some pictures of your family.

E.  Para escribir

Write a composition describing each member of your family. Include the following information for each person.

1.  color of hair and skin
2.  other personal characteristics (Establish comparisons between the other members of your family and yourself.)
3.  age
4.  place of birth and current residence
5.  place of employment or study
6.  marital status and number of children

## Ejercicio de lectura

who

with brown eyes

Cindy y Robin son dos chicas norteamericanas que° estudian medicina en la Universidad de Barcelona. Cindy tiene veinte años; es una chica alta, rubia y muy simpática. Robin tiene diecinueve años; es morena, de ojos castaños° y es más alta y más delgada que Cindy. Las dos chicas son muy inteligentes y estudian mucho.

Este fin de semana Robin y Cindy piensan ir a Madrid porque quieren visitar a unos amigos que viven allí. Cindy quiere ir en automóvil pero Robin piensa que es mejor ir en autobús porque es tan cómodo como el coche y ella no quiere manejar.

El sábado van a ir al Museo del Prado porque Robin quiere ver los cuadros de Goya y los cuadros de Picasso que tienen allí. Por la noche van a ir a un club a bailar. El domingo van a visitar la ciudad de Toledo, y por la noche Cindy quiere comer en un restaurante de la Gran Vía, la famosa calle de Madrid.

Hoy Robin va a comprar unos discos de música española para su hermano porque la próxima semana es su cumpleaños.

¡A ver cuánto recuerda!

*Cindy y Robin son de los Estados Unidos. Estudian medicina en la Universidad de Barcelona.*

1. ¿De dónde son Cindy y Robin?
2. ¿Qué estudian? ¿Dónde?
3. ¿Cómo es Cindy? *Cindy es alta, rubia y muy simpática. Tiene veinte años.*
4. ¿Cómo es Robin? *Robin es moreno con ojos castaños y es más alto y más delgado que Cindy.*
5. ¿Quién es mayor? *Cindy es mayor. Robin tiene diecinueve años.*
6. ¿A dónde piensan ir este fin de semana? ¿Por qué? *Piensan ir a Madrid van a ir de semana. El sábado van a ir al Museo del Prado porque Robin quiere ver los cuadros famosos de Picasso y Goya.*
7. ¿Por qué piensa Robin que es mejor ir en autobús?
8. ¿Qué pintores (painters) españoles prefiere Robin?
9. ¿A dónde van a ir el domingo?
10. ¿Qué es la Gran Vía? *La Gran Vía es una famosa calle en Madrid.*
11. ¿Qué va a comprar Robin? *Robin va a comprar algunos discos de música española.*
12. ¿Quién celebra su cumpleaños la semana próxima? *El hermano de Robin celebra su cumpleaños la semana próxima.*

*El domingo van a ir a la ciudad de Toledo, y por la noche Cindy quiere comer en una de las famosas calles de Gran Vía, la famosa calle de Madrid.*

Sala Velázquez en el Museo del Prado, Madrid, España.

*Este fin de semana Cindy y Robin piensan ir a Madrid porque quieren visitar a unos amigos que viven allí. Cindy quiere ir en automóvil pero Robin prefiere ir en autobús porque es tan cómodo como el coche y ella no quiere manejar.*

**OBJECTIVES**

PRONUNCIATION    The Spanish **p**, **t**, **c**, and **q**

STRUCTURE    Present indicative of **o**>**ue** stem-changing verbs • Uses of **hay** • Present progressive • Telling time • Pronouns as objects of prepositions • The absolute superlative

COMMUNICATION    You will learn vocabulary related to travel: buying tickets, getting schedules, and talking to airline personnel at the airport.

## ¡Buen viaje!

*Teresa va a una agencia de viajes en la ciudad de México para comprar un pasaje para Lima. Va a visitar a una amiga en la capital de Perú. Ahora está hablando con el agente de viajes.*

| | |
|---|---|
| TERESA | —¿Cuánto cuesta un pasaje para Lima? |
| AGENTE | —¿De ida y vuelta? |
| TERESA | —De ida. |
| AGENTE | —¿Primera clase o turista? |
| TERESA | —Turista. |
| AGENTE | —Cincuenta mil pesos.[1] |
| TERESA | —¡Es carísimo!... Bueno, ¿qué documentos necesito para viajar? |
| AGENTE | —Necesita un pasaporte. |
| TERESA | —¿Cuánto equipaje puedo llevar? |
| AGENTE | —Puede llevar dos maletas. |
| TERESA | —¿Cuándo hay vuelos para Lima? |
| AGENTE | —Mañana hay uno. Hay vuelos los[2] martes, jueves y sábados a las diez de la mañana. |
| TERESA | —Quiero un pasaje para el sábado, por favor. |

*El sábado por la mañana, Teresa llega al aeropuerto. Sus padres y sus hermanos vienen con ella. La chica habla con el empleado.*

| | |
|---|---|
| EMPLEADO | —Su pasaje, por favor. ¿Cuántas maletas tiene Ud.? |
| TERESA | —Tengo tres maletas, dos maletines y un bolso de mano. |
| EMPLEADO | —Sólo puede llevar un maletín y un bolso de mano con Ud. |
| TERESA | —Bueno, llevo un maletín conmigo y dejo el otro con las maletas. |
| EMPLEADO | —Tiene que pagar exceso de equipaje, señorita. |
| TERESA | —Bien. ¿A qué hora sale el avión? |
| EMPLEADO | —Al mediodía. Tiene dos horas de retraso. |

---

[1]Mexican currency   [2]In Spanish, the equivalent of *on + day(s) of the week* is **el** (**los**) + *day(s) of the week*.

## BON VOYAGE!

*Teresa goes to a travel agency in Mexico City to buy a ticket to Lima. She's going to visit a friend in the capital of Peru. Now she's talking to the travel agent.*

T.   How much does a ticket to Lima cost?

A.   Round-trip?

T.   One-way.

A.   First-class or tourist?

T.   Tourist.

A.   Fifty thousand pesos.

T.   It's very expensive! . . . Well, what documents do I need in order to travel?

A.   You need a passport.

T.   How much luggage can I take?

A.   You can take two suitcases.

T.   When are there flights to Lima?

A.   There is one tomorrow. There are flights on Tuesdays, Thursdays, and Saturdays at ten in the morning.

T.   I want a ticket for Saturday, please.

*On Saturday morning, Teresa arrives at the airport. Her parents and her brothers come with her. The young woman talks with the employee.*

E.   Your ticket, please. How many suitcases do you have?

T.   I have three suitcases, two pieces of hand luggage, and a handbag.

E.   You can take only one piece of hand luggage and a handbag with you.

T.   Okay, I'm taking one piece of hand luggage with me, and I'm leaving the other one with the suitcases.

E.   You have to pay excess luggage, Miss.

T.   Fine. What time does the plane leave?

E.   At noon. It's two hours behind.

T.   Then I'm going to have lunch first. Oh! Which is the gate for (to take) the plane?

E.   Gate number four. Here are the claim checks for your luggage. Have a nice trip, Miss!

TERESA   —Entonces voy a almorzar primero. ¡Ah! ¿Cuál es la puerta de salida para tomar el avión?

EMPLEADO   —La puerta número cuatro. Aquí están los comprobantes para su equipaje. ¡Buen viaje, señorita!

## VOCABULARIO

### COGNADOS

el **aeropuerto**   airport
el **agente**   agent
la **capital**   capital
el **documento**   document
el **exceso**   excess
el **pasaporte**   passport

### NOMBRES

la **agencia de viajes**   travel agency
el **avión**   plane
el **bolso de mano**   handbag
el **comprobante**   claim check
el (la) **empleado(-a)**   clerk
el **equipaje**   luggage
la **hora**   time, hour
la **maleta, valija**   suitcase
el **maletín**   hand luggage
la **mañana**   morning
el **mediodía**   noon
el **pasaje, billete**   ticket,
    —**de primera clase**   first-class ticket
la **puerta**   door, gate
la **salida**   exit
el **viaje**   trip
el **vuelo**   flight

### VERBOS

**almorzar** (o>ue)   to have lunch
**comprar**   to buy
**costar** (o>ue)   to cost
**dejar**   to leave (behind)
**llegar**   to arrive
**pagar**   to pay
**poder** (o>ue)   to be able to

**tomar**   to take (a plane, train, and so on)
**visitar**   to visit

### ADJETIVO

**caro(-a)**   expensive

### OTRAS PALABRAS Y EXPRESIONES

**¿a qué hora... ?**   what time . . . ?
**¿a qué hora sale... ?**   what time does . . . leave?
**bien, bueno**   all right, well, fine, okay
**buen viaje**   (have a) nice trip, *bon voyage*
**clase turista**   tourist class
**¿cuándo?**   when?
**¿cuánto?**   how much?
**de ida**   one-way
**de ida y vuelta**   round-trip
**exceso de equipaje**   excess luggage
**para**   in order to, to
**primera clase**   first-class
**sólo**   only
**tener... de retraso (atraso)**   to be . . . behind (schedule)

## VOCABULARIO ADICIONAL

el **almuerzo**   lunch
El[1] **almuerzo** es a las doce.

el **asiento**   seat
Necesitamos dos **asientos**.

el **asiento de pasillo** (**de ventanilla**)
  aisle seat (window seat)
¿Quiere **asiento de pasillo** o **asiento de
  ventanilla?**

**barato**(**-a**)   inexpensive, cheap
No es caro; es muy **barato**.

el **barco**   ship
Quiero viajar en **barco**.

la **cena**   dinner, supper
La[1] **cena** es a las nueve.

el **desayuno**   breakfast
El[1] **desayuno** es a las siete.

la **entrada**   entrance
No es la salida. Es la **entrada**.

la **sección de** (no) **fumar**
  (non)smoking section
Quiero un asiento en la **sección de no
  fumar.**

el **tren**   train
¿Desea Ud. viajar en **tren** o en avión?

el (la) **turista**   tourist
En México hay muchos **turistas**.

el (la) **viajero**(**-a**)   traveler
Los **viajeros** vienen en tren.

---

**¿Lo sabía Ud....?**

1. El peso es la moneda (*currency*) nacional de México, Argentina, Colombia, Cuba, Chile, Santo Domingo y Uruguay. Otras monedas nacionales son el **sol** en Perú, el **boliviano** en Bolivia, el **colón** en Costa Rica y El Salvador, el **sucre** en Ecuador, el **quetzal** en Guatemala, la **lempira** en Honduras, el **córdoba** en Nicaragua, el **balboa** en Panamá, el **guaraní** en Paraguay, el **bolívar** en Venezuela y la **peseta** en España.

2. Las líneas aéreas de España, México y otros países latinoamericanos son muy cómodas y modernas. Avianca, una aerolínea colombiana, es la aerolínea comercial más antigua (*oldest*) de Latinoamérica.

3. Para los horarios (*schedules*) de aviones, trenes y autobuses, y para muchas invitaciones, se usa el sistema de 24 horas. Por ejemplo, las cuatro de la tarde son las dieciséis horas.

---

[1]In Spanish, the definite article is used with the words **desayuno, almuerzo,** and **cena.**

## PRONUNCIACIÓN

▶ **A.** The Spanish **p**

The Spanish **p** is pronounced like the English *p*, but with no expulsion of air, as in the English word *sparks*. Listen to your teacher and repeat the following words.

| | | |
|---|---|---|
| aeropuerto | para | comprar |
| Perú | poder | pasaje |
| pagar | puerta | empleado |

▶ **B.** The Spanish **t**

The Spanish **t** is pronounced by placing the tongue against the upper teeth, as in the English word *stop*. Listen to your teacher and repeat the following words.

| | | |
|---|---|---|
| Teresa | aeropuerto | turista |
| tren | tengo | maleta |
| restaurante | agente | puerta |

▶ **C.** The Spanish **c**

The Spanish sound for the letter **c** in the combinations **ca, co,** and **cu** is /k/, pronounced as in the English word *scar*. The Spanish /k/ is not aspirated. Listen to your teacher and repeat the following words.

| | | |
|---|---|---|
| comprar | capital | clase |
| cuánto | como | comprobante |
| cuándo | con | documento |

▶ **D.** The Spanish **q**

The Spanish **q** is always followed by a **u**; it is pronounced like the *c* in the English word *come*, but without any expulsion of air. Listen to your teacher and repeat the following words.

| | | |
|---|---|---|
| Quintana | Roque | quien |
| que | quiere | equipaje |
| aquí | queso | Quevedo |

## ESTRUCTURAS GRAMATICALES

▶ **1.** Present indicative of **o>ue** stem-changing verbs   (*Presente de indicativo de los verbos que cambian en la raíz: o>ue*)

| **poder**   *to be able to* | |
|---|---|
| puedo | podemos |
| puedes | podéis |
| puede | pueden |

As you learned in *lección* 4, some verbs undergo a change in stem in the present indicative. When **o** is the last stem vowel and it is stressed, it changes to **ue**.

◈ Note that the stem vowel is not stressed in the verb forms used with **nosotros** and **vosotros**; therefore, the **o** does not change to **ue**.

◈ Other verbs that undergo the same change are the **-ar** verbs **encontrar**, *to find;* **recordar**, *to remember;* **volar**, *to fly;* **contar**, *to tell, to count;* **almorzar**, *to have lunch;* **costar**, *to cost;* the **-er** verb **volver**, *to return;* the **-ir** verb **dormir**, *to sleep.* (For a complete list of stem-changing verbs, see the Appendix.)

### PRÁCTICA

A. Change the verbs according to the new subjects.

1. *Yo* puedo llevar los documentos. (Nosotros, Ella, Tú, Los viajeros)
2. *Ella* no encuenta las maletas. (Nosotros, Uds., Yo, Tú, El empleado)
3. *Mi nieto* cuenta de uno a cien. (Yo, Nosotros, Uds., Tú, Ellos)

B. Complete the following sentences, using the correct form of the verbs in parentheses, then read them aloud.

1. ¿Cuánto (costar) _____ los pasajes de ida y vuelta?
2. El pasaje (costar) _____ $700.
3. Yo no (encontrar) _____ los documentos.
4. Nosotros no (encontrar) _____ el billete.
5. Tú y yo no (volver) _____ el sábado.
6. ¿A qué hora (volver) _____ Uds. al aeropuerto?
7. Nosotros (dormir) _____ por la mañana.
8. Tú (dormir) _____ mucho.
9. Mi amigo y yo no (poder) _____ llevar el equipaje.
10. Los turistas (almorzar) _____ en el tren.

C. Answer the following questions with complete sentences.

1. ¿Pueden Uds. viajar a Lima?
2. ¿Cuánto cuesta un pasaje a Lima?
3. ¿Tiene Ud. miedo cuando vuela?
4. ¿Puedes almorzar ahora?
5. ¿A qué hora vuelves a tu casa?
6. ¿A qué hora vuelven Uds. a la universidad?
7. ¿Recuerdan Uds. a sus padres?
8. ¿Duermen Uds. bien?

▶ **2.  Uses of hay**  (*Usos de hay*)

The form **hay**[1] means *there is* and *there are*. It has no subject and must not be confused with **es** (*it is*) and **son** (*they are*).

–¿Cuándo **hay** vuelos para Lima?
–**Hay** un vuelo el sábado y otro el domingo.

*When **are there** flights to Lima?*
***There is** one flight on Saturday and another one on Sunday.*

### PRÁCTICA

A. Answer the following questions with complete sentences.

1. ¿Cuántos estudiantes hay en la clase?
2. ¿Cuántas chicas morenas hay aquí?
3. ¿Cuántos muchachos guapos hay aquí?
4. ¿Cuántas puertas hay aquí?
5. ¿Hay muchos turistas en su ciudad?
6. ¿Cuántos días hay en un año?

B. Write the following sentences in Spanish.

1. There are no flights to the capital on Wednesdays.
2. Is there an agent at the travel agency?
3. There are no buses on Fridays.
4. There are only two suitcases in the car.
5. There is a round-trip ticket for my friend.

---

[1]**Hay** is a form of the verb **haber,** and it is invariable.

▶ **3.** Present progressive   (*Presente + gerundio*)

The present progressive describes an action that is in progress. It is formed with the present tense of **estar** and the **gerundio** (equivalent to the English *-ing* form) of the verb.

| GERUND ENDINGS | | |
|---|---|---|
| hablar | comer | escribir |
| habl -ando | com -iendo | escrib -iendo |

Yo **estoy comiendo**
*I   am    eating.*

| | |
|---|---|
| –¿**Estás estudiando**? | *Are you studying?* |
| –No, **estoy escribiendo** | *No, I am writing* |
| una carta. | *a letter.* |

The following are some irregular gerunds.

pedir (*to ask for, request*):  **pidiendo**
decir (*to say, tell*):  **diciendo**
servir (*to serve*):  **sirviendo**
dormir (*to sleep*):  **durmiendo**
traer (*to bring*):  **trayendo**
leer (*to read*):  **leyendo**

◈ Note that the **i** of **-iendo** becomes **y** between vowels.

ATENCIÓN:   In Spanish, the present progressive is *never* used to indicate a future action. Some verbs, such as **ser, estar, ir,** and **venir,** are rarely used in the progressive construction.

## PRÁCTICA

A. Change the verbs according to the new subjects.

1. *Él* está estudiando. (Nosotros, Tú, Julia y Pedro, Yo)
2. *Yo* estoy leyendo un libro. (Tú y yo, Ella, Tú, Uds.)
3. *Tú* no estás pidiendo los comprobantes. (Ud., Nosotros, Ellas, Yo)

B. Complete the following dialogues, using the present progressive of the verbs given.

1. comer      –¿Qué ____ tú?
              –Yo ____ ensalada.

2. leer          –¿Qué libro _____ Uds.?
                   –_____ Don Quijote.

3. servir       –¿Qué _____ Uds.?
                   –Yo _____ refrescos y Luisa _____ cerveza.

4. decir        –¿Qué _____ Juan Carlos?
                   –Nada.

5. estudiar   –¿Carlos _____ ?
dormir      –No, _____ .

▶ **4. Telling time**  (*La hora*)

**A.** To ask what time it is, use **¿qué hora es?** The following points should be remembered when telling time in Spanish.

1. **Es** is used with **una.**

    **Es** la una y cuarto.          *It is a quarter after one.*

  **Son** is used with all the other hours.

    **Son** las dos y cuarto.       *It is a quarter after two.*
    **Son** las cinco y diez.       *It is ten after five.*

2. The feminine definite article is always used before the hour.

    Es **la** una y veinte.         *It is twenty after one.*
    Son **las** cuatro y media.     *It is four-thirty.*

3. The hour is given first, then the minutes.

    Son las **cuatro** y **diez.**      *It is ten after four* (literally: "four and ten").

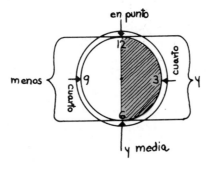

4. The equivalent of *past* or *after* is **y.**

    Son las doce **y** cinco.       *It is five after twelve.*

5. The equivalent of *to* or *till* is **menos.** It is used with fractions of time up to a half hour.

Son las ocho **menos** veinte.    *It is twenty to eight.*

Use the following word order when telling time in Spanish.

1. **Es** or **Son**
2. **la** or **las**
3. the hour
4. **y** or **menos**
5. the minutes

Es          Son
la          las
una         cinco
y           menos
veinte.     diez.

ATENCIÓN:   The equivalent of *at + time* is **a** + **la(s)** + *time.*

–¿Qué hora es?                    *What time is it?*
–Son las cinco menos diez. La     *It's ten to five. The class starts **at***
clase empieza **a las cinco.**        ***five.***

*Sala de espera en el aeropuerto de Mérida, Venezuela.*

## PRÁCTICA

Give the time indicated on the following clocks, writing out the numerals in Spanish. Start with clock number one.

**B.** Note the difference between **de la** and **por la** in expressions of time.

1. When a specific time is mentioned, **de la... (mañana, tarde, noche)** should be used. This is equivalent to the English "A.M." and "P.M."

El avión llega a las once **de la mañana.**

*The plane arrives at eleven A.M.*

2. When a specific time is *not* mentioned, **por la... (mañana, tarde, noche)** should be used.

El avión llega **por la mañana.**

*The plane arrives **in the morning.***

–¿A qué hora llegan ellos?
¿**Por la mañana** o **por la**
**tarde?**
–Llegan a las cuatro **de la**
**tarde.**

*What time do they arrive?*
*In the morning or in the*
*afternoon?*
*They arrive at four P.M.*

## PRÁCTICA

A. Complete the following sentences, using **de la** or **por la**, as appropriate.

1. Estudiamos los lunes a las cinco ＿＿ tarde.
2. Él no come ＿＿ noche.
3. Yo voy ＿＿ mañana.
4. El avión llega a las diez ＿＿ noche.
5. Queremos viajar ＿＿ tarde.
6. Nosotros llegamos el viernes a las tres ＿＿ mañana.

B. Write the following sentences in Spanish.

1. Breakfast is at seven-thirty in the morning.
2. Do you prefer to travel in the morning or at night?
3. The train arrives at four o'clock in the afternoon.
4. What time does the ship arrive? In the morning?
5. The bus arrives at seven o'clock in the evening.

▶ **5.** Pronouns as objects of prepositions    (*Pronombres usados como*
*objetos de preposición*)

| Singular | | Plural | |
|---|---|---|---|
| mí | *me* | nosotros | *us* |
| ti | *you* | vosotros | *you* |
| Ud. | *you* | Uds. | *you* |
| él | *him* | ellos | *them* |
| ella | *her* | ellas | *them* |

–¿Están hablando de **mí?**
–No, no estamos hablando
de **ti.**

*Are you talking about me?*
*No, we are not talking about*
*you.*

–¿Vas **conmigo** o con Carlos?

*Are you going **with me** or with*
*Carlos?*

–No voy **contigo;** voy con **él.**

*I'm not going **with you;** I'm*
*going with **him.***

◈ These pronouns are the same as the subject pronouns, except for the first-
and second-person singular forms, **mí** and **ti**.

◈ When used with the preposition **con**, the first- and second-person singular
forms become **conmigo** (*with me*) and **contigo** (*with you*), respectively.

## PRÁCTICA

Complete the following sentences with the correct forms of the pronouns.

1. El bolso de mano rosado es para _ella_. (*her*)
2. Están hablando de _ti_ . (*you, fam. sing.*)
3. Mi cuñada no estudia con _vosot..._ (*you, pl.*)
4. El empleado no está hablando con _migo_. (*me*)
5. El pasaporte es para _él_. (*him*)
6. La cena es para _noso..._ (*us*)
7. El maletín es para _mí_. (*me*)
8. Él va a viajar con_tigo_. (*you, fam. sing.*)
9. La valija gris es para _él_ . (*him*)
10. Hoy almuerzan con _noso..._ (*us*)

▶ **6.** The absolute superlative   (*El superlativo absoluto*)

In Spanish, when a high degree of a given quality is expressed without
comparing it to the same quality of another person or thing, there are two
ways of expressing this.

1. By modifying the adjective with an adverb (**muy**):

Lidia es **muy** simpática.         *Lydia is **very** charming.*

2. By adding the suffix **ísimo**[1] (-a, -as, -os) to the adjective. If the word
ends in a vowel, the vowel is dropped before adding the suffix.

| | | |
|---|---|---|
| alto | alt + ísimo = | **altísimo** |
| fea | fe + ísima = | **feísima** |
| delgados | delgad + ísimos = | **delgadísimos** |
| fácil (*easy*) | facil + ísimo = | **facilísimo** |

ATENCIÓN:   Note that the **-i** of the suffix always has a written accent.

---

[1]These forms are called the *absolute superlative*.

## PRÁCTICA

Repeat the following sentences, using the other form of the absolute superlative.

MODELO:    Ella es muy alta.
*Ella es altísima.*

1. Roberto es muy inteligente.
2. Raquel es muy baja.
3. Él es muy guapo.
4. Ellos son muy delgados.
5. El español es muy fácil.
6. Las muchachas son muy feas.

## ¡A VER CUÁNTO APRENDIÓ!

A. ¡Conversemos!

Reread the dialogue in this lesson and be ready to discuss the following.

1. ¿Para qué va Teresa a la agencia de viajes?
2. ¿Con quién está hablando ahora?
3. ¿Teresa va a viajar en primera clase o clase turista?
4. ¿Es barato el pasaje?
5. ¿Hay vuelos para Lima los lunes?
6. ¿Qué día va a viajar Teresa?
7. ¿Por qué tiene que pagar Teresa exceso de equipaje?
8. ¿A qué hora sale el avión?
9. ¿Cuántas horas de retraso tiene el avión?
10. ¿Cuál es la puerta de salida para tomar el avión?

B. Give appropriate responses to the following questions.

1. ¿Pueden Uds. viajar a Lima conmigo?
2. ¿Vas a viajar en primera clase o clase turista?
3. ¿Quiere Ud. asiento de ventanilla o asiento de pasillo?
4. ¿Prefiere Ud. viajar en la sección de fumar o en la sección de no fumar?
5. ¿Necesita Ud. comprobantes para su equipaje?
6. ¿Voy a necesitar un pasaporte para viajar a Los Ángeles?
7. ¿Trabaja Ud. los sábados por la tarde?
8. ¿A qué hora es la cena? (¿El almuerzo? ¿El desayuno?)
9. ¿Vas a estudiar mañana por la noche?
10. ¿Cuántos coches hay en su casa?
11. ¿Cuándo va a comprar un coche nuevo?
12. ¿Cuánto cree Ud. que cuesta un Mercedes Benz?

C. ¡Repase el vocabulario!

Match the items in column **A** with those in column **B**.

| **A** | **B** |
|---|---|
| 1. La cena es a las nueve | a. por la tarde. |
| 2. El desayuno es a las siete | b. comprobantes. |
| 3. Hay vuelos para Quito los | c. los pasajes. |
| 4. Aquí tiene los | d. viajando por Chile. |
| 5. El tren tiene | e. para su equipaje. |
| 6. Yo no encuentro | f. de la mañana. |
| 7. Victoria trabaja | g. de equipaje. |
| 8. Ellos están | h. dos horas de retraso. |
| 9. Necesita los comprobantes | i. de la noche. |
| 10. Debe pagar exceso | j. lunes y viernes. |
| 11. Caracas es la | k. es la entrada. |
| 12. Los viajeros están | l. capital de Venezuela. |
| 13. No quiero dejar | m. a la medianoche. |
| 14. Yo vuelvo | n. la maleta aquí. |
| 15. No es la salida; | o. en el aeropuerto. |

D. Situaciones

What would you say in the following situations?

1. You are at a travel agency. Tell the travel agent you need to buy a first-class round-trip ticket to Mexico. Ask the agent if you need a passport, then ask if there are flights to Mexico on Saturday mornings.
2. You are at the airport. Tell the clerk you have two suitcases, and ask him or her if you can take your handbag on the plane.
3. You are on a plane. Ask the flight attendant what time lunch is.
4. Wish someone a nice trip.
5. Ask a flight attendant where you can leave your hand luggage.

E. Para escribir

Complete the following dialogue.

*En la agencia de viajes, el señor Vega compra un pasaje para Caracas.*

Sr. Vega —*Cuánto es un pasaje de ida y vuelta a Caracas*

Agente —Un pasaje de ida y vuelta a Caracas cuesta cuarenta mil pesos.

Sr. Vega —*¿De clase primera o turista?*

Agente —Turista.

Sr. Vega —*¿Cuáles documentos necesito?*

Agente —Necesita sólo el pasaporte.

Sr. Vega    *¿Hay un vuelo para Caracas mañana?*
Agente      —No, mañana no hay vuelos para Caracas. Hay vuelos los
            martes y jueves.
Sr. Vega    —*Pido un pasaje para el martes.*
Agente      —¿Para el martes? Está bien.
Sr. Vega    *¿Cuándo sale el avión?*
Agente      —El avión sale al mediodía.
Sr. Vega    —*Cuántos maletas puedo llevar* (*traer*
            *omp*)
Agente      —Puede llevar dos maletas y un maletín. Buen viaje, señor
            Vega.

# BOSQUEJO CULTURAL 1

# Algunas costumbres hispánicas

En los países de habla española,° la familia tiene una gran° importancia. Incluye° a padres e° hijos y también a los abuelos, tíos y primos. Los hijos generalmente viven con los padres hasta que se casan.° En muchas familias, los abuelos viven con sus hijos y nietos, y ayudan a criar° a los niños.

Cuando la mujer se casa, no pierde el apellido de soltera;° añade° el apellido del esposo al apellido personal. Por ejemplo,° cuando María Rivas Vera se casa con Juan Pérez Álvarez, su nombre completo es María Rivas de Pérez. En los países hispánicos usan los dos apellidos: el apellido del padre y el apellido de la madre (en ese orden). Los hijos de María Rivas y Juan Pérez van a usar los apellidos Pérez Rivas.

Otra costumbre que podemos mencionar está relacionada° con las horas de las comidas.° La comida principal, el almuerzo, es entre° la una y las dos de la tarde, y es la más completa. El desayuno generalmente es café con leche° y pan con mantequilla.° A las cuatro de la tarde generalmente toman la merienda.° La cena es entre las ocho y las nueve de la noche. Después de cenar, muchos van al cine° o al teatro, o caminan por las calles, que están siempre muy concurridas° hasta muy tarde.

**Glosses:** Spanish-speaking countries / great / It includes / and / until they get married / help raise · maiden name / she adds · For example, · is related · meals / between · milk · bread and butter / afternoon snack / movies · full of people

## ¡A ver cuánto recuerda!

Answer the following questions.

1. ¿Es muy importante la familia en un país de habla española?
2. ¿Incluye la familia sólo a padres e hijos?
3. ¿Con quiénes viven los hijos hasta que se casan?
4. ¿Pierde la mujer su apellido de soltera cuando se casa?
5. Si Estela Díaz Rodríguez se casa con Pablo Gómez Fuentes, ¿cuál va a ser el apellido completo de Estela?
6. Si ella tiene un hijo (Carlos), ¿cuál va a ser su nombre completo?
7. ¿A qué hora es la comida principal?

**A la izquierda:** Familia cenando, Bogotá, Columbia. **Arriba:** Preparando una comida.

8. ¿Qué comen y beben para el desayuno generalmente?
9. ¿Qué toman a las cuatro de la tarde?
10. ¿A qué hora es la cena?
11. ¿A dónde van muchas personas después de cenar?
12. ¿Cómo están las calles hasta muy tarde?

**Arriba:** Fiesta de cumpleaños en un parque, los Estados Unidos. **A la derecha:** Haciendo cola en un cine de Madrid para ver la película «Los cazafantasmas».

**Arriba:** Cena familiar en un patio de Sevilla, España. **A la izquierda:** Una boda, Santiago, Chile.

Los abuelos con sus nietos en un patio, Miami, Florida.

99

# SELF-TEST

Take this test. When you finish, compare your answers with the answer key provided for this section in Appendix C. Then use a red pen to correct any mistakes you may have made. Ready?

## LECCIÓN 1

A. Subject pronouns and present indicative of regular -ar verbs

Rewrite each pair of sentences to form one sentence. Use the plural forms of the subject pronouns to include both subjects.

1. Ella habla inglés y español.
   Yo (f.) hablo inglés y español.
2. Él trabaja en el hospital.
   Ud. trabaja en el hospital.
3. Ella llama más tarde.
   Ella llama más tarde.
4. Ella estudia ruso y chino.
   Él estudia ruso y chino.
5. Tú (m.) necesitas dinero.
   Yo (f.) necesito dinero.
6. Él desea hablar con Eva.
   Yo (m.) deseo hablar con Eva.

B. Gender, Part II

Use the appropriate form of the definite article (**el, la, los,** or **las**) with each of the following nouns.

1. televisión
2. ciudades
3. libertad
4. programas
5. lección
6. problema
7. certidumbre
8. universidades
9. idioma
10. sistema
11. conversaciones
12. telegramas

C. Negative and interrogative sentences

Write the following dialogues in Spanish.

1. Do you speak French?
   No, I don't speak French.
2. Does he need (the) lesson 1?
   No, he doesn't need (the) lesson 1.

3. Are they calling later?
   No, they are not calling later.
4. Do you work at the university?
   No, I don't work at the university.

D. Cardinal numbers 11–100

Write the following numbers out in Spanish.

100, 11, 98, 54, 23, 15, 82, 61, 33, 76, 18, 45, 13

E. Just words . . .

Match the questions or statements in column **A** with the appropriate responses in column **B**.

| **A** | **B** |
|---|---|
| 1. Hola. ¿Está Raúl? | a. Yo también. |
| 2. ¿Por qué? ¿Problemas económicos? | b. Habla Pedro Morales. |
| 3. ¡Oye! ¿Qué hay de nuevo? | c. Un momento, por favor. |
| 4. Nosotros estudiamos japonés. | d. No, sentimentales… |
| 5. Deseo hablar con Ana. | e. Dinero. |
| 6. ¿Dónde está Luis? | f. Estudiamos italiano y portugués. |
| 7. ¿Quién habla? | g. María Gomez. |
| 8. ¿Quién está al teléfono? | h. No, en el hospital. |
| 9. ¿Estudiamos esta noche? | i. Con él habla. |
| 10. ¿Qué idiomas estudian Uds.? | j. No, mañana. |
| 11. ¿Qué necesitan Uds.? | k. En el mercado. |
| 12. ¿Trabaja en el mercado? | l. Nada. |

# LECCIÓN 2

A. Possession with **de**

Unscramble each set of words to form a question or a statement.

1. ¿ / de / teléfono / Nora / número / es / cuál / de / el / ?
2. las / de / contestamos / recepcionista / nosotros / preguntas / la
3. ¿ / dirección / Ernesto / de / la / de / hija / es / cuál / la / ?

B. Present indicative of **ser**

Write the following sentences in Spanish.

1. I am Mexican, but the children are from California.
2. The nurse is (a) widow. Are you married, Mr. Soto?
3. Are you (*fam.*) North American? We are from the United States, too.
4. Mr. Vera is (an) engineer.
5. Robert and I are single.

C. Agreement of adjectives, articles, and nouns

Rewrite the following sentences, making all of the nouns feminine. Change the adjectives and articles accordingly.

1. El niño es inteligente.
2. El doctor es español.
3. Los señores son ingleses.
4. El profesor es mexicano.
5. Los hijos de ella no son felices.

D. Possessive adjectives

Answer the following questions in the affirmative. Use the appropriate possessive adjectives.

1. ¿Ella es la esposa de Roberto?
2. ¿El hijo de Uds. es divorciado?
3. ¿Los hijos de ellos beben refrescos?
4. ¿Las hijas de Uds. solicitan el trabajo?
5. ¿Mis hijas deben llenar otra planilla? (*Use the familiar form.*)

E. Present indicative of regular **-er** and **-ir** verbs

Complete the following sentences, using the appropriate form of the verbs in the list.

| vivir | escribir | decidir | leer | comer |
|-------|----------|---------|------|-------|
| creer | beber | aprender | recibir | deber |

1. Yo no _____ sándwiches; _____ ensalada.
2. Adriana _____ en la calle Magnolia.
3. Ellos _____ el inglés, no el español.
4. ¿ _____ Uds. refrescos?
5. ¿Tú no _____ en Santa Claus?
6. Ud. no _____ el libro.
7. Juan y yo _____ en alemán.
8. Paco no _____ mucho dinero.
9. Yo _____ entrar en la cafetería.
10. Ud. _____ escribir la información personal.

F. Present indicative of the irregular verbs **tener** and **venir**

Complete the following sentences, using the correct forms of **venir** or **tener**, as appropriate.

   1. ¿Cuántos hijos _____ Uds.?
   2. Después de trabajar, ella _____ a la universidad para estudiar.
   3. Nosotros no _____ el número de teléfono de Ana.
   4. Tome asiento. El señor Rojas _____ más tarde.
   5. Yo _____ dos hijos y tres hijas. Ellos _____ con los ingenieros de la compañía.
   6. Yo no _____ a solicitar trabajo.

G. Just words . . .

Supply the missing words according to the information provided.

   1. _____ : Marisa Cortés.
   2. _____ : Calle Lima, 432.
   3. _____ : Veinticinco años.
   4. _____ : Caracas, Venezuela.
   5. _____ : Separada.
   6. _____ : Enfermera.

# LECCIÓN 3

A. Expressions with **tener**

Write the following sentences in Spanish.

   1. My classmates are in a hurry.
   2. I'm not hungry, but I'm very thirsty.
   3. Are you hot? I'm cold!
   4. The children are sleepy.
   5. We are not scared.
   6. You are right, Miss Peña. Mary is thirty years old.

B. Use of **tener que** + *infinitive*

Write the following sentences in Spanish.

   1. I have to bring the records and the tapes, and you (*fam.*) have to bring the drinks.
   2. How many chickens do we have to bring?
   3. They always have to work.
   4. My brother has to come at midnight.

C. The personal **a**

Form sentences, using the elements provided. Include the personal **a** when necessary.

1. yo / llevar / mis hermanos / a / la fiesta de Navidad
2. nosotros / llevar / la cerveza / a / la cafetería
3. mamá / llamar / mi primo
4. nosotros / tener / cuatro hijos

D. Contractions

Answer the following questions, using the information provided to formulate your answers.

1. ¿De dónde vienen Uds.? (el club)
2. ¿A dónde vas? (el baile de fin de año)
3. ¿A quién llama tu novio? (el hermano de su compañero)
4. ¿A quiénes necesitan ellos? (las enfermeras)
5. ¿De dónde vienes? (la terraza)
6. ¿A quién llevan Uds.? (las muchachas uruguayas)
7. ¿De dónde viene la novia de Roberto? (el mercado)
8. ¿De dónde es la hermana de tu novio? (la ciudad de México)

E. Present indicative of the irregular verbs **ir, dar,** and **estar**

Complete the following sentences, using the present indicative of **ir, dar,** or **estar,** as appropriate.

1. Yo no _____ a la fiesta con mis compañeros.
2. Nosotros _____ un baile aquí esta noche.
3. Mi hermana _____ en su casa.
4. ¿Dónde _____ el champán?
5. Las chicas _____ a la fiesta con sus amigos.
6. Tus primos no _____ mucho dinero.
7. Yo _____ cansado.
8. ¿A dónde _____ tus primos?
9. ¿Dónde _____ tú?
10. Yo no _____ mi número de teléfono.

F. Cardinal numbers 100–1,000

In Spanish, write out the following dates, house numbers, and amounts of money.

1. El año 1492
2. El año 1776
3. El año 1865
4. El año 1986

5. Calle Universidad, número 2.532
6. Calle Magnolia, número 5.123
7. $7.274 (dólares)
8. $322.269 (dólares)

G. Just words . . .

Choose the word or phrase in parentheses that best completes each sentence.

1. (Invitamos, Brindamos, Bailamos) a nuestros compañeros a la fiesta.
2. Siempre (comemos, conversamos, platicamos) doce uvas a la medianoche el día de fin de año.
3. Allí no beben (sidra, entremeses, pollo).
4. Esta orquesta es muy buena. ¡Es (fantástica, antipática, feliz)!
5. ¡Feliz año (simpático, nuevo, cansado)!
6. No bebo (coctel, refresco, Coca-Cola) porque yo no tomo bebidas alcohólicas.
7. Aquí todos (bailamos, brindamos, estamos) con vino.
8. Tengo todos los (tocadiscos, pollos, discos) de Julio Iglesias.

# LECCIÓN 4

A. Present indicative of **e>ie** stem-changing verbs

Complete the following sentences, using the present indicative of the verbs in the list, as necessary.

entender     cerrar     empezar     preferir
pensar       querer     perder      comenzar

1. Mi tío no _____ beber café.
2. Nosotros no _____ la lección 2.
3. Ella siempre _____ mucho dinero en Las Vegas.
4. ¿ _____ tú el coche?
5. Las clases _____ esta noche.
6. Nosotros _____ a practicar mañana.
7. Yo no _____ viajar este verano.
8. Luis y yo _____ beber refrescos.

B. Comparison of adjectives and adverbs

Form sentences, using the elements provided. Use the comparative or the superlative, as necessary.

1. Alfredo / estudiante / más / inteligente / clase
2. la lección 12 / menos / interesante / la lección 7
3. mi novia / más bonita / tu novia
4. Roberto / más / guapo / familia
5. el profesor / tener / menos / veinte estudiantes
6. Ana / tan / alta / Roberto

C. Irregular comparison of adjectives and adverbs

Complete the following sentences, using regular or irregular comparative forms, as necessary.

1. California es _____ que Maine.
2. El profesor de español habla español _____ que los estudiantes.
3. Eva tiene «A» en español, Roberto tiene «B» y Marisa tiene «F». Eva es la _____ alumna. Marisa es la _____ alumna.
4. Yo tengo veinte años y Raquel tiene catorce años. Yo soy _____ que Raquel.
5. Rockefeller tiene _____ dinero que nosotros. Nosotros tenemos _____ dinero que Rockefeller.
6. Rhode Island es _____ que California.

D. **Ir a** + *infinitive*

Form sentences that tell what is or is not going to happen. Use the elements provided.

MODELO:  mi abuelo / viajar / autobús / este verano
*Mi abuelo va a viajar en autobús este verano.*

1. yo / no hablar / mi nuera
2. mis sobrinas / asistir / la universidad / en España
3. mi cuñada / manejar / auto / mi suegra
4. nosotros / extrañar / nuestros padres
5. tú / no vivir / cerca / la pensión

E. Ordinal numbers

Complete the following sentences.

1. Marzo es el _____ mes del invierno.
2. Mayo es el _____ mes del año.
3. Abril es el _____ mes del año.
4. El _____ mes del año es octubre.
5. Agosto es el _____ mes del año.
6. Enero es el _____ mes del año.

F. Just words . . .

Choose the word or phrase in parentheses that best completes each sentence.

1. El hijo de mi hija es mi (yerno, nieto, cuñado).
2. Roberto no es alto; es el más (bajo, guapo, moreno) de la familia.
3. ¡Pedro no es gordo! ¡Es muy (rubio, cómodo, delgado)!

4. Vamos a ver (los cumpleaños, las pinturas, a la abuela) de Picasso en el museo.
5. Tengo que escribir muchas (medicinas, cartas, pensiones) este fin de semana.
6. ¿Quieres (extrañar, asistir, mirar) televisión? ¡Vale!
7. ¿Cómo es Olga? ¿Es rubia o (fea, grande, pelirroja)?
8. ¿No vamos a tener oportunidad de practicar el español? (¡Qué famoso!, ¡Qué lástima!, ¡Qué pequeño!)
9. Ellos nunca quieren viajar en ómnibus; por eso siempre (manejan su auto, comen en este restaurante, hablan perfectamente).
10. ¿Quieres ver algunas (bebidas, fotos, cintas) de mi novia? ¡Es la chica más bonita del mundo!

## LECCIÓN 5

A. Present indicative of **o>ue** stem-changing verbs

Complete the following sentences, using the present indicative of the verbs in the list, as necessary.

recordar    almorzar    costar
contar      poder

1. ¿Cuánto _____ un pasaje de ida y vuelta?
2. Nosotros no _____ pagar exceso de equipaje.
3. ¿ _____ Ud. cuál es su número de teléfono?
4. Yo _____ de uno a veinte en español.
5. Tengo hambre. ¿A qué hora _____ (nosotros)?

B. Uses of **hay**

Give the Spanish equivalent of the following sentences.

1. Is there only one door?
2. There are two flights on Saturdays.
3. There are (no) agents at the travel agency.

C. Present progressive

Complete the following sentences, using the present progressive of the verbs in the list, as necessary.

pedir     comer     hablar
leer      decir     beber

1. ¿Ella ____ que nosotros queremos asientos de ventanilla o de pasillo?
2. Mis padres ____ con el agente.
3. Nosotros ____ una novela de Cervantes.
4. ¿Qué ____ tú? ¿Pollo?
5. Yo ____ cerveza.
6. Luis ____ los comprobantes para su equipaje.

D. Telling time

Answer the following questions with complete sentences. Use the information provided in parentheses to formulate your answers.

1. ¿A qué hora es el desayuno?   (7:30 A.M.)
2. ¿Qué hora es?   (5:25)
3. ¿A qué hora sale el avión?   (1:10 P.M.)
4. ¿A qué hora es el almuerzo?   (12 P.M.)
5. ¿Cuándo estudian Uds.?   (mañana)
6. ¿Qué hora es?   (1:25)
7. ¿A qué hora es la cena?   (7:45 P.M.)
8. ¿A qué hora empieza la clase?   (6:15 A.M.)
9. ¿Qué hora es?   (10:35)
10. ¿Cuándo son sus clases?   (noche)

E. Pronouns as objects of prepositions

Complete the following sentences, using the Spanish equivalent of the words in parentheses.

1. El maletín es para ____ .   (me)
2. Los empleados están hablando de ____ .   (you, fam.)
3. Hay sólo dos valijas para ____ .   (them)
4. Los dos asientos en la sección de no fumar son para ____ .   (us)
5. ¿Quieres visitar la capital ____ ?   (with me)
6. Bueno. Voy a dejar los pasajes ____ .   (with you, fam.)

F. The absolute superlative

Change the words in italics to the absolute superlative.

1. Los pasajes son *muy caros.*
2. La valija es *muy barata.*

3. Este restaurante es *muy bueno*.
4. Las chicas son *muy altas*.

G. Just words . . .

Complete the following sentences, using appropriate words or phrases from the vocabulary list in *lección 4*.

1. Al mediodía voy al aeropuerto ——— tomar el avión.
2. ¿Uds. van a volar a México mañana? ¡ ——— !
3. No puedo comprar un pasaje de primera clase. Quiero un pasaje de ——— .
4. Voy a Buenos Aires, pero no vuelvo. Quiero un pasaje de ——— .
5. ¡Son las cuatro! El avión tiene tres horas de ——— .
6. Bueno, tengo mi pasaporte. ¿Necesito otros ——— ?
7. Aquí tiene el comprobante para su ——— .
8. Aquí está la entrada y ahí está la ——— .
9. No tengo valijas, sólo un bolso de ——— .
10. Nosotros no almorzamos a las once y media. Almorzamos al ——— .
11. En París hay muchos ——— norteamericanos.
12. Puedo ir de California a Arizona en avión, en coche, en tren o en ómnibus, pero no en ——— .
13. ¿ ——— llega Ana de Buenos Aires? ¿El lunes?

**OBJECTIVES**

PRONUNCIATION   The Spanish **g** (before **e** or **i**), **j**, and **h**

STRUCTURE   *Present indicative of* **e>i** *stem-changing verbs* • *Direct object pronouns* • *Affirmative and negative expressions* • *Demonstrative adjectives and pronouns* • *The expression* **acabar de**

COMMUNICATION   You will learn vocabulary related to travel: going through customs, obtaining information, and getting a room at a hotel.

## En Lima

*El avión acaba de llegar a Lima. Teresa entra en el aeropuerto, que es grande y muy moderno. Muestra el pasaporte y pasa por la aduana. En el aeropuerto hay objetos de oro y plata, y Teresa compra algunos para su familia.*

*En la aduana:*

INSPECTOR —Debe abrir sus maletas. ¿Tiene Ud. algo que declarar?

TERESA —Tengo esta cámara fotográfica y estos cigarrillos. Nada más.

INSPECTOR —¿Y esta maleta?

TERESA —Ésa no es mi maleta. Sólo tengo éstas.

INSPECTOR —Muy bien. Todo está en regla.

TERESA —¿Hay alguna oficina de turismo por aquí?

INSPECTOR —Sí, es aquélla a la izquierda.

*En la oficina de turismo, Teresa pide información:*

TERESA —Buenos días, señor. ¿Tiene Ud. una lista de hoteles y pensiones?

EMPLEADO —Sí, señorita. También hay una lista de restaurantes y lugares de interés. Aquí están.

TERESA —Gracias. ¿Dónde puedo tomar un taxi?

EMPLEADO —La segunda puerta a la derecha. También hay un autobús que la lleva al centro. Es ése.

*Teresa toma el autobús y va a un hotel del centro, donde pide una habitación:*

TERESA —Necesito una habitación sencilla con baño privado, por favor. No tengo reservación.

EMPLEADO —Tenemos una con vista a la calle que cuesta treinta dólares por día. También hay otra interior en el tercer piso por veinte dólares.

TERESA —¿Tiene alguna habitación más barata? Ésas son muy caras.

EMPLEADO —No, no hay ninguna. En diciembre hay muy pocos cuartos libres.

TERESA —Prefiero el cuarto interior. ¿Aceptan cheques de viajero?

EMPLEADO —Sí, señorita. Y también tarjetas de crédito.

**IN LIMA**

*The plane has just arrived in Lima. Teresa enters the airport, which is big and very modern. She shows her passport and goes through customs. At the airport there are objects of gold and silver, and Teresa buys some for her family.*

*Going through customs:*

C.I.  You must open your suitcases. Do you have anything to declare?

T.  I have this camera and these cigarettes. Nothing else.

C.I.  And this suitcase?

T.  That one is not my suitcase. I only have these.

C.I.  Very well. Everything is in order.

T.  Is there a tourist office here?

C.I.  Yes, it is that one on the left.

*At the tourist office, Teresa asks for information:*

T.  Good morning, sir. Do you have a list of hotels and boardinghouses?

C.  Yes, Miss. There is also a list of restaurants and places of interest. Here they are.

T.  Thanks. Where can I get a taxi?

C.  The second door to the right. There's also a bus that takes you downtown. It's that one.

*Teresa takes the bus and goes to a hotel downtown, where she asks for a room:*

T.  I need a single room with a private bathroom, please. I have no reservation.

C.  We have one overlooking the street that costs thirty dollars a day. There is also an interior one on the third floor for twenty dollars.

T.  Do you have any cheaper rooms? Those are very expensive.

C.  No, there aren't any. In December there are few vacant rooms.

T.  I prefer the interior room. Do you accept traveler's checks?

C.  Yes, Miss. And also credit cards.

T.  What is the rate of exchange?

C.  Twelve hundred *soles* per dollar.

TERESA  —¿A cómo está el cambio de moneda?

EMPLEADO  —Mil doscientos soles[1] por dólar.

*Teresa firma el registro:*

TERESA  —¿Puede alguien llevar mis maletas al cuarto, por favor?

EMPLEADO  —Sí, en seguida viene el botones a llevarlas. Aquí tiene la llave.

TERESA  —Quiero cenar en mi habitación. ¿A qué hora sirven la cena?

EMPLEADO  —La sirven a las nueve.

## VOCABULARIO

### COGNADOS

el **dólar**  dollar
el **hotel**  hotel
el (la) **inspector(a)**  inspector
el **interés**  interest
  **interior**  interior
la **lista**  list
  **moderno(-a)**  modern

el **objeto**  object
la **oficina**  office
  **privado(-a)**  private
el **registro**  register
la **reserva**, la **reservación**
  reservation
el **taxi**  taxi

### NOMBRES

la **aduana**  customs
el **baño**  bathroom
el **botones**  bellhop
la **cámara fotográfica**  camera
el **centro**  downtown (area)
el **cigarrillo**  cigarette
el **cuarto**, la **habitación**  room
el **cheque de viajero**  traveler's
  check
la **derecha**  right
la **izquierda**  left
la **llave**  key
la **oficina de turismo**  tourist
  office
el **oro**  gold

el **piso**  floor
la **plata**  silver
la **tarjeta de crédito**  credit card

### VERBOS

**aceptar**  to accept
**cenar**  to have dinner, supper
**declarar**  to declare
**firmar**  to sign
**mostrar (o>ue)**, **enseñar**  to show
**pasar (por)**  to go through, by
**pedir (e>i)**  to ask for, request
**servir (e>i)**  to serve

---

[1]Peruvian currency, now called *inti*.

**ADJETIVOS**

**libre**   vacant, free
**sencillo(-a)**   single; simple

**OTRAS PALABRAS Y
EXPRESIONES**

**acabar de**   to have just
**¿A cómo está el cambio (de
    moneda)?**   What is the rate of
    exchange?
**a la derecha**   to the right
**a la izquierda**   to the left
**algo**   something, anything
**aquí tiene...**   here is . . . , here
    you are

**con vista a**   overlooking
**en seguida**   right away
**nada más**   nothing else
**pocos(-as)**   few
**por**   per, for
**por aquí**   around here
**que**   which, that
**tener algo que declarar**   to have
    something to declare
**todo está en regla**   everything is
    in order

*Teresa signs the register:*

T.   Can someone take my suitcases to
     the room, please?
C.   Yes, the bellhop will come to take
     them right away. Here is the key.
T.   I want to have dinner in my room. At
     what time do they serve dinner?
C.   They serve it at nine o'clock.

## VOCABULARIO ADICIONAL

el **ascensor,** el **elevador**   elevator
¿Hay un **ascensor** aquí?

**cancelar**   to cancel
Voy a **cancelar** el pasaje.

**confirmar**   to confirm
Deseo **confirmar** el vuelo.

**doble**   double
Quiero una habitación **doble.**

la **embajada**   embassy
¿Dónde está la **embajada**
    norteamericana?

el **jabón**   soap
¿Hay **jabón** en el baño?

la **lista de espera**   waiting list
Estoy en la **lista de espera.**

la **tarjeta de turista**   tourist card
Si Ud. es argentino, necesita una
    **tarjeta de turista.**

la **toalla**   towel
Necesito otra **toalla.**

la **visa**   visa
Necesitamos **visa** para viajar a Perú.

---

1. Lima, la capital de Perú, es una ciudad de contrastes. Junto a (*Next to*)
   edificios (*buildings*) muy modernos hay otros de arquitectura colonial. El 25%
   de la población es de origen indio.

2. Un punto de gran atracción turística en Perú es Machu-Picchu, situada en los
   Andes, a ochenta kilómetros de la ciudad de Cuzco. Machu-Picchu es uno de
   los ejemplos más importantes de la arquitectura incaica.

**¿Lo sabía Ud....?**

## PRONUNCIACIÓN

▶ **A.** The Spanish **g** (before **e** or **i**)

When followed by **e** or **i**, the Spanish g sounds somewhat like the *h* in the English words *hen* and *his*. Listen to your teacher and repeat the following words.

| | | |
|---|---|---|
| Gerardo | inteligente | agente |
| agencia | general | Genaro |
| registro | Argentina | ingeniero |

▶ **B.** The Spanish **j**

The Spanish **j** sounds somewhat like the *h* in the English word *hit*. Listen to your teacher and repeat the following words.

| | | |
|---|---|---|
| Julia | dejar | embajada |
| pasaje | jabón | equipaje |
| tarjeta | objeto | jueves |

▶ **C.** The Spanish **h**

The Spanish **h** is always silent. Listen to your teacher and repeat the following words.

| | | |
|---|---|---|
| hay | Hilda | habitación |
| Honduras | hermano | hasta |
| ahora | hotel | hija |

## ESTRUCTURAS GRAMATICALES

▶ **1.** Present indicative of **e>i** stem-changing verbs　(*Presente de indicativo de los verbos que cambian en la raíz e>i*)

| **servir**　*to serve* | | **pedir**　*to ask for, request* | | **seguir**　*to follow, continue* | |
|---|---|---|---|---|---|
| sirvo | servimos | pido | pedimos | sigo | seguimos |
| sirves | servís | pides | pedís | sigues | seguís |
| sirve | sirven | pide | piden | sigue | siguen |

Some **-ir** verbs undergo a special change in stem in the present indicative. When **e** is the last stem vowel and it is stressed, it changes to **i**.

–¿Qué **sirven** Uds. en sus fiestas?　　*What **do you serve** at your parties?*
–**Servimos** champán.　　　　　　　　*We **serve** champagne.*

◈ Note that the stem vowel is not stressed in the verb forms used with **nosotros** and **vosotros**; therefore, the **e** does not change to **i.**

◈ Verbs like **seguir** and **conseguir** (*to get, obtain*) drop the **u** before **a** or **o: yo sigo, yo consigo.**

◈ The verb **decir** (*to say, tell*) undergoes the same change, but in addition it has an irregular first-person singular form: **yo digo.** (For a complete list of stem-changing verbs, see the Appendix.)

## PRÁCTICA

A. Change the verbs according to the new subjects.

1. *Yo* sirvo la cena. (Nosotros, Uds., Los empleados)
2. *Teresa* pide una lista de hoteles. (Yo, Él, Tú, Ellas)
3. *Yo* no consigo trabajo. (Mi cuñada, Tú, Nosotros, Uds.)
4. *Él* dice que es barato. (Yo, Rosa, Tú, Nosotros, Ellos)

*[handwritten margin notes:]*
*digo*
*dices*
*dice*
*decimos*
*decís*
*dicen*

B. Complete the following sentences, using the correct forms of the verbs in parentheses, then read them aloud.

1. Yo (seguir) _____ en el hotel.
2. Nosotros no (conseguir) _____ habitaciones con baño privado.
3. Ellos (servir) _____ el desayuno a las ocho.
4. Nosotros (pedir) _____ la reservación de Elena.
5. Ella y yo (seguir) _____ al botones al cuarto.
6. Yo (decir) _____ que él es bajo y feo.
7. Nosotros (pedir) _____ información.
8. Tú y yo (servir) _____ los refrescos.
9. Tú (conseguir) _____ habitación.
10. Hilda (decir) _____ que no va a la fiesta de fin de año.

C. Answer the following questions with complete sentences.

1. ¿A qué hora sirven Uds. el desayuno?
2. ¿Qué sirve Ud. en sus fiestas?
3. ¿Piden Uds. Coca-Cola o Seven-Up?
4. ¿Dice Ud. su edad?
5. ¿Dónde consiguen Uds. la visa?
6. ¿Dónde consigues la lista de hoteles?

▶ **2.** Direct object pronouns   (*Pronombres usados como complemento directo*)

**The direct object**

In addition to a subject, most sentences have an object.

> **Ellos compran el libro.**
>   S.      V.       D.O.

In the sentence above, the subject (**Ellos**) performs the action, while **el libro,** the direct object, receives directly the action of the verb. (The direct object of a sentence may be either a person or a thing.)

The direct object can be easily identified as the answer to the questions *whom?* and *what?* about what the subject is doing.

> Ellos compran **el libro.**       (**What** are they buying?)
> Pepe llama **a su primo.**       (**Whom** is he calling?)

Direct object pronouns may be used in place of the direct object.

**A.**  Forms of the direct object pronouns

|  | Singular |  |  | Plural |  |
|---|---|---|---|---|---|
| me | *me* |  | nos | *us* |  |
| te | *you* (fam.) |  | os | *you* (fam.) |  |
| lo[1] | { *you* (form., m.) <br> *him, it* (m.) } |  | los | { *you* (form., m.) <br> *them* (m.) } |  |
| la | { *you* (form., f.) <br> *her, it* (f.) } |  | las | { *you* (form., f.) <br> *them* (f.) } |  |

EXAMPLES:   ¿Tiene **la llave?** Sí, **la** tengo.

¿Compra Ud. **los pasajes?** Sí, **los** compro.

**B.**  Position of direct object pronouns

1. In Spanish, object pronouns are normally placed before a conjugated verb.

>              D.O.
> Ellos sirven **la cena.**
> Ellos         **la**         sirven.

---

[1]In some parts of Spain, **le** is used instead of **lo** for *him* and *you* (*form.*).

2. In negative sentences the **no** must precede the object pronoun.

> D.O.
> Ellos sirven **la cena.**
> Ellos           **la**      sirven.
> Ellos    **no   la**      sirven.

3. Where a conjugated verb and an infinitive are used in the same clause, the direct object pronoun may either be added to the infinitive or placed before the conjugated verb.

> Puedo firmar**lo.**  ⎫
> **Lo** puedo firmar.   ⎬ *I can sign **it.***
>                    ⎭

## PRÁCTICA

A. Replace the italicized object with the appropriate pronoun.

MODELO:   Compro las *toallas.*
*Las compro.*

1. Necesito *jabón.*
2. El cuarto tiene *baño privado.*
3. Aceptan *cheques de viajero.*
4. Puede llevar *las tarjetas de turista.* (two forms)
5. El hotel no tiene *ascensor.*
6. Van a dar *una lista.* (two forms)
7. Pido *la habitación interior.*
8. No tengo *habitaciones sencillas.*
9. Debe abrir *el restaurante.* (two forms)
10. Compramos *los objetos de plata y oro.*

B. Answer the following questions orally, following the models.

MODELO 1:   ¿Llevas a Roberto?
*Sí, lo llevo.*

1. ¿Llevas a los niños?
2. ¿Llevas a María?
3. ¿Me llevas?
4. ¿Nos llevas?
5. ¿Te llevo?

MODELO 2:   ¿Vas a visitar a María?
*No, no voy a visitarla.* [1]
*(No, no la voy a visitar.)* [1]

1. ¿Vas a visitar a los chicos?
2. ¿Me vas a visitar?
3. ¿Nos vas a visitar?
4. ¿Vas a visitar al inspector?
5. ¿Vas a visitar las capitales?

---

[1] Note the position of the pronoun in each of the two model responses.

C. Answer the following questions with complete sentences, using direct object pronouns.

1. ¿A qué hora vas a llamarme?
2. ¿Los visitan a Uds. sus amigos?
3. ¿Quién te va a llevar a la pensión?
4. ¿Tienes mi cámara fotográfica?
5. ¿Firman Uds. el registro?
6. ¿Tiene Ud. mi tarjeta de crédito?
7. ¿Confirman o cancelan Uds. los pasajes?
8. ¿Pides la tarjeta de turista para viajar?

D. Write the following sentences in Spanish.

1. Do you love me?
2. I buy it (*f.*).
3. He calls us.
4. Do you want to read it (*m.*)?
5. We request them (*m.*).
6. I get them (*f.*) at the restaurant.
7. She takes you (*fam.*).
8. Do you need to declare it (*f.*)?

▶ **3.** Affirmative and negative expressions  (*Expresiones afirmativas y negativas*)

A.

| *Affirmative* | *Negative* |
|---|---|
| **algo**   *something, anything* | **nada**   *nothing* |
| **alguien**   *someone, somebody, anyone* | **nadie**   *nobody, no one* |
| **alguno(-a), algún**   *any, some* | **ninguno(-a), ningún**   *no,*[1] *none, not any* |
| **siempre**   *always* | **nunca, jamás**   *never* |
| **también**   *also, too* | **tampoco**   *neither, not either* |
| **o... o**   *either . . . or* | **ni... ni**   *neither . . . nor* |

◈ **Alguno** and **ninguno** drop the **-o** before a masculine singular noun; *algún* niño; *ningún* niño; but *alguna* niña; *ninguna* niña.

| | |
|---|---|
| —¿Tiene **algo** que declarar? | *Do you have **anything** to declare?* |
| —No, no tengo **nada**. | *No, I don't have **anything**.* |
| —¿Quieren comprar **algunos** objetos? | *Do you want to buy **some** objects?* |
| —No, no queremos comprar **ningún** objeto. | *No, we don't want to buy **any** objects.* |

---

[1]In Spanish, **no** is never used as an adjective.

ATENCIÓN:   Note that **alguno(-a)** may be used in the plural forms, but **ninguno(-a)** is not pluralized.

B.  Spanish sentences frequently use a double negative form to express a degree of negation: the adverb **no** is placed before the verb; the second negative word either follows the verb or appears at the end of the sentence. If, however, the negative word precedes the verb, **no** is never used.

No hablo español **nunca.**
*or:*   **Nunca** hablo español.  } *I never speak Spanish.*

No compro **nada nunca.**
*or:*   **Nunca** compro **nada.**  } *I never buy anything.*

In fact, Spanish often uses several negatives in one sentence.

Yo **no** le pido **nada**[1] a **nadie nunca.**

## PRÁCTICA

A.  Make the following sentences negative.

1.  Compro algo.
2.  Siempre viaja a Madrid en el verano.
3.  Algunos sirven la cena.
4.  Beben vino o cerveza.
5.  Entran algunos amigos.
6.  Hay alguien en la entrada.
7.  Siempre encontramos habitaciones dobles.
8.  El inspector de aduana va también.

B.  Answer the following questions negatively.

1.  ¿Va a ir a Madrid con alguien?
2.  ¿Siempre viajan Uds. en el invierno?
3.  Yo no hablo chino, ¿y tú?
4.  ¿Vas a comprar objetos de plata o de oro?
5.  ¿Quieres algo?
6.  ¿Vas a visitar a algunas chicas?

*ni yo tampoco*

C.  Write the following sentences in Spanish.

1.  He doesn't sign anything.
2.  Do you talk with anybody?

---

[1]**No le pido** *algo* would actually be incorrect.

3. They never go downtown.
4. She studies either German or Russian.
5. My husband does not remember either.
6. It is neither cheap nor expensive.
7. I never buy anything for anybody.
8. There isn't anybody around here.

▶ **4.** Demonstrative adjectives and pronouns   (*Los adjetivos y los pronombres demostrativos*)

**A.** Demonstrative adjectives point out persons or things. Like all other adjectives, they agree in gender and number with the nouns they modify. The forms of the demonstrative adjectives are as follows.

| Masculine | | Feminine | | |
|---|---|---|---|---|
| *Singular* | *Plural* | *Singular* | *Plural* | |
| este | estos | esta | estas | *this, these* |
| ese | esos | esa | esas | *that, those* |
| aquel | aquellos | aquella | aquellas | *that, those* (at a distance) |

−¿Qué necesitas?
−Necesito **esta** pluma, **ese** cuaderno y **aquellos** libros.

*What do you need?*
*I need **this** pen, **that** notebook, and **those** (at a distance) books.*

## PRÁCTICA

A. Change the demonstrative adjectives according to the gender and number of the nouns.

1. *esta* lista de espera, _____ casas, *es* elevador, *estos* autobuses
2. *ese* empleado, *esa* oficina, *esos* dólares, *estos* pensiones
3. *aquella* señora, _____ cheque, _____ toallas, _____ cigarrillos

B. Write the following sentences in Spanish.

1. These young women have dinner at ten.
2. That hotel (over there) is very modern.
3. I'm going to buy those cigarettes. Nothing else.
4. Are you going to sign this register?
5. That girl (over there) works at the tourist office.
6. Those gentlemen (over there) must go through customs.

**B.** Demonstrative pronouns

| Masculine | | Feminine | | Neuter | |
|-----------|-------|----------|--------|--------|--------|
| Singular | Plural | Singular | Plural | | |
| éste | éstos | ésta | éstas | esto | *this* (one), *these* |
| ése | ésos | ésa | ésas | eso | *that* (one), *those* |
| aquél | aquéllos | aquélla | aquéllas | aquello | *that* (one), *those* (at a distance) |

−¿Quieres este jabón o **ése**?

*Do you want this soap or **that one**?*

−No quiero ni **éste** ni **ése**; quiero **aquél**.

*I want neither **this one** nor **that one**; I want **that one** over there.*

−¿Entiendes **eso**?
−No, no lo entiendo.

*Do you understand **that thing**?*
*No, I don't understand it.*

◈ The demonstrative pronouns are the same as the demonstrative adjectives, except that the pronouns have a written accent.

◆ Each demonstrative pronoun has a neuter form. The neuter pronouns have no accent because there are no corresponding forms in the demonstrative adjectives.

◆ The neuter forms are used to refer to situations, ideas, or imprecise objects or things, equivalent to the English *this, that matter; this, that business;* and *this, that stuff.*

## PRÁCTICA

A. Pattern Drill

MODELO:    ¿Quieres esta lista o ésa?
           *Prefiero aquélla.*

1. ¿Quieres estas maletas o ésas?
2. ¿Quieres estos bolsos de mano o ésos?
3. ¿Quieres este refresco o ése?
4. ¿Quieres esta cámara o ésa?
5. ¿Quieres esto o eso?

B. Complete the following sentences by translating the words in parentheses.

1. Firmo este registro y _____ (*that one over there*).
2. Quiero estos cigarrillos y _____ (*those*).
3. Necesito esta llave y _____ (*that one over there*).
4. Voy a comprar esta toalla y _____ (*those*).
5. No quiero esas maletas; quiero _____ (*these*).
6. No voy a comer en ese restaurante. Voy a comer en _____ (*this one*).

▶ **5.** The expression **acabar de**    (*La expresión acabar de*)

**Acabar de** means *to have just.* English uses the present perfect tense plus the word *just;* Spanish uses the following formula.

---

Subject + **acabar**[1] (*conjugated in the present tense*) + **de** + *infinitive*

| | | | |
|---|---|---|---|
| Ellos | **acaban** | **de** | llegar. |
| *They* | *have* | *just* | *arrived.* |

---

−¿Raúl está aquí?                      *Is Raúl here?*
−Sí, **acaba de** llegar de la          *Yes, **he has just** arrived from the*
   embajada.                               *embassy.*

---

[1]Note that **acabar** is a regular verb.

## PRÁCTICA

A. Change the verbs according to the new subjects.

    1. *Mamá* acaba de hacer las maletas. (Yo, Tú, Nosotros)
    2. *Los chicos* acaban de comprarlo. (Ud., Ellos, Tú y yo)
    3. *Yo* acabo de almorzar. (Mis hijos, La enfermera, Uds.)

B. Pattern Drill

    MODELO:   ¿Vas a firmar el registro?
                *Acabo de firmarlo.*

    1. ¿Vas a reservar la habitación?
    2. ¿Vas a pedir las toallas?
    3. ¿Vas a comprar el jabón?
    4. ¿Vas a cancelar las reservaciones?
    5. ¿Vas a confirmar el pasaje?
    6. ¿Vas a servir la cena?

*Reservando
habitación en el
hotel.*

## ¡A VER CUÁNTO APRENDIÓ!

A. ¡Conversemos!

Reread the dialogue in this lesson and be ready to discuss the following.

1. ¿Cómo es el aeropuerto de Lima?
2. ¿Qué compra Teresa en el aeropuerto?
3. ¿Tiene Teresa algo que declarar?
4. ¿Qué pide Teresa en la oficina de turismo?
5. ¿Qué toma para ir al centro?
6. ¿Teresa pide una habitación sencilla o doble?
7. ¿Qué cuarto prefiere Teresa?
8. ¿Cómo puede Teresa pagar el hotel?
9. ¿A cómo está el cambio de moneda?
10. ¿Teresa lleva sus maletas al cuarto o las lleva el botones?

B. Give appropriate responses to the following questions.

1. ¿Cuántas maletas lleva Ud. cuando viaja?
2. ¿Lleva Ud. cheques de viajero cuando viaja?
3. ¿Qué lugares de interés hay en la ciudad donde Ud. vive?
4. ¿A qué hora sirven Uds. el desayuno?
5. ¿Vas a llevarme a almorzar?
6. Quiero vender mi cámara fotográfica. ¿La quieren comprar?
7. ¿Prefiere Ud. objetos de oro o de plata?
8. ¿Hay alguien en su cuarto ahora?
9. ¿El baño está a la derecha o a la izquierda?
10. ¿Cuál es tu libro? ¿Éste, ése o aquél?

C. ¡Repase el vocabulario!

Select the word or phrase that best completes each sentence.

1. En el aeropuerto debo mostrar
   a. la llave.      b. el baño.      c. el pasaporte.
2. Quiero una habitación
   a. en la oficina de turismo.      c. en el ómnibus.
   b. con vista a la calle.
3. Deseo declarar
   a. la reservación.      c. la lista de hoteles.
   b. esta cámara fotográfica.
4. Debes pasar por la aduana
   a. con el restaurante.      c. con las maletas.
   b. con el piso.
5. Voy a comprar algo para
   a. mis padres.      b. la aduana.      c. la llave.

6. El botones va a llevar
   a. el barco.       b. el ascensor.       c. las maletas.
7. ¿Dónde puedo tomar
   a. el jabón?       b. el ascensor?       c. la tarjeta de turista?
8. Sirven la cena
   a. a las nueve de la mañana.       c. a las nueve de la noche.
   b. a las tres de la tarde.
9. En el verano hay pocos cuartos
   a. libres.       b. modernos.       c. casados.
10. En el Hilton una habitación con vista a la calle cuesta cincuenta dólares
    a. por año.       b. por mes.       c. por día.

D. Situaciones

What would you say in the following situations?

1. You are at the travel agency. Ask the agent whether you need a visa to travel to Mexico and what the rate of exchange is. Tell the agent that you want a one-way ticket.
2. You are at the airport. Tell the inspector that you have nothing else to declare, and ask if everything is in order.
3. You are at the tourist office. Ask the clerk if he or she has a list of hotels and boardinghouses and a list of places of interest. Say that you need them right away.
4. You are the clerk at a tourist office. Tell the tourists that there are some buses that can take them downtown and that they can also take a taxi.
5. You are the clerk at a hotel. Tell a tourist that you don't have any single rooms with private bathrooms because there are few vacant rooms in July.

E. **Para escribir**

Complete the following dialogues.

1. *Carlos va a Tijuana:*

CARLOS    –¿Dónde está tu pasaporte?

ROBERTO    _____

CARLOS    –¡Sí, lo necesitas! ¿No vas a ir a México?

ROBERTO    _____

CARLOS    –¿Tijuana? ¿Y para eso necesitas todas esas maletas?

ROBERTO    _____

CARLOS    –¡No! ¡No puedo llevarlas al coche!

2. *En el hotel:*

TURISTA    –¿Tienen habitaciones?

HOTELERO    _____

TURISTA    –No, interior.

HOTELERO    _____

TURISTA    –¡Cincuenta dólares por día! ¿Aceptan cheques de viajero?

HOTELERO    _____

## Ejercicio de lectura

Armando va a la agencia de viajes y compra un pasaje de ida y vuelta para Caracas, la capital de Venezuela. Va a visitar a sus padres, que° viven allí. El    who pasaje de primera clase cuesta ochocientos dólares, pero Armando no tiene mucho dinero y compra un pasaje de clase turista.

El avión sale el viernes a las nueve de la noche, del aeropuerto Internacional de Los Ángeles. Anita, la novia de Armando, está en el aeropuerto con él. Armando tiene sólo una maleta y un bolso de mano. La puerta de salida para tomar el avión es la puerta número seis. Son las ocho y media y empiezan a llamar a los pasajeros. A las nueve sale el avión.

Cuando Armando llega a Caracas, pasa por la aduana y después va a la oficina de turismo, donde pide una lista de hoteles y pensiones.

## ¡A ver cuánto recuerda!

¿Es verdad o no?

1. Armando va al mercado para comprar un pasaje.
2. Armando compra un pasaje de ida para Caracas.
3. Caracas es la capital de Bolivia.
4. Armando va a visitar a su mamá y a su papá.

5. El pasaje de primera clase cuesta más de setecientos dólares.
6. Armando viaja en clase turista.
7. Armando debe pagar exceso de equipaje.
8. Armando va al aeropuerto con su hermana Anita.
9. Armando debe ir a la puerta de salida número seis.
10. Empiezan a llamar a los pasajeros a las ocho.
11. El avión tiene una hora de retraso.
12. El avión sale al mediodía.
13. Armando no necesita pasar por la aduana.
14. En la oficina de turismo tienen listas de hoteles y pensiones.

**OBJECTIVES**

PRONUNCIATION    The Spanish **ll** and **ñ**

STRUCTURE    Uses of **ser** and **estar** • Irregular first persons • **Saber** vs. **conocer; pedir** vs. **preguntar** • Indirect object pronouns • Constructions with **gustar**

COMMUNICATION    You will learn vocabulary related to reading a menu, ordering meals at a restaurant, and paying the bill.

## En el restaurante

*Hoy es el 15 de diciembre. Es el aniversario de bodas de Lidia y Jorge. Lidia no sabe que para celebrarlo, su esposo piensa llevarla a uno de los mejores restaurantes de Guadalajara. Cuando ella le pregunta qué van a hacer hoy, él le dice que van a ir al cine o al teatro. Son las nueve y Lidia está lista para salir.*

LIDIA —¿A dónde vamos?
JORGE —Vamos a tomar un taxi.

*Llegan al restaurante Miramar:*

LIDIA —¡Qué sorpresa! ¡Éste es el restaurante que más me gusta!
MOZO —Por aquí, por favor. Aquí está el menú.
LIDIA —Gracias. (*Lee el menú.*) Bistec, cordero asado con puré de papas, pavo relleno, camarones…
JORGE —¿No te gusta la langosta? Es muy sabrosa. ¿O un filete? Aquí preparan platos muy ricos.
LIDIA —¡Ay! ¡No sé qué pedir!
MOZO —Quiero recomendarles la especialidad de la casa: lechón asado y arroz con frijoles. De postre, helado, flan con crema o torta helada.
JORGE —Bueno, yo quiero helado. ¿Y tú?
LIDIA —Yo quiero sopa, pollo y ensalada.
MOZO —¿Y para tomar?
JORGE —Primero un vermut y después una botella de vino tinto.
MOZO —Muy bien, señor. (*Anota el pedido.*)
LIDIA —¿A dónde vamos después?
JORGE —Conozco un club nocturno muy bueno. ¿Quieres ir a bailar?
LIDIA —¡Sí! Tú sabes que a mí me gusta mucho bailar.

*El mozo trae la comida:*

LIDIA —(*Está comiendo el pollo.*) ¡Este pollo está muy rico!
JORGE —Este restaurante es excelente.
LIDIA —¡Oye! ¿Quieres ir a la fiesta de María Elena?

## AT THE RESTAURANT

*Today is the fifteenth of December. It is Lidia's and Jorge's wedding anniversary. Lidia doesn't know that, to celebrate it, her husband plans to take her to one of the best restaurants in Guadalajara. When she asks him what they are going to do today, he tells her that they're going to go to the movies or to the theater. It is nine o'clock, and Lidia is ready to go out.*

L.   Where are we going to?
J.   We're going to take a taxi.

*They arrive at the Miramar restaurant:*

L.   What a surprise! This is the restaurant I like best!
W.   This way, please. Here is the menu.
L.   Thanks. (*She reads the menu.*) Steak, roast lamb with mashed potatoes, stuffed turkey, shrimp . . .
J.   Don't you like lobster? It's very tasty. Or a tenderloin steak? They prepare very tasty dishes here.
L.   Oh, I don't know what to order!
W.   I want to recommend to you the specialty of the house: roast pork and rice with beans. For dessert, ice cream, custard with cream, or ice cream cake.
J.   Okay, I want ice cream. And you?
L.   I want soup, chicken, and salad.
W.   And to drink?
J.   First a vermouth and then a bottle of red wine.
W.   Very well, sir. (*He writes down the order.*)
L.   Where are we going afterwards?
J.   I know a very good nightclub. Do you want to go dancing?
L.   Yes! You know I like dancing very much.

*The waiter brings the food:*

L.   (*She's eating the chicken.*) This chicken is very good!
J.   This restaurant is excellent.
L.   Listen! Do you want to go to María Elena's party?
J.   Where is it? At the Victoria Club?
L.   Yes, but . . . I prefer to go dancing with you . . .

*After eating the dessert, Lidia and Jorge drink coffee and talk. It is now (already) ten-thirty. Jorge asks for the bill, pays it, leaves the waiter a good tip, and they leave.*

JORGE   –¿Dónde es? ¿En el club Victoria?
LIDIA   –Sí, pero... prefiero ir a bailar contigo...

*Después de comer el postre, Lidia y Jorge beben café y conversan. Ya son las diez y media. Jorge pide la cuenta, la paga, le deja una buena propina al mozo y salen.*

## VOCABULARIO

### COGNADOS

| | |
|---|---|
| el **aniversario**   anniversary | el **menú**   menu |
| la **crema**   cream | la **sorpresa**   surprise |
| la **especialidad**   specialty | el **teatro**   theater |
| **excelente**   excellent | el **vermut**   vermouth |

### NOMBRES

el **arroz**   rice
el **bistec**   steak
la **botella**   bottle
los **camarones**   shrimp
el **cine**   movie theater, movies
el **club nocturno**   nightclub
la **comida**   food, meal
el **cordero**   lamb
la **cuenta**   bill
el **filete**   tenderloin steak
el **flan**   custard
los **frijoles**   beans
el **helado**   ice cream
la **langosta**   lobster
el **lechón**   young pig (pork)
el **mozo, camarero,**[1] **mesero**
   (*Mex.*)   waiter
el **pavo**   turkey
el **pedido, la orden**   order
el **plato**   dish, plate
el **postre**   dessert
la **propina**   tip
la **sopa**   soup
la **torta helada**   ice cream cake

### VERBOS

**anotar**   to write down
**celebrar**   to celebrate
**conocer**   to know, be acquainted with
**gustar**   to be pleasing to, like
**pedir** (e>i)   to order
**preguntar**   to ask (a question)
**preparar**   to prepare
**recomendar** (e>ie)   to recommend
**saber**   to know
**salir**   to leave, get (go) out

### ADJETIVOS

**asado(-a)**   roast
**helado(-a)**   iced, ice cold
**listo(-a)**   ready
**relleno(-a)**   stuffed
**sabroso(-a), rico(-a)**   tasty, delicious
**tinto**   red (*ref. to wine*)

---

[1]*waitress:* **camarera, mesera**

**OTRAS PALABRAS Y
EXPRESIONES**

**aniversario de bodas**   wedding
   anniversary
**de postre**   for dessert

**por aquí**   this way
**puré de papas**   mashed potatoes
**ya**   already

## VOCABULARIO ADICIONAL

**PARA PONER LA MESA**   (*To set the table*)

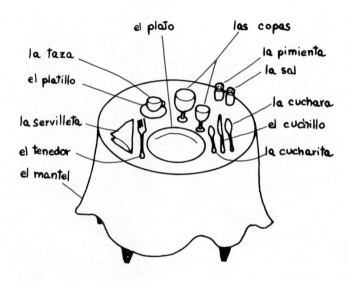

la taza
el platillo
la servilleta
el tenedor
el mantel
el plato
las copas
la pimienta
la sal
la cuchara
el cuchillo
la cucharita

---

¿Lo sabía Ud....?

1. Guadalajara es una de las ciudades más importantes de México. El clima es ideal, pues allí prácticamente todo el año es primavera. La ciudad tiene muchos parques muy hermosos (*beautiful*) y amplias avenidas. En el centro está la catedral de arquitectura barroca, rodeada de (*surrounded by*) cuatro plazas.

2. En los países de habla hispana, el café se sirve después del postre, nunca durante la comida. Generalmente es café tipo expreso, y se sirve en tazas muy pequeñas.

3. Después de comer, los hispanos generalmente se quedan sentados (*remain seated*) alrededor de la mesa y conversan. A esto se le llama «hacer la sobremesa».

# RESTAURANTE MIRAMAR

✳

## Especialidad en carnes y mariscos

### MENÚ

#### PARA EL ALMUERZO

| | | | |
|---|---|---|---|
| Sándwiches[1] de pollo | $ 180[2] | Papas fritas (*French fries*) | $ 75 |
| Sándwiches de jamón y queso | $ 200 | Tortilla a la española (*Omelette*) | $ 150 |
| Sándwiches de huevo (*egg*) | $ 150 | Tortilla mexicana | $ 50 |
| Sopa del día | $ 100 | Frijoles (*Beans*) | $ 75 |
| Ensalada | $ 110 | Arroz | $ 80 |
| Hamburguesas[1] | $ 150 | | |

#### PARA LA CENA  (*Todos los platos de la lista se sirven[3] con la sopa del día y ensalada.*)

##### *Pescados y mariscos* (Seafood)

| | | | |
|---|---|---|---|
| Langosta | $1.000 | Trucha | $ 750 |
| Salmón[1] | $ 800 | Camarones | $ 900 |

##### *Carne* (Meat)

| | | | |
|---|---|---|---|
| Albóndigas (*Meatballs*) | $ 300 | Pavo relleno | $ 750 |
| Bistec (*Filet*) | $ 900 | Pollo frito | $ 650 |
| Cordero | $ 800 | Arroz con pollo (*Chicken and rice*) | $ 600 |
| Lechón asado | $ 850 | | |

#### POSTRES

| | | | |
|---|---|---|---|
| Arroz con leche | $ 260 | Helado | $ 150 |
| Torta de chocolate[1] | $ 250 | Frutas[1] | $ 125 |
| Gelatina[1] | $ 150 | Queso | $ 150 |
| Flan con crema | $ 250 | | |

#### BEBIDAS

| | | | |
|---|---|---|---|
| Agua mineral (*Mineral water*) | $ 100 | Café | $ 80 |
| Cerveza | $ 300 | Té[1] | $ 80 |
| Champán[1] | $ 500 | Chocolate caliente (*Hot chocolate*) | $ 120 |
| Vino blanco | $ 350 | Jugo de frutas (*Fruit juice*) | $ 150 |
| Vino tinto | $ 350 | Leche fría (*Cold milk*) | $ 120 |

[1]These words are cognates, so you can guess what they mean.  [2]Note that the monetary unit of Mexico and Argentina, the peso, uses the same symbol as the dollar; therefore, **$10 = 10 pesos.**  [3]se sirven = *are served.*

## PRONUNCIACIÓN

▶ **A.** The Spanish **ll**

In most countries, the Spanish **ll** has a sound similar to the *y* in the English word *yes*. Listen to your teacher and repeat the following words.

| calle | me **ll**amo | **ll**ave | bote**ll**a |
|---|---|---|---|
| **ll**evar | re**ll**eno | po**ll**o | **ll**egar |

▶ **B.** The Spanish **ñ**

The Spanish **ñ** is similar to the *ny* in the English word *canyon*. Listen to your teacher and repeat the following words.

| español | niño | mañana | España |
|---|---|---|---|
| señor | señorita | otoño | año |

## ESTRUCTURAS GRAMATICALES

▶ **1.** Uses of **ser** and **estar**   (*Usos de ser y estar*)

The English verb *to be* has two Spanish equivalents, **ser** and **estar**. As a general rule, **ser** expresses *who* or *what* the subject is *essentially*, and **estar** indicates state or condition. **Ser** and **estar** are *not* interchangeable.

**A.** Uses of **ser**

**Ser** expresses a fundamental quality and serves to identify the essence of a person or thing.

1. It describes the basic nature or character of a person or thing. It is also used with expressions of age.

   Este restaurante **es** excelente.
   Yo **soy** mayor que María Isabel.

2. It describes the material that things are made of.

   Estos objetos **son** de oro y plata.

3. It is used with adjectives denoting nationality and to indicate origin, profession, trade, and so on.

   Sandra **es** norteamericana.
   Yo **soy** de Caracas.
   Mi mamá **es** profesora.

4. It is used with expressions of time and with dates.

   Hoy **es** miércoles, cuatro de abril.
   **Son** las cuatro y cuarto de la tarde.

5. It is used with events as the equivalent of *taking place*.

La fiesta **es** en el hotel Rivera.

6. It is used to indicate possession or relationship.

Los libros **son** de Julia.
El inspector de aduanas **es** el hermano de Raúl.

## PRÁCTICA

Answer the following questions with complete sentences.

1. ¿Quién es Ud.? *Soy SN*
2. ¿Cómo es Ud.? *Soy rubia y alta*
3. ¿Es Ud. norteamericano(-a)? *Sí, soy norteamericana*
4. ¿De dónde es Ud.? *Soy de Lincoln Nebraska*
5. ¿Es Ud. mayor o menor que yo? *Soy mayor que Ud.*
6. ¿Es Ud. profesor(a) o estudiante? *Soy*
7. ¿Quién es su mejor amigo(-a)? *Mi mejor amiga*
8. Hoy hay una fiesta. ¿Es en su casa? *No, no es en mi casa.*
9. ¿Qué día es hoy? *Hoy es lunes.*
10. ¿Qué fecha es hoy? *Hoy es el tres de abril.*
11. ¿Qué hora es? *Son las seis ¿ siete*
12. ¿Su reloj es de oro o de plata? *Mi reloj es de oro.*

B. Uses of **estar**

**Estar** has a more transitory quality and often implies the possibility of change. It also describes where people or things are located.

1. It indicates place or location.

El mozo no **está** aquí. ¿Dónde **está**?

2. It is used to indicate condition.

Mis padres **están** muy cansados.

3. With personal reactions, it describes what is perceived through the senses—that is, how a person or thing seems, looks, tastes, or feels.

¡Hmmm! Este pollo **está** muy rico.

4. It is used with a gerund to form the present progressive.

Lidia **está comiendo** camarones.

## PRÁCTICA

A. Imagine that you and a friend are at a restaurant, and answer the following questions.

1. ¿En qué calle está el restaurante? *El restaurante está en Los Ángeles calle de los*
2. ¿Ud. está comiendo filete, camarones o pavo? *Estoy comiendo filete*
3. ¿Cómo está la comida? ¿Está sabrosa? *Esta comida está sabrosa*
4. ¿Qué está comiendo su amigo(-a)? *Mi amiga está comiendo un sandwich de jamón y queso*
5. ¿Ud. está tomando vino tinto o vino blanco? *Estoy tomando*
6. ¿Qué está tomando su amigo(-a)? *Mi amiga está tomando vino tinto cerveza*
7. ¿Dónde está el camarero (la camarera)? *El camarero está*
8. ¿Qué está haciendo el mozo (la mesera)? *El mozo está bebiendo haciendo*
9. ¿Está Ud. leyendo el menú para pedir el postre? *refresco la sopa*
10. ¿Qué está comiendo su amigo de postre? *De postre mi amiga está comiendo el flan con crema*

B. ¿**Ser** or **estar**? Complete the following dialogues, using the correct verb.

1. —¿De dónde _son_ tus padres? ¿_son_ mexicanos?
   —Sí, pero ahora _están_ en California.
   —¿Tu papá _es_ ingeniero?
   —No, _es_ médico.

2. —¿Olga _es_ tu prima?
   —No, _es_ mi sobrina.
   —¿Cómo _es_ ella?
   —_Es_ alta, morena y delgada. _Está_ muy bonita.
   —¿Dónde _está_ ella ahora?
   —_Está_ en su casa.

3. —¿Qué hora _es_?
   —Ya _son_ las siete.
   —¿Dónde _es_ la fiesta de Navidad?
   —_Es_ en el Club Náutico. ¿Tú vas a ir?
   —No, _estoy_ muy cansada.

4. —¿Qué _estás_ comiendo (tú)?
   —_Estoy_ comiendo arroz con pollo.
   —¿_Está_ rico?
   —¡Sí, _está_ muy sabroso!

5. —¿Éste _es_ tu reloj?
   —Sí, _es_ mi reloj.
   —¿_Es_ de oro?
   —No. ¡Oye! ¿Qué día _es_ hoy?
   —Hoy _es_ jueves.

C. Write the following dialogues in Spanish.

1. Are you (an) American, Mr. Cortes?
   No, I am (a) Spaniard. I am from Madrid.
2. How is the food?
   It's very tasty.
3. What's the date today?
   It's September third. Is it your birthday?
   No, it's my wedding anniversary.

*[Handwritten annotations:]*

*¿Es Usted un norteamericano, Señor Cortes? Soy*
*No, soy español, de Madrid*
*¿Cómo está la comida?*
*Está muy sabrosa. ¿Qué fecha es hoy?*
*¿Cuál es le día? Hoy is el tres de septiembre. Es aniversario*
*No, es mi aniversario de bodas*

▶ **2.** Irregular first persons  (*Verbos irregulares en la primera persona*)

In the present tense, some verbs are only irregular in the first-person singular.

| Verb | yo form | Regular forms |
|---|---|---|
| **salir** (*to go out*) | **salgo** | sales, sale, salimos, salís, salen |
| **hacer** (*to do, make*) | **hago** | haces, hace, hacemos, hacéis, hacen |
| **poner** (*to put, place*) | **pongo** | pones, pone, ponemos, ponéis, ponen |
| **traer** (*to bring*) | **traigo** | traes, trae, traemos, traéis, traen |
| **conducir** (*to drive; to conduct*) | **conduzco** | conduces, conduce, conducimos, conducís, conducen |
| **traducir** (*to translate*) | **traduzco** | traduces, traduce, traducimos, traducís, traducen |
| **conocer** (*to know*) | **conozco** | conoces, conoce, conocemos, conocéis, conocen |
| **caber** (*to fit*) | **quepo** | cabes, cabe, cabemos, cabéis, caben |
| **ver** (*to see*) | **veo** | ves, ve, vemos, veis, ven |
| **saber** (*to know*) | **sé** | sabes, sabe, sabemos, sabéis, saben |

PRÁCTICA

A. Answer the following questions with complete sentences.

1. ¿Sabe Ud. español?
2. ¿Trae Ud. su libro de español a la clase?
3. ¿Ves al profesor (a la profesora) todos los días?
4. ¿Conoce Ud. a la familia del profesor (de la profesora)?
5. ¿Traduces la lección al inglés?
6. ¿Cuándo haces el trabajo?
7. ¿A qué hora sales de tu casa?
8. ¿Conduces el coche de tus padres?
9. Hay seis chicas en el coche. ¿Cabes tú también?
10. ¿Pones las llaves del coche en el escritorio?

B. Complete the following sentences in an original manner.

1. Mi nuera sale por la mañana y yo… .
2. Él cabe aquí pero yo… .
3. Ella ve a sus suegros los domingos y yo… .
4. Él sabe japonés y yo… . *sé inglese*
5. Mi hermano traduce al italiano y yo… . *Traduzco al inglese*
6. Marta conduce un Ford y yo… . *conduzco un NI*
7. Oscar trae las bebidas y yo… . *traigo el postre*
8. Mi mamá pone los platos y yo… .

*pongo las copas .*

▶ **3. Saber** vs. **conocer; pedir** vs. **preguntar**

**A. Saber vs. conocer**

Spanish has two verbs that mean *to know*, **saber** and **conocer**.

1. When *to know* means *to know something by heart, to know how to do something*, or *to know a fact*, **saber** is used.

No **sé** los verbos irregulares.
Juan **sabe** hablar ruso.
Ellos **saben** dónde queda el teatro. *Ellos saben dónde queda el teatro*

2. When *to know* means *to be familiar with* or *to be acquainted with a person, a thing*, or *a place*, it is translated as **conocer**.

Nosotros **conocemos** a tu tía.
Elisa **conoce** las novelas de Cervantes.
¿**Conoces** Guadalajara?

PRÁCTICA

Supply the correct forms of **saber** or **conocer** in the present indicative.

1. ¿*Conoces* (tú) al abuelo de Olga?
2. Nosotros *conocemos* al doctor López pero no *sabemos* dónde vive.
3. *Sabe* Ud. qué hora es?
4. Yo *conozco* España pero no *sé* hablar español.
5. Uds. no *saben* conducir.
6. Ella no *sabe* mi dirección.
7. Los chicos no *conocen* a su abuela.
8. Antonio no *sabe* dónde están los cuchillos.

**B.  Pedir** vs. **preguntar**

1.  **Pedir** means *to ask for*[1] in the sense of *to request*.

   ¿**Pido** más servilletas?
   Vamos a **pedir** la llave.

2.  **Preguntar** means *to ask* (*a question*).

   Ellos **preguntan** a qué hora sirven la comida.
   Voy a **preguntar** dónde está el mozo.

---

PRÁCTICA

Supply the correct forms of **pedir** or **preguntar**.

1.  Voy a ___*preguntar*___ a dónde van.
2.  Yo nunca ___*pido*___ dinero.
3.  ¿Van a ___*preguntar*___ cuánto cuesta la torta helada?
4.  Ellos ___*preguntan*___ qué hora es.
5.  El inspector ___*pide*___ los comprobantes.
6.  Ella siempre ___*pregunta*___ cómo está el cambio de moneda.
7.  ¿Vas a ___*pedir*___ una habitación sencilla o una doble?
8.  Vamos a ___*preguntar*___ cuántas habitaciones libres hay.

---

[1]Note that **pedir** means *to ask* **for**; the preposition *for* has no Spanish equivalent in this case.

► **4.** Indirect object pronouns   (*Pronombres usados como complemento indirecto*)

In addition to a subject and a direct object, a sentence may have an indirect object.

1. Él compra el libro **para José.**     *What does he buy?* (**el libro**)
                                          *For whom?* (**para José**)

2. Ella da el dinero **a los muchachos.**   *What does she give?* (**el dinero**)
                                            *To whom does she give it?* (**a los muchachos**)

In sentence 1, the subject (**él**) performs the action, the direct object (**el libro**) receives directly the action of the verb, and the indirect object (**para José**) is the final recipient of the action expressed by the verb.

In sentence 2, **Ella** is the subject that performs the action, **el dinero** is the direct object, and **a los muchachos,** the indirect object, is the final recipient of the action expressed by the verb.

Note that indirect object nouns are for the most part preceded by the prepositions **a** or **para.**

An indirect object, therefore, usually tells *for whom* or *to whom* something is done.

An *indirect object pronoun* may be used in place of an indirect object. In Spanish, the indirect object pronoun includes the meaning *to* or *for*.

The forms of the indirect object pronouns are as follows.

|   | *Singular* |   | *Plural* |
|---|---|---|---|
| **me** | *(to) me* | **nos** | *(to) us* |
| **te** | *(to) you* (fam. sing.) | **os** | *(to) you* (fam. pl.) |
| **le** | *(to) you* (form. sing.)<br>*(to) him*<br>*(to) her* | **les** | *(to) you* (form. pl.)<br>*(to) them* (m., f.) |

◈ In Spanish, the indirect object pronouns are the same as the direct object pronouns, except in the third person.

◈ Indirect object pronouns are usually placed in front of the verb.

—¿Qué **te** dice tu papá en la carta?          *What does your Dad say to you in the letter?*

—**Me** dice que está bien.          *He tells me (says to me) that he is fine.*

When used with an infinitive, however, the indirect object pronoun may be either placed in front of the conjugated verb or attached to the infinitive.

**Le** quiero enviar    un telegrama. ⎫
Quiero enviar**le** un telegrama. ⎭ *I want to send **him** a telegram.*

When used with the present progressive, an indirect object pronoun may be either placed in front of the conjugated verb or attached to the gerund.

**Nos** está diciendo    que es lunes. ⎫ *He's telling **us** that it's*
Está diciéndo**nos** que es lunes. ⎭ *Monday.*

ATENCIÓN:    The indirect object pronouns **le** and **les** require clarification when the gender or the person to whom they refer is not specified. Spanish provides clarification by using the preposition **a** + *personal (subject) pronoun.*

**Le** doy la información.            *I give the information . . . (to whom? to him? to her? to you?)*

*but:*  **Le** doy la información **a ella.**    *I give the information to her.*

This form is also used to express emphasis.

**Le** doy el pasaje **a él.**        *I give the ticket **to him** (and to nobody else).*

The prepositional form provides clarification; it is not, however, a substitute for the indirect object pronoun. The prepositional form may be omitted, but the indirect object pronoun must always be used.

–¿Qué **le** vas a traer (a Roberto)?
–**Le** voy a traer un libro.

## PRÁCTICA

A.  Change the indirect object pronouns in the following sentences.

1. Pedro *me* trae el helado. (nos, te, le, les)
2. Van a pedir*te* la cuenta. (me, les, nos, le)
3. *Les* están preparando el café. (Te, Me, Le, Nos)

B.  Complete the following sentences with the correct indirect object pronoun.

1. _Le_ doy el dinero. (a ella)
2. _Me_ da los pasajes. (a mí)
3. _Te_ damos las botellas. (a ti)
4. _Nos_ da el telegrama. (a nosotros)
5. _Les_ damos el bistec. (a ellos)
6. _Le_ vamos a dar las cucharas. (a ella)

7. _Les_ doy la propina. (a Uds.)
8. _Le_ traemos la sopa. (a él)
9. _Le_ compro la maleta. (a Ud.)
10. _Nos_ escriben las cartas. (a nosotras)

## C. Pattern Drill

MODELO:  –¿Van a darle la crema?
   –Sí,    _le van a dar la crema._

1. ¿Van a darme las servilletas? _Sí, te van a dar las servilletas_
2. ¿Van a darle los tenedores? _Sí, le van a dar los tenedores._
3. ¿Van a darles las cucharitas? _Sí, les van a dar las cucharitas_
4. ¿Van a darnos las copas? _Sí, nos van a dar las copas_
5. ¿Van a darte las tazas? _Sí, te van a dar las tazas._

## D. Answer the following questions with complete sentences.

1. ¿Qué va a traerme Ud. de México? _Te voy a traer alguno oro de México_
2. ¿Puedes darme veinte dólares? _Lo siento, no puedo darte ningún dinero_
3. ¿Le estás escribiendo una carta a tu primo? _Sí, le está escribiendo una carta_
4. ¿Les va a mandar Ud. un telegrama a sus padres? _No, no les voy a mandar un telegrama a mis padres_
5. ¿Nos van a traer Uds. los libros mañana? _Sí, vos vamos a traer los libros mañana_
6. ¿Va a darte una «A» el profesor (la profesora)? _No, me la profesora vak a dar una A._
7. ¿Vas a llevarle una cámara fotográfica a tu mamá?
8. ¿A quién vas a darle la llave de tu habitación?
9. ¿Les voy a dar yo una «F» a Uds.?
10. ¿Puedes conseguirnos un cuarto en el hotel?
   _Sí, puedo conseguirvos un cuarto en el hotel._

## E. Write the following sentences in Spanish.

1. I'm not going to give you (*tú* form) the money. (*two ways*) _No voy a darte el dinero. / No te voy a dar el dinero._
2. They are speaking to us in Chinese. (*two ways*) _Están diciéndonos en / Nos están diciendo en_
3. We always bring them a surprise. _Siempre les traemos una sorpresa_
4. They never give me the order. _Nunca me dan el pedido._
5. Is he going to give them anything? (*two ways*)
   _¿Les va a dar alguno? / ¿Va a darles alguno?_

_(margin notes: mi esposo / Le voy a dar la llave de mi habitación.)_

▶ **5.** Constructions with **gustar**    (*Construcciones con gustar*)

The verb **gustar** means *to like (something or somebody)*.

| **Me gusta** tu casa. | *I like your house.* |
| I.O.    V.    S. | S.   V.    D.O. |

**Gustar** is always used with an indirect object pronoun (**Me**, in this example).

The two most commonly used forms of **gustar** are: (1) the third-person singular **gusta** if the subject is singular or if **gustar** is followed by one or more infinitives and (2) the third-person plural **gustan** if the subject is plural.

Indirect Object
  Pronouns

**Me**  ⎫
**Te**  ⎪   **gusta** ⎯ el café.
**Le**  ⎪          ⎯ comer y beber.
**Nos** ⎬
**Os**  ⎪   **gustan**    las chicas rubias.
**Les** ⎭

◆ Note that the verb **gustar** agrees with the subject of the sentence—that is, the person or thing being liked.

*Me gustan **las chicas rubias**.*
                    S.

◆ The person who does the liking is the indirect object.

*Me* gustan las chicas rubias.
I.O.

| –¿**Te gusta** la langosta? | *Do you like lobster?* |
| –Sí, **me gusta** mucho la langosta pero **me gustan** más los camarones. | *Yes, I like lobster very much, but I like shrimp better.* |
| –A Eva **le gusta** el pollo. | *Eva likes chicken.* |

ATENCIÓN:    Note that the words **mucho** and **más** (*better*) immediately follow **gustar.**

Me **gusta mucho** la langosta, pero me **gustan más** los camarones.

◆ The preposition **a** + *a noun* or *a pronoun* are used to clarify a meaning or to emphasize the indirect object.

**A Eva (A ella)** le gusta el pollo.

## PRÁCTICA

A. Pattern Drill

MODELO 1:   —¿Quieres arroz?
            —*Sí, me gusta mucho el arroz.*

1. ¿Quieren Uds. vermut? *Sí, nos gustan mucho el vermut*
2. ¿Él quiere flan? *Sí, a él le gusta mucho el flan*
3. ¿Quiere Ud. puré de papas? *Sí, me gusta mucho puré de papas*
4. ¿Ella quiere trucha? *Sí, a ella le gusta mucho la trucha*
5. ¿Tú quieres tortilla? *Sí, me gusta mucho la tortilla*

MODELO 2:   —¿Prefieren Uds. Buenos Aires o Lima?
            —*Nos gusta más Buenos Aires.*

1. ¿Prefieren Uds. Madrid o Los Ángeles? *Nos gusta más Los Ángeles*
2. ¿Tú prefieres Caracas o Bogotá? *Me no gustan Caracas y Bogotá*
3. ¿Ella prefiere México o Guatemala? *A ella le gusta mucho México*
4. ¿Ellos prefieren California o Arizona?
5. ¿Ud. prefiere Cuba o Puerto Rico? *Me gustan mucho Cuba y Puerto Rico.*

*Vista de una de las plazas de la ciudad de Guadalajara, México.*

B. Form sentences with the verb **gustar** and the elements given.

MODELO:    (Yo)        las papas fritas.
           *Me gustan las papas fritas.*

1. (Ella) / mucho / las albóndigas
2. ¿(Tú) / el té?
3. (Nosotros) / bailar
4. (Yo) / más / el pollo frito
5. (Ellos) / mucho / el salmón
6. ¿(Ud.) / las frutas?

C. Write the following sentences in Spanish.

1. I don't like this chocolate cake.
2. Do you like to drink beer, Mr. Peña?
3. Eva doesn't like to go to the movies.
4. We like this nightclub very much.
5. Do they like (the) meatballs?

**CUANDO ESTE EN WASHINGTON, D.C.**

**BUSQUEME EN**

**Blackie's**

HOUSE OF BEEF

**22 y M STREET, N.W. WASHINGTON, D.C.**

## ¡A VER CUÁNTO APRENDIÓ!

A. ¡Conversemos!

Reread the dialogue in this lesson and be ready to discuss the following.

1. ¿Cuándo es el aniversario de bodas de Lidia y Jorge?
2. ¿Qué piensa hacer Jorge para celebrarlo?
3. ¿A qué hora está lista Lidia?

*Le gusta mucho a Lidia el restaurante Miramar*

4. ¿Le gusta a Lidia el restaurante Miramar?
5. ¿Qué les da el mozo? *El mozo les da el menú*
6. ¿Cuál es la especialidad de la casa? *La especialidad de la casa es lechón asado y arroz con frijoles*
7. ¿Qué pide Lidia? *Lidia pide sopa, pollo y ensalada*
8. ¿Qué beben Lidia y Jorge?
9. ¿A dónde van después de la cena? *Después de la cena van a bailar al club nocturno*
10. ¿Qué le deja Jorge al mozo?

*Jorge le deja una buena propina*

B. Give appropriate responses to the following questions.

1. Aquí está el menú. ¿Qué vas a pedir? *Pido pollo en mole con papas y frijoles y ensalada*
2. ¿Qué quieres de postre—arroz con leche, torta o gelatina? *No quiero ningún postre*
3. ¿Puede recomendarme Ud. un buen restaurante? ¿Cuál? *Puedo recomendarte El Onyx Pistol*
4. Si Ud. gasta cuarenta dólares en una cena, ¿cuánto deja de propina? *Si gasto cuarenta dólares en una cena, dejo seis dólares de propina*
5. Cuando pones la mesa, ¿qué cosas necesitas?
6. ¿Prefieres helado o flan con crema? *Prefiero helado.*
7. ¿Sabe Ud. preparar platos sabrosos? *Si, sé preparar platos sabrosos.*
8. ¿Qué va a hacer Ud. después de cenar? *Prefiero vino blanco*
9. ¿Prefieres tomar vino blanco, vermut, champán o refresco?
10. ¿Cuál es la comida que más te gusta?

*Me gustan mucho bistec y las camarones*

C. ¡Repase el vocabulario!

Match the questions in column **A** with the answers in column **B**, then read them aloud.

| **A** | **B** |
|---|---|
| 1. ¿Qué celebran hoy? | a. Flan con helado. |
| 2. ¿Te gusta el pavo relleno? | b. No, prefiero los camarones. |
| 3. ¿Cuál es la especialidad de la casa? | c. El pedido. |
| 4. ¿Qué bebidas prefieres? | d. Lechón asado. |
| 5. ¿Qué quieres de postre? | e. Sí, es excelente. |
| 6. ¿Qué quieren tomar? | f. Hamburguesas. |
| 7. ¿Qué está anotando el mozo? | g. No, de huevo. |
| 8. ¿Quieres bistec? | h. Ocho dólares. |
| 9. ¿A dónde vamos esta noche? | i. Sí, está sabrosísimo. |
| 10. ¿Te gusta este restaurante? | j. Ana. |
| 11. ¿No te gusta la langosta? | k. Una botella de agua mineral. |
| 12. ¿Cuánto vas a dejar de propina? | l. No, prefiero el té. |
| 13. ¿Qué venden en McDonald's? | m. Al teatro. |
| 14. ¿Quién paga la cuenta? | n. Su aniversario de bodas. |
| 15. ¿No te gusta el café? | o. No, no me gusta la carne. |
| 16. ¿Es un sándwich de jamón? | p. Cerveza o vino tinto. |

D.  Situaciones

What would you say in the following situations?

1.  You are at a restaurant. Ask to see the menu, then order salad, meat-balls, soup, and mashed potatoes. Tell the waiter or waitress that you want the vermouth first. Also tell him or her that you want ice cream cake for dessert.

2.  You are a waiter or waitress. Tell your customers that you recommend roast lamb or fried chicken and, for dessert, custard with cream. Ask them if they want a cup of hot tea.

3. You want to ask your roommate if he or she can set the table. Tell him or her everything that goes on the table: the tablecloth, napkins, spoons, forks, knives, teaspoons, plates, glasses, wine glasses, cups and saucers, salt, and pepper.

4. You are a host or hostess. Ask your guests what they want to drink, offering these suggestions: tea, hot chocolate, coffee, cold milk, or fruit juices.

E. Para escribir

Write a dialogue between a waiter or waitress and a customer. Include the following exchanges.

1. asking for a menu
2. ordering the food, drink(s), and dessert
3. asking for the check

F. Una actividad

**¿Quién soy?** The following can be movie stars, cartoon characters, characters from fiction, politicians, writers, or other famous people.

1. Soy un gran emperador (*emperor*) francés: soy bajo y no muy guapo pero soy muy inteligente.
2. Estoy escribiendo *El almanaque del pobre* (poor) *Ricardo.*
3. Yo tengo tres sobrinos y un tío con mucho dinero. Me llamo Donaldo.
4. Julieta me quiere mucho.
5. Mi novela se llama *Don Quijote.*
6. Yo voy a descubrir América.
7. Soy un comediante inglés, muy famoso. Me llamo Carlitos.
8. Tengo mucha prisa: a las doce de la noche debo salir del palacio.
9. Soy italiana, y mi esposo se llama Carlo Ponti.
10. Mi amigo favorito es Tom Sawyer.

PRONUNCIATION    The Spanish **l**, **r**, **rr**, and **z**

STRUCTURE    Possessive pronouns • Direct and indirect object pronouns used together • The **Ud.** and **Uds.** commands • Position of object pronouns with direct commands • Time expressions with **hacer**

COMMUNICATION    You will learn vocabulary related to asking for directions and going to the post office.

## Pidiendo información

*Hace dos meses que Julia, una chica de Honduras, está en Madrid. Ella les escribe a sus padres a menudo y como no sabe dónde está la oficina de correos decide preguntárselo a un señor que está parado en la esquina leyendo un periódico.*

JULIA —Dígame, señor, ¿dónde queda la oficina de correos?

SR. GÓMEZ —Está a cinco cuadras de aquí.

JULIA —Es que… soy extranjera y no conozco las calles.

SR. GÓMEZ —¡Ah!, siga derecho por esta calle hasta llegar a Cuatro Caminos.

JULIA —¿Cuántas cuadras?

SR. GÓMEZ —Dos. Después doble a la derecha, en la calle Bravo Murillo.

JULIA —¿La oficina de correos está en esa calle?

SR. GÓMEZ —Sí, ahí mismo. Es un edificio antiguo y está frente a la estación del metro.

*En la oficina de correos:*

JULIA —Perdón. Quiero retirar un paquete. Mi nombre es Julia Reyes.

EMPLEADO —Un momento. Creo que éste es el suyo. Viene de Honduras.

JULIA —Sí, es mío. Me lo mandan mis padres.

EMPLEADO —¿Algo más?

JULIA —¿Dónde puedo comprar sellos?

EMPLEADO —Vaya a la ventanilla número dos, a la izquierda.

*En la ventanilla número dos, Julia le pide al empleado los sellos que necesita:*

JULIA —Quiero enviar estas cartas a Honduras por vía aérea.

EMPLEADO —¿Certificadas?

JULIA —Sí, por favor. ¿Cuánto es?

EMPLEADO —Son doscientas setenta pesetas,[1] señorita.

JULIA —¿A dónde debo ir para enviar un telegrama?

EMPLEADO —Suba al segundo piso. La oficina de telégrafos está arriba.

*Después de enviar el telegrama, Julia sale de la oficina de correos y camina hacia el metro.*

---

[1]Spanish currency

149

## ASKING FOR INFORMATION

*Julia, a girl from Honduras, has been in Madrid for two months. She writes to her parents often, and since she doesn't know where the post office is, she decides to ask a gentleman who is standing on the corner reading a paper.*

J.   Tell me, sir, where is the post office located?

MR. G.   It's five blocks from here.

J.   The fact is . . . I'm a foreigner, and I don't know the streets.

MR. G.   Oh! Continue straight ahead on this street until you get to Cuatro Caminos.

J.   How many blocks?

MR. G.   Two. Then turn right on Bravo Murillo Street.

J.   Is the post office on that street?

MR. G.   Yes, right there. It is an old building, and it is in front of the subway station.

*At the post office:*

J.   Excuse me. I want to claim a package. My name is Julia Reyes.

E.   One moment. I think this is yours. It's from Honduras.

J.   Yes, it's mine. My parents are sending it to me.

E.   Anything else?

J.   Where can I buy stamps?

E.   Go to window number two, to the left.

*At window number two, Julia asks the employee for the stamps she needs:*

J.   I want to send these letters to Honduras by airmail.

E.   Registered?

J.   Yes, please. How much is it?

E.   It's two hundred seventy pesetas, Miss.

J.   Where must I go to send a telegram?

E.   Go up to second floor. The telegraph office is upstairs.

*After sending the telegram, Julia leaves the post office and walks toward the subway.*

## VOCABULARIO

### NOMBRES

el **camino**   road
la **cuadra**   block
el **edificio**   building
la **esquina**   street corner
la **estación del metro**   subway station
el **metro**   subway
la **oficina de correos**, el **correo**   post office
la **oficina de telégrafos**   telegraph office
el **paquete**   package, parcel
el **periódico**   newspaper
el **rato**   while, moment
el **sello**, la **estampilla**   stamp
la **ventanilla**   window

### VERBOS

**caminar**   to walk
**doblar**   to turn, bend
**enviar, mandar**   to send
**quedar**   to be located
**retirar**   to claim; to withdraw
**subir**   to go up, climb
**tratar** (**de**)   to try

### ADJETIVOS

**antiguo(-a)**, **viejo(-a)**[1]   old
**certificado(-a)**   registered, certified
**extranjero(-a)**   foreign
**parado(-a)**   standing

### OTRAS PALABRAS Y EXPRESIONES

**ahí mismo**   right there
**¿algo más?**   anything else?
**a menudo**   often
**arriba**   upstairs
**como**   since
**derecho**   straight (ahead)
**después**   then, afterwards
**es que...**   the fact is . . .
**está a... de aquí**   it is . . . from here
**frente a**   across from
**hacia**   toward
**hasta**   until
**por vía aérea**   by airmail

---

[1]When referring to people, use **viejo**, not **antiguo**.

## VOCABULARIO ADICIONAL

**abajo**  downstairs
No está arriba; está **abajo**.

**bajar**  to descend, go down
Ud. debe **bajar** en seguida.

el **correo**  mail
¿A qué hora llega el **correo?**

la **estación**  station
El tren llega a la **estación**.

el **giro postal**  money order
Deseo enviar un **giro postal**.

el **semáforo**  traffic light
Camine hasta llegar al **semáforo**.

**sentado(-a)**  sitting, seated
No está parado; está **sentado**.

la **tarjeta postal**  postcard
Voy a comprar una **tarjeta postal**.

**¿Lo sabia Ud....?**

1. Madrid, la capital de España, es una de las ciudades más visitadas del mundo, por turistas que quieren conocer su historia, su arte, sus monumentos, sus plazas y sus jardines (*gardens*).

   En los monumentos pueden apreciarse diferentes estilos: medieval, árabe, renacentista, barroco y otros. Entre los jardines, el más famoso es el Parque del Retiro.

   Madrid tiene muchísimos museos de pintura, arquitectura, ciencias, y otros, pero el más famoso de todos es el Museo del Prado.

   Una de las calles más famosas de la ciudad es la Gran Vía, donde están algunas de las tiendas más elegantes de Europa.

2. El correo de Madrid, o el Palacio de Comunicaciones, es un edificio monumental. Está frente a la hermosa fuente (*fountain*) de La Cibeles, que es la más famosa de la ciudad y que, para muchos, es el símbolo de Madrid.

3. El metro de Madrid es un sistema de transporte muy eficiente y barato. Es el medio (*means*) de transportación que usa la mayoría de los madrileños. También hay un metro en Barcelona.

## PRONUNCIACIÓN

▶ **A.** The Spanish l

The Spanish l is pronounced like the *l* in the English word *lean*. The tip of the tongue must touch the palate. Listen to your teacher and repeat the following words.

| | | |
|---|---|---|
| hola | Ángel | al rato |
| español | Julia | Anibal |
| postal | él | telegrama |

▶ **B. The Spanish r**

The Spanish **r** sounds something like the *dd* in the English word *ladder*. Listen to your teacher and repeat the following words.

| | | |
|---|---|---|
| periódico | ahora | tarde |
| caminar | Carlos | parado |
| certificado | giro | extranjero |

▶ **C. The Spanish rr**　*(spelled r at the beginning of words and rr between vowels)*

The Spanish **rr** is a strong trill. Listen to your teacher and pronounce the following words.

| | | |
|---|---|---|
| correo | Rosa | Reyes |
| rato | arriba | Roberto |
| retirar | Raúl | reservación |

▶ **D. The Spanish z**

In Latin America the Spanish **z** is pronounced like the *ss* in the English word *pressing*. In Spain it is pronounced like the *th* in the English word *think*. Avoid using the buzzing sound of the English *z* in the words *zoo* and *zebra*. Listen to your teacher and repeat the following words.

| | | |
|---|---|---|
| pizarra | cruz | Pérez |
| Zulema | zoológico | tiza |
| lápiz | zorro | azul |

## ESTRUCTURAS GRAMATICALES

▶ **1. Possessive pronouns**　*(Pronombres posesivos)*

| Singular | | Plural | | |
|---|---|---|---|---|
| *Masculine* | *Feminine* | *Masculine* | *Feminine* | |
| el mío | la mía | los míos | las mías | *mine* |
| el tuyo | la tuya | los tuyos | las tuyas | *yours* (fam.) |
| el suyo | la suya | los suyos | las suyas | *yours* (form.)<br>*his*<br>*hers* |
| el nuestro | la nuestra | los nuestros | las nuestras | *ours* |
| el vuestro | la vuestra | los vuestros | las vuestras | *yours* (fam.) |
| el suyo | la suya | los suyos | las suyas | *yours* (form.)<br>*theirs* |

◈ The forms of the possessive pronouns are the same as the long forms of the possessive adjectives. They differ, however, in function: the possessive adjectives, like other adjectives, modify the nouns, and the pronouns replace the nouns.

| | |
|---|---|
| Leo **mi** libro. | *I am reading **my** book.* (possessive adjective) |
| Leo un libro **mío.** | *I am reading a book **of mine.*** (possessive adjective, long form) |
| Leo **el mío.** | *I am reading **mine.*** (possessive pronoun) |
| –¿Qué libro prefieres, **el mío** o **el tuyo?** | *Which book do you prefer, **mine** or **yours?*** |
| –Prefiero **el tuyo.** | *I prefer **yours.*** |
| –¿Este paquete es **mío?** | *Is this package **mine?*** |
| –Sí, es **tuyo.** | *Yes, it's **yours.*** |

◈ Possessive pronouns are generally used with the definite article: **Leo el mío.**

◈ Note that the article and the possessive pronoun agree in gender and number with the thing possessed.

ATENCIÓN: The article is usually omitted after the verb **ser** when mere ownership is expressed. Therefore, **Es el tuyo** means *It's **the one that belongs to you.***

## PRÁCTICA

A. Supply the correct possessive pronouns to agree with each subject.

MODELO:    Yo tengo una tarjeta postal. Es _____ .
            *Yo tengo una tarjeta postal. Es mía.*

1. Mario tiene un billete. Es _____ .
2. Nosotros tenemos dos estampillas. Son _____ .
3. Pedro tiene una llave. Es _____ .
4. Yo tengo dos automóviles. Son _____ .
5. Tú tienes tres casas. Son _____ .
6. Uds. tienen tres cartas. Son _____ .
7. Pablo tiene un documento. Es _____ .
8. Ellos tienen mil pesetas. Son _____ .

B. Pattern drills

MODELO 1:    Este lápiz es de Jorge, ¿verdad?
               *No, no es suyo. Es mío.*

1. Estas tarjetas son de Marisa, ¿verdad?
2. Este cuarto es de Teresa, ¿verdad?

3. Esta estampilla es de Pedro, ¿verdad?
4. Estos coches son de Ernesto, ¿verdad?
5. Estos cheques son de Paula, ¿verdad?

MODELO 2:   ¿Quieres la silla de Juan?   (No, *mi* silla)
*No, quiero la mía.*

1. ¿Quieres tu pluma?   (No, *la* pluma *de Rosa*)
2. ¿Quieres el periódico de Paco?   (No, *tu* periódico)
3. ¿Quieres los paquetes de ellos?   (No, *nuestros* paquetes)
4. ¿Quieres el postre de Ana?   (No, *mi* postre)
5. ¿Quieres tus mapas?   (No, *los* mapas *del profesor*)

---

Because the third-person forms of the possessive pronouns (**el suyo, la suya, los suyos, las suyas**) could be ambiguous, they may be replaced for clarification by the following.

| | | |
|---|---|---|
| | Ud. | el [paquete] de él |
| el de | él | el **de él** |
| la de | ella | el **suyo** |
| los de | Uds. | *It's his.* (m. sing.) |
| las de | ellos | **Es suyo.** (unclarified) |
| | ellas | **Es el de él.** (clarified) |

## PRÁCTICA

A. Pattern Drill

MODELO:   ¿Es la pluma de Luis o la de Ud.?
*Es la de él.*

1. ¿Son los tenedores de Carlos o los de Ud.?
2. ¿Es la maleta de sus padres o la de Ud.?
3. ¿Son los sellos de su amigo o los de Ud.?
4. ¿Es el giro de María o el de Ud.?
5. ¿Es el escritorio de las chicas o el de Ud.?

B. Read the following sentences, changing them according to the model.

MODELO:   La clase de Pedro es muy interesante.
*La de él es muy interesante.*

1. El equipaje del señor Quesada es azul.
2. Las comidas de Uds. son muy buenas.
3. Los viajes de esos estudiantes son muy caros.

4. Su (*your*) sobrino no habla japonés.

5. El yerno de Eva vive en Quito.

▶ **2.** Direct and indirect object pronouns used together   (*Pronombres de complemento directo e indirecto usados juntos*)

**A.** When an indirect object pronoun and a direct object pronoun are used together, the indirect object pronoun always comes first.

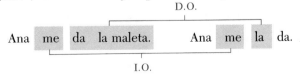

**B.** With an infinitive, the pronouns can be placed either before the conjugated verb or after the infinitive.

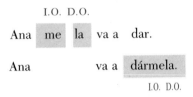

**C.** With a gerund, the pronouns can be placed either before the conjugated verb or after the gerund.

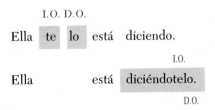

**D.** If both pronouns begin with **l**, the indirect object pronoun (**le** or **les**) is changed to **se**.

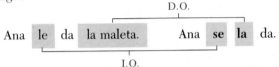

For clarification, it is sometimes necessary to add **a él, a ella, a Ud., a Uds., a ellos,** or **a ellas.**

  −¿A quién le da la maleta Ana?
  −**Se la** da **a él.**

## PRÁCTICA

A. Replace the words in italics with the appropriate pronouns.

MODELO:   Yo *le* compro *la casa*.
           *Yo se la compro.*

           Yo *te* doy *el cuaderno*.
           *Yo te lo doy.*

1. Yo *les* traigo *los paquetes*.
2. Nosotros *te* escribimos *las cartas*.
3. Él *me* compra *el coche*.
4. Ellos *nos* envían *las pizarras*.
5. Uds. *le* mandan *el telegrama*.
6. Ella *me* escribe *las tarjetas*.
7. Yo *te* dejo *los sellos*.
8. Nosotros *les* damos *el almuerzo*.

B. Answer the following questions according to the cues provided.

MODELO:   ¿A quién *le* dan *la carta*? (a mí)
           *Me la dan a mí.*

1. ¿A quién le dan los sellos? (a ti)
2. ¿A quién le dan la servilleta? (a él)
3. ¿A quién le dan el cuchillo? (a ella)
4. ¿A quién le dan los cheques de viajero? (a Ud.)
5. ¿A quién le dan las frutas? (a nosotros)
6. ¿A quién le dan los helados? (a mí)

C. Answer the following sentences in the negative.

MODELO:   ¿Puedes traer*me* las *bebidas*?
           *No, no puedo traér**telas**.*

1. ¿Puedes mandarles el giro postal?
2. ¿Pueden darle las botellas a Jorge?
3. ¿Él puede enviarte los periódicos?
4. ¿Él puede comprarnos las hamburguesas?
5. ¿Ella puede traerle la gelatina a Ud.?

D. Write the following sentences in Spanish.

1. The luggage? You must give it to us.
2. The steak? You must bring it to her.
3. The cigarettes? You must buy them for him.

4. The postcards? You must send them to me.
5. The wine? You must serve it to them.

▶ **3. The Ud. and Uds. commands**   (*Formas de mandato para Ud. y Uds.*)

**A.** The commands for **Ud.** and **Uds.**[1] are formed by dropping the **-o** of the first-person singular of the present indicative and adding **-e** and **-en** for the **-ar** verbs and **-a** and **-an** for the **-er** and **-ir** verbs.

| ENDINGS OF THE FORMAL COMMANDS | | |
|---|---|---|
| | **Ud.** | **Uds.** |
| -ar verbs | -e | -en |
| -er verbs | -a | -an |
| -ir verbs | -a | -an |

The following table describes the formation of **Ud.** and **Uds.** commands.

| Infinitive | First-person singular present indicative | Stem | Commands Ud. | Uds. |
|---|---|---|---|---|
| hablar | yo hablo | habl- | hable | hablen |
| comer | yo como | com- | coma | coman |
| abrir | yo abro | abr- | abra | abran |
| cerrar | yo cierro | cierr- | cierre | cierren |
| volver | yo vuelvo | vuelv- | vuelva | vuelvan |
| pedir | yo pido | pid- | pida | pidan |
| decir | yo digo | dig- | diga | digan |
| traducir | yo traduzco | traduzc- | traduzca | traduzcan |

–¿Sigo derecho?              *Shall I continue straight ahead?*
–No, **doble** a la izquierda.   *No, turn left.*

**B.** The command forms of the following verbs are irregular.

| | dar | estar | ser | ir |
|---|---|---|---|---|
| **Ud.** | dé | esté | sea | vaya |
| **Uds.** | den | estén | sean | vayan |

–¿A dónde tengo que ir?      *Where do I have to go?*
–**Vaya** a la ventanilla     *Go to window number two.*
número dos.

---

[1]The commands for **tú** will be studied in *lección* 18.

## PRÁCTICA

A. Complete the following sentences by supplying the appropriate command forms of the verbs in parentheses.

   1. (Ir) _____ al restaurante, señoritas.
   2. No (hacer) _____ arroz con pollo, señora.
   3. (Caminar) _____ hasta la calle Cuarta, señores.
   4. (Dejar) _____ una buena propina, señor.
   5. (Poner) _____ el mantel en la mesa, señora.
   6. (Venir) _____ conmigo, señoras.
   7. No (traer) _____ las estampillas, señor Molina.
   8. No (mandar) _____ las cartas certificadas, señor.
   9. (Servir) _____ el vermut en seguida, camarero.
   10. (Volver) _____ a la estación, señoritas.
   11. (Estar) _____ allí a las ocho y media, señorita.
   12. (Dar) _____ la fiesta el sábado, señora.

B. Answer the following questions according to the models.

   MODELOS:   –¿Traigo el helado?   (torta)
   –*No, traiga la torta.*

   –¿Traemos el helado?   (torta)
   –*No, traigan la torta.*

   1. ¿Anoto el número de teléfono?   (la dirección)
   2. ¿Preparamos esos platos?   (el postre)
   3. ¿Pido langosta?   (camarones)
   4. ¿Vamos a la oficina de correos?   (oficina de telégrafos)
   5. ¿Sirvo vino blanco con el cordero?   (vino tinto)
   6. ¿Ponemos la cuchara a la izquierda?   (el tenedor y la servilleta)
   7. ¿Traigo el correo?   (el periódico)
   8. ¿Vamos arriba?   (abajo)
   9. ¿Como arroz con leche?   (gelatina)
   10. ¿Pedimos chocolate caliente?   (leche fría)

► **4.** Position of object pronouns with direct commands    (*Posición de los pronombres personales usados como complementos en el imperativo*)

**A.** In all direct *affirmative* commands, the object pronouns are placed *after* the verb and attached to it, thus forming only one word.

|                     | **Ud.** *form*        |                     | **Uds.** *form*        |
|---------------------|-----------------------|---------------------|------------------------|
| Hága**lo.**         | *Do it.*              | Cómpren**lo.**      | *Buy it.*              |
| Díga**les.**        | *Tell them.*          | Díga**nle.**        | *Tell him.*            |
| Tráiga**nosla.**    | *Bring it to us.*     | Tráigan**selo.**    | *Bring it to him.*     |
| Vísta**se.**        | *Get dressed.*        | Vístan**se.**       | *Get dressed.*         |

**B.** In all *negative* commands, the pronouns are placed *in front of the verb.*[1]

| No **lo** haga.     | *Don't do it.*            |
|---------------------|---------------------------|
| No **le** hable.    | *Don't speak to her.*     |
| No **se lo** dé.    | *Don't give it to him.*   |
| No **los** traigan. | *Don't bring them.*       |
| No **les** hablen.  | *Don't speak to them.*    |
| No **se los** den.  | *Don't give them to him.* |

## PRÁCTICA

A.  Make the following commands negative.

1.  Recomiéndela.
2.  Prepárelas.
3.  Dígaselo.
4.  Retírelos.
5.  Envíemelas.
6.  Cancélelos.
7.  Tráigamelo.
8.  Cómpreselas.
9.  Contéstele.
10. Ciérrela.
11. Pídanlo.
12. Consígalos.
13. Invítelos.
14. Tradúzcanlas.
15. Déselos.
16. Muéstreselo.

B.  Pattern drill

Answer the following questions positively according to the models.

MODELOS:  —¿Sirvo las albóndigas?
　　　　　　—Sí, *sírvalas, por favor.*

　　　　　　—¿Servimos las albóndigas?
　　　　　　—Sí, *sírvanlas, por favor.*

1.  ¿Abro la botella?
2.  ¿Compramos los sellos?

---

[1]Note the use of the written accent, which follows the rules for accentuation.

3. ¿Hago la tortilla?
4. ¿Servimos los frijoles negros?
5. ¿Traigo las tazas?
6. ¿Hacemos el puré de papas?
7. ¿Le mando las cartas?
8. ¿Traemos los camarones?

Now answer each question above with a negative command.

C. Write the following sentences in Spanish.

1. The postcards? Put them right there, Miss Sánchez.
2. The letters? Send them by airmail, ladies.
3. The cream? Bring it to me, Miss.
4. The newspapers? Buy them for me, sir.
5. The packages? Give them to him, ladies.

▶ **5.** Time expressions with **hacer**   (*Expresiones de tiempo con el verbo hacer*)

English uses the present perfect progressive tense to express how long something has been going on.

> *I **have been living** here **for** twenty years.*

Spanish follows the following formula.

> **Hace** + length of time + **que** + verb (*in the present tense*)

> Hace     veinte años          que vivo aquí.

–¿**Cuánto tiempo hace que** Ud. estudia español?     *How long have you been studying Spanish?*

–**Hace** tres meses **que** estudio español.     *I have been studying Spanish for three months.*

## PRÁCTICA

A. Form sentences with the elements given.

MODELO:   tres meses / yo / vivir / California
          *Hace tres meses que yo vivo en California.*

1. dos años / nosotros / trabajar / aquí
2. diez horas / ellos / no / comer / nada
3. tres meses / tú / no / escribirles / tus padres
4. doce años / yo / conocer / Carlos
5. cinco meses / Elsa / viajar / por / España

B. Answer the following questions with complete sentences.

1. ¿Cuánto tiempo hace que Ud. vive en esta ciudad?
2. ¿Cuánto tiempo hace que tú estudias aquí?
3. ¿Cuánto tiempo hace que Uds. trabajan en esta ciudad?
4. ¿Cuánto tiempo hace que Ud. no come?
5. ¿Cuánto tiempo hace que Uds. hablan español?
6. ¿Cuánto tiempo hace que no ves a tus padres?

C. Write the following sentences in Spanish.

1. How long have they been standing on that corner?
2. I have been studying Spanish for two months.
3. They have been living in that building for two years.
4. We have been trying to see him for two days.
5. They have been working at the subway station for five days.

## ¡A VER CUÁNTO APRENDIÓ!

A. ¡Conversemos!

Reread the dialogues in this lesson and be ready to discuss the following.

1. ¿Cuánto tiempo hace que Julia está en Madrid?
2. ¿A quiénes les escribe a menudo?
3. ¿A quién le pregunta dónde queda la oficina de correos?
4. ¿Qué debe hacer Julia en la calle Bravo Murillo?
5. ¿Cómo es el edificio del correo y dónde está?
6. ¿Qué va a retirar Julia?
7. ¿Quiénes le mandan el paquete?
8. ¿En qué ventanilla puede comprar sellos?
9. ¿Cómo va a enviar las cartas Julia?
10. ¿Hacia dónde camina Julia cuando sale de la oficina de correos?

B. Give appropriate responses to the following questions.

1. ¿Sabe Ud. en qué calle queda la oficina de correos?
2. Para ir a la cafetería, ¿debo seguir derecho o debo doblar?
3. ¿Cuántas cuadras debe caminar Ud. para llegar a su casa?
4. ¿Es extranjero(-a) su profesor(a)?
5. ¿Prefiere Ud. los edificios antiguos o modernos?
6. ¿Dónde puedo comprar estampillas?
7. ¿A dónde debo ir para mandar un telegrama?
8. Cuando Ud. necesita dinero, ¿se lo pide a sus padres?
9. ¿Están Uds. sentados o parados?
10. ¿Eres de los Estados Unidos o eres extranjero(-a)?

C. ¡Repase el vocabulario!

Match the items in column **A** with those in column **B**.

| **A** | **B** |
|---|---|
| 1. Me escribe | a. la estación del metro. |
| 2. No soy norteamericana, | b. en la ventanilla número cinco. |
| 3. Debes seguir | c. certificada. |
| 4. Está frente a | d. hacia la esquina. |
| 5. Viene a retirar | e. a menudo. |
| 6. Puede comprar estampillas | f. están abajo. |
| 7. Quiero enviar una carta | g. derecho. |
| 8. Ella está caminando | h. a cinco cuadras de aquí. |
| 9. Las oficinas | i. un paquete. |
| 10. El edificio está | j. soy extranjera. |
| 11. No están parados; están | k. está verde. |
| 12. El semáforo | l. sentados. |
| 13. El correo está en | m. baje a la oficina de telégrafos. |
| 14. Para poner el telegrama | n. la calle Cuatro Caminos. |

D. Situaciones

What would you say in the following situations?

1. You are in Madrid. Ask someone where the telegraph office is located. Tell him or her that you are a foreigner and don't know the streets.
2. A foreigner asks you for directions to the post office. Tell this person to continue straight ahead until he or she gets to Union Street, and to turn left there.
3. You are at the post office. Ask the clerk if there is a package for you.
4. Tell the post office clerk that you want to send some letters by airmail, and ask where you can buy stamps.
5. Ask the post office clerk how much it costs to send a registered letter to the United States.

E. Una actividad

Using the command form, tell a stranger how to get to various buildings in the illustration on the facing page. Directions will vary according to where he or she is.

MODELO:

−Estoy en el hospital San Martín. ¿Cómo llego a la oficina de correos?
−*Siga derecho por la calle Santiago y doble a la izquierda en la Avenida París.*

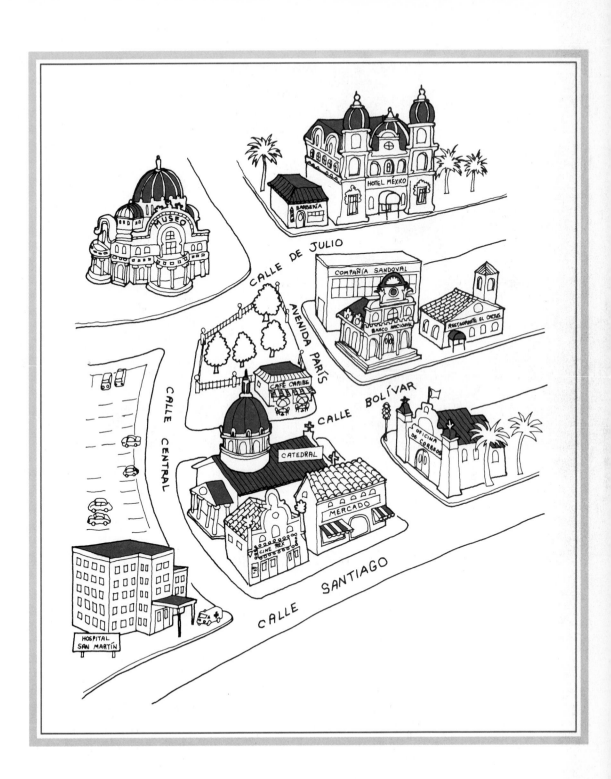

*Comprando sellos en el Palacio de Comunicaciones, Madrid.*

## Ejercicio de lectura

Isabel Morales, una chica de San Diego, está en México, visitando a sus abuelos. Ahora está leyendo una carta de su primo Víctor, que le escribe muy a menudo.

Después de leer la carta, Isabel le contesta a su primo y decide ir a la oficina de correos. La muchacha sale de la casa y camina hasta la esquina, dobla a la izquierda y sigue derecho hasta llegar a la estación del metro. Toma el metro y va al centro.

Cuando llega a la oficina de correos, Isabel compra estampillas para mandar la carta por vía aérea a los Estados Unidos, y luego va a la oficina de telégrafos para enviarles un telegrama a sus padres. Isabel escribe el telegrama:

LLEGO LOS ÁNGELES JULIO VEINTE AERO-MÉXICO.

¡A ver cuánto recuerda!

Answer the following questions with complete sentences.

1. ¿De dónde es Isabel Morales?
2. ¿Qué está haciendo en México?
3. ¿De quién es la carta que está leyendo?
4. ¿Qué hace Víctor muy a menudo?
5. ¿Qué hace Isabel después de leer la carta de Víctor?
6. ¿Camina Isabel hasta la oficina de correos?
7. ¿Van a ir por autobús las cartas de Isabel?
8. ¿Para qué va Isabel a la oficina de telégrafos?
9. ¿Cuándo llega Isabel a Los Ángeles?
10. ¿Va por TWA?

# BOSQUEJO CULTURAL

# La cocina española e[1] hispanoamericana

Si Ud. cree que los españoles y los hispanoamericanos comen solamente tacos, burritos y enchiladas, está muy lejos de la verdad.°    truth

La cocina hispana es infinitamente variada, y además son muy populares platos que vienen de Italia, Francia, Alemania, China y los Estados Unidos. Cada país°    Each country
tiene platos típicos. Si quiere probar° algunos, aquí tiene estas recetas.°    taste / recipes

## Tortilla a la española

En toda España y en casi° toda Hispanoamérica comen tortilla a la española. ¿Por    almost
qué no la hace Ud.? Aquí está la receta.

*Ingredientes:*

   3 huevos°    eggs
   4 papas (patatas)
   ¾ taza de aceite°    oil
   sal, a gusto°    to taste

*Preparación:*

Pele° las papas. Córtelas en rajitas° muy delgadas y fríalas° en el aceite a fuego    Peel / small slices / fry them
lento.° Después de freírlas quíteles el aceite sobrante° y póngales sal a gusto.    at low temperature / take out the remaining oil

Bata° los huevos añadiéndoles la sal y dos cucharadas° de leche; mézclelo° con    Beat / spoonfuls / mix it
las papas y póngalo todo en una sartén.° Cocine° la tortilla por un lado° y después    frying pan / Cook / on one side
voltéela° en un plato y cocine el otro lado.    turn it over

Esta receta es para cuatro personas.

---

[1]Before a Spanish word beginning with **i** or **hi,** the equivalent of *and* is **e.**

**A la izquierda.** Restaurante al aire libre en Oaxaca, México. **Arriba.** Una paella, plato típico español.

## Flan

Después de la tortilla, de postre, pruebe este sabroso flan.

*Ingredientes:*

Para el flan:

2 tazas de leche
4 huevos
8 cucharadas de azúcar°    sugar
1 cucharadita° de vainilla    teaspoonful

Para el caramelo:

3 cucharadas de azúcar

*Preparación:*

En el molde donde va a hacer el flan, ponga a derretir° al fuego° tres cucharadas de azúcar. Después de unos minutos el azúcar va a tener un color dorado.° Mueva el molde para cubrirlo° todo con el caramelo y déjelo enfriar.°    melt / over the flame · golden brown · to cover it / let it cool

Bata los huevos. Añada el azúcar, la leche y la vainilla y revuélvalo° bien. Póngalo todo en el molde y cocínelo a Baño María° en el horno° a 350 grados° por una hora. (Para saber si ya está cocinado,° introduzca un cuchillo en el flan y si sale limpio,° ya está listo.)    stir it · double boiler / oven / degrees · done · clean

Sáquelo° del horno y déjelo enfriar. Póngalo en el refrigerador. Antes de° servirlo, voltee el molde en un plato.    Take it out / before

Un día de campo.

Lugar donde venden jugos, Ciudad de México.

## Enchiladas de queso

Los burritos, las enchiladas, los tamales, los tacos[1] y las tostadas son comidas típicas de México. Los españoles y la mayoría de los hispanoamericanos no conocen estos deliciosos platos. Si quiere probar una enchilada, aquí tiene la receta.

*Ingredientes:*

    1 docena de tortillas de maíz°                      Mexican corn tortillas
    1 lata° de salsa° de enchilada                  can / sauce
    ¼ taza de aceite
    1 libra° de queso rallado°                       pound / grated
    1 cebolla° grande, rallada                     onion

*Preparación:*

Caliente° la salsa en una sartén. En otra sartén caliente las tortillas en el aceite, sin° freírlas. Sáquelas del aceite y mójelas° en la salsa. Póngalas en un plato, y cúbralas con queso y cebolla. Enrolle° las tortillas como tubos y cúbralas con el resto del queso. Póngalas en el horno a 325 grados por cinco minutos.

Heat / without
wet them
Roll

----

[1]In Spain, four-letter words are also called **tacos.**

## Croquetas de carne

Si es domingo, y Ud. está en Argentina, en Uruguay o en Paraguay, seguramente va a comer comida italiana. Cualquier° otro día de la semana,° puede probar las deliciosas croquetas argentinas.

*Ingredientes:*

Para las croquetas:
 1 libra de carne
 ½ libra de jamón
 1 taza de puré de papas
 ½ taza de queso rallado

Para empanizar:°
 2 or 3 huevos
 pan rallado°

*Preparación:*

Hierva° la carne y muélala° con el jamón. Añada el puré de papas y el queso rallado poco a poco° hasta formar una pasta. Tome pequeñas porciones de la pasta y déles una forma oval.

 Bata los huevos. Moje las croquetas en los huevos, cubriéndolas bien. Páselas por el pan rallado y fríalas en aceite caliente.

No vamos a hacerles preguntas sobre esta lectura cultural, pero prepare Ud. estas recetas, y... ¡buen provecho! (*good appetite!*)

*Margin glosses:*
Any / week
To bread:
bread crumbs
Boil / grind
little by little

Fábrica de tortillas.

**Arriba:** Mercado al aire libre en el Albaicín, en Granada, España. El Albaicín es un antiguo barrio árabe. **A la izquierda:** Restaurante al aire libre en la playa de Torremolinos, España.

**OBJECTIVES**

| | |
|---|---|
| PRONUNCIATION | Intonation |
| STRUCTURE | Regular preterits • Preterit of **ser, ir,** and **dar** • Reflexive constructions • Formation of adverbs • Some uses of the definite article |
| COMMUNICATION | You will learn vocabulary related to chores around the house and going to the beauty parlor and the barbershop. |

## Un día muy ocupado

*Hoy Carlos e[1] Isabel Rocha se levantaron muy temprano porque tienen que limpiar la casa. Los dos tienen turno para cortarse el pelo por la tarde y después tienen que bañarse y vestirse para ir a una fiesta.*

CARLOS —Ya barrí la cocina, le pasé la aspiradora a la alfombra y limpié el baño.

ISABEL —Yo cociné y planché mi vestido rojo para esta noche.

CARLOS —¡Ah!, ahora que me acuerdo, ¿fuiste al mercado?

ISABEL —No, no me diste el dinero. Yo compré el regalo para Elena anoche.

CARLOS —¡Ah, sí! Ayer fue su cumpleaños, ¿no? ¿Recibió la tarjeta de mamá?

ISABEL —Sí. Oye, querido, ¿por qué no te afeitas mientras yo baño al perro?

CARLOS —Buena idea. Yo tengo turno en la barbería para las tres y ya son las dos.

*En la barbería, Carlos está leyendo una revista mientras espera.*

BARBERO —Siéntese aquí, por favor... ¿Le corto un poco a los costados?

CARLOS —Sí, pero deje las patillas como están.

BARBERO —Tiene un poco de caspa. Puede usar el champú «Irresistible», que es especial para eso.

*No muy lejos de la barbería hay una farmacia. Carlos va allí para comprar el champú. Isabel está en la peluquería.*

PELUQUERA —Tiene el pelo muy lacio. ¿No quiere una permanente?

ISABEL —No... no me gustan los rizos. ¡Ay, tengo el pelo muy largo!

PELUQUERA —Ahora está de moda el pelo corto. (*Le corta el pelo.*) Mírese en el espejo. ¿Le gusta?

---

[1]Note that, before a word beginning with **i** or **hi,** the equivalent of *and* is **e.**

## A VERY BUSY DAY

*Today Carlos and Isabel Rocha got up very early because they have to clean the house. Both have appointments to get a haircut in the afternoon, and then they have to bathe and get dressed to go to a party.*

C. I already swept the kitchen, vacuumed the rug, and cleaned the bathroom.

I. I did the cooking and ironed my red dress for tonight.

C. Oh, now that I remember, did you go to the market?

I. No, you didn't give me the money. I bought the present for Elena last night.

C. Oh, yes! Yesterday was her birthday, right? Did she get Mom's card?

I. Yes. Listen, dear, why don't you shave while I bathe the dog?

C. Good idea. I have an appointment at the barbershop for three o'clock, and it's already two o'clock.

*At the barbershop, Carlos is reading a magazine while he waits.*

B. Sit down here, please . . . Shall I cut a little on the sides?

C. Yes, but leave the sideburns as they are.

B. You have a little dandruff. You can use Irresistible shampoo, which is special for that.

*Not very far from the barbershop (there) is a pharmacy. Carlos goes there to buy the shampoo. Isabel is at the beauty parlor.*

B. You have very straight hair. Don't you want a permanent?

I. No . . . I don't like curls. Oh, my hair is very long!

B. Short hair is in style now. (*She cuts her hair.*) Look at yourself in the mirror. Do you like it?

I. Yes. Now I want to make an appointment for my daughter for next week.

B. Very well. Wednesday at nine-thirty? Generally there are fewer people in the morning.

I. Fine. My daughter's name is María Isabel Rocha.

ISABEL  —Sí. Ahora quiero pedir turno para mi hija para la semana próxima.

PELUQUERA  —Muy bien. ¿El miércoles a las nueve y media? Generalment hay menos gente por la mañana.

ISABEL  —Está bien. Mi hija se llama María Isabel Rocha.

## VOCABULARIO

### COGNADOS

el **barbero**  barber
el **champú**  shampoo
　**especial**  special

la **farmacia**  pharmacy
　**generalmente**  generally
la **permanente**  permanent

### NOMBRES

la **alfombra**  carpet, rug
la **aspiradora**  vacuum cleaner
la **barbería**  barbershop
la **caspa**  dandruff
la **cocina**  kitchen
el **corte**  cut, haircut
el **costado**, el **lado**  side
el **espejo**  mirror
la **gente**[1]  people
el **lavado**  shampoo, wash
las **patillas**  sideburns
el **peinado**  set, hairdo
el **pelo**  hair
la **peluquería**, el **salón de belleza**  beauty parlor
el (la) **peluquero(-a)**  beautician
el **perro**  dog
el **regalo**  present, gift
la **revista**  magazine
el **rizo**  curl
la **semana**  week
el **turno**  appointment
el **vestido**  dress

### VERBOS

**acordarse**[2] (o>ue)  to remember
**afeitarse**  to shave (oneself)
**bañar(se)**  to bathe (oneself)
**barrer**  to sweep
**cocinar**  to cook
**cortar(se)**  to cut
**esperar**  to wait (for)
**levantarse**  to get up
**limpiar(se)**  to clean (oneself)
**llamarse**  to be called
**planchar**  to iron
**sentarse** (e>ie)  to sit down
**usar**  to use
**vestirse** (e>i)  to get dressed

### ADJETIVOS

**corto(-a)**  short
**lacio(-a)**  straight (hair)
**largo(-a)**  long
**ocupado(-a)**  busy, occupied
**próximo(-a)**  next
**querido(-a)**  darling, dear

---

[1]**Gente** is used in the singular in Spanish.    [2]**Acordarse** is always used with a reflexive pronoun

**OTRAS PALABRAS Y EXPRESIONES**

**anoche**   last night
**ayer**   yesterday
**cortarse el pelo**   to get a haircut
**de moda**   in style
**lejos (de)**   far (from)

**pasar la aspiradora**   to vacuum
**pedir turno**   to make an appointment
**temprano**   early
**un poco (de)**   a little (quantity)

## VOCABULARIO ADICIONAL

**ensuciar(se)**   to get (oneself) dirty
Tú tienes que limpiar la cocina porque tú la **ensuciaste.**

**la escoba**   broom
No puedo barrer porque no tengo **escoba.**

**lavar(se) la cabeza**   to wash (one's) hair
No puedo salir contigo esta noche; tengo que **lavarme la cabeza.**

**llegar tarde**   to be late
Raquel siempre **llega tarde** a la clase.

**la máquina de afeitar**   razor
Me afeito con una **máquina de afeitar.**

**pasado(-a)**   last
Me corté el pelo la semana **pasada.**

**peinar(se)**   to comb somebody's (one's) hair
La peluquera me **peina** muy bien.

**el peine**   comb
Quiero peinarme. ¿Dónde está el **peine?**

**regalar**   to give (as a gift)
Marina me **regaló** un vestido rosado.

**el rizador**   curling iron
Si quieres rizos, tienes que usar el **rizador.**

**el secador**   hair dryer
¿Estás usando el **secador?**

---

**¿Lo sabía Ud....?**

1. En los países de habla hispana, mucha gente tiene criadas (*maids*). Tradicionalmente, los hombres no ayudan (*help*) con los trabajos de la casa, pero ahora eso está cambiando (*changing*), especialmente entre la gente joven (*young*).

2. En España y en Latinoamérica, las farmacias venden principalmente medicinas. En algunos países es posible comprar medicinas como penicilina y otros antibióticos, por ejemplo, sin receta (*prescription*). Los farmacéuticos pueden recomendar tratamientos (*treatments*) y poner inyecciones.

3. El nombre *María* es muy popular en los países de habla hispana. Generalmente se usa con otro nombre: María Isabel, María del Pilar, Ana María y otros. Es un nombre de mujer, pero también lo usan muchos hombres como segundo nombre: José María, Luis María, etc.

## PRONUNCIACIÓN

▶ La entonación

Intonation refers to the variations in the pitch of your voice when you are talking. Intonation patterns in Spanish are different from those in English. Note the following regarding Spanish intonation.

1. For normal statements, the pitch generally rises on the first stressed syllable.

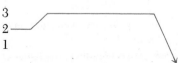

Yo compré el regalo para Elena.

2. For questions eliciting information, the pitch is highest on the stressed syllable of the interrogative pronoun.

¿Cómo está tu mamá?

3. For questions that can be answered with **sí** or **no**, the pitch is generally highest on the last stressed syllable.

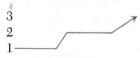

¿Fuiste al mercado ayer?

4. In exclamations, the pitch is highest on the first stressed syllable.

¡Qué bonita es esa alfombra!

Listen to your teacher and repeat the following sentences, imitating closely your teacher's intonation.

1. Marta no trabajó anoche.
2. ¿Dónde vive tu hermano?
3. ¿Le diste el dinero a Ramona?
4. ¡Qué delgado es ese muchacho!

# Una visión del mundo hispánico
## España

Vista del Anfiteatro Romano en la ciudad de Mérida, una de las obras de arquitectura romana mejor conservadas del mundo. Fue construido por Agripa en el siglo I después de Cristo y tiene capacidad para 15.000 personas. Hoy en día todavía se presentan obras clásicas en este tesoro de la antiguedad.

La ciudad de Ávila, situada al noroeste de
Madrid, a 1.127 metros de altura, es la única
ciudad española que está totalmente rodeada
por murallas de la época romana. Aunque las
murallas tienen más de mil años, están en
perfecto estado de conservación. Ávila es la
ciudad donde nació Santa Teresa de Jesús,
famosa escritora mística del siglo XVI.

Vista general de Alcázar de Segovia, construido en el siglo XIII y situado estratégica-
mente en la confluencia de dos ríos. Este
castillo ha sido escenario de importantes
acontecimientos históricos. De él partió
Isabel para ser coronada reina de Castilla en
el siglo XV. Se dice que Walt Disney lo tomó
de modelo para construir el Palacio de la
Bella Durmiente en Disneylandia.

*A la derecha:* Vista de la Catedral de Sevilla, con su famosa torre, la Giralda, construida por los árabes en el siglo XII. Esta famosa torre puede verse prácticamente desde toda la ciudad. *Abajo:* Puntos de atracción turística en Granada son el palacio y los jardines del Generalife. Los jardines forman una especie de laberinto donde las glorietas, los macizos de flores y las hermosas fuentes hacen pensar al visitante que se encuentra en un mundo de ensueño.

El Monasterio del Escorial, considerado la octava maravilla del mundo, fue mandado a construir en 1584 por Felipe II en honor de San Lorenzo, para conmemorar la batalla de San Quintín. Se encuentra en la Sierra de Guadarrama, cerca de Madrid. Fue destinado a ser panteón real y allí están enterrados todos los reyes de España. El edificio contiene una hermosa catedral, un museo de arte, el monasterio — colegio de los frailes agústinos y la famosa biblioteca que vemos en la foto.

La iglesia de la Sagrada Familia, en Barcelona, es la obra maestra de Antonio Gaudí, el famoso arquitecto catalán. Gaudí murió en el año 1926, sin terminar la construcción de la catedral. Los trabajos continuaron después de su muerte, pero la iglesia no está terminada todavía.

El puerto de Bilbao en uno de los más importantes de España. Bilbao es la capital de la provincia de Vizcaya y el centro de la industria del acero. En ella encontramos grandes astilleros, minas de hierro y altos hornos. Es, además, uno de los centros bancarios y financieros de España.

Vista de un olivar, cerca de Toledo.
España es la primera nación del mundo en
la producción del aceite de oliva. El centro de esta industria se encuentra en el
sur de España.

Una de las grandes atracciones turísticas
de Madrid es la Plaza de España, donde
se encuentra el monumento a Cervantes.
Junto a la estatua del escritor vemos a don
Quijote y a Sancho Panza, personajes de
su immortal obra *Don Quijote*. Se ven
también el hotel Plaza de España y la
Torre de Madrid, uno de los edificios más
altos de la ciudad.

La corrida de toros es uno de los espectáculos más populares de España y tiene orígenes antiquísimos. La típica "corrida" tiene lugar los domingos por la tarde en estadios especiales llamados "plazas de toros", de las cuales hay más de 400 en España. Los toreros aparecen en la plaza en "traje de luces", y generalmente hay tres matadores con sus cuadrillas y seis toros en cada corrida.

En muchos pueblos españoles se acostumbra celebrar el final de la cosecha con una fiesta. Aquí vemos a un grupo de bailarines que celebran la terminación de la cosecha del azafrán bailando la jota, un baile típico del norte de España, que se caracteriza por sus movimientos rápidos y el sonido de las castañuelas.

Tres estudiantes universitarios en los jardines de la Universidad de Madrid. La universidad más grande de España es la de Madrid, aunque la más conocida es la de Salamanca. La Universidad de Madrid es una de las pocas universidades europeas que tienen un *campus*, donde están reunidas todas las facultades. A todos estos edificios y jardines se les conoce en Madrid con el nombre de "Ciudad Universitaria".

Muchos turistas consideran la Feria de Sevilla, razón única para visitar España. Es la más famosa de Europa; comienza generalmente a mediados de abril y dura una semana. Los andaluces visten trajes típicos de la región y pasean por la ciudad en caballos adornados con flores y cintas.

Una carrera de ciclistas en Madrid.
El ciclismo es un deporte que se
practica mucho en Europa. Todos
los años hay competiciones, especialmente en España, Francia e
Italia.

El famoso juego de pelota vasca o
frontón se conoce en América con el
nombre *jai alai*, que le dieron los
cubanos. Se juega en un campo de
tres paredones, llamado frontón. Es
uno de los juegos más rápidos y re-
quiere una destreza extraordinaria.

## ESTRUCTURAS GRAMATICALES

▶ **1.** Regular preterits  (*Pretéritos regulares*)

Spanish has two simple past tenses: the preterit and the imperfect. (The imperfect will be studied in *lección* 11.) The preterit tense is used to refer to actions or states that the speaker views as completed in the past.

The preterit of regular verbs is formed as follows. Note that the endings for the **-er** and **-ir** verbs are the same.

| **-ar** verbs | **-er** verbs | **-ir** verbs |
|---|---|---|
| **tomar**  *to take* | **comer**  *to eat* | **escribir**  *to write* |
| tom**é** | com**í** | escrib**í** |
| tom**aste** | com**iste** | escrib**iste** |
| tom**ó** | com**ió** | escrib**ió** |
| tom**amos** | com**imos** | escrib**imos** |
| tom**asteis** | com**isteis** | escrib**isteis** |
| tom**aron** | com**ieron** | escrib**ieron** |

—¿A qué hora **volvió** Rosa?   *What time **did** Rosa **return**?*
—No sé, porque yo no la **esperé**.   *I don't know because I **did not wait** for her.*

◈ Note that the first-person plural of **-ar** and **-ir** verbs is identical to the present tense forms.

◈ Verbs of the **-ar** and **-er** groups that are stem-changing in the present indicative are *regular* in the preterit: **Rosa *volvió* a las seis.**

ATENCIÓN:  Spanish has no equivalent for the English word *did* used as an auxiliary verb in questions and negative sentences.

### PRÁCTICA

A. Change the verbs according to the new subjects.

1. *El barbero* decidió venir ayer. (Nosotros, Uds., Tú, Yo)
2. *Yo* planché el vestido azul. (Ellos, Ud., Tú, Nosotras)
3. *Ana* barrió la cocina. (Nosotros, Uds., Tú, Yo)

B. Change the verbs in the following sentences to the preterit tense, then read them aloud.

1. Ana y yo comemos en la cafetería.
2. ¿Bebe Ud. un refresco?

3. Ellos conocen al profesor de chino.
4. ¿Tú no usas ese champú?
5. Uds. abren la puerta.
6. Habla de su familia.
7. Yo le corto el pelo.
8. Ella recibe muchos regalos.

C. Answer the following questions with complete sentences.

1. ¿Qué comió Ud. anoche?
2. ¿Quién cocinó?
3. ¿Qué bebieron Uds.?
4. ¿Salió Ud. después de cenar?
5. ¿Limpió Ud. la cocina ayer?
6. ¿Le pasó la aspiradora a la alfombra?
7. ¿Recibió Ud. una carta de sus padres?
8. ¿Vendieron Uds. su coche?
9. ¿A qué hora volvió Ud. a su casa ayer?
10. ¿Cerró Ud. la puerta de su casa?

*Una calle de San Sebastián, España.*

▶ **2.** Preterit of **ser, ir,** and **dar**   (*Pretérito de los verbos ser, ir y dar*)

The preterits of **ser, ir,** and **dar** are irregular.

| ser *to be* | ir *to go* | dar *to give* |
|---|---|---|
| fui | fui | di |
| fuiste | fuiste | diste |
| fue | fue | dio |
| fuimos | fuimos | dimos |
| fuisteis | fuisteis | disteis |
| fueron | fueron | dieron |

—Ayer **fue** el cumpleaños de
  Lucía, ¿no?
—Sí, Ana y yo **fuimos** a su casa
  y le **dimos** el regalo.

*Yesterday **was** Lucía's birthday,
  right?*
*Yes, Ana and I **went** to her house
  and **gave** her the present.*

## PRÁCTICA

A. Change the verbs according to the new subjects.

   1. ¿*Él* fue su profesor? (Yo, Nosotros, Tú, Ud.)
   2. *Gustavo* fue a la barbería. (Yo, Ellos, Nosotros, Tú)
   3. *Yo* le di el regalo. (Tú, Nosotros, Papá, Uds.)

B. Complete the following sentences with the preterit of **ir, dar,** or **ser,** as
   appropriate, then read each aloud.

   1. Yo no ____ a la capital ayer.
   2. Ellos me ____ el registro.
   3. Nosotros ____ sus alumnos.
   4. Ella me ____ la escoba ayer.
   5. Nosotros no ____ con Jorge a la fiesta de fin de año.
   6. Yo te ____ los regalos anoche.
   7. Yo nunca ____ peluquera.
   8. Tú nos ____ el vestido ayer.
   9. ____ una buena idea pasar la aspiradora.
   10. Nosotros ____ a la peluquería por la mañana.

C. Answer the following questions with complete sentences.

   1. ¿Fueron Uds. a la oficina de correos? ¿Cuándo?
   2. ¿Quién fue el primer presidente de los Estados Unidos?
   3. ¿A quién le diste un regalo el día de Navidad?

4. ¿Fueron Uds. estudiantes de esta universidad el año pasado?
5. ¿A quién le dieron Uds. mi número de teléfono?
6. ¿Quién te dio esa pluma?
7. Alguien limpió la cocina. ¿Fuiste tú?
8. ¿Fue Ud. al cine anoche? ¿Con quién?

▶ **3.** Reflexive constructions   (*Construcciones reflexivas*)

**A.** Reflexive pronouns refer to the same person the subject of the sentence does.

| Subjects | Reflexive | Pronouns |
|---|---|---|
| yo | **me** | *myself, to (for) myself* |
| tú | **te** | *yourself, to (for) yourself* (**tú** form) |
| nosotros | **nos** | *ourselves, to (for) ourselves* |
| Ud. | | *yourself, to (for) yourself* |
| Uds. | | *yourselves, to (for) yourselves* |
| él | **se** | *himself, to (for) himself* |
| ella | | *herself, to (for) herself* |
| | | *itself, to (for) itself* |
| ellos, ellas | | *themselves, to (for) themselves* |

ATENCIÓN:   Reflexive pronouns are positioned in the sentence in the same manner as object pronouns.

◈ Note that except for **se**, the reflexive pronouns have the same forms as the direct and indirect object pronouns.

◈ The third-person singular and plural **se** is invariable.

**B.** Most verbs can be made reflexive in Spanish if the verb acts upon the subject with the aid of a reflexive pronoun.

Julia baña al perro.

Julia se baña.

| vestirse (e>i)  *to dress onself, get dressed* | |
| --- | --- |
| Yo **me visto.** | *I dress myself.* |
| Tú **te vistes.** | *You dress yourself.* (**tú** form) |
| Ud. **se viste.** | *You dress yourself.* (**Ud.** form) |
| Él **se viste.** | *He dresses himself.* |
| Ella **se viste.** | *She dresses herself.* |
| Nosotros **nos vestimos.** | *We dress ourselves.* |
| Vosotros **os vestís.** | *You dress yourselves.* (**vosotros** form) |
| Uds. **se visten.** | *You dress yourselves.* (**Uds.** form) |
| Ellos **se visten.** | *They (m.) dress themselves.* |
| Ellas **se visten.** | *They (f.) dress themselves.* |

In addition to the verbs included in the dialogue, the following verbs are commonly used in reflexive constructions.

**acostarse** (o>ue)  *to go to bed*
**despertarse** (e>ie)  *to wake up*
**desvestirse** (e>i)  *to get undressed*
**lavarse**  *to wash up, wash (oneself)*
**preocuparse** (**por**)  *to worry (about)*
**probarse** (o>ue)  *to try on*

## PRÁCTICA

A. Complete the following sentences, using the present indicative of the verbs in parentheses, then read each aloud.

1. Mi tía _____ (despertarse) tarde a menudo.
2. Yo _____ (vestirse) en mi habitación.
3. Mis suegros _____ (levantarse) a las cinco.
4. ¿Dónde _____ (probarse) Ud. los vestidos?
5. Tu nuera _____ (preocuparse) por los niños.
6. ¿A qué hora _____ (acostarse) tú?
7. Nosotros _____ (bañarse) por la noche.
8. Papá _____ (afeitarse) en el baño.
9. Nosotros siempre _____ (sentarse) en esa silla.
10. Yo _____ (desvestirse) aquí.

B. Answer the following questions with complete sentences.

1. ¿A qué hora te levantaste hoy?
2. ¿A qué hora se acostó Ud. anoche?
3. ¿Puedes bañarte y vestirte en diez minutos?
4. ¿Se preocupan tus padres por ti?

5. ¿Cómo se llama tu mejor amigo(-a)?
6. ¿Se acordaron Uds. de traer el libro de español?
7. ¿Te lavas la cabeza cuando te bañas?
8. ¿Te miras en el espejo para peinarte?

C. Write the following sentences in Spanish.

1. She combed her hair.
2. The children don't want to go to bed.
3. Do you need to bathe (yourself)?
4. Did you shave this morning, Paquito?
5. She is trying on the yellow dress.

---

**D.** The following verbs change their meaning when they are used with reflexive pronouns.

| | |
|---|---|
| **acostar** (o>ue)   *to put to bed* | **acostarse**   *to go to bed* |
| **dormir** (o>ue)   *to sleep* | **dormirse**   *to fall asleep* |
| **ir**   *to go* | **irse**   *to go away, leave* |
| **levantar**   *to raise, lift* | **levantarse**   *to get up* |
| **llamar**   *to call* | **llamarse**   *to be called* |
| **poner**   *to put, place* | **ponerse**   *to put on* |
| **probar** (o>ue)   *to try; to taste* | **probarse**   *to try on* |
| **quitar**   *to take away* | **quitarse**   *to take off* |

| | |
|---|---|
| –¿No **te** vas a **acostar?** | *Aren't you going to* **go to bed?** |
| –Sí, pero primero voy a **acostar** a los niños. | *Yes, but first I'm going to* **put** *the children* **to bed.** |

## PRÁCTICA

A. Supply the appropriate verbs from the list above.

1. Estela ____ la sopa.
2. Ayer yo ____ a las seis de la mañana.
3. Los estudiantes ____ en clase porque tienen mucho sueño.
4. Ya son las diez de la noche. Voy a ____ a mi nieto.
5. ¿Dónde vas a ____ los platos? ¿En la mesa?
6. ¿ ____ Ud. bien?
7. La peluquera ____ Julia Acosta.
8. Te voy a ____ por teléfono.

B. Write the following sentences in Spanish.

1. I put my daughter to bed, and then I went to bed.
2. She took off her dress.

3. My sister left last week.
4. He raised the window.
5. She woke up at six and got up at seven.
6. Where do you put the cigarettes?
7. She is putting on the dress.
8. They went to the airport.

## SUMMARY OF PERSONAL PRONOUNS

| Subject | Direct object | Indirect object | Reflexive | Object of prepositions |
|---------|---------------|-----------------|-----------|------------------------|
| yo | me | me | me | mí |
| tú | te | te | te | ti |
| usted (*f.*) | la | | | usted |
| usted (*m.*) | lo | le | se | usted |
| él | lo | | | él |
| ella | la | | | ella |
| nosotros | nos | nos | nos | nosotros |
| vosotros | os | os | os | vosotros |
| ustedes (*f.*) | las | | | ustedes |
| ustedes (*m.*) | los | les | se | ustedes |
| ellos | los | | | ellos |
| ellas | las | | | ellas |

▶ **4.** Formation of adverbs   (*La formación de los adverbios*)

Most Spanish adverbs are formed by adding **-mente** (the equivalent of English *-ly*) to the adjective.

especial   *special*       especial**mente**   *especially*
reciente   *recent*        reciente**mente**   *recently*

Adjectives ending in **-o** change the **-o** to **-a** before adding **-mente.**

lent**o**   *slow*         lent**amente**   *slowly*
rápid**o**   *rapid*       rápid**amente**   *rapidly*

If two or more adverbs are used together, both change the **-o** to **-a,** but only the last adverb takes the **-mente** ending.

Habló clara y lent**amente.**   *He spoke **clearly** and **slowly.***

If the adjective has an accent, the adverb retains it.

difícil   **difícilmente**

A. Change the following adjectives to adverbs.

1. fácil   (*easy*)
2. feliz   (*happy*)
3. claro   (*clear*)
4. raro   (*rare*)
5. necesario   (*necessary*)

6. frecuente   (*frequent*)
7. triste   (*sad*)
8. trágico   (*tragic*)
9. alegre   (*merry*)
10. desgraciado   (*unfortunate*)

B. Complete the following sentences with the appropriate adverbs.

1. Ellos hablaron _____ y _____ .
2. Mis padres vienen a verme _____ .
3. Jaime llegó _____ .
4. El muchacho me habló _____ .
5. Tengo _____ diez dólares.
6. Los muchachos bailan _____ .
7. _____ no tengo dinero.
8. Compré ese champú _____ para la caspa.

▶ **5.** Some uses of the definite article   (*Algunos usos del artículo definido*)

**A.** In place of a possessive

The possessive adjective is often replaced by the definite article in Spanish. An indirect object pronoun or a reflexive pronoun (if the subject performs the action upon himself or herself) indicates who the possessor is.

Note the use of the definite article in Spanish in the following specific situations indicating possession.

1. With parts of the body

| | |
|---|---|
| Voy a cortar**le el pelo.** | *I'm going to cut **his hair.*** |
| **Me** lavé **las manos.** | *I washed **my hands.*** |

2. With articles of clothing and personal belongings

| | |
|---|---|
| ¿Te quitaste **el vestido?** | *Did you take off **your dress?*** |
| Ellos se quitaron **el suéter.** | *They took off **their sweaters.*** |

ATENCIÓN:   The number of the subject and verb generally does not affect the number of the thing possessed. Spanish uses the singular to indicate that each person has only one of any particular object.

|  | Ellas se quitaron **el vestido.**<br>(Each one has one dress.) | *They took off **their dresses.*** |
| *but:* | Ellas se quitaron **los zapatos.**<br>(Each one has two shoes.) | *They took off **their shoes.*** |

**B.** With nouns used in a general sense

| Me gusta **el té,** pero prefiero<br>**el café.** | *I like **tea,** but I prefer<br>**coffee.*** |
| **Las madres** siempre se<br>preocupan por sus hijos. | ***Mothers** always worry<br>about their children.* |

**C.** In front of abstract nouns

| «Denme **la libertad** o denme<br>**la muerte.**» | *"Give me **liberty** or give me<br>death."* |

## PRÁCTICA

A. Answer the following questions with complete sentences.

1. ¿Qué le gusta más, el pavo relleno o el arroz con pollo?
2. ¿Te gustan los muchachos rubios o los muchachos morenos (las chicas rubias o las chicas morenas)?
3. ¿Le gustan los idiomas extranjeros?
4. ¿Quién le corta el pelo?
5. ¿Qué es más importante, la libertad o el dinero?
6. ¿Te quitas los zapatos cuando llegas a tu casa?
7. ¿Con qué champú te lavas la cabeza?
8. ¿Qué te gusta más, el café o el té?

B. Write the following sentences in Spanish.

1. The girls are going to put on their dresses.
2. Did you wash your hands, darling?
3. He took off his shoes.
4. He thinks freedom is very important.
5. She says women are more intelligent than men.

## ¡A VER CUÁNTO APRENDIÓ!

A. ¡Conversemos!

Reread the dialogues in this lesson and be ready to discuss the following.

1. ¿Para qué tienen turno Carlos e Isabel?
2. ¿Qué tienen que hacer después?

3. ¿Carlos cocinó o limpió el baño?
4. ¿Por qué no fue Isabel al mercado?
5. ¿Qué planchó Isabel?
6. Ayer Isabel le compró un regalo a Elena. ¿Por qué?
7. ¿Para qué es bueno el champú «Irresistible»?
8. ¿Para qué fue Carlos a la farmacia?
9. ¿Isabel tiene rizos o tiene el pelo lacio?
10. ¿Para cuándo es el turno de María Isabel?

B. Give appropriate answers to the following questions.

1. ¿Tiene Ud. el pelo corto o largo?
2. ¿Vive Ud. lejos o cerca de la universidad?
3. ¿Va a estar Ud. muy ocupado(-a) la semana próxima?
4. ¿Qué revistas lee Ud. generalmente?
5. ¿Cuándo hay más gente en la peluquería, los lunes o los sábados?
6. ¿Llega Ud. tarde a casa?
7. Me ensucié las manos. ¿Dónde puedo lavármelas?
8. ¿Quiere un poco de agua o prefiere una copa de vino?
9. ¿A qué hora te despertaste hoy?
10. ¿Dónde te cortas el pelo?

C. ¡Repase el vocabulario!

Match the questions in column **A** with the answers in column **B**, then read them aloud.

| **A** | **B** |
|---|---|
| 1. ¿Dónde te cortas el pelo? | a. A las seis. |
| 2. ¿Quiere corte y lavado? | b. En la farmacia. |
| 3. ¿Ya barriste la cocina? | c. No, tiene el pelo lacio. |
| 4. ¿Te peinaste? | d. Sí, le pasé la aspiradora. |
| 5. ¿A qué hora te levantaste ayer? | e. No, largo. |
| 6. ¿Por qué no te afeitas? | f. Porque el pelo corto no está de moda. |
| 7. ¿Limpiaste la alfombra? | g. En la peluquería Marisa. |
| 8. ¿Dónde compraste el champú? | h. No, no me diste el peine. |
| 9. ¿Por qué no te cortas el pelo? | i. Uno especial para la caspa. |
| 10. ¿Tiene rizos? | j. Sí, no quiero llegar tarde. |
| 11. ¿Tienes mucha prisa? | k. No, no encontré la escoba. |
| 12. ¿Tiene el pelo corto? | l. No, no tengo sed. |
| 13. ¿Qué champú compraste? | m. Sí, no me gusta cocinar. |
| 14. ¿Siempre comes en restaurantes? | n. No tengo máquina de afeitar. |
| 15. ¿Quieres un poco de agua? | o. Sí, y peinado también. |

D. Situaciones

What would you say in the following situations?

1. You are at home. Ask your little sister if she bathed and combed her hair. Also ask her if she cleaned her room, and tell her she has to sweep the kitchen.
2. Someone asks about your schedule. Tell him or her what time you generally go to bed and get up. Also tell him or her how long it takes you to bathe and get dressed.
3. You are talking to your barber. Tell him or her to cut the sides a little but to leave the sideburns as they are.

E. Para escribir

Write a composition telling about your daily activities. Include the following.

1. what time you get up and go to bed
2. how you get ready to go to class
3. what you generally have for breakfast, lunch, and dinner
4. what time you return home and what you do in the evenings

**OBJECTIVES**

STRUCTURE    Irregular preterits • Verbs with orthographic changes in the preterit • Preterit of **e>i** and **o>u** stem-changing verbs • Uses of **por** • Uses of **para**

COMMUNICATION    You will learn vocabulary related to leisure activities.

## De vacaciones

*Roberto acaba de llegar de sus vacaciones en las montañas. Él y unos amigos fueron a Chile para pasar el fin de semana.*

TOMÁS —¡Roberto! ¿Qué tal? ¿Cuándo llegaste?

ROBERTO —Llegué esta mañana. ¿Por qué no viniste con nosotros? ¡Nos divertimos muchísimo!

TOMÁS —¡Porque no pude! Tú sabes que empecé a trabajar la semana pasada. ¿Fueron todos a la montaña?

ROBERTO —No, Pablo pasó toda la mañana en la cabaña y por la tarde fue a montar a caballo.

TOMÁS —¿No fueron de pesca? ¡Supongo que llevaste tu caña de pescar!

ROBERTO —¡Por supuesto! ¡Y pesqué una trucha enorme!

TOMÁS —*(Bromeando)* Pues a mí me dijeron que tú pescaste la más pequeña…

ROBERTO —Te mintieron. Todos pudimos cenar con la trucha que pesqué.

TOMÁS —¿Cómo estuvo el tiempo?

ROBERTO —Por suerte estuvo magnífico.

TOMÁS —¿Durmieron afuera o adentro?

ROBERTO —Todos dormimos afuera en nuestras bolsas de dormir.

TOMÁS —La próxima vez voy con Uds.

ROBERTO —Sí, pero vamos a ir en invierno para poder esquiar.

*Carmen y Teresa planean un viaje por tren a Mar del Plata.*

CARMEN —¡Qué hermosa[1] va a estar la playa! ¿Trajiste tu traje de baño nuevo?

TERESA —Sí, lo traje solamente para enseñártelo. ¡Me costó un ojo de la cara!

CARMEN —¡Qué bonito![1] Yo quiero aprender a[2] nadar este verano.

TERESA —Yo trabajé de salvavidas por dos meses el año pasado. Puedo enseñarte.

---

[1]Note that *how + adjective* is translated as **qué** + *adjective*: **¡Qué** hermosa! *How beautiful!*   [2]The preposition **a** is used after **aprender** when this verb is followed by an infinitive. The same rule applies to **enseñar, empezar,** and **comenzar.**

## ON VACATION

*Robert has just arrived from his vacation in the mountains. He and some friends went to Chile to spend the weekend.*

T. Robert! How is it going? When did you arrive?

R. I arrived this morning. Why didn't you come with us? We had a very good time!

T. Because I wasn't able to! You know I started (to) work last week. Did everybody go the mountains?

R. No, Pablo spent the whole morning in the cabin, and in the afternoon he went horseback riding.

T. Didn't you go fishing? I suppose you took your fishing rod.

R. Of course! And I caught an enormous trout!

T. (Kidding) Well, they told me that you caught the smallest one . . .

R. They lied to you. We were all able to dine on the trout I caught.

T. How was the weather?

R. Luckily it was magnificent.

T. Did you sleep outside or inside?

R. We all slept outside in our sleeping bags.

T. Next time I'm going with you.

R. Yes, but we are going to go in the winter so we can ski.

*Carmen and Teresa are planning a trip by train to Mar del Plata.*

C. How beautiful the beach is going to be! Did you bring your new bathing suit?

T. Yes. I brought it just to show it to you. It cost me an arm and a leg!

C. How pretty! I want to learn how to swim this summer.

T. I worked as a lifeguard for two months last year. I can teach you.

C. Great! Did you make the hotel reservations?

T. No, because we're going to go camping. I already have the tent, and I already packed.

C. Perfect! Now we only need the money for the ticket.

CARMEN —¡Magnífico! ¿Hiciste las reservaciones para el hotel?

TERESA —No, porque vamos a acampar. Ya tengo la tienda de campaña, y ya hice las maletas.

CARMEN —¡Perfecto! Ahora solamente necesitamos el dinero para el pasaje.

## VOCABULARIO

### COGNADOS

**enorme**  enormous
**magnífico(-a)**  magnificent, great
la **montaña**  mountain
**perfecto(-a)**  perfect
las **vacaciones**[1]  vacation

### NOMBRES

la **bolsa de dormir**  sleeping bag
el **caballo**  horse
la **cabaña**  cabin
la **caña de pescar**  fishing rod
la **playa**  beach
el (la) **salvavidas**  lifeguard
el **tiempo**  weather
la **tienda de campaña**  tent
el **traje de baño**  bathing suit
la **trucha**  trout
la **vez**  time (in a series)

### VERBOS

**acampar**  to camp, go camping
**bromear**  to kid, joke
**divertirse** (e>ie)  to have a good time
**enseñar**  to teach
**esquiar**  to ski
**mentir** (e>ie)  to lie, tell a lie
**montar**  to mount, ride
**nadar**  to swim

**pasar**  to spend (time)
**pescar**  to fish, catch (a fish)
**planear**  to plan
**suponer** (*conj. like* **poner**)  to suppose

### ADJETIVO

**hermoso(-a)**  beautiful

### OTRAS PALABRAS Y EXPRESIONES

**adentro**  inside
**afuera**  outside
**de vacaciones**  on vacation
**hacer las maletas**  to pack
**ir de pesca**  to go fishing
**me costó un ojo de la cara**  it cost me an arm and a leg
**por suerte**  luckily
**por supuesto**  of course
**solamente**  only

[1]This word is always used in the plural form in Spanish.

## VOCABULARIO ADICIONAL

**alquilar**   to rent
Voy a **alquilar** una cabaña.

**la autopista**   freeway, highway
En California hay muchas **autopistas**.

**cazar**   to hunt
No quiero pescar; prefiero **cazar**.

**el desierto**   desert
El Sahara es un **desierto**.

**el lago**   lake
Nos bañamos en el **lago**.

**el mar**   sea
Nosotros nadamos en el **mar**.

**montar en bicicleta**   to ride a bicycle
Ana no sabe **montar en bicicleta**.

**la nieve**   snow
Hay **nieve** en la montaña.

**el océano**   ocean
El **océano** Pacífico es muy grande.

**el río**   river
El **río** Amazonas está en el Brasil.

---

1. Mucha gente va a Chile y al sur de Argentina (Bariloche) para esquiar durante junio, julio y agosto, que son los meses del invierno en el hemisferio sur (*southern*).

2. Mar del Plata (Argentina), Viña del Mar (Chile) y Punta del Este (Uruguay) están entre las playas más hermosas e importantes de Sur América. Estas ciudades son centros turísticos internacionales.

**¿Lo sabía Ud....?**

## ESTRUCTURAS GRAMATICALES

▶ **1.   Irregular preterits**   (*Pretéritos irregulares*)

The following Spanish verbs are irregular in the preterit.

| | |
|---|---|
| **tener:** | tuve, tuviste, tuvo, tuvimos, tuvisteis, tuvieron |
| **estar:** | estuve, estuviste, estuvo, estuvimos, estuvisteis, estuvieron |
| **poder:** | pude, pudiste, pudo, pudimos, pudisteis, pudieron |
| **poner:** | puse, pusiste, puso, pusimos, pusisteis, pusieron |
| **saber:** | supe, supiste, supo, supimos, supisteis, supieron |
| **hacer:** | hice, hiciste, hizo,[1] hicimos, hicisteis, hicieron |
| **venir:** | vine, viniste, vino, vinimos, vinisteis, vinieron |
| **querer:** | quise, quisiste, quiso, quisimos, quisisteis, quisieron |
| **decir:** | dije, dijiste, dijo, dijimos, dijisteis, dijeron[2] |
| **traer:** | traje, trajiste, trajo, trajimos, trajisteis, trajeron[2] |
| **conducir:** | conduje, condujiste, condujo, condujimos, condujisteis, condujeron[2] |
| **traducir:** | traduje, tradujiste, tradujo, tradujimos, tradujisteis, tradujeron[2] |

---

[1]Note that in the third-person singular form, **c** changes to **z** in order to maintain the soft sound.
[2]Note that in the third-person plural ending of these verbs, the **i** is omitted.

ATENCIÓN:    The preterit of **hay** (impersonal form of **haber**) is **hubo** (*there was, there were*).

Anoche **hubo** una fiesta.                *Last night **there was** a party.*

–¿Por qué no **viniste** anoche?           *Why didn't **you come** last night?*
–No **pude; tuve** que trabajar.           *I wasn't **able to; I had** to work.*

## PRÁCTICA

A.  Change the verbs according to the new subjects.

   1.  Ayer *yo* tuve que estudiar. (tú, mi novia, nosotros, Juan y Pedro)
   2.  *Tú* hiciste todo el trabajo. (Yo, Nosotros, Los empleados, La enfermera)
   3.  *Yo* conduje el carro. (Uds., Él, Tú, Nosotras)

B.  Pattern drill

   MODELO:    ¿No vas a traer la bolsa de dormir?
                   *Ya la traje.*

   1.  ¿No vas a poner el jabón en la cocina?
   2.  ¿No vas a hacer la reservación?
   3.  ¿No vas a traducir las lecciones?
   4.  ¿No vas a traer la carta certificada?
   5.  ¿No vas a decir tu edad?

C.  Complete the following sentences with the preterit of the verbs in parentheses.

   1.  Yo (estar) _____ en la farmacia anoche.
   2.  Él no (poder) _____ venir a almorzar ayer.
   3.  Nosotros le (decir) _____ la hora esta mañana.
   4.  ¿Dónde (poner) _____ tú las planillas ayer?
   5.  ¿Por qué no (venir) _____ Uds. al centro anoche?
   6.  ¿(Traer) _____ ellas los discos ayer?
   7.  Ella nunca me (querer) _____ .
   8.  Él (conducir) _____ el auto toda la mañana.
   9.  ¿(Traducir) _____ Ud. las cartas anoche?
   10. Mi novia lo (saber) _____ ayer.

D.  Complete the following sentences in an original manner.

   MODELO:    Siempre vengo temprano pero ayer...
                   *Siempre vengo temprano pero ayer vine tarde.*

   1.  Siempre traen los cheques por la mañana pero ayer...
   2.  Siempre pongo los libros en la mesa pero anoche...

3. Siempre hace la comida por la tarde pero ayer…
4. Siempre conduces bien pero anoche…
5. Siempre dicen algo pero ayer…
6. Siempre quiere ir al cine pero anoche…

E.  Answer the following questions with complete sentences.

   1. ¿Hubo una fiesta en tu casa ayer?
   2. ¿Dónde estuvieron Uds. anoche?
   3. ¿Pudiste venir temprano a la universidad ayer?
   4. ¿Viniste a la universidad la semana pasada?
   5. ¿Qué hicieron tus amigos ayer?
   6. ¿Condujeron Uds. su coche ayer?
   7. ¿Me dijeron Uds. algo?
   8. ¿Dónde pusiste tu traje de baño?

▶ **2.** Verbs with orthographic changes in the preterit   (*Verbos que tienen cambios ortográficos en el pretérito*)

**A.** Verbs ending in **-car** and **-gar** change **c** to **qu** and **g** to **gu** before an **e** in the first person of the preterit.[1]

| **sacar**   *to take out* | | **llegar**   *to arrive* | |
|---|---|---|---|
| saqué | sacamos | llegué | llegamos |
| sacaste | sacasteis | llegaste | llegasteis |
| sacó | sacaron | llegó | llegaron |

Other verbs that follow the same pattern:

| | | | |
|---|---|---|---|
| tocar (*to touch, play* [*an instrument*]): | **toqué** | pagar (*to pay*): | **pagué** |
| buscar (*to look for*): | **busqué** | jugar (*to play*):[2] | **jugué** |
| pescar (*to fish*): | **pesqué** | apagar (*to turn off*): | **apagué** |

**B.** Verbs ending in **-zar** change **z** to **c** before **e** in the first person of the preterit.[1]

| **empezar**   *to begin* | |
|---|---|
| empecé | empezamos |
| empezaste | empezasteis |
| empezó | empezaron |

Other verbs that follow the same pattern:

| | |
|---|---|
| comenzar (*to begin*): | **comencé** |
| rezar (*to pray*): | **recé** |
| cazar (*to hunt*): | **cacé** |

## PRÁCTICA

**A.** Answer the following questions, using the first person in your responses.

MODELO:   ¿Quién sacó la alfombra?
          *Yo la saqué.*

1. ¿Quién buscó las cintas?
2. ¿Quién pescó esa trucha?
3. ¿Quién pagó el hotel?

---

[1]These changes are purely orthographic and occur whenever these conditions are present, regardless of the verb tense involved.   [2]Present tense: **juego, juegas, juega, jugamos, jugáis, juegan.**

4. ¿Quién apagó el motor?
5. ¿Quién empezó el baile?
6. ¿Quién comenzó la clase?
7. ¿Quién cazó el ciervo (*deer*)?
8. ¿Quién tocó el piano?

B. Write the answers to the following questions.

1. ¿Sacaste tus maletas del avión?
2. ¿Buscaste el tocadiscos?
3. ¿Llegaste temprano?
4. ¿Pagaste los bocadillos?
5. ¿Apagaste el motor del coche?
6. ¿Empezaste a estudiar para el examen?
7. ¿Comenzaste a hacer las maletas?
8. ¿Rezaste anoche?

C. In verbs whose stems end in a strong vowel, the unaccented **i** between vowels changes to **y** in the third-person singular and plural of the preterit.

| **leer**  *to read* | |
|---|---|
| leí | leímos |
| leíste | leísteis |
| leyó | leyeron |

Other verbs that follow the same pattern:

creer (*to believe*):     **creyó, creyeron**
caer(se) (*to fall*):     **(se) cayó, (se) cayeron**

## PRÁCTICA

A. Answer the following questions with complete sentences.

1. ¿Leyó Ud. *Don Quijote?*     4. ¿Qué leyeron Uds. ayer?
2. ¿Me creyeron Uds.?     5. ¿Te creyó tu mamá?
3. ¿Se cayó Ud. en la calle?

B. Say the following sentences in Spanish.

1. Didn't he read the book?     4. They read the newspaper.
2. They believed me.     5. He didn't believe anything.
3. The child fell down.

▶ **3.** Preterit of **e>i** and **o>u** stem-changing verbs    (*Pretérito de los verbos que cambian en la raíz: e>i y o>u*)

In stem-changing verbs of the **-ir** conjugation, change **e** to **i** and **o** to **u** in the third-person singular and plural of the preterit.

| **sentir**  *to feel* | | **dormir**  *to sleep* | |
|---|---|---|---|
| sentí | sentimos | dormí | dormimos |
| sentiste | sentisteis | dormiste | dormisteis |
| sintió | sintieron | durmió | durmieron |

—Ella dice que no **durmió** anoche.                *She says she **didn't sleep** last night.*

—Te **mintió**.                                     *She **lied** to you.*

Other verbs that follow the same pattern:

| | |
|---|---|
| pedir | seguir |
| mentir | conseguir |
| servir | morir |
| repetir (*to repeat*) | |

## PRÁCTICA

A. Answer the following questions with complete sentences.

1. ¿Consiguió Ud. una caña de pescar?
2. ¿Le pidió Ud. la tienda de campaña a un amigo?
3. ¿Durmió Ud. en una bolsa de dormir anoche?
4. ¿Qué sirvió Ud. en su fiesta?
5. ¿Le mintió Ud. a su madre?
6. ¿Te siguió tu perro a la universidad?

B. Write the following sentences in Spanish.

1. They repeated it.
2. The lifeguard died last night.
3. Did you get the claim checks?
4. Did you order stuffed turkey, Mr. Smith?
5. Did they sleep inside or outside?
6. She served only meat and potatoes.

▶ **4.** Uses of **por**   (*Usos de por*)

The preposition **por** is used to indicate:

1. motion *through, around, along, by*, or approximate location

| | |
|---|---|
| Yo caminé **por** la playa. | *I walked **along** the beach.* |
| Enrique va **por** la calle Juárez. | *Enrique is going **down** Juárez Street.* |
| Gustavo pasó **por** la cabaña. | *Gustavo went **by** the cabin.* |

2. cause or motive of an action (*because of, on account of, on behalf of*)

| | |
|---|---|
| Llegamos tarde **por** el tráfico. | *We were late **because of** the traffic.* |
| Lo hago **por** ellos. | *I do it **on their behalf.*** |

3. agency, means, manner, unit of measure (*by, for, per*)

| | |
|---|---|
| Siempre viajamos **por** tren.[1] | *We always travel **by** train.* |
| Le envié cien dólares **por** correo. | *I sent him a hundred dollars **by** mail.* |

4. *in exchange for*

| | |
|---|---|
| Te doy cien dólares **por** ese caballo. | *I'll give you a hundred dollars **for** that horse.* |

5. period of time during which an action takes place (*during, in, for*)

| | |
|---|---|
| Lo veo mañana **por** la mañana. | *I'll see him tomorrow morning.* |
| Va a estar aquí **por** dos meses. | *He's going to be here **for** two months.* |

6. *in search of, for*

| | |
|---|---|
| Mario fue **por** el doctor. | *Mario went **in search of** the doctor.* |
| Voy a venir **por** ti a las siete. | *I'll come by **for** you at seven.* |

---

### PRÁCTICA

A. Answer the following questions with complete sentences.

1. ¿Cuánto quieres por tu libro de español?
2. ¿A qué hora vienes por mí?
3. ¿Es una buena idea caminar por la noche?

---

[1] The preposition **en** is also used to refer to means of transportation: **Siempre viajamos *en* tren.**

4. ¿Pasaste por mi casa anoche?
5. ¿Cuánto pagaste por tu traje de baño?
6. ¿Prefieres viajar por tren o por avión?
7. ¿Siempre envías tus cartas por vía aérea?
8. ¿Estudian Uds. por la mañana o por la tarde?

B. Say the following sentences in Spanish.

1. I was late on account of the traffic.
2. How much did they give you for the antique (old) desk?
3. He didn't go out through this door.
4. I always go to the beauty parlor in the morning.
5. We went by your house last weekend.

▶ **5.** Uses of **para**   (*Usos de para*)

The preposition **para** is used to indicate:

1. destination in space

Quiero un pasaje **para** Lima.              *I want a ticket **for** Lima.*
¿A qué hora hay vuelos **para**             *What time are there flights **to***
   La Paz?                                          *La Paz?*

2. direction in time, often meaning *by* or *for* (a specific date in the future)

Quiero un pasaje **para** el                  *I want a ticket **for** Saturday.*
   sábado.
Debo estar allí **para** el mes             *I must be there **by** the month*
   de noviembre.                                 *of November.*

3. direction toward a recipient

Compré una escoba **para** la              *I bought a broom **for** the*
   cocina.                                           *kitchen.*
Trajimos la lista de regalos               *We brought the gift list **for***
   **para** Fernando.                            *Fernando.*

4. *in order to*

Necesito mil dólares **para**              *I need a thousand dollars **in***
   pagar el viaje.                                *order to* *pay for the trip.*
Vamos al teatro **para** celebrar        *We are going to the theater **to***
   nuestro aniversario de                     *celebrate our wedding*
   bodas.                                            *anniversary.*

5. comparison (*by the standard of, considering*)

> El niño es muy alto **para** su edad.
>
> *The child is very tall for his age.*
>
> **Para** norteamericano, habla muy bien el español.
>
> *For a North American he speaks Spanish very well.*

6. objective or goal

> Nora y yo estudiamos **para** ingenieros.
>
> *Nora and I are studying to be engineers.*
>
> Mi novio estudia **para** médico.
>
> *My boyfriend is studying to be a doctor.*

## PRÁCTICA

A. Answer the following questions with complete sentences.

1. ¿Para dónde quieren los pasajes?
2. ¿Para cuándo necesitas los entremeses?
3. ¿Para qué necesitas mil dólares?
4. Para norteamericano(-a), ¿habla Ud. español muy bien?
5. ¿Estudia Ud. para ingeniero?
6. ¿Compraste un regalo para mí?
7. ¿Qué deben hacer Uds. para recibir una «A» en español?
8. Necesito cien dólares para mañana. ¿Puedes dármelos?

B. Say the following in Spanish.

1. She is very tall for her age.
2. We are studying to (be) doctors.
3. I'm leaving for Madrid tomorrow.
4. We need the fried chicken and the beer by noon.
5. We took the elevator to go to the seventh floor.

> Remember that **por** expresses the notions of cause, duration in time, and motive or result of an action; **para** expresses the notions of purpose, destination, direction in time, comparison, and objective.

C. Complete the following sentences with **por** or **para**.

1. Debe dejar el dinero aquí ____ un año.
2. Necesito la lista de pensiones ____ el domingo ____ la tarde.
3. Ese niño habla muy claramente ____ su edad.

4. Estas cucharitas son _____ tu mamá.
5. ¿ _____ quién es la caña de pescar?
6. Ayer caminamos _____ la calle San Martín.
7. ¿Cuánto pagaste _____ la tienda de campaña?
8. Los chicos van a viajar _____ tren.
9. Mi hermano está estudiando _____ profesor.
10. Vamos a limpiar el cuarto mañana _____ la mañana.
11. Me dan trece dólares _____ este libro de español.
12. _____ español, habla el inglés muy bien.
13. Quiero dejar mi coche aquí _____ unos días.
14. Yo lo hice _____ ti. (*on behalf of*)
15. Ella piensa ir a su casa _____ pasar la aspiradora.
16. El botones vino _____ traer las maletas.

## ¡A VER CUÁNTO APRENDIÓ!

A. ¡Conversemos!

Reread the dialogues in this lesson and be ready to discuss the following.

1. ¿Dónde pasaron Roberto y sus amigos sus vacaciones?
2. ¿Qué hizo Pablo?
3. ¿Quién pescó una trucha enorme?
4. ¿Cómo estuvo el tiempo?
5. ¿Dónde durmieron todos?
6. ¿A dónde van a ir Carmen y Teresa?
7. ¿Para qué trajo Teresa su traje de baño?
8. ¿Qué dice Teresa de su traje de baño?
9. ¿Por qué no hizo Teresa reservaciones para el hotel?
10. ¿Tiene que hacer Teresa las maletas?

B. Give appropriate responses to the following questions.

1. ¿Acamparon Uds. este fin de semana?
2. ¿Te gusta ir a las montañas?
3. Generalmente hay un salvavidas en la playa. ¿Es una buena idea?
4. ¿Pescó Ud. alguna vez una trucha enorme?
5. ¿Quieres ir de pesca al lago?
6. ¿Vas a cazar con nosotros la próxima vez?
7. ¿Prefieres montar a caballo o en bicicleta?
8. ¿Vives cerca del Océano Pacífico o del Océano Atlántico?
9. ¿Bromean Uds. mucho con el profesor (la profesora)?
10. ¿Te costó un ojo de la cara el libro de español?

*Vista de Portillo,
Chile.*

C.  ¡Repase el vocabulario!

   Indicate the correct choice, then read the sentence aloud.

   1.  Rosa nada en (el desierto, el mar, la nieve).
   2.  Ya hice (el dinero para el pasaje, la playa, las maletas).
   3.  Los muchachos montaron (en el pasaje, a caballo, en la cuadra).

4. Ella no pudo venir (ayer, mañana, la próxima vez).
5. No vamos a comprar la cabaña. Vamos a (conocerla, alquilarla, bañarla).
6. Supongo que no sabes nadar. Voy a (enseñarte, afeitarte, vestirte).
7. Por suerte los chicos (se cayeron, murieron, se divirtieron) mucho.
8. Voy a cazar. Necesito (la caña de pescar, el coctel, el rifle).
9. El tiempo estuvo (magnífico, nuevo, enorme).
10. El Misisipí es un (lago, río, mar).
11. ¡Perfecto! Todos podemos dormir en (la tienda de campaña, el elevador, el museo).
12. Anita te va a gustar. Es muy (antipática, hermosa, fea).
13. Pagué doscientos dólares por ese vestido. (Fui de pesca, Hice las maletas, Me costó un ojo de la cara).
14. Fuimos de pesca y por supuesto llevamos la (cabaña, caña de pescar, autopista) nueva.
15. No está adentro; está (cerca, lejos, afuera).

D. Situaciones

What would you say in the following situations?

1. Someone asks you about your vacation. Say that you learned how to swim and ride a horse and that you caught an enormous trout.
2. Someone invites you to go camping. Say that you need a tent and a sleeping bag. Ask if you're going to need anything else.
3. Tell your friend you want to spend a weekend in Las Vegas. Tell him or her also that you already made the hotel reservations.

## Ejercicio de lectura

Yo siempre me levanto temprano porque tengo que estar en la universidad a las ocho de la mañana. Me despierto a las seis y media y, después de bañarme, afeitarme y vestirme, desayuno. Me siento en la cocina y estudio, y salgo para la universidad a las siete y media. No llego tarde porque mi profesor de matemáticas es muy estricto.

Tengo clases toda la mañana, y por la tarde voy a la biblioteca a estudiar. A veces° me duermo leyendo algunos de mis libros.

sometimes

Vuelvo a casa a las cinco. Me desvisto, me quito los zapatos y duermo un rato. Cocino algo para la cena, estudio o hago mi tarea y luego miro las noticias.° Me acuesto a las once y media.

news

Los fines de semana, mis amigos y yo generalmente vamos a la playa o a la montaña.

¡A ver cuánto recuerda!

Answer the following questions with complete sentences.

1. ¿Por qué me levanto siempre temprano?
2. ¿A qué hora me despierto?
3. ¿Qué hago después de bañarme, afeitarme y vestirme?
4. ¿Qué hago en la cocina?
5. ¿A qué hora salgo para la universidad?
6. ¿Por qué no llego tarde?
7. ¿Cuándo tengo clases?
8. ¿Qué hago por la tarde?
9. ¿Qué hago a veces en la biblioteca?
10. ¿A qué hora vuelvo a casa?
11. ¿Qué hago cuando llego a casa?
12. ¿Qué hago después de dormir un rato?
13. ¿A qué hora me acuesto?
14. ¿A dónde voy generalmente los fines de semana?

Now write the answers to the questions above in paragraph form, add punctuation, and you will have a composition. Start this way: «Ud....»

# SELF-TEST

Take this test. When you finish, compare your answers with the answer key provided for this section in Appendix C. Then use a red pen to correct any mistakes you may have made. Ready? Go!

## LECCIÓN 6

A. Present indicative of **e>i** stem-changing verbs

Give the Spanish equivalent of the following.

1. At the Mexico restaurant they serve dinner at nine.
2. She requests a room overlooking the street.
3. We follow the bellhop to the room.
4. Do you (*pl.*) get reservations in December?
5. I'm saying (I say) that he must sign the register right away.

B. Direct object pronouns

Complete the following sentences with the Spanish equivalent of the words in parentheses.

1. ¿El libro? No quiero _____ . Es muy caro.   (*buy it*)
2. Yo _____ más tarde, Anita.   (*call you*)
3. ¿La cena? Ellos _____ a las siete.   (*serve it*)
4. Ella tiene cigarrillos pero no va a _____ .   (*declare them*)
5. Mamá no _____ al hotel.   (*take me*)
6. ¿Las toallas? Yo no _____ .   (*need them*)
7. Yo tengo cheques de viajero pero ellos no _____ .   (*accept them*)
8. Yo no puedo _____ , señor Vega.   (*take you*)
9. Ellos quieren las cámaras fotográficas pero yo no _____ .   (*have them*)
10. Nosotros no podemos _____ , señorita Roca.   (*call you*)

C. Affirmative and negative expressions

Change the following sentences to the affirmative.

1. Ellos no van a querer nada.
2. No hay nadie en el baño.
3. No tengo ningún objeto de oro y plata.
4. Ellos nunca pasan por la aduana.
5. Yo tampoco ceno a las nueve.
6. Jamás tiene las listas de los hoteles.
7. No puedes ir ni a la derecha ni a la izquierda.
8. Ellos nunca quieren nada tampoco.

D. Demonstrative adjectives and pronouns

Give the Spanish equivalent of the following.

1. these cigarettes and those
2. that key and this one
3. these offices and those (over there)
4. this taxi and that one (over there)
5. this boardinghouse and that one (over there)

E. The expression **acabar de**

Write the following sentences in Spanish.

1. She has just received her passport.
2. I have just eaten.
3. Your credit card? We have just seen it.
4. The travelers have just arrived.

F. Just words . . .

Choose the correct response to the following questions or statements.

1. ¿Son caras las habitaciones en los hoteles del centro?
   a. No, son de oro y plata.
   b. No, están en el segundo piso.
   c. No, son baratas.
2. ¿Dónde vas a conseguir los pasajes?
   a. En la oficina de turismo.
   b. En el baño.
   c. En un restaurante.

3. ¿Qué documentos debo mostrar?
   a. Veinte dólares.
   b. La tarjeta de turista y la visa.
   c. Los cigarrillos.

4. ¿A cómo está el cambio de moneda?
   a. Aquí tiene la llave.
   b. Nada más.
   c. Mil doscientos soles por dólar.

5. ¿Tiene algo que declarar?
   a. Necesito una lista de los lugares de interés.
   b. Esta cámara fotográfica.
   c. Sí, van a declararlo.

6. Necesitamos una habitación doble y dos habitaciones sencillas.
   a. No tenemos ningún cuarto libre, señorita.
   b. Hay pocas habitaciones modernas.
   c. Todo está en regla.

7. ¿Dónde trabaja el inspector?
   a. En el avión.
   b. En la aduana.
   c. En el hospital.

8. El cuarto con vista a la calle es muy caro.
   a. ¿Quiere una habitación interior?
   b. El ascensor está a la izquierda.
   c. No hay muchas oficinas de turismo por aquí.

9. ¿Qué desea, señorita?
   a. Una habitación sencilla, con baño privado.
   b. Ése es el ómnibus que me lleva al centro.
   c. No tengo nada que declarar.

10. ¿No puedes ir a México?
    a. No, y voy a confirmar los pasajes.
    b. No, voy a cancelar las reservaciones.
    c. No soy de México; soy de Guatemala.

11. ¿Tienen jabón?
    a. Están en la embajada norteamericana.
    b. Sí, tenemos uno con vista a la calle.
    c. Sí, pero no tenemos toallas.

12. ¿Están Uds. en la lista de espera?
    a. Tengo una lista de los lugares de interés de nuestra ciudad.
    b. El botones tiene la lista.
    c. No, nosotros tenemos reservaciones.

# LECCIÓN 7

A. Summary of the uses of **ser** and **estar**

Form sentences with the elements provided. Use the appropriate forms of
**ser** or **estar,** as needed, and add the necessary connectors.

1. ella / mamá / María
2. club nocturno / calle Siete
3. ¡Hmmm! / este lechón asado / muy sabroso
4. Roberto / de España / ahora / en Estados Unidos
5. sopa / fría
6. reloj / oro
7. hoy / martes / mañana / miércoles
8. mozo / sirviendo / comida
9. fiesta / casa / Julia
10. teatro / muy grande

B. Irregular first person

Complete the following sentences with the present indicative of the verbs
in the list, as needed.

| traducir | hacer | conocer | saber | salir |
|----------|-------|---------|-------|-------|
| poner | caber | ver | traer | conducir |

1. Yo ____ un Ford 1985.
2. Yo no ____ dónde están los platos.
3. Yo no ____ en este coche. ¡Hay ocho personas!
4. Yo siempre ____ de casa a las siete y media.
5. Yo ____ las lecciones del inglés al portugués.
6. ¿Dónde está el vermut? Yo no lo ____ .
7. Le aseguro que yo no ____ nada los domingos por la mañana.
8. Yo ____ los tenedores y los cuchillos en la mesa.
9. Yo no ____ al hermano de Francisco.
10. Yo ____ a mis hijos a la universidad.

C. **Saber** vs. **conocer; pedir** vs. **preguntar**

Give the Spanish equivalent of the following sentences.

1. I'm going to ask when their wedding anniversary is.
2. I know that they want to go to that restaurant.
3. I don't know your mother-in-law, Mrs. Peña.
4. He is going to ask for the menu.
5. I don't know (how to) speak Russian.

D.  Indirect object pronouns

Rewrite the following sentences, using indirect object pronouns to replace the words in italics.

1. Ella trae la torta helada *para ellos.*
2. Yo voy a preparar un puré de papas *para ti.*
3. Él trae el flan y el helado *para Ud.*
4. Ana va a comprar las tazas *para mí.*
5. El camarero trae una botella de vino tinto *para nosotros.*

E.  Construction with **gustar**

Write the following sentences in Spanish.

1. I don't like this steak.
2. He likes the stuffed turkey.
3. Do you like the lobster?
4. We don't like to go out with them.
5. Do they like the shrimp?

F.  Just words . . .

Match the questions in column **A** with the appropriate responses in column **B**.

| A | B |
|---|---|
| 1. ¿Qué quieres de postre? | a. No, prefiero cordero. |
| 2. ¿Quieres café? | b. Sí, con champaña. |
| 3. ¿Quieres albóndigas? | c. No, agua mineral. |
| 4. ¿Cuánto vas a dejar de propina? | d. Los frijoles son muy buenos... |
| | e. Es una sorpresa... |
| 5. ¿Qué vas a pedir? | f. No, prefiero jugo de frutas. |
| 6. ¿Ya está lista la comida? | g. No, no me gusta el pescado. |
| 7. ¿Qué vas a anotar? | h. No sé. ¿Quieres ver el menú? |
| 8. ¿Qué me recomiendas? | i. Sí, con crema, por favor. |
| 9. ¿Quieres salmón? | j. No, la pimienta. |
| 10. ¿Qué sirven en este restaurante? | k. Sí, traigan las copas. |
| | l. Sí, ¿dónde están las tazas, los platitos y las cucharitas? |
| 11. ¿Vas a beber cerveza? | m. Cinco dólares. |
| 12. ¿Quieres chocolate caliente? | n. Pescados y mariscos. |
| 13. ¿Vamos a celebrar nuestro aniversario? | o. El pedido. |
| 14. ¿Van al teatro? | p. Sí, porque voy a poner la mesa. |

15. ¿Qué me vas a traer?
16. ¿Vamos a tomar vermut?
17. ¿Cuál es la especialidad de la casa?
18. ¿Quieres la sal?
19. ¿No vas a servir el té?
20. ¿Necesitas el mantel y las servilletas?

q. La cuenta.
r. No, al cine.
s. Arroz con leche o gelatina.
t. Sí, voy a servirla ahora.

## LECCIÓN 8

A. Possessive pronouns

Give the Spanish equivalent of the pronouns in parentheses.

1. Las estampillas de Nora están en la mesa. _____ están en mi cuarto. (*Mine*)
2. Mi paquete está aquí. ¿Dónde está _____ , señor Vega? (*yours*)
3. Ellos van a enviar sus cartas hoy. ¿Cuándo vamos a enviar _____ ? (*ours*)
4. No tengo sellos. ¿Puedes darme dos de _____ , Anita? (*yours*)
5. Aquí están los periódicos de Jorge. ¿Dónde están _____ ? (*ours*)
6. Enrique necesita tu libro, Eva. _____ está en la universidad. (*His*)

B. Direct and indirect object pronouns used together

Answer the following questions, substituting direct object pronouns for the italicized words and using the cues provided.

1. ¿Cuándo *le* van a mandar *el giro postal a Jorge?* (mañana)
2. ¿Quién *te* va a comprar *las tarjetas postales?* (Elsa)
3. ¿Quién *les* va a traducir *las cartas* a Uds.? (Luis)
4. ¿Cuándo *me* vas a traer *el flan?* (esta tarde)
5. ¿Quién *le* va a dar *la pluma* a Ud.? (la profesora)

C. Command forms **Ud.** and **Uds.**

Complete the following sentences with the command form of the verbs in parentheses.

1. Señorita, _____ (mandar) las cartas por vía aérea y certificadas.
2. _____ (estar) aquí a las siete, señores.
3. _____ (ir) a la oficina de telégrafos ahora, señor.
4. Señora, _____ (caminar) dos cuadras y _____ (doblar) a la derecha.

5. No _____ (ser) impacientes, señoras.
6. _____ (caminar) Uds. hasta la esquina.
7. _____ (tratar) de comprar los sellos hoy, señor.
8. _____ (cerrar) las puertas, señoritas. Hace mucho frío.
9. No _____ (dar) su dirección, señoras.
10. No _____ (dejar) los paquetes aquí, señorita.

D. Position of object pronouns with direct commands

Give the Spanish equivalent of the words in parentheses.

1. Necesito las estampillas. _____ , señorita.   (*Bring them to me*)
2. El señor quiere la cuenta. _____ , mozo.   (*Give it to him*)
3. ¿Las cartas? _____ después, señoritas.   (*Write them to him*)
4. La señora quiere leche fría. _____ , camarero.   (*Take it to her*)
5. _____ que ellos son extranjeros, señor.   (*Tell him*)
6. Necesito el periódico. _____ ahí mismo, señora.   (*Leave it*)
7. Este plato es el más caro pero _____ , señora.   (*don't tell it to him*)
8. Yo no quiero los camarones. _____ , mozo.   (*Don't bring them*)

E. Time expressions with **hacer**

Form sentences with the elements provided, using the expression **hace... que** to report how long an event has been going on. Follow the model.

MODELO:   una hora / nosotros / trabajar
          *Hace una hora que nosotros trabajamos.*

1. dos días / yo / no dormir
2. un mes / tú / no llamarme
3. mucho rato / nosotros / estar sentados
4. un año / ellos / vivir / España
5. doce horas / mi hija / no comer

F.  Just words . . .

Match the questions in column **A** with the appropriate responses in column **B**.

| **A** | **B** |
|---|---|
| 1.  ¿Dónde queda la oficina? | a.  No, está abajo. |
| 2.  ¿Vas a caminar? | b.  Sí, hasta llegar al semáforo. |
| 3.  ¿Dónde puedo comprar estampillas? | c.  Sí, quiero retirar unos paquetes. |
| 4.  ¿Qué le van a mandar? | d.  Frente a la estación del metro. |
| 5.  ¿Vas a la oficina de correos? | e.  No, tiene treinta años. |
| 6.  ¿Está arriba? | f.  No, hacia la estación. |
| 7.  ¿Van a subir? | g.  No, voy a tomar el metro. |
| 8.  ¿Es viejo? | h.  No, el correo no llega hasta las diez. |
| 9.  ¿Sigo derecho? | i.  Un telegrama. |
| 10.  ¿Necesita algo más? | j.  No, un giro postal. |
| 11.  ¿Dónde están parados ellos? | k.  No, vamos a bajar. |
| 12.  ¿Tienes la carta de Juan? | l.  En Cuatro Caminos a dos cuadras. |
| 13.  ¿Va hacia el aeropuerto? | m.  No, nada. |
| 14.  ¿Le van a mandar dinero? | n.  Sí, a menudo. |
| 15.  ¿Les escribes a tus padres? | o.  En la ventanilla número dos. |
| 16.  ¿Es un edificio moderno? | p.  No, es muy antiguo. |

# LECCIÓN 9

A.  Preterit of regular verbs

Instead of talking about things that *are going to happen,* let's talk about things that *have already happened* by changing the following sentences to the preterit.

1.  Mañana Luisa y yo vamos a limpiar la cocina.   (Ayer)
2.  La semana próxima yo voy a bañar el perro.   (La semana pasada)
3.  Ella va a esperarme en la peluquería.   (Ayer)
4.  ¿No van a planchar Uds. los vestidos?   (Anoche)
5.  Ellos van a abrir las ventanas.   (Al mediodía)
6.  Nosotros vamos a comer en la cafetería.   (El lunes)
7.  ¿Vas a barrer tu cuarto?   (Esta mañana)
8.  Yo voy a recibir muchos regalos.   (Ayer)

B. Preterit of **ser, ir,** and **dar**

Change the following sentences according to the new subjects.

1. *Yo* fui a la cocina y comí hamburguesas.   (Nosotros)
2. *Ud.* no fue mi profesor el año pasado.   (Él)
3. ¿Le dio *Ud.* la revista, *señora?*   (tú, querido)
4. Alguien rompió el espejo. ¿Fuiste *tú, Anita?*   (Ud., señorita)
5. *Ella* no le dio el champú al peluquero.   (Nosotros)
6. *Ellos* fueron a la peluquería.   (Yo)
7. *Nosotros* no le dimos el rizador.   (Yo)
8. ¿Fueron *ellos* a la farmacia anoche?   (tú)
9. *Carlos y yo* fuimos a la barbería la semana pasada.   (Ellos)
10. ¿Fueron *Uds.* mis estudiantes el año pasado?   (Raúl y Eva)
11. *Nosotros* te dimos la alfombra.   (Yo)
12. *Ella* nos dio una buena idea.   (Ellos)

C. Reflexive constructions

Rewrite each sentence according to the new cue. Follow the model.

MODELO:   Yo *me despierto* a las nueve.   (levantarse)
          *Yo me levanto a las nueve.*

1. *La gente* se viste muy bien.   (Tú)
2. Ellos *se bañan* todos los días.   (afeitarse)
3. *Nosotros* nos acostamos a las once.   (Ellos)
4. ¿*Tú* no te preocupas por tus hijos?   (Ud.)
5. Yo *me pruebo* el vestido.   (ponerse)
6. *Nosotros* nos sentamos aquí.   (Juan)
7. *Ella* se lava la cabeza todos los días.   (Tú)
8. Yo no *me peiné.*   (cortarse el pelo)
9. *Ellos* no se acordaron de eso.   (Yo)
10. *Yo* me fui.   (Uds.)
11. ¿Cómo se llama *ella?*   (tú)
12. *Los niños* no se ensuciaron.   (Nosotros)

D. Formation of adverbs

Give the Spanish equivalent of the adverbs in parentheses.

1. Me gustan estas alfombras. ____ la alfombra verde.   (*especially*)
2. Yo ____ paso la aspiradora.   (*rarely*)
3. El profesor habló ____ .   (*slowly and clearly*)
4. Tengo ____ diez dólares; no puedo comprar ese secador.   (*only*)
5. ____ ellos se van de vacaciones a California.   (*Generally*)
6. ____ no puedo ir contigo porque tengo turno en la peluquería.
   (*Unfortunately*)

E. Some uses of the definite article

Form sentences with the elements given, adding the necessary connectors. Use all verbs in the present tense. Follow the model.

MODELO:  yo / ponerse / vestido
*Yo me pongo el vestido.*

1. ¿ / tú / quitarse / zapatos / ?
2. el barbero / cortarme / el pelo
3. la peluquera / lavarme / cabeza
4. Uds. / no lavarse / cara
5. ella / gustar / té
6. madres / preocuparse / por / sus hijos
7. libertad / ser / lo más importante

F. Just words . . .

Complete the following sentences, using the appropriate words and phrases learned in *lección* 9.

1. Necesito la _____ para barrer la cocina.
2. Voy a pedir turno en la peluquería para corte, _____ y _____ .
3. Prefiero el pelo largo porque el pelo corto no está de _____ .
4. Ud. siempre llega _____ . Trate de llegar más temprano.
5. Siempre como en restaurantes porque no me gusta _____ .
6. Tengo mucha caspa; necesito _____ un champú especial.
7. No tiene rizos; tiene el pelo muy _____ .
8. No vive cerca de la universidad; vive muy _____ .
9. No puedo peinarme porque no tengo _____ .
10. Voy a afeitarme. ¿Dónde está la _____ de _____ ?
11. Córteme un _____ a los costados. Córteme las patillas también.
12. No puedo hacer eso porque tengo mucho trabajo; estoy muy _____ .

# LECCIÓN 10

A. Irregular preterits

Give the Spanish equivalent of the verbs in parentheses.

1. Ellos _____ que planear el viaje.  (*had*)
2. ¿Dónde _____ Uds. anoche?  (*were*)
3. Yo lo _____ al italiano.  (*translated*)
4. Yo no _____ ir a esquiar.  (*was able*)
5. ¿Dónde _____ tú el traje de baño?  (*put*)
6. Anoche _____ una fiesta de Navidad.  (*there was*)
7. Él no _____ .  (*packed*)

8. Mi abuelo no _____ ayer.   (*came*)
9. Ellos _____ nada.   (*didn't say*)
10. Ella me _____ una bolsa de dormir.   (*brought*)

B. Verbs with orthographic changes in the preterit

Complete the following sentences with the preterit of the verbs in parentheses.

1. Yo _____ (sacar) la bolsa de dormir de la cabaña.
2. Yo _____ (llegar) a la playa a las nueve de la mañana.
3. Yo _____ (tocar) el piano anoche.
4. Yo _____ (buscar) mi traje de baño nuevo.
5. Por supuesto que yo _____ (pescar) una trucha enorme.
6. Yo _____ (pagar) doscientos dólares por esta tienda de campaña.
7. Yo _____ (jugar) y bromeé con las chicas.
8. Yo _____ (apagar) el motor.
9. Yo _____ (empezar) a hablar de mis vacaciones.
10. Yo no _____ (rezar) anoche.
11. Ellos _____ (leer) ese libro ayer.
12. Por suerte mi papá me _____ . (creer)

C. Preterit of **e>i** and **o>u** stem-changing verbs

Complete the following sentences, using the preterit tense of the verbs in the list, as needed.

| | | | |
|---|---|---|---|
| mentir | pedir | dormir | repetir |
| seguir | morir | conseguir | servir |

1. ¿ _____ Ud. anoche en la cabaña?
2. Los chicos _____ a sus padres.
3. Nosotros _____ sándwiches de jamón y queso.
4. Ella me _____ . No tiene veinte años; tiene diez y siete.
5. ¿No _____ Ud. el dinero para ir de vacaciones?
6. ¿Qué le _____ los niños a Santa Claus?
7. El hombre _____ en un accidente.
8. Ella me _____ la pregunta.

D. Complete the following sentences with **por** or **para**, as needed.

Ayer fui a la agencia de turismo _____ comprar un pasaje _____ Madrid. Pagué setecientos dólares _____ el pasaje, pero _____ un viaje así no es mucho. Quería el pasaje _____ el sábado, pero no pude conseguirlo. El avión sale el domingo _____ la mañana. _____ la tarde fui otra vez al centro _____ comprar un regalo _____ mi hermano, porque mañana es su aniversario de bodas. Llamé a mi padre ＿＿ teléfono ＿＿ decirle que no podía ir ＿＿ él hasta las siete. Caminé ＿＿ el centro y pasé ＿＿ la casa de Julia, que estudia ＿＿ ingeniera. Julia me deseó buen viaje.

E.  Just words . . .

Match the questions in column **A** with the appropriate responses in column **B**.

| **A** | **B** |
|---|---|
| 1. ¿Van a comprarla? | a. No, es un río. |
| 2. ¿Por qué vas tan rápido? | b. Blanca. |
| 3. ¿No quieres ir de pesca? | c. Magnífico. |
| 4. ¿El Amazonas es un lago? | d. No, no les gusta el mar. |
| 5. ¿Qué es el Pacífico? | e. Mi novia. |
| 6. ¿De qué color es la nieve? | f. No, a caballo. |
| 7. ¿No van a la playa ellos? | g. No, solamente mis padres y yo. |
| 8. ¿Compraste la caña de pescar? | h. ¡Estamos en la autopista! |
| 9. ¿Quién lo sacó del mar? | i. Supongo que sí... |
| 10. ¿Cómo estuvo el tiempo? | j. Un océano. |
| 11. ¿Quién te enseñó a nadar? | k. No, afuera. |
| 12. ¿Montaron en bicicleta? | l. No, la vamos a alquilar. |
| 13. ¿Saben nadar las chicas? | m. El salvavidas. |
| 14. ¿Fueron todos? | n. Sí, y me costó un ojo de la cara. |
| 15. ¿Están adentro? | o. No, prefiero cazar. |
| 16. ¿Se divirtieron mucho? | p. Sí, fue una fiesta magnífica. |

**OBJECTIVES**

STRUCTURE    Imperfect tense • Irregular imperfects • **Qué** and **cuál**
used with **ser** • The relative pronouns **que** and **quien** •
Uses of **hacía… que**

COMMUNICATION    You will learn vocabulary related to college life.

## Dos estudiantes

*Javier Torres es un muchacho cubano que vive con sus padres en California.*
*Ahora está hablando con Sandra, una chica norteamericana que está en su clase*
*de historia.*

SANDRA —Acabo de hablar con mi consejero. Me dijo que tenía que tomar química.

JAVIER —Yo ya tomé todos los requisitos, excepto matemáticas.

SANDRA —¿Cuánto tiempo hacía que estudiabas en Miami cuando viniste aquí?

JAVIER —Dos años. Allí tomé cursos de sicología, inglés, sociología y literatura.

SANDRA —¿Asistías a la universidad cuando vivías en Cuba?

JAVIER —No, yo era muy pequeño cuando vinimos a los Estados Unidos.

SANDRA —¿Cuál es tu especialización?

JAVIER —No estoy seguro todavía, pero me gusta la educación física.

SANDRA —¿Juegas al fútbol?

JAVIER —Este semestre no tengo tiempo. Tengo varias asignaturas muy difíciles.

SANDRA —Cuando yo estaba en la escuela secundaria iba a todos los partidos de fútbol.

JAVIER —Oye, ¿estudiamos juntos en la biblioteca esta tarde?

SANDRA —No puedo. Tengo que ir a pagar la matrícula.

JAVIER —¿Puedes prestarme el libro de contabilidad que te pedí? Tengo que terminar la tarea.

SANDRA —Sí, si me lo puedes devolver antes del sábado.

JAVIER —¡Ah! También necesito tu calculadora para el examen de matemáticas.

SANDRA —¿Tienes un examen de matemáticas? ¡Buena suerte!

JAVIER —Oh, ésa es una clase fácil. ¿Comemos juntos mañana?

SANDRA —Sí, como siempre. ¡Oye! ¿Cuándo vas a planear tu programa de estudios para el próximo semestre? ¿Esta noche?

JAVIER —Creo que sí… Es preferible hacerlo lo antes posible.

## TWO STUDENTS

*Javier Torres is a young Cuban man who lives with his parents in California. Now he is talking with Sandra, a North American girl who is in his history class.*

S. I have just spoken with my counselor. He told me that I had to take chemistry.

J. I already took all the requirements except math.

S. How long had you been studying in Miami when you came here?

J. Two years. There I took classes in psychology, English, sociology, and literature.

S. Were you attending the university when you were living in Cuba?

J. No, I was very little when we came to the United States.

S. What is your major?

J. I'm not sure yet, but I like physical education.

S. Do you play football?

J. This semester I don't have time. I have several very difficult subjects.

S. When I was in high school, I used to go to all the football games.

J. Listen, shall we study together in the library this afternoon?

S. I can't. I have to go pay the registration.

J. Can you lend me the accounting book I asked you for? I have to finish the homework.

S. Yes, if you can return it to me before Saturday.

J. Oh, I also need your calculator for the math exam.

S. You have a math exam? Good luck!

J. Oh, that's an easy class. Are we eating together tomorrow?

S. Yes, as usual. Listen! When are you going to plan your study program for next semester? Tonight?

J. I think so . . . It's better to do it as soon as possible.

## VOCABULARIO

### COGNADOS

la **calculadora**  calculator
**cubano(-a)**  Cuban
el **curso**  course
la **historia**  history
la **literatura**  literature

las **matemáticas**  mathematics
el **semestre**  semester
la **(p)sicología**  psychology
la **sociología**  sociology

### NOMBRES

la **asignatura**, la **materia** subject
la **biblioteca**  library
el (la) **consejero(-a)**  counselor, advisor
la **contabilidad**  accounting
la **educación física**  physical education
la **escuela secundaria**  high school
la **especialización**  major
el **fútbol**  soccer, football
la **matrícula**  registration
el **partido**  game
el **programa de estudios (clases)** study program
la **química**  chemistry
el **requisito**  requirement
la **tarea**  homework
el **tiempo**  time

### VERBOS

**devolver (o>ue)**  to return (something)
**prestar**  to lend
**terminar**  to finish

### ADJETIVOS

**difícil**  difficult
**fácil**  easy
**juntos(-as)**  together

### OTRAS PALABRAS Y EXPRESIONES

**antes (de)**  before
**buena suerte**  good luck
**como siempre**  as usual
**creo que sí**  I think so
**es preferible**  it's better (preferable)
**estar seguro (de)**  to be sure
**lo antes posible**  as soon as possible
**que**  who, that, which
**si**  if
**varios(-as)**  several

## VOCABULARIO ADICIONAL

el (la) **cajero**(-a)   cashier
Yo le pagué a la **cajera**.

la **carpeta**   folder
Tráigame la **carpeta** del señor Torres,
   por favor.

la **computadora**   computer
La compañía IBM vende **computadoras**.

el **diccionario**   dictionary
¿Qué quiere decir «*better*»? Necesito
   un **diccionario**.

**entregar**   to turn in, deliver
Le **entregué** el dinero a la cajera.

la **escuela primaria**   grade school
Ella asiste a la **escuela primaria**.

el **horario**   schedule
Este semestre tengo un **horario** muy
   bueno.

la **nota**   grade
Mi **nota** en la clase de español es «A».

la **tarjeta**   card
Necesito una **tarjeta** de 3 × 5.

el **trimestre**   quarter
Este **trimestre** tengo una clase de
   sicología.

---

**¿Lo sabía Ud....?**

1. En España y en Latinoamérica, las universidades se dividen en «facultades» (*colleges*), donde los estudiantes toman clases directamente relacionadas con su especialización (por ejemplo, la Facultad de Medicina, la Facultad de Ingeniería, la Facultad de Arquitectura, etc.). Los planes de estudios son rígidos y no hay cursos electivos. Tampoco hay requisitos generales, pues éstos se toman en la escuela secundaria o en los institutos.

2. El fútbol (*soccer*) es el deporte (*sport*) más popular en España y Latinoamérica (excepto en la región del Caribe, donde el deporte favorito es el béisbol). Otro deporte popular en España, México y Cuba es el *jai alai*, o pelota vasca.

3. Las corridas de toros (*bullfights*) no son consideradas como deporte, sino (*but*) como espectáculo. Son populares en España, México y Perú. En muchos países latinoamericanos están prohibidas.

*Un partido de fútbol.*

## ESTRUCTURAS GRAMATICALES

▶ **1.** Imperfect tense   (*El imperfecto de indicativo*)

As you have already learned, there are two simple past tenses in the Spanish indicative: the preterit, which you studied in *lección 9*, and the imperfect.

To form the imperfect, add the following endings to the verb stem.

| -ar verbs | -er and -ir verbs | |
|---|---|---|
| hablar | comer | vivir |
| habl- **aba** | com- **ía** | viv- **ía** |
| habl- **abas** | com- **ías** | viv- **ías** |
| habl- **aba** | com- **ía** | viv- **ía** |
| habl- **ábamos** | com- **íamos** | viv- **íamos** |
| habl- **aban** | com- **ían** | viv- **ían** |

◈ Note that the endings of the **-er** and **-ir** verbs are the same. Note also that there is a written accent on the final **í** of the endings of the **-er** and **-ir** verbs.

◈ The Spanish imperfect tense is equivalent to three English forms.

Yo **vivía** en Chicago.
{ *I **used to live** in Chicago.*
{ *I **was living** in Chicago.*
{ *I **lived** in Chicago.*

◈ The Spanish imperfect is used to refer to habitual or repeated actions in the past, with no reference to when they began or ended.

–¿Tú **asistías** a la universidad cuando **vivías** en Cuba?

*Did you attend the university when you were living in Cuba?*

–No, **asistía** a la escuela secundaria.

*No, **I attended** high school.*

◈ The imperfect is also used to refer to actions, events, or states that the speaker views as *in the process of* happening in the past, again with no reference to when they began or ended.

**Caminábamos** por la playa cuando la vimos.

*We **were walking** along the beach when we saw her.*

PRÁCTICA

A. Change the verbs according to the new subjects.

1. *Yo* tomaba sicología. (Eva, Tú y yo, Uds., Tú)
2. *Ellos* nunca devolvían nada. (Tú, Nosotros, Ud., Yo)
3. *Tú* siempre salías temprano. (Él, Nosotros, Ellos, Yo)

B. Rewrite the following paragraph, changing the italicized verbs to the imperfect tense.

Tomás y yo *asistimos* a la universidad de Costa Rica. Yo *tomo* matemáticas, historia e inglés y él *toma* sociología y química. Los dos *jugamos* al fútbol y siempre *estudiamos* juntos. *Comemos* en la cafetería y *hacemos* la tarea en casa de Tomás. *Vivimos* en la capital no muy lejos de la universidad y muchas veces *viajamos* juntos.

C. Complete the following sentences in an original manner with the imperfect tense.

1. Yo trabajaba en la biblioteca y ellos...
2. Nosotros hablábamos con nuestro consejero y ella...
3. A mí me gustaba la educación física y a ti...
4. Yo comía salmón y tú...
5. Él aprendía mucho pero yo...
6. Tú le entregabas las tarjetas a la cajera y nosotros...

▶ **2.** Irregular imperfects *(Imperfectos irregulares)*

The only irregular verbs in the imperfect are as follows.

| ser | ver | ir |
|-----|-----|-----|
| era | veía | iba |
| eras | veías | ibas |
| era | veía | iba |
| éramos | veíamos | íbamos |
| erais | veíais | ibais |
| eran | veían | iban |

–¿Siempre **ibas** a casa de tus abuelos cuando **eras** niño?

*Did you always use to go to your grandparents' house when you were a child?*

–Sí, los **veía** muy a menudo.

*Yes, I used to see them very often.*

PRÁCTICA

A. Repeat the following sentences, substituting the words in parentheses. Be sure the verb agrees with the new subjects.

1. Cuando *yo* era niño no sabía nadar. (tú, él, mi hermano y yo, ellas)
2. *Nosotros* siempre los veíamos en marzo. (Federico, Yo, Uds., Tú)
3. *Ellos* iban de vacaciones en mayo. (Yo, Tú, Ud., Nosotros)

B. Answer the following questions with complete sentences.

1. ¿A qué escuela ibas cuando eras pequeño(-a)?
2. ¿A dónde iban Uds. de vacaciones cuando eran niños?
3. ¿Veía Ud. a sus abuelos todos los domingos?
4. ¿En qué ciudad vivían tus padres cuando eran niños?
5. ¿Te gustaba nadar en el mar cuando eras pequeño(-a)?

C. Write the following sentences in Spanish.

1. His major was accounting.
2. I used to go to all the football games.
3. We used to see her in August.
4. When they were little, they used to live in Cuba.
5. We used to go to the beach in July.

▶ **3. Qué** and **cuál** used with **ser**    (*Qué y cuál usados con el verbo ser*)

A. *What* translates as **qué** when it is used as the subject of the verb and it asks for a definition.

| | |
|---|---|
| –¿**Qué** es una sangría? | *What is a sangría?* |
| –Es una bebida que tiene vino y frutas. | *It's a drink that has wine and fruit.* |

B. *What* translates as **cuál** when it is used as the subject of a verb and it asks for a choice. **Cuál** carries the idea of selection from among several or many available objects, ideas, and so on.

| | |
|---|---|
| –¿**Cuál** es su número de teléfono? | *What is your phone number?* |
| –792-4856 | 792-4856. |

## PRÁCTICA

A. Use **qué** or **cuál** to complete the following sentences.

1. ¿ _____ es su dirección?
2. ¿ _____ es la sicología?
3. ¿ _____ es el apellido de su cuñado?
4. ¿ _____ es el fútbol?
5. ¿ _____ es tu horario?

B. Write the following sentences in Spanish.

1. What is your address, Mr. Peña?
2. What is a lake?
3. What is Ana's last name?
4. What is an embassy?
5. What is your marital status?

▶ **4.** The relative pronouns **que** and **quien**    (*Los pronombres relativos que y quien*)

Relative pronouns are used to combine two sentences that have an element in common, usually a noun or a pronoun.

A. The relative pronoun **que**

¿Dónde está **la calculadora?**          ¿Trajiste **la calculadora?** →

element in common

¿Dónde está la calculadora **que** trajiste?
R.P.

¿Cómo se llama **la chica?**          **La chica** vino esta mañana. →

element in common

¿Cómo se llama la chica **que** vino este mañana?
R.P.

◆ Note that the relative pronoun **que** not only helps combine the two sentences above but also replaces **la calculadora** and **la chica** in the second sentences.

◈ The relative pronoun **que** is invariable and is used for both persons and things. It is the Spanish equivalent of *that*, *which*, and *who*. Unlike its English equivalent, the Spanish **que** is never omitted.

> Los libros **que** te di.        *The books I gave you.*

**B.** The relative pronoun **quien**

> −¿La muchacha **con quien**       *Is the girl **with whom** you were*
> hablabas es americana?        *talking an American?*
> −No, es extranjera.         *No, she's a foreigner.*

> −¿Quiénes son esos señores?      *Who are those gentlemen?*
> −Son los señores **de quienes** te   *They are the gentlemen **about***
> habló José.            ***whom** José spoke to you.*

◈ The relative pronoun **quien** is used only with persons.

◈ Note that the plural of **quien** is **quienes. Quien** does not change for gender, only for number.

◈ **Quien** is generally used after prepositions, i.e., **con quien, de quienes.**

◈ **Quien** is the Spanish equivalent of *whom*, *that*, and *who*.

## PRÁCTICA

A. Combine the following sentences with **que, quien,** or **quienes.**

MODELO:  Necesitan el cuadro. / Yo traje el cuadro.
     *Necesitan el cuadro que yo traje.*

1. ¿Quién es el profesor? / El profesor enseña literatura cubana.
2. ¿Quiénes son los estudiantes? / Tú hablaste con los estudiantes.
3. Preguntan cuál es el curso. / Nosotros queremos tomar el curso.
4. ¿Cómo se llama el consejero? / Me hablaste del consejero.
5. ¿Dónde están las chicas? / Las chicas tienen nuestras carpetas.

B. Write the following sentences in Spanish.

1. That is the girl who says I'm fat.
2. This is the subject I like best.
3. Where is the receptionist about whom you spoke to me?
4. This is the shampoo that is specially for dandruff.
5. These are the classmates with whom I study.

▶ **5.** Uses of **hacía... que**    (*Usos de hacía... que*)

**Hacía... que** is used:

1. to describe a situation that had been going on for a period of time and was still going on at a given moment in the past.

> —¿Cuánto tiempo **hacía que** estaban en la terraza?
>
> *How long had they been on the terrace?*
>
> —**Hacía** dos horas **que** estaban allí.
>
> *They had been there for two hours.*

2. to tell of something that was going on in the past when something else happened.

> —¿Cuántos años **hacía que** Uds. vivían en Lima cuando comenzaron a estudiar en la universidad?
>
> *How long had you been living in Lima when you began studying at the university?*
>
> —Tres años.
>
> *Three years.*

◈ Note that in the **hacía... que** construction, the verb that follows is *not* in the preterit.

PRÁCTICA

A. Answer the following questions with complete sentences.

1. ¿Hacía mucho tiempo que me esperabas?
2. ¿Cuánto tiempo hacía que estabas en la universidad cuando yo llegué?
3. ¿Hacía mucho rato que estudiabas cuando yo entré?
4. ¿Cuánto tiempo hacía que Uds. no tenían examen?
5. ¿Hacía mucho que vivías en esta ciudad cuando empezaste las clases?

B. Write the following sentences in Spanish.

1. I hadn't been working for two months.
2. Had that man been living there for a year?
3. We had been planning my study program for two hours when he arrived.
4. The boys had been playing for an hour when I came.
5. We had been studying for five years.

## ¡A VER CUÁNTO APRENDIÓ!

A. ¡Conversemos!

Reread the dialogue in this lesson and be ready to discuss the following.

1. ¿Quién es Javier Torres?
2. ¿Qué le dijo el consejero a Sandra?
3. ¿Cuánto tiempo hacía que Javier estudiaba en la Florida cuando vino a California?
4. ¿Por qué no asistía a la universidad cuando vivía en Cuba?
5. ¿De qué no está seguro Javier?
6. ¿Por qué no juega Javier al fútbol este semestre?
7. ¿Qué tiene que pagar Sandra?
8. ¿Qué le va a prestar Sandra a Javier?
9. ¿Por qué le desea Sandra buena suerte a Javier?
10. ¿Qué dice Javier que es preferible hacer lo antes posible?

B. Give appropriate responses to the following questions.

1. ¿Dónde vivía Ud. cuando era niño(-a)?
2. ¿Cuántos años asistió Ud. a la escuela primaria?
3. ¿Cuánto tiempo hacía que Ud. vivía en esta ciudad cuando empezó a estudiar en la universidad?
4. ¿Está Ud. tomando algunos requisitos generales?
5. ¿Cuál es su especialización?
6. ¿Va a tomar Ud. una clase de sicología el próximo semestre?
7. ¿Es fácil o difícil el español?
8. ¿Cuál cree Ud. que va a ser su nota en esta clase?
9. No tengo diccionario de español. ¿Puede Ud. prestarme el suyo?
10. ¿Tienes tiempo para ir a una fiesta?

C. ¡Repase el vocabulario!

¿Es verdad (true) o no es verdad?

1. Generalmente las clases terminan en septiembre.
2. Para tomar clases en la universidad, debo pagar la matrícula.
3. En la clase de química estudiamos los verbos irregulares.
4. Como siempre debo pagarle a la cajera.
5. Es preferible planear el programa de estudios lo antes posible.
6. Si quiero trabajar con computadoras debo estudiar literatura.
7. Un trimestre tiene tres meses.
8. Jugamos al fútbol en la biblioteca.
9. Hay cuatro semestres en el año.
10. Asistimos a la escuela primaria antes de asistir a la escuela secundaria.

11. Roberto tiene una «A+» en literatura. Es el mejor de la clase.
12. En los Estados Unidos el inglés es una materia que deben tomar todos los estudiantes.

D. Situaciones

What would you say in the following situations?

1. Your advisor tells you that you must take English. Tell him or her you are sure that you already took all the general requirements last year.
2. Tell someone in your class that you don't have (a) chemistry book, and ask if he or she can lend you one.
3. Tell the teacher that the students who are in this class don't have much time to practice.
4. Someone asks you whether chemistry is a requirement. Tell him or her you think so.

E. Para escribir

Write a composition about your college activities. Include the following.

1. your major
2. classes you are taking this semester
3. classes you took last semester
4. classes you like and classes you don't like
5. some extracurricular activities

# BOSQUEJO CULTURAL

# 3

# Contrastes en los
# países latinoamericanos

Entre las veintiuna repúblicas que forman la América Latina existen muchas similaridades. Todas–excepto Brasil–están unidas° por las costumbres y tradiciones de España, y sobre todo° por la religión católica y el idioma español. Hay, sin embargo,° contrastes entre ellas.

    Una de las grandes diferencias es que junto a° naciones de gran progreso y cultura existen otras muy poco desarrolladas° donde la mayoría de la población° es pobre y analfabeta.° Entre los países más modernos y progresistas° están Argentina, Chile, México y Venezuela. Costa Rica, aunque° es un pequeño país de Centroamérica, es, sin embargo, uno de los más democráticos, y uno de los pocos en que se pone más énfasis° en la educación que en la política.

    Otro gran contraste ocurre dentro de° cada nación latina. La mayoría de los habitantes prefiere vivir en las grandes ciudades, y por eso existen todavía° hoy en día° grandes extensiones de tierra° sin habitantes. Las diferencias entre las ciudades y los pueblos° pequeños son muy grandes. En las ciudades hay toda clase de comodidades° modernas, y sin embargo, hay muchos pueblos donde todavía se vive primitivamente.

    Un gran problema latinoamericano es que muchos países dependen económicamente de uno o dos productos de la industria o la agricultura. Por ejemplo, Cuba vive del azúcar, Venezuela exporta petróleo,° Honduras exporta plátanos,° y Brasil tiene el café como producto principal. Bolivia depende del estaño° y Argentina exporta carne y trigo° principalmente. Esto los hace muy vulnerables a las crisis económicas.

    Hoy en día los latinoamericanos están haciendo grandes esfuerzos° para obtener reformas económicas y sociales. Están tratando de levantar el nivel económico del obrero° y del campesino° y de reducir el número de analfabetos.

| | |
|---|---|
| united | |
| above all | |
| however | |
| next to | |
| developed / population | |
| illiterate / progressive | |
| although | |
| more emphasis is given | |
| within | |
| still | |
| nowadays / land | |
| towns | |
| conveniences | |
| oil / bananas | |
| tin | |
| wheat | |
| efforts | |
| laborer / farm worker | |

**A la izquierda.** Calle comercial en Santiago, Chile. **Arriba.** Recogiendo granos de café en San Isidro, Costa Rica.

¡A ver cuánto recuerda!

Answer the following questions with complete sentences.

1. ¿Cuántas naciones forman la América Latina?
2. ¿Qué tienen en común las naciones de Latinoamérica?
3. ¿Cuál es una de las grandes diferencias entre las naciones de Latinoamérica?
4. ¿Cuáles son algunos de los países más progresistas de Latinoamérica?
5. ¿En qué país se pone más énfasis en la educación que en la política?
6. ¿Dónde prefiere vivir la mayoría de los latinoamericanos?
7. ¿Qué gran diferencia hay entre las grandes ciudades y los pueblos pequeños de Latinoamérica?
8. ¿De qué vive Cuba?
9. ¿Cuáles son los principales productos de Venezuela? ¿De Honduras? ¿Del Brasil? ¿De Bolivia? ¿De Argentina?
10. ¿Qué están tratando de obtener los latinoamericanos?

**A la izquierda.** Vista de la ciudad de Caracas, Venezuela. **Arriba.** Cortando caña de azúcar en Alajuela, Costa Rica. **A la derecha.** El Obelisco y la avenida Corrientes, Buenos Aires, Argentina.

**Abajo.** Comprando plátanos en un mercado al aire libre cerca de Oaxaca, México. **A la derecha.** El Paseo de la Reforma en la Ciudad de México.

**OBJECTIVES**

STRUCTURE    The preterit contrasted with the imperfect • Changes in meaning with the imperfect and the preterit • Past progressive • **Hace...** meaning *ago* • Weather expressions

COMMUNICATION    You will learn vocabulary related to medical emergencies and visits to the doctor's office.

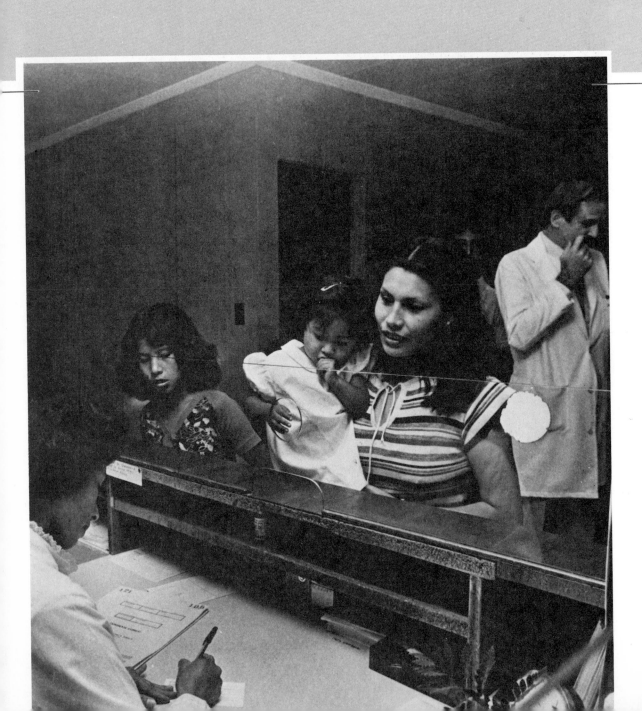

## En el hospital

*Eran las dos de la tarde y llovía a cántaros. Gustavo estaba cruzando la calle cuando vino un coche y lo atropelló. Lo trajeron al hospital en una ambulancia y ahora está en la sala de emergencia, hablando con una enfermera.*

| | |
|---|---|
| ENFERMERA | —¿Qué le pasó? |
| GUSTAVO | —Tuve un accidente. Me atropelló un coche. |
| ENFERMERA | —¿Cómo es que no lo vio venir?[1] |
| GUSTAVO | —No sabía que era una calle de dos vías. Lo supe cuando me atropelló el coche. |
| ENFERMERA | —¿Cómo se siente ahora? |
| GUSTAVO | —Me duele mucho la pierna. Creo que me la rompí. |
| ENFERMERA | —El doctor dijo que necesitaba una radiografía. Voy a llevarlo a la sala de rayos equis. |
| GUSTAVO | —También me corté el brazo. Sangraba mucho. |
| ENFERMERA | —Voy a limpiarle y desinfectarle la herida. |
| GUSTAVO | —¿Me va a vendar el brazo? |
| ENFERMERA | —Sí. ¿Cuándo fue la última vez que le pusieron una inyección contra el tétano? |
| GUSTAVO | —Me pusieron una hace dos meses. |

*En otra sección del hospital, una señora está en el consultorio del médico.*

| | |
|---|---|
| DOCTOR | —¿Hace mucho que tiene esos dolores de cabeza y esos mareos? |
| SEÑORA | —Me empezaron hace dos semanas. Pero cuando era chica tomaba aspirina todos los días porque siempre me dolía la cabeza. |
| DOCTOR | —¿Hay alguna persona diabética en su familia? |
| SEÑORA | —Sí, mi papá es diabético. Además, sufre del corazón. |
| DOCTOR | —¿La operaron alguna vez? |
| SEÑORA | —Sí, me operaron de apendicitis cuando tenía veinte años. |

---

[1]Note the use of the infinitive after the verb **ver: No lo *vio venir*.** = *You didn't see it coming.*

235

*It was two o'clock in the afternoon, and it was raining cats and dogs. Gustavo was crossing the street when a car came and hit him. They brought him to the hospital in an ambulance, and he is now in the emergency room talking with a nurse.*

N. What happened to you?

G. I had an accident. I was hit by a car.

N. How come you didn't see it coming?

G. I didn't know it was a two-way street. I found out when the car hit me.

N. How do you feel now?

G. My leg hurts a lot. I think I broke it.

N. The doctor said you needed an X-ray. I'm going to take you to the X-ray room.

G. I also cut my arm. It was bleeding a lot.

N. I'm going to clean and disinfect the wound.

G. Are you going to bandage my arm?

N. Yes. When was the last time you had (they gave you) a tetanus shot?

G. I had (they gave me) one two months ago.

*In a different section of the hospital, a woman is in the doctor's office.*

D. Have you had those headaches and (those) dizzy spells for a long time?

W. They started two weeks ago. But when I was a child, I used to take aspirin every day because I always had headaches.

D. Are there any diabetics (is there any diabetic person) in your family?

W. Yes, my father is a diabetic. Besides, he has heart trouble.

D. Were you ever operated on?

W. I was operated on (they operated on me) for appendicitis when I was twenty years old.

D. Are you allergic to any medicine?

W. Yes, I'm allergic to penicillin.

D. What diseases did you have when you were a child?

W. I think I had them all because I was always sick.

D. Are you pregnant?

W. No, doctor.

D. Good. We're going to run some tests (on you).

W. And for the dizzy spells, doctor, are you going to prescribe any medicine for me?

D. Yes, I'm going to give you this prescription.

DOCTOR —¿Es Ud. alérgica a alguna medicina?

SEÑORA —Sí, soy alérgica a la penicilina.

DOCTOR —¿Qué enfermedades tuvo cuando era niña?

SEÑORA —Creo que las tuve todas porque siempre estaba enferma.

DOCTOR —¿Está Ud. embarazada?

SEÑORA —No, doctor.

DOCTOR —Bueno. Vamos a hacerle unos análisis.[1]

SEÑORA —Y para los mareos, doctor, ¿va a recetarme alguna medicina?

DOCTOR —Sí, voy a darle esta receta.

## VOCABULARIO

### COGNADOS

el **accidente**  accident
**alérgico(-a)**  allergic
la **ambulancia**  ambulance
la **apendicitis**  appendicitis
la **aspirina**  aspirin
**diabético(-a)**  diabetic

la **emergencia**  emergency
la **inyección**  injection, shot
la **penicilina**  penicillin
la **persona**  person
la **sección**  section
el **tétano**  tetanus

### NOMBRES

el **análisis**  test, analysis
el **brazo**  arm
el **consultorio**  doctor's office
el **corazón**  heart
el **dolor**  pain
la **enfermedad**  disease, sickness
la **herida**  wound
el **mareo**  dizziness, dizzy spell
la **pierna**  leg
la **radiografía**  X-ray
la **receta**  prescription
la **sala de emergencia**
    emergency room
la **sala de rayos equis**
    X-ray room

### VERBOS

**atropellar**  to run over, hit
**cruzar**  to cross
**desinfectar**  to disinfect
**doler**[2] (o>ue)  to ache, hurt
**llover** (o>ue)  to rain
**operar**  to operate
**pasar**  to happen
**recetar**  to prescribe
**romper(se)**, **quebrar(se)** (e>ie)
    to break
**sangrar**  to bleed
**sentir(se)** (e>ie)  to feel
**sufrir**  to suffer
**vendar**  to bandage

[1]Note that the article shows the number—singular: *el* análisis; plural: *los* análisis.
[2]The construction used with the verb **doler** is the same as the one used with **gustar**:
**Me duele la cabeza** (literally, *The head hurts me*).

**ADJETIVOS**

**embarazada**   pregnant
**enfermo(-a)**   sick
**roto(-a), quebrado(-a)**   broken

**OTRAS PALABRAS Y
EXPRESIONES**

**además**   besides
**alguna vez**   ever
**calle de dos vías, calle de
    doble vía**   two-way street

**dolor de cabeza**   headache
**inyección contra el tétano**
    tetanus shot
**llover a cántaros**   to rain cats
    and dogs
**poner una inyección**   to give
    an injection, a shot
**sufrir del corazón**   to have
    heart trouble
la **última vez**   the last time

## VOCABULARIO ADICIONAL

1. el **pelo**, el **cabello**   hair
2. el **ojo**   eye
3. la **nariz**   nose
4. los **dientes**   teeth
5. la **lengua**   tongue
6. la **boca**   mouth
7. la **oreja**   ear
8. el **oído**   inner ear
9. la **cabeza**   head
10. la **cara**   face

11. el **pecho**   chest
12. el **estómago**   stomach
13. la **mano**   hand
14. la **rodilla**   knee
15. el **tobillo**   ankle
16. el **dedo del pie**   toe
17. el **pie**   foot
18. el **cuello**   neck
19. la **espalda**   back
20. el **dedo**   finger

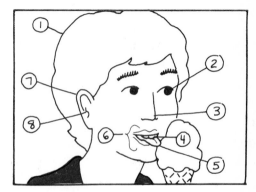

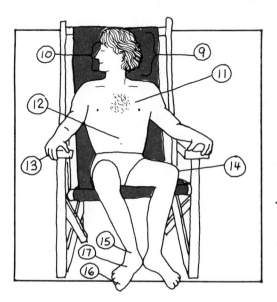

**¿Lo sabía Ud....?**

1. En la mayoría de los países de habla hispana, los hospitales son gratis (*free*), y subvencionados (*subsidized*) por el gobierno. Hay clínicas privadas para la gente de mejor posición económica que no quiere ir a un hospital.

2. Especialmente en las grandes ciudades hispanas, la medicina está muy adelantada (*advanced*), pero en muchos pueblos (*towns*) remotos no hay médicos ni hospitales. En ese caso, hay «curanderos», que pueden recomendar hierbas o tés o usar la magia (*magic*) para sus «curas». Muchas mujeres tienen su bebé con la ayuda de una partera (*midwife*).

# Fumar y las Enfermedades del Corazón

American Heart Association

## ESTRUCTURAS GRAMATICALES

▶ **1.** The preterit contrasted with the imperfect  (*El pretérito contrastado con el imperfecto*)

The difference between the preterit and the imperfect can be visualized this way:

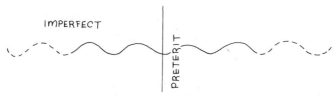

The continuous, moving line of the imperfect represents an action or event as it was taking place in the past. There is no reference to when the action began or ended. The vertical line represents the speaker's view of an event as a completed unit in the past: the preterit records such an action.

In many instances, the choice between the preterit and the imperfect depends on how the speaker views the action or event. The following table summarizes some of the most important uses of both tenses.

| *Preterit* | *Imperfect* |
|---|---|
| 1. Reports past actions that the speaker views as finished and completed.<br>Gustavo **tuvo** un accidente anoche.<br>Me **pusieron** una inyección ayer. | 1. Describes past actions in the process of happening, with no reference to their beginning or end.<br>**Iba** a la biblioteca cuando lo vi. |
| 2. Sums up a condition or state viewed as a whole.<br>Me **dolió** la pierna toda la noche. | 2. Refers to repeated or habitual actions or events: *used to . . .*<br>Cuando **era** niña, tomaba[1] aspirina todos los días. |
| | 3. Describes a physical, mental, or emotional state or condition in the past.<br>Me **dolía** mucho la cabeza. |
| | 4. Expresses time in the past.<br>**Eran** las dos de la tarde cuando lo trajeron al hospital. |
| | 5. Is used in indirect discourse.<br>El doctor dijo que **necesitaba** una radiografía. |

---

[1]Note that this use of the imperfect also corresponds to the English *would* used to describe a repeated action in the past: *When I was a child, I used to take aspirin every day.* = *When I was a child, I **would** take aspirin every day.*

–¿Qué te **pasó**?

–**Estaba** en la esquina cuando me **atropelló** un coche.

–¿Qué te **dijo** el doctor?

–**Dijo** que **necesitaba** una radiografía.

*What **happened** to you?*

*I **was** on the corner when a car **ran** me **over**.*

*What **did** the doctor **tell** you?*

*He **said** I **needed** an X-ray.*

## PRÁCTICA

A. Write the Spanish equivalent of the following sentences, paying special attention to the use of the preterit or the imperfect in each situation.

*Preterit*

1. I *went* to the library with Peter last night. (*Narrates an action as a completed whole.*)
2. I *had* dizzy spells yesterday. (*Sums up a condition or state viewed as a whole.*)

*Imperfect*

1. I *was going* to the library when I saw Mary. (*Describes an action in progress.*)
2. I always *used to have* dizzy spells. (*Describes what used to happen.*)
3. I *was* cold. They *were* very happy here. (*A physical, mental, or emotional state or condition in the past.*)
4. He said he *wanted* a prescription. (*Indirect discourse.*)
5. It *was* six o'clock in the morning. (*Time in the past.*)

B. Answer the following questions, paying special attention to the use of the preterit or the imperfect.

1. ¿Tuvo Ud. un accidente alguna vez? ¿Cuándo?
2. ¿Cuándo fue la última vez que le pusieron una inyección contra el tétano?
3. ¿Dónde vivía Ud. cuando era niño(-a)?
4. ¿Tuvo Ud. muchas enfermedades cuando era niño(-a)?
5. ¿Qué hora era cuando tú llegaste?
6. ¿A dónde fue Ud. anoche?
7. ¿Viste a algún amigo cuando venías a la clase?
8. ¿Estuvo Ud. enfermo(-a) ayer?
9. ¿Dijiste que querías una «A» en español?
10. ¿Creían Uds. que el español era fácil?

C. Complete the following sentences with the preterit or the imperfect, as needed. Then read the stories aloud.

1. _____ (ser) la una y media de la tarde cuando Marta _____ (llegar) al hospital. La cabeza le _____ (doler) mucho y _____ (tener) una pierna rota. El médico _____ (venir) en seguida y le _____ (poner) una inyección. Marta le _____ (decir) al médico que le _____ (doler) mucho la cabeza y que _____ (tener) mareos. El doctor le dijo que _____ (necesitar) una radiografía. La enfermera la _____ (llevar) a la sala de rayos equis.

2. Cuando nosotros _____ (ser) niños, _____ (vivir) en Acapulco. Todos los días _____ (ir) a la playa y _____ (nadar). Un día, cuando _____ (volver) de la playa, mi hermana _____ (cortarse) un pie y papá _____ (tener) que llevarla al hospital. El médico le _____ (desinfectar) y _____ (vendar) la herida, le _____ (recetar) penicilina y _____ (decir) que no _____ (deber) caminar por cinco días. Mi hermana _____ (estar) muy triste todo el día.

D. Complete the following sentences in an original manner, using the preterit or the imperfect as needed.

1. Siempre comprábamos pasaje de ida y vuelta pero esta vez...
2. El verano pasado fuimos de vacaciones a las montañas pero cuando éramos niños...
3. Siempre comían filete pero anoche...
4. El mozo nos dijo que el lechón...
5. Eran las nueve y media de la noche cuando...
6. El doctor me dijo que...
7. Ayer nosotros dormíamos cuando tú...
8. Anoche nosotras...

E. Write the following paragraph in Spanish, paying special attention to the proper uses of the preterit and the imperfect tenses.

It was nine o'clock in the morning. John was going to the university when a car ran him over. An ambulance came and took him to the hospital. His (the) leg was bleeding, and he was dizzy. Since the doctor said John needed an X-ray, the nurse took him to the X-ray room. When they went back to the doctor's office, the nurse gave John a tetanus shot.

Quiere vender? Desea alquilar? Va a comprar?

▶ **2.** Changes in meaning with the imperfect and the preterit
(*Cambios de significado con el uso del imperfecto y el pretérito*)

With some Spanish verbs, there are essential differences in meaning between usage in the preterit and in the imperfect. Compare:

| | | |
|---|---|---|
| **conocer:** | conocí (preterit) | *I met* |
| | conocía (imperfect) | *I knew (was acquainted with)* |

Anoche **conocí** a una enfermera muy simpática. (*met her for the first time*)
Yo no **conocía** la ciudad. (*I wasn't acquainted with the city.*)

| | | |
|---|---|---|
| **saber:** | supe (preterit) | *I found out, I learned* |
| | sabía (imperfect) | *I knew* |

Yo no **sabía** que la calle era de dos vías. (*I wasn't aware of it*)
Lo **supe** cuando me atropelló el coche. (*I found out or heard about it*)

| | | |
|---|---|---|
| **poder:** | pude (preterit) | *I succeeded, I managed* |
| | podía (imperfect) | *I could, I was able* |

Yo **pude** venir. (*I was able to and did*)
Yo **podía** estudiar. (*had the ability or chance*)

| | | |
|---|---|---|
| **no querer:** | no quise (preterit) | *I refused* |
| | no quería (imperfect) | *I didn't want to (but . . .)* |

Raúl **no quiso** comer. (*didn't want to and refused*)
Rita **no quería** ir pero después decidió ir. (*didn't want to at the time*)

| | |
|---|---|
| –¿Tú **conocías** al cuñado de Carmen? | *Did you know Carmen's brother-in-law?* |
| –No, lo **conocí** anoche. | *No, I met him last night.* |
| –¿**Sabías** que teníamos un examen? | *Did you know that we had an exam?* |
| –No, lo **supe** esta mañana. | *No, I found (it) out this morning.* |

## PRÁCTICA

A. Answer the following questions with complete sentences.

1. ¿Conocía Ud. al profesor (a la profesora) antes de empezar esta clase?
2. ¿Cuándo lo (la) conoció?
3. ¿Sabía Ud. que Lima es la capital de Perú?
4. ¿Cuándo lo supo?
5. ¿Podía Ud. hablar español antes de comenzar esta clase?

6. ¿Pudo Ud. estudiar español anoche?
7. Yo no quería venir a clase hoy. ¿Y Ud.?
8. Tú no viniste a mi fiesta anoche. ¿No pudiste o no quisiste?

B. Complete the following sentences with the preterit or the imperfect of the verbs **saber, conocer, poder,** and **querer,** as needed. Then read each sentence aloud.

1. Yo no _____ que ella estaba embarazada. Lo _____ ayer.
2. Ella no _____ trabajar en esa sección porque no le gustaba, pero trabajó allí por dos meses.
3. Nosotros no _____ a esa persona. La _____ anoche, en la fiesta.
4. Él dijo que _____ llevarme a la biblioteca, pero no _____ porque se cortó la pierna.
5. No le gustan las fiestas. No fue a la fiesta de Raquel porque no _____ .

▶ **3.** Past progressive   (*El pasado progresivo*)

To emphasize the idea of action in progress in the past, Spanish uses the imperfect tense of the verb **estar** as an auxiliary plus the gerund of the verb, which is invariable in form.

| | |
|---|---|
| –¿Qué **estabas haciendo** cuando él llegó? | *What **were you doing** when he arrived?* |
| –**Estaba firmando** las cartas. | *I **was signing** the letters.* |

## PRÁCTICA

Answer the following questions with the cues provided.

1. ¿Qué estaba haciendo Pepe cuando lo viste? (cruzar la calle)
2. ¿Qué estaban haciendo Uds. cuando yo llegué? (leer)
3. ¿Qué estaba haciendo la enfermera cuando pasó eso? (ponerme una inyección)
4. ¿Qué estabas haciendo tú cuando él te llamó? (comer flan)
5. ¿Qué estaba haciendo Ud. cuando vino el doctor? (tomar la medicina)
6. ¿Qué estaban haciendo ellos cuando tú llegaste? (brindar con sidra)

▶ **4.** Hace... meaning *ago*   (**Hace...** *como equivalente de* ago)

In sentences in the preterit and in some cases the imperfect, **hace** + period of time is equivalent to the English *ago*.

| | |
|---|---|
| –¿Cuánto tiempo hace que conociste a tu novia? | *How long ago did you meet your girlfriend?* |
| –La conocí **hace tres años.** | *I met her **three years ago.*** |

When **hace** is placed at the beginning of the sentence, the construction is as follows.

**Hace** + period of time + **que**
**Hace** + **dos años** + **que** la conocí.

A. Answer the following questions with complete sentences.

1. ¿Cuánto tiempo hace que llegaste a la clase?
2. ¿Cuánto tiempo hace que Uds. vinieron?
3. ¿Cuánto tiempo hace que compraste tu automóvil?
4. ¿Cuánto tiempo hace que le pusieron una inyección contra el tétano?
5. ¿Cuánto tiempo hace que Ud. conoció a su novio(-a)?

B. Write the following sentences in Spanish.

1. How long ago did you eat?
2. The nurse came three hours ago.
3. Our dog died two days ago.
4. I saw her at the doctor's office two weeks ago.
5. That happened many years ago.
6. Where was he living two years ago?

▶ **5.** Weather expressions   (*Expresiones usadas para describir el tiempo*)

In the following expressions, Spanish uses the verb **hacer** (*to make*), followed by a noun.

| | |
|---|---|
| **Hace** (mucho) frío. | *It is (very) cold.* |
| **Hace** (mucho) calor. | *It is (very) hot.* |
| **Hace** (mucho) viento. | *It is (very) windy.* |
| **Hace** sol. | *It is sunny.* |

The following words used to describe the weather do not combine with **hacer;** they are impersonal verbs used only in the infinitive, present, past participle, and third-person singular forms of all tenses.

| | | |
|---|---|---|
| **llover** (o>ue) (*to rain*) | **Llueve.** | *It is raining.* |
| **nevar** (e>ie) (*to snow*) | **Nieva.** | *It is snowing.* |
| **lloviznar** (*to drizzle*) | **Llovizna.** | *It is drizzling.* |

Other weather-related words are **lluvia** (*rain*) and **niebla** (*fog*).

| | |
|---|---|
| –¿**Hace** mucho **frío** en Buenos Aires? | *Is it very cold in Buenos Aires?* |
| –Sí, pero nunca **nieva.** | *Yes, but it never snows.* |

PRÁCTICA

A. Study the words in the following list, then complete the dialogues.

**el paraguas**  *umbrella*          **el abrigo**  *coat*
**el impermeable**  *raincoat*       **el suéter**  *sweater*
**la sombrilla**  *parasol*

1. –¿Necesitas un paraguas?
   –Sí, porque _____ .
2. –¿No necesitas un abrigo?
   –No, porque _____ .
3. –¿Quieres un impermeable?
   –No, gracias, apenas (*hardly*) _____ .
4. –¿Por qué no quieres llevar el suéter?
   –¿Estás loca? ¡Hace _____ !
5. –¿Vas a llevar la sombrilla?
   –Sí, porque _____ .
6. –¿Necesitas un suéter y un abrigo?
   –Sí, porque _____ .
7. –¿Un impermeable? ¿Por qué? ¿Está lloviendo? ¿Está lloviznando?
   –No, pero _____ .
8. –¡Qué lluvia! Necesito un _____ y un _____ .
9. –Cancelaron los vuelos porque hay mucha _____ .

B. Write the following sentences in Spanish.

1. It snowed yesterday.
2. Is it cold in Quito?
3. It is very hot in Asunción.
4. Is it sunny? I can lend you my parasol.
5. I don't want to go. It is very windy.
6. It was raining cats and dogs when we arrived.

# ¡A VER CUÁNTO APRENDIÓ!

A. ¡Conversemos!

Reread the dialogues in this lesson and be ready to discuss the following.

1. ¿Qué estaba haciendo Gustavo cuando lo atropelló un coche?
2. ¿En qué lo llevaron al hospital?
3. ¿Sabía Gustavo que la calle era de dos vías?
4. ¿Qué dijo el doctor que necesitaba Gustavo?
5. ¿Tiene Gustavo el brazo roto?
6. ¿Por qué tomaba la señora aspirinas cuando era chica?
7. ¿Qué problema tiene el papá de la señora?

8. ¿De qué operaron a la señora cuando tenía veinte años?
9. ¿Está embarazada la señora?
10. ¿Le va a recetar el doctor alguna medicina a la señora? ¿Para qué?

B. Give appropriate responses to the following questions.

1. ¿Te hicieron radiografías del pecho?
2. ¿A dónde te llevaron para hacerte las radiografías?
3. ¿Es Ud. alérgico(-a) a alguna medicina?
4. ¿Te operaron de apendicitis alguna vez?
5. ¿Qué hace Ud. cuando le duele la cabeza?
6. ¿Le sangra la nariz frecuentemente?
7. ¿Hay alguna persona diabética en su familia?
8. ¿Cómo te sientes hoy?
9. ¿Le duelen los oídos?
10. Me corté un dedo del pie. ¿Puedes vendármelo?

C. ¡Repase el vocabulario!

¿Es lógico o no?

1. Los muchachos vinieron a la fiesta en una ambulancia.
2. Cuando tengo mucho dolor de estómago voy al médico.
3. Si necesito una radiografía voy a la cocina.
4. Me vendaron la herida porque me sangraba mucho.
5. Me operaron de apendicitis porque me dolía la nariz.
6. Algunas personas son alérgicas a la penicilina.
7. Las orejas sirven para comer.
8. Le hicieron análisis para ver si era divorciado.
9. La lengua está en la boca.
10. La rodilla es parte de la cara.
11. Tenemos treinta dedos.
12. No necesito el corazón para vivir.
13. Para hacerle una radiografía, debemos ir a la sala de rayos equis.
14. Roberto está embarazado.
15. Está enferma. Debe ir al consultorio del médico.
16. Cada vez que tengo dolor de cabeza tomo dos aspirinas.

# Informe Meteorológico

D.  Study the illustrations below and name all the numbered parts of the body.

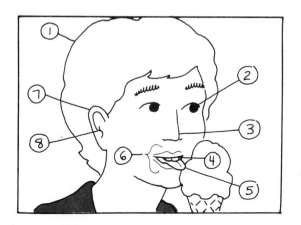

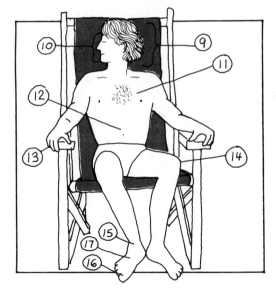

E.  Situaciones

You may use role-playing here.

What would you say in the following situations?

1.  A friend wants you to go to the store with her. Tell her you can't go for
    the following reasons: you've just taken two aspirins because you have
    a headache, your little brother cut his hand and you have to clean and
    disinfect the wound, and it's raining cats and dogs and you don't like to
    go out when it rains.

2. You have had an accident and are at the emergency room, talking to a doctor. You tell him or her that you are not feeling well, and say that your back hurts.
3. You are giving some medical history about yourself. Say that your headaches started three days ago, that your aunt is a diabetic, and that you are allergic to penicillin.

## Ejercicio de lectura

### DEL DIARIO DE ANA MARÍA

Miércoles, 14 de julio de 1985

Querido diario:

Ayer, martes trece,[1] fue un día de mala suerte. Me levanté a las ocho y llegué tarde a mi clase de química, que empieza a las ocho y diez. Cuando fui a mi clase de sicología que, como sabes, es mi especialización, el profesor me dijo que tenía que estudiar más porque la nota del último examen no era muy buena.

Por la tarde fui a la biblioteca para devolver unos libros y me caí en la escalera. Como me dolía mucho la pierna y tenía una herida en el brazo, Estela me llevó al hospital. Creíamos que yo tenía la pierna rota, pero me hicieron unas radiografías y el doctor me dijo que no había ningún problema. Me pusieron una inyección contra el tétano, me vendaron la herida y Estela me trajo a casa. Eran las ocho de la noche cuando llegamos, y llovía a cántaros.

Invité a Estela a cenar conmigo, pero cuando abrí el refrigerador, vi que no había nada para comer. Tomamos chocolate caliente, estudiamos un rato y miramos televisión. Estela se fue a las diez y yo me acosté porque estaba muy cansada.

A las diez y cuarto me llamó una compañera de clase para decirme que hoy teníamos un examen en la clase de matemáticas. ¡Yo no lo sabía!

Me levanté y empecé a estudiar pero, como me dolía muchísimo la cabeza y no entendía nada, me acosté pero no dormí bien. ¡El martes trece es realmente un día de mala suerte! El próximo martes trece no pienso salir de mi casa.

### ¡A ver cuánto recuerda!

1. ¿Qué fecha es hoy?
2. ¿Tuvo Ana María un día bueno ayer?
3. ¿Por qué llegó tarde a su clase de química?
4. ¿Qué le dijo el profesor de sicología?
5. ¿Cuál es la especialización de Ana María?

---

[1]In Spanish-speaking countries, Tuesday the thirteenth is supposed to be a day of bad luck.

6. ¿Para qué fue Ana María a la biblioteca y qué le pasó allí?
7. ¿Por qué la llevó Estela al hospital?
8. ¿Qué le dijo el doctor después de ver las radiografías?
9. ¿Le pusieron una inyección a Ana María?
10. ¿Qué hora era cuando llegaron a la casa de Ana María y qué tiempo hacía?
11. ¿Qué pasó cuando Ana María abrió el refrigerador?
12. ¿Qué hicieron Ana María y Estela?
13. ¿Qué le dijo a Ana María su compañera de clase?
14. ¿Por qué se acostó Ana María?
15. ¿Qué dice Ana María del martes trece?
16. ¿Qué no piensa hacer Ana María el próximo martes trece?

**OBJECTIVES**

STRUCTURE    The past participle • The present perfect tense • The past perfect (pluperfect) tense • Past participles used as adjectives

COMMUNICATION    You will learn vocabulary related to shopping for clothing and shoes.

# LECCIÓN 13

## Anita y Hugo van de compras

*Anita y Hugo han abierto el ropero y han dicho, casi al mismo tiempo, «No tengo nada que ponerme.» Han decidido, pues, ir de compras.*

*Cuando llegan, la tienda no está abierta todavía, pero ya hay mucha gente porque hoy hay una gran liquidación. A las nueve entran en la tienda con muchas otras personas. Anita sube por la escalera mecánica hasta el segundo piso, donde está el departamento de ropa para señoras. Hugo se queda en el departamento de ropa para caballeros, que está en la planta baja.*

*En el departamento de ropa para señoras:*

ANITA —¿Cuánto cuesta esa blusa anaranjada?

DEPENDIENTA —Ochocientos pesos. ¿Qué talla usa Ud.?

ANITA —Uso talla treinta y ocho.[1] ¿Puedo probármela?

DEPENDIENTA —Sí. El probador está a su izquierda.

ANITA —También voy a probarme esta falda negra.

DEPENDIENTA —Ah, sí. Este modelo está de moda ahora.

*Anita compró la blusa, pero no compró la falda porque le quedaba grande y era demasiado cara. Fue a la zapatería para comprar un par de zapatos rojos, porque Hugo le había regalado una bolsa roja.*

DEPENDIENTE —Tengo estas sandalias rojas. ¿Qué número calza Ud.?

ANITA —*(Piensa: «Hacen juego con mi bolsa.»)* Yo calzo el treinta y seis.[2]

DEPENDIENTE —Tome asiento, por favor. *(El dependiente le prueba las sandalias.)*

ANITA —Me aprietan un poco, pero me las llevo.

DEPENDIENTE —¿Se las envuelvo o quiere llevárselas puestas?

ANITA —Envuélvamelas, por favor.

---

[1]Equivalent to an American size 10.    [2]Equivalent to an American size 6.

## ANITA AND HUGO GO SHOPPING

Anita and Hugo have opened the closet and have said, almost at the same time, "I have nothing to wear." They have decided, therefore, to go shopping.

When they arrive, the store is not yet open, but there are already many people (there) because today there is a big sale. At nine they enter the store with many other people. Anita takes the escalator to the women's department on the second floor. Hugo stays in the men's department, which is on the ground floor.

In the women's department:

A.  How much does that orange blouse cost?
C.  Eight hundred pesos. What size do you wear?
A.  I wear size thirty-eight. May I try it on?
C.  Yes. The fitting room is to your left.
A.  I'm also going to try on this black skirt.
C.  Oh, yes. That style is "in style" now.

Anita bought the blouse but did not buy the skirt because it was too big on her and was too expensive. She went to the shoe department to buy a pair of red shoes because Hugo had given her a red purse.

C.  I have these red sandals. What size (shoe) do you wear?
A.  (She thinks: "They match my purse.") I wear (size) thirty-six.
C.  Have a seat, please. (The clerk tries the sandals on her.)
A.  They're a little tight on me, but I'll take them.
C.  Shall I wrap them up, or do you want to wear them?
A.  Wrap them up for me, please.

In the men's department, Hugo has bought a suit, two (pairs of) pants, three shirts, and a jacket. He has also exchanged a pair of boots he had bought that were too small for him. Hugo and Anita meet at the door (exit).

A.  Shall we go have something to eat? I'm starving!
H.  Me too! Let's go!

En el departamento de ropa para caballeros, Hugo ha comprado un traje, dos pantalones, tres camisas y una chaqueta. También ha cambiado un par de botas que había comprado y que le quedaban chicas. Hugo y Anita se encuentran a la salida.

ANITA    –¿Vamos a comer algo? ¡Estoy muerta de hambre!
HUGO    –¡Yo también! ¡Vamos!

## VOCABULARIO

### COGNADOS

la **blusa**   blouse
el **par**   pair
la **sandalia**   sandal

### NOMBRES

la **bolsa**, la **cartera**   purse
la **bota**   boot
la **camisa**   shirt
la **chaqueta**   jacket
el **departmento de (ropa para) caballeros**   men's department
el **departamento de (ropa para) señoras**   women's department
el (la) **dependiente(-a)**   clerk
la **escalera mecánica**   escalator
la **falda**   skirt
la **liquidación**   sale
el **modelo**   style
el **pantalón**, los **pantalones**   pants, trousers
las **pantimedias**   pantyhose
la **planta baja**   ground floor
el **probador**   fitting room
la **ropa**   clothes
el **ropero**   closet
la **talla**, la **medida**   size
la **tienda**   store
el **traje**   suit
la **zapatería**   shoe department, shoe store

el **zapato**   shoe

### VERBOS

**apretar (e>ie)**   to be too tight, squeeze
**calzar**   to take (a certain size in shoes)
**cambiar**   to exchange, change
**encontrarse (o>ue) (con)**   to meet
**envolver (o>ue)**   to wrap
**quedar**   to fit, suit
**quedarse**   to stay, remain
**usar**   to wear

### ADJETIVOS

**abierto(-a)**   open

### OTRAS PALABRAS Y EXPRESIONES

**al mismo tiempo**   at the same time
**casi**   almost
**comer algo**[1]   to have something to eat
**demasiado**   too

---

[1]**tomar algo** = to have something to drink

**hacer juego**   to match
**ir de compras**   to go shopping
**llevar puesto(-a)**   to wear,
  have on
**muerto(-a) de hambre**   starving

**no tener nada que ponerse**
  to not have anything to wear
**pues**   therefore, for, then
**todavía**   yet

## VOCABULARIO ADICIONAL

la **billetera,** la **cartera**   wallet
Puse la **billetera** en la bolsa.

los **calcetines**   socks
Necesito un par de **calcetines.**

la **corbata**   tie
Aníbal lleva puesta una **corbata** roja.

la **escalera**   stairs
Subió por la **escalera.**

el **guante**   glove
Tengo las manos frías. ¿Dónde están
  mis **guantes?**

el **pañuelo**   handkerchief, scarf
Compré un **pañuelo** blanco.

la **ropa interior**   underwear
¿Pusiste la **ropa interior** en la maleta?

la **talla mediana**   medium size
¿Usas **talla** grande, pequeña o
  **mediana?**

1. Lo que (*What*) en los Estados Unidos es el primer piso, es la planta baja en los países hispanos. Entonces el primer piso en España, por ejemplo, corresponde al segundo piso en los Estados Unidos.

2. En las ciudades hispanas hay excelentes tiendas donde se puede comprar ropa hecha (*ready-to-wear*), pero hay personas que prefieren utilizar los servicios de un sastre (*tailor*) o de una modista (*dressmaker*).

3. Aunque ahora hay muchas tiendas por departamento, todavía existen en los países hispanos muchas tiendas pequeñas especializadas en un producto. Por ejemplo, se vende **perfume** en la **perfumería, joyas** (*jewelry*) en la **joyería** y **relojes** en la **relojería.**

**¿Lo sabía Ud....?**

## ESTRUCTURAS GRAMATICALES

▶ **1.** The past participle  *(Participio pasado)*

| PAST PARTICIPLE ENDINGS | | |
|---|---|---|
| **-ar** verbs | **-er** verbs | **-ir** verbs |
| habl-**ado**  *(spoken)* | com-**ido**  *(eaten)* | decid-**ido**  *(decided)* |

The following verbs have irregular past participles.

| abrir | **abierto** | *opened* |
|---|---|---|
| cubrir[1] | **cubierto** | *covered* |
| decir | **dicho** | *said* |
| hacer | **hecho** | *done* |
| escribir | **escrito** | *written* |
| morir | **muerto** | *died* |
| poner | **puesto** | *put* |
| ver | **visto** | *seen* |
| volver | **vuelto** | *returned* |
| romper | **roto** | *broken* |

### PRÁCTICA

Supply the past participle of each of the following verbs.

| | | |
|---|---|---|
| 1. tener | 9. romper | 17. abrir |
| 2. traer | 10. cubrir | 18. escribir |
| 3. cerrar | 11. vendar | 19. ver |
| 4. decir | 12. sentir | 20. aceptar |
| 5. quebrar | 13. entrar | 21. devolver |
| 6. apretar | 14. salir | 22. leer |
| 7. cortar | 15. hacer | |
| 8. volver | 16. poner | |

---

[1]**cubrir** = *to cover*

▶ **2.** The present perfect tense   (*Pretérito perfecto*)

The present perfect tense is formed by using the present tense of the auxiliary verb **haber** with the past participle of the verb to be conjugated.

This tense is equivalent to the use, in English, of the auxiliary verb *have* + past participle, as in *I have spoken*.

| present of **haber** | |
|---|---|
| he | hemos |
| has | habéis |
| ha | han |

| FORMATION OF THE PRESENT PERFECT TENSE | | | |
|---|---|---|---|
| | **hablar** | **tener** | **venir** |
| yo | **he** hablado | **he** tenido | **he** venido |
| tú | **has** hablado | **has** tenido | **has** venido |
| Ud. <br> él <br> ella | **ha** hablado | **ha** tenido | **ha** venido |
| nosotros | **hemos** hablado | **hemos** tenido | **hemos** venido |
| vosotros | **habéis** hablado | **habéis** tenido | **habéis** venido |
| Uds. <br> ellos <br> ellas | **han** hablado | **han** tenido | **han** venido |

–¿Cuánto **has pagado** por esa blusa?          *How much **have you paid** for that blouse?*

–**He pagado** novecientos pesos.          *I **have paid** nine hundred pesos.*

◆ Note that when the past participle is part of a perfect tense, it is invariable.

◆ The auxiliary verb **haber** is not separated from the past participle.

## PRÁCTICA

A. Change the verbs according to the new subjects.

1. *Ella* ha terminado el trabajo. (Yo, Nosotros, Tú, Ellos)
2. *Ellos* no han traído[1] la ropa. (Nosotras, Mario, Uds., Tú)
3. *Nosotros* lo[2] hemos dicho. (Las chicas, Tú, Ana, Ud.)

---

[1]Note the written accent on the stressed **i**. This is because the **i** follows a strong vowel.   [2]The direct and indirect object pronouns are placed in front of the auxiliary verb **haber**.

*En una camisería en Barcelona, España.*

B. Change the following sentences to the present perfect tense.

1. Él cierra la barbería.
2. ¿Cuánto pagas por esos zapatos?
3. Ella va a la tienda.
4. No se baña.
5. Ponemos las revistas aquí.
6. Tú dices que está de moda.
7. La peluquera me hace la permanente.
8. La dependienta no vuelve hoy.
9. Está muy enfermo.
10. Yo no veo las corbatas azules.

C. Write the following sentences in Spanish.

1. Have you broken the mirror, dear?
2. They have gone to the post office.
3. She has died.
4. The doctor has told me that I am pregnant.
5. We have never covered those chairs.

▶ **3.** The past perfect (pluperfect) tense  *(El pluscuamperfecto)*

The past perfect tense is formed by using the imperfect tense of the auxiliary verb **haber** with the past participle of the verb to be conjugated.

This tense is equivalent to the use, in English, of the auxiliary verb *had* + past participle, as in *I had spoken.*

| imperfect of **haber** | |
|---|---|
| había | habíamos |
| habías | habíais |
| había | habían |

| FORMATION OF THE PAST PERFECT TENSE | | | |
|---|---|---|---|
| | estudiar | beber | ir |
| yo | **había** estudiado | **había** bebido | **había ido** |
| tú | **habías** estudiado | **habías** bebido | **habías ido** |
| Ud. él ella | **había** estudiado | **había** bebido | **había ido** |
| nosotros | **habíamos** estudiado | **habíamos** bebido | **habíamos ido** |
| vosotros | **habíais** estudiado | **habíais** bebido | **habíais ido** |
| Uds. ellos ellas | **habían** estudiado | **habían** bebido | **habían ido** |

–¿No hablaste con Teresa?  *Didn't you speak with Teresa?*
–No, cuando yo llegué, ella ya  *No, when I arrived, she **had***
 **se había ido.**   *already **left.***

## PRÁCTICA

A. Change the verbs according to the new subjects.

1. *Tú* no habías visto la bicicleta. (Yo, Ella, Nosotros, Uds.)
2. *El barbero* ya le había cortado el pelo. (Tú, Ud., Yo, Nosotros)

B. Complete the following sentences with the past perfect tense of the verbs in the list below.

| quedarse | encontrarse | decir |
|----------|-------------|-------|
| usar | envolver | cambiar |

1. El dependiente ya me ____ las sandalias.
2. Yo ya ____ las botas cuando él compró los zapatos.
3. Ellos nunca ____ guantes.
4. ¿Tú ____ en la planta baja?
5. Nosotros ____ en el departamento de ropa para señoras.
6. Ud. me ____ que estaba muerta de hambre.

C. Combine the following sentences, telling what had already taken place when something else occurred. Follow the model.

MODELO:    Ella volvió a las seis. Yo llegué a las siete.
           *Cuando yo llegué, ella ya había vuelto.*

1. Ella salió a las ocho. Yo terminé a las diez.
2. La liquidación terminó el jueves. Yo fui a la tienda el viernes.
3. Nosotros nos fuimos en agosto. Ellos regresaron en septiembre.
4. Tú se lo dijiste por la mañana. Yo la vi por la tarde.
5. Yo almorcé a las doce. Ella vino a la una y media.

▶ **4.** Past participles used as adjectives  (*Participios pasados usados como adjetivos*)

In Spanish, most past participles may be used as adjectives. As such, they agree in number and gender with the nouns they modify.

| **La** peluquería está[1] abierta hoy. | *The beauty parlor is open today.* |
|---|---|
| **El** restaurante está abierto hoy. | *The restaurant is open today.* |
| **Las** peluquerías están abiertas hoy. | *The beauty parlors are open today.* |
| **Los** restaurantes están abiertos hoy. | *The restaurants are open today.* |

---

[1]Note the use of **estar** with the past participle to indicate the result of an action.

## PRÁCTICA

A. Supply the past participles of the verbs in parentheses, then read the complete sentences aloud.

1. La falda está _____ .  (terminar)
2. El plato _____ es mío.  (romper)
3. Las puertas están _____ .  (abrir)
4. ¿Los probadores están _____ ?  (cerrar)
5. El trabajo _____ por Elena está bien.  (escribir)
6. Las ventanas ya están _____ .  (cubrir)
7. Los niños estaban _____ .  (cansar)
8. La mesa está _____ .  (poner)
9. Ellos estaban _____ .  (morir)
10. La herida está _____ .  (vendar)

B. Write the following sentences in Spanish.

1. All the mirrors are broken.
2. She is dead.
3. The prescriptions are written in Spanish.
4. The doctor's office is open.
5. This wine is made in California.

# ¡A VER CUÁNTO APRENDIÓ!

A. ¡Conversemos!

Reread the dialogues in this lesson and be ready to discuss the following.

1. ¿Qué han dicho Anita y Hugo casi al mismo tiempo?
2. ¿Por qué hay mucha gente en la tienda?
3. ¿En qué piso está el departamento de caballeros?
4. ¿Qué va a hacer Anita en el probador?
5. ¿Por qué no compró Anita la falda negra?
6. ¿Qué le había regalado Hugo a Anita?
7. ¿Le quedan bien las sandalias a Anita?
8. ¿Qué ha comprado Hugo?
9. ¿Por qué ha cambiado Hugo el par de botas que había comprado?
10. ¿Por qué quiere Anita ir a comer algo?

B. Give appropriate responses to the following questions.

1. ¿Vas de compras mañana?
2. ¿Qué talla usa Ud.?

3. ¿Qué número calza Ud.?
4. ¿Le aprietan los zapatos?
5. Cuando Ud. compra zapatos, ¿se los lleva puestos?
6. ¿Dónde ha comprado esa falda (chaqueta, camisa)?
7. ¿Hacen juego su camisa (blusa) y sus pantalones?
8. ¿Cuál es la tienda que más le gusta?
9. ¿Para qué fuiste a la zapatería?
10. ¿Prefiere Ud. usar las escaleras o la escalera mecánica?

C. ¡Repase el vocabulario!

Choose the word or phrase that best completes each sentence, then read it aloud.

1. Puede probarse (la lengua, la falda, el cuello) en el probador.
2. Mi bolsa (hace juego, está muerta de hambre, va de compras) con mis zapatos.
3. Yo calzo el número siete y estos zapatos son número diez. (Me aprietan mucho. Me quedan grandes. Me quedan bien.)
4. Necesito un par de (calcetines, mundos, otoños).
5. Pagué solamente treinta dólares por el vestido: hoy hubo una gran (especialización, liquidación, sorpresa) en Sears.
6. Estos pantalones son muy caros, pero no los he devuelto todavía pues el modelo (me gusta mucho, no me gusta, no me queda bien).
7. Hace frío. Póngase (la chaqueta, el camino, la cabeza).
8. ¿Quiere llevar las sandalias puestas o se las (desinfecto, envuelvo, corto a los costados)?
9. ¿Qué medida (vuela, usa, apaga) Ud.?
10. El traje tiene que hacer juego con (la corbata, la ropa interior, la patilla).
11. Voy a ponerle una inyección. Quítese los (calcetines, pantalones, rizadores).
12. Puse el dinero en (la billetera, la máquina de afeitar, el secador).
13. No hay ropa en mi ropero. No tengo nada que (ponerme, bañarme, afeitarme).
14. ¿Usa Ud. talla grande, chica o (breve, gorda, mediana)?
15. Me sangra la nariz. ¿Tienes (pantimedias, un pañuelo, una caña de pescar)?

D. Situaciones

What would you say in the following situations?

1. You are shopping. Tell the clerk you need a pair of gloves, a white shirt, and a blue tie. You saw a brown suit in the window, and you liked it; ask the clerk how much it costs.

2. You are a clerk. Ask your customer if she wants the pink blouse. Ask her what size she wears, and tell her the fitting room is on the left.
3. A clerk at a shoe store wants to sell you a pair of boots. Tell him they are too expensive and that they are too tight on you.

E.  Para escribir

Write a dialogue between yourself and a clerk at a store.

STRUCTURE    The future tense • Use of the future to express probability •
             The conditional tense • Use of the conditional to express
             probability in the past

COMMUNICATION    You will learn vocabulary related to traveling by car, going
                 to a service station, and coping with some emergencies on
                 the road.

# LECCIÓN 14

## Camino a San José

*Gloria y Julio están de vacaciones en Costa Rica. Ahora están en la carretera, camino a San José.*

GLORIA —¡Estás manejando muy rápido! La velocidad máxima es de noventa kilómetros por hora. ¡Te van a poner una multa!

JULIO —¿Dónde estaremos? ¿Tú tienes el mapa?

GLORIA —Está en el portaguantes, pero según ese letrero estamos a cuarenta kilómetros de San José.

JULIO —¿Habrá una gasolinera cerca? El tanque está casi vacío.

GLORIA —Yo creo que tendrás que esperar hasta llegar a San José. ¡Ah, no! Allí hay una.

*Julio para en la estación de servicio para comprar gasolina.*

JULIO —Llene el tanque, por favor. ¿Podría revisar el aceite y ponerle agua al acumulador?

EMPLEADO —Sí, señor.

JULIO —Ayer tuve un pinchazo y el mecánico me dijo que necesitaba neumáticos nuevos...

EMPLEADO —Sí, yo los cambiaría.

GLORIA —¡Caramba! También dijo que tendrías que arreglar los frenos e instalar una nueva bomba de agua.

JULIO —Haremos todo eso en San José.

GLORIA —¿No dijiste que cambiarías el filtro del aceite y que comprarías limpiaparabrisas nuevos?

JULIO —Yo creo que sería mejor comprar un coche nuevo.

GLORIA —Ayer el motor estaba haciendo un ruido extraño. ¿Qué sería?

JULIO —Sería el silenciador...

*Cuando Julio trata de arrancar, el coche no funciona.*

JULIO —Tendremos que llamar una grúa para remolcar el coche hasta San José.

GLORIA —¿Cuánto costará un Chevrolet... ?

## ON THE WAY TO SAN JOSÉ

*Gloria and Julio are on vacation in Costa Rica. Now they are on the highway, on the way to San José.*

G. You are driving very fast! The speed limit is ninety kilometers per hour. They're going to give you a ticket!

J. Where do you suppose we are? ¿Do you have the map?

G. It's in the glove compartment, but according to that sign we are forty kilometers from San José.

J. I wonder if there is a gas station around here. The tank is almost empty.

G. I think you'll have to wait until we get to San José. Oh, no! There's one over there.

*Julio stops at the service station to buy gasoline.*

J. Fill the tank, please. Could you check the oil and put water in the battery?

A. Yes, sir.

J. Yesterday I had a flat, and the mechanic told me I would need new tires . . .

A. Yes, I would change them.

G. Gee! He also said you would have to fix the brakes and install a new water pump.

J. We will do all that in San José.

G. Didn't you say that you would change the oil filter and buy new windshield wipers?

J. I think it would be better to buy a new car.

G. Yesterday the motor was making a strange noise. What do you suppose it was?

J. It was probably the muffler . . .

*When Julio tries to start (it), the car doesn't work.*

J. We will have to call a tow truck to tow the car to San José.

G. I wonder how much a Chevrolet costs . . .

## VOCABULARIO

### C O G N A D O S

el **filtro**   filter
la **gasolina**   gasoline
el **kilómetro**   kilometer
el **mecánico**   mechanic
el **motor**   motor, engine
el **tanque**   tank

### NOMBRES

el **aceite**   oil
el **acumulador**, la **batería**   battery
el[1] **agua** (*f.*)   water
la **bomba de agua**   water pump
la **carretera**   highway
el **freno**   brake
la **gasolinera**, la **estación de servicio**   service station
la **grúa**   tow truck
el **letrero**   sign
el **limpiaparabrisas**   windshield wiper
el **neumático**, la **llanta**, la **goma**   tire
el **portaguantes**   glove compartment
el **ruido**   noise
el **silenciador**   muffler
la **velocidad**   speed

### VERBOS

**arrancar**   to start (a car)
**arreglar**   to fix

**funcionar**   to work, function
**instalar**   to install
**parar**   to stop
**remolcar**   to tow
**revisar, chequear**   to check

### ADJETIVOS

**extraño(-a)**   strange, funny
**vacío(-a)**   empty

### OTRAS PALABRAS Y EXPRESIONES

**camino a...**   on the way to . . .
**¡caramba!**   gee!
**dar (poner) una multa**   to give a ticket (fine)
**rápido**   fast
**según**   according to
**tener un pinchazo**   to have a flat
**velocidad máxima**   speed limit

---

[1]The definite article **el** or the indefinite article **un** is used instead of **la** or **una** with feminine singular nouns beginning with *stressed* **a** or **ha**.

## VOCABULARIO ADICIONAL

el **carburador**   carburetor
El mecánico revisó el **carburador**.

la **chapa**   license plate
La **chapa** de mi coche es 24808.

**descompuesto**(-a)   out of order
No pude usar el coche porque estaba
  **descompuesto**.

**estacionar, parquear**   to park
Voy a **estacionar** el coche aquí.

la **licencia para conducir**   driver's
  license
Él me pidió la **licencia para conducir**.

la **luz**   light
¿Apagaste la **luz** del coche?

**lleno**(-a)   full
El tanque está **lleno**.

el **maletero**, la **cajuela** (*Mex.*)   trunk
¿Pusiste las maletas en el **maletero**?

la **milla**   mile
Hay 300 **millas** de aquí a Lima.

el **taller**   repair shop
¿Hay un **taller** cerca de aquí?

---

1. En grandes ciudades como Madrid, Caracas, México y Buenos Aires, hay muchísimos automóviles, lo cual (*which*) está causando problemas de contaminación del aire (*smog*). Hay, sin embargo (*however*), lugares remotos donde no hay caminos o en donde los que existen están en muy malas condiciones.

2. En la mayoría de los países hispanos, los automóviles y la gasolina son excesivamente caros. Por esta razón es muy popular la motocicleta, especialmente entre la gente joven.

3. En los países hispanos se usa el sistema métrico decimal. Un kilómetro equivale a 0,6 millas.

¿Lo sabía Ud....?

## ESTRUCTURAS GRAMATICALES

▶ **1.** The future tense  (*El futuro*)

**A.** Most Spanish verbs are regular in the future. The infinitive serves as the stem of almost all Spanish verbs. The endings are the same for all three conjugations.

| THE FUTURE TENSE | | | |
|---|---|---|---|
| *Infinitive* | | *Stems* | *Endings* |
| trabajar | yo | trabajar- | é |
| aprender | tú | aprender- | ás |
| escribir | Ud. | escribir- | á |
| hablar | él | hablar- | á |
| decidir | ella | decidir- | á |
| dar | nosotros | dar- | emos |
| ir | vosotros | ir- | éis |
| caminar | Uds. | caminar- | án |
| perder | ellos | perder- | án |
| recibir | ellas | recibir- | án |

ATENCIÓN:   Note that all the endings, except the one for the **nosotros** form, have written accents.

| | |
|---|---|
| –¿**Venderán** Uds. la compañía? | *Will you sell the company?* |
| –No sé; lo **decidiremos** mañana. | *I don't know; we will decide tomorrow.* |

**B.** The English equivalent of the Spanish future is *will* or *shall* + a verb. As you have already learned, Spanish also uses the construction **ir a** + infinitive or the present tense with a time expression to express future actions or states, very much like the English present tense or the expression *going to*.

| | | |
|---|---|---|
| | **Vamos a ir** al cine esta noche. | *We're going (We'll go) to* |
| *or:* | **Iremos** al cine esta noche. | *the movies tonight.* |
| | Anita **toma** el examen mañana. | *Anita is taking (will take)* |
| *or:* | Anita **tomará** el examen mañana. | *the exam tomorrow.* |

ATENCIÓN:   The Spanish future is *not* used to express willingness, as is the English future. In Spanish this is expressed with the verb **querer**.
¿**Quieres** llamar a Tomás? *Will you call Tomás?*

**C.** A small number of verbs are irregular in the future. These verbs use a modified form of the infinitive as a stem. The endings are the same as the ones for regular verbs.

### IRREGULAR FUTURE STEMS

| Infinitive | Modified Form (Stem) | First Person Singular |
|---|---|---|
| decir | dir- | diré |
| hacer | har- | haré |
| haber | habr- | habré |
| querer | querr- | querré |
| saber | sabr- | sabré |
| poder | podr- | podré |
| caber | cabr- | cabré |
| poner | pondr- | pondré |
| venir | vendr- | vendré |
| tener | tendr- | tendré |
| salir | saldr- | saldré |
| valer[1] | valdr- | valdré |

—¿Qué les **dirás** a tus padres?

*What **will you tell** your parents?*

—Les **diré** que no **podremos** venir en enero y que **vendremos** en febrero.

*I **will tell** them that we **won't be able to** come in January and that we **will come** in February.*

## PRÁCTICA

**A.** Change the following sentences, using the future tense to replace the **ir a** + infinitive construction.

MODELO:    Le van a dar una multa.
           *Le darán una multa.*

1. El mecánico va a arreglar los frenos.
2. Nosotros vamos a ir a la estación de servicio.
3. Le vamos a decir que vamos a venir en junio.
4. No van a poder conseguir asientos de ventanilla.
5. Voy a devolver el acumulador.
6. ¿Me vas a extrañar?
7. Van a tener que instalar una bomba de agua nueva.
8. La grúa va a remolcar el coche hasta la gasolinera.
9. ¿Qué van a hacer Uds. con las fotos?
10. ¿Cuándo va a saber Ud. si sus documentos están en regla?

---

[1]**valer** = *to be worth*

B. Answer the following questions with the cues provided.

1. ¿Dónde pondrás las llantas?  (ahí mismo)
2. ¿Dónde pararán Uds.?  (en la oficina de turismo)
3. ¿Cuándo confirmarán ellos las reservaciones?  (el jueves)
4. ¿Mis maletas cabrán en el maletero?  (no)
5. ¿Dónde se sentarán Uds.?  (en la sección de no fumar)
6. ¿Dónde pondrás los mapas?  (en el portaguantes)
7. ¿Qué comprarán Uds.?  (un limpiaparabrisas)
8. ¿Con quién saldrás tú el sábado?  (con mis amigos)
9. ¿Cuándo habrá una fiesta en tu casa?  (el viernes)
10. ¿Quién estacionará el autobús?  (Juan Carlos)

C. Complete the following sentences in an original manner with the future tense.

1. Yo le pondré agua a la batería y él...
2. Esteban revisará los neumáticos y yo...
3. Ellos irán al décimo piso y nosotros...
4. Ana querrá ir a México y los chicos...
5. Ellos estudiarán sociología y ella...
6. Nosotros sacaremos siete mil dólares y tú...
7. Yo me quedaré por un mes y Ud....
8. Nosotros iremos al teatro y Uds....

▶ **2.** Use of the future to express probability  (*Uso del futuro para expresar probabilidad*)

The future is also used to indicate a conjecture or statement of probability concerning an action or state in the present. The English language uses expressions such as *I wonder, probably, can it be that*, and *do you suppose?* where Spanish uses the future tense.

| | |
|---|---|
| —No tengo reloj. ¿Qué hora **será?** | *I don't have a watch. **I wonder** what time it is.* |
| —No sé. **Serán** las tres... | *I don't know. **It must be** three o'clock . . .* |

**Deber** + *infinitive* is also used to express either obligation or probability.

| | |
|---|---|
| **Debe ser** porque el silenciador no funciona bien.<br>**Será** porque el silenciador no funciona bien. | ⎰ *It must be because the muffler*<br>⎱ *doesn't work well.* |

## PRÁCTICA

A. In each sentence, replace the **debe** + infinitive form with the future of probability.

1. El abrigo debe costar cien dólares.
2. El tanque debe estar vacío.
3. Debe necesitar una bomba de agua nueva.
4. Debe querer agua para la batería.
5. Debe estar hablando de la orquesta.
6. Debe ser divorciado.
7. Debe tener mareos.
8. Debe ser el carburador.
9. Debe estar en el octavo piso.
10. Deben ser las siete y media.

B. Using the cues provided, answer the following questions with the future of probability.

MODELO:  ¿Dónde está el mecánico?  (el taller)
          *No sé... Estará en el taller.*

1. ¿Cuántos años tiene Marta?  (unos veinte años)
2. ¿Qué hora es?  (las seis)
3. ¿Qué está haciendo tu abuelo?  (durmiendo)
4. ¿Cuándo viene el cajero?  (el miércoles)
5. ¿Dónde estaciona Eva?  (en la esquina)
6. ¿A cuántas cuadras queda la gasolinera?  (cinco cuadras)

C. Answer the following questions with the future of probability.

1. ¿Cuántas millas hay de aquí a San Francisco?
2. ¿Qué hora es?
3. Mi coche hace un ruido extraño. ¿Qué tiene?
4. ¿Por qué tiene tantos problemas el motor de mi coche?
5. ¿Cuánto vale un Rolls Royce?
6. ¿Por qué no funciona el coche?
7. ¿Qué nota va a recibir Ud. en esta clase?
8. ¿Qué hacen los estudiantes después de la clase?

D. Write the following sentences in Spanish.

1. What do you suppose the speed limit is?
2. Where do you think the psychology teacher is?
3. How old do you think he is?
4. Do you suppose the car needs gas and oil?
5. I wonder if we need a new oil filter.

► **3.** The conditional tense    (*El condicional*)

**A.** The conditional tense in Spanish is equivalent to the conditional in English, expressed by *should* or *would* + a verb. Like the future tense, the conditional uses the infinitive as the stem and has only one set of endings for all three conjugations.

| THE CONDITIONAL TENSE[1] | | | |
|---|---|---|---|
| *Infinitive* | | *Stem* | *Endings* |
| trabajar | yo | trabajar- | **ía** |
| aprender | tú | aprender- | **ías** |
| escribir | Ud. | escribir- | **ía** |
| ir | él | ir- | **ía** |
| ser | ella | ser- | **ía** |
| dar | nosotros | dar- | **íamos** |
| hablar | vosotros | hablar- | **íais** |
| servir | Uds. | servir- | **ían** |
| estar | ellos | estar- | **ían** |
| preferir | ellas | preferir- | **ían** |

❖ All of the conditional endings have written accents.

| | |
|---|---|
| —Él dijo que **cambiaría** el filtro. | *He said that **he would change** the filter.* |
| —Sí, y también dijo que **chequearía** los frenos. | *Yes, and he also said that **he would check** the brakes.* |

The conditional is also used as the future of a past action. The future states what *will* happen; the conditional states what *would* happen.

| *Future* | *Conditional* |
|---|---|
| (states what *will* happen) | (states what *would* happen) |
| Él **dice** que **estará** aquí mañana. | Él **dijo** que **estaría** aquí mañana. |
| *He says that he **will** be here tomorrow.* | *He said that he **would** be here tomorrow.* |

---

[1]The conditional is never used in Spanish as an equivalent of *used to*.
Cuando era pequeño siempre **iba** a la playa.    *When I was little **I would** always go to the beach.*

**B.** The same verbs that have irregular stems in the future tense are also irregular in the conditional. The endings are the same as those for regular verbs.

| IRREGULAR CONDITIONAL STEMS | | |
|---|---|---|
| *Infinitive* | *Modified Form (Stem)* | *First Person Singular* |
| decir | dir- | **diría** |
| hacer | har- | **haría** |
| haber | habr- | **habría** |
| querer | querr- | **querría** |
| saber | sabr- | **sabría** |
| poder | podr- | **podría** |
| caber | cabr- | **cabría** |
| poner | pondr- | **pondría** |
| venir | vendr- | **vendría** |
| tener | tendr- | **tendría** |
| salir | saldr- | **saldría** |
| valer | valdr- | **valdría** |

–¿A qué hora te dijo que **vendría?**

–Dijo que **saldría** de casa a las dos.

*What time did he tell you **he would come?***

*He said **he would leave** home at two.*

## PRÁCTICA

**A.** Complete the following sentences with the conditional of the verb in parentheses.

1. El mecánico ____ (arreglar) el motor del coche.
2. Nosotros le ____ (desear) buena suerte.
3. Yo no ____ (parquear) allí.
4. La sombrilla no ____ (caber) allí.
5. Los niños no ____ (venir) al taller.
6. Mi coche no ____ (hacer) ese ruido.
7. Uds. ____ (salir) el 15 de agosto.
8. Yo no ____ (volar); ____ (viajar) en tren.
9. Tú ____ (tener) sueño.
10. Yo ____ (montar) a caballo.
11. El coche no ____ (valer) nada.
12. ¿Tú los ____ (poner) frente a la clase?

B. Answer the following questions with complete sentences.

    1. ¿Qué haría Ud. con mil dólares?

    2. ¿A dónde iría Ud. de vacaciones?

    3. ¿Preferiría Ud. un asiento de ventanilla o un asiento de pasillo?

    4. ¿Preferiría Ud. un cuarto en la planta baja o en el séptimo piso?

    5. ¿Manejaría Ud. sin su licencia para conducir?

    6. Vamos a tener una fiesta. ¿Qué podría Ud. traer?

    7. ¿Le gustaría tener la oportunidad de practicar el español todos los días?

    8. ¿Ud. dijo que vendría a la universidad el domingo?

C. Using the conditional, say what you would do in the following situations.

    1. Su coche no arranca.

    2. El tanque de su coche está vacío.

    3. Ud. tuvo un pinchazo en la carretera.

    4. Le duele la cabeza.

    5. Ud. tiene el pelo largo y ahora está de moda el pelo corto.

    6. Un amigo le pide diez dólares.

    7. Ud. tiene un examen muy difícil mañana.

    8. Está lloviendo a cántaros.

    9. Ud. quiere ir a la playa y no tiene traje de baño.

    10. Su amigo(-a) se ha roto un brazo.

*Autopista de Valencia a Barcelona, España.*

# Una visión del mundo hispánico
## Sudamérica

Machu Picchu es la ciudad antigua de los incas, construida en las grandes alturas de los Andes, cerca de Cuzco, Perú. Fue descubierta en 1911 por el explorador norteamericano Hiram Bingham. La ciudad está rodeada por una muralla de 1.500 pies de largo y 60 de alto. En la construcción de la muralla usaron piedras enormes de más de cien toneladas, sin poner ningún cemento entre ellas. En la ciudad se encuentran las ruinas de un templo, el palacio real y un mausoleo, lo cual nos da una idea de lo avanzado que era la civilización inca.

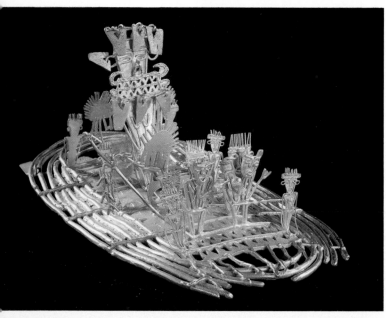

Balsa muisca que representa la leyenda de El Dorado. Según esta leyenda cuando los indios muiscas elegían a un nuevo jefe lo llevaban en una balsa llena de objetos de oro y esmeraldas al centro de la laguna de Guatavita donde, como sacrificio a los dioses, arrojaban las joyas al agua. Esta balsa se encuentra en el Museo del Oro en Bogotá.

A 55 kilómetros de Bogotá se encuentra la ciudad de Zipaquirá, famosa por su catedral, una de las más bellas de América del Sur. Debajo de esta catedral, a unos 150 metros de la superficie se encuentra la famosa catedral de sal, excavada de una mina de sal que hay debajo de la catedral. Zipaquirá es uno de los centros agrícolas más importantes de Bogotá.

La Paz, capital de Bolivia, fue fundada por los conquistadores españoles en 1548. Cuando Bolivia consiguió la independencia, La Paz se convirtió en el centro comercial e industrial del país. La arquitectura de la ciudad es una mezcla de estilo colonial y moderno. La Plaza Sucre fue nombrada en honor a Antonio José de Sucre, famoso revolucionario que luchó junto a Simón Bolivar.

La parte occidental de Bolivia, rodeada por dos cadenas de montañas de la cordillera de los Andes, constituye una meseta — el Altiplano — con una altitud promedio de 12.000 pies. Más del 80% de la población vive en la meseta, donde está situada La Paz, una de las dos capitales (la oficial es Sucre). La Paz está situada a 11.910 pies sobre el nivel del mar y es la capital que está a mayor altura en todo el mundo.

Caracas, la capital de Venezuela, es el centro político, cultural y económico de la nación. Su arquitectura es una mezcla del estilo colonial y moderno. Hacia el este de la ciudad se encuentran las áreas nuevas caracterizadas por enormes rascacielos y autopistas con modernos áreas residenciales.

El aumento en el precio del petróleo ha hecho que muchos países comiencen a explotar esta riqueza. Aquí podemos observar unos yacimientos petrolíferos en Ecuador, uno de los grandes exportadores de este producto. Ecuador pertenece a la Organización de Países Exportadores de Petróleo (OPEC).

Vista del Obelisco y la avenida Nueve de Julio en Buenos Aires, Argentina. La avenida Nueve de Julio es la más ancha del mundo y fue llamada así para conmemorar la fecha de la independencia argentina.

Vista panorámica de Asunción, la capital de Paraguay. En esta ciudad se mezcla armoniosamente la arquitectura colonial con la moderna. Al fondo se ve el río Paraguay.

Vista de las Cataratas de Iguazú, formadas al desembocar el río Iguazú en el río Paraná. Las cataratas están en el punto de unión de tres países: Argentina, Brazil y Paraguay. Son una de las cascadas más grandes del mundo; el agua cae desde una altura de 70 metros. De ahí su nombre que, en el idioma guaraní, significa "agua grande".

La Plaza de Mayo, en Buenos Aires. Al fondo se ve la Casa Rosada, que es el palacio de gobierno. Esta es una de las numerosas plazas de Buenos Aires que, con razón, ha sido llamada "la ciudad de los parques".

La famosa calle Florida, en Buenos Aires, es una de las atracciones turísticas de esta ciudad. Desde hace mucho tiempo no se permite allí el tráfico de automóviles. La gente pasea, mira vidrieras o va de compras a algunas de las mejores tiendas de Buenos Aires.

Viña del Mar es uno de los centros turísticos más populares de Sur América y está situado al noreste de Valparaíso, en Chile. En Viña del Mar encontramos numerosas playas, parques, hoteles y casinos. La ciudad es también un centro industrial y comercial importante.

El fútbol es uno de los deportes favoritos de los países hispánicos. Al fútbol que se juega en los Estados Unidos se le llama "fútbol americano" en Latinoamérica. Cada equipo tiene once jugadores. Solo el portero, que cuida la portería, puede coger la pelota con las manos. Los partidos internacionales son tan importantes que a veces los obreros no trabajan para ir a ver a sus respectivos equipos.

► **4.** Use of the conditional to express probability in the past    (*Uso del condicional para expresar probabilidad en el pasado*)

The conditional tense is also used to express probability or conjecture in the past.

−¿Por qué no **vendría** Eva ayer?

−No sé... ; **estaría** enferma.

*Why **do you suppose** Eva didn't come yesterday?*

*I don't know . . . ; **I suppose** she was sick.*

## PRÁCTICA

A. Pattern drill

MODELO:   ¿Quién era esa señora?   (la consejera)
          *¿Quién sabe? **Sería** la consejera.*

1. ¿Quién era ese señor?   (el papá de Marta)
2. ¿Cuántos coches había en la gasolinera?   (unos quince)
3. ¿Cuántos años tenías tú?   (unos seis o siete)
4. ¿Qué hora era cuando llegaron?   (como las cuatro)
5. ¿Qué estaba haciendo Graciela?   (llamando por teléfono)
6. ¿Qué quería el señor Méndez?   (comprar aceite)

B. Answer the following questions with the conditional of probability. Use the cues provided for your answers.

1. ¿A dónde fueron los viajeros?   (Lima)
2. ¿Dónde estacionó José?   (frente al teatro)
3. ¿Qué hizo el mecánico?   (cambiar la goma)
4. ¿Por qué hacía ese ruido el coche?   (necesitar un silenciador nuevo)
5. ¿Cuánto valía el filtro?   (cinco dólares)
6. ¿Qué hora era cuando llegó el profesor (la profesora)?   (las ocho)
7. ¿Quién era el muchacho que tenía problemas sentimentales?   (Carlos)
8. ¿Quién era esa chica pelirroja?   (Elena)

C. Write the following sentences in Spanish.

1. Gee! I wonder who said that.
2. Who do you suppose gave them the stamps?
3. Where do you suppose they put the eraser?
4. I wonder what she ordered for dessert?
5. I wonder how old the math teacher was.

## ¡A VER CUÁNTO APRENDIÓ!

A. ¡Conversemos!

Reread the dialogue in this lesson and be ready to discuss the following.

1. ¿Quiénes están en la carretera, camino a San José?
2. ¿Por qué dice Gloria que le van a poner una multa a Julio?
3. Según el letrero, ¿a cuántos kilómetros de San José están Gloria y Julio?
4. ¿Por qué necesitan ir a una gasolinera?
5. ¿Para qué va Julio a la estación de servicio?
6. ¿Qué tiene que hacer el empleado de la gasolinera?
7. ¿Qué dijo el mecánico que necesitaban arreglar?
8. ¿Dónde arreglarán el coche?
9. Según Julio, ¿qué sería mejor?
10. ¿Por qué tendrán que llamar una grúa?

B. Give appropriate responses to the following questions.

1. ¿Para qué tenemos que ir a la gasolinera?
2. ¿Está lleno o vacío el tanque de su coche?
3. ¿Para qué necesitamos agua?
4. Mi coche hace un ruido terrible. ¿Por qué será?
5. ¿Por qué tenemos que cambiar los neumáticos?
6. ¿Te gustaría manejar un Mercedes Benz?
7. ¿Tiene Ud. que cambiar el filtro de aceite de su coche?
8. ¿Cuál es la velocidad máxima en la autopista?
9. ¿Cuál es el número de la chapa de su coche?
10. ¿Cuántas millas hay de su casa a la universidad?

C. ¡Repase el vocabulario!

Circle the word or phrase that best completes each sentence, then read them aloud.

1. Tuve un pinchazo. Tendré que cambiar el (platillo, neumático, helado).
2. Voy a llevar el coche al taller porque está (sabroso, sentado, descompuesto).
3. Apague la (luz, pregunta, toalla).
4. Te van a poner una multa porque estás (manejando, declarando, pescando) muy rápido.
5. No pude parar porque los (frenos, pedidos, horarios) no funcionaban.
6. Íbamos (autopista, carretera, camino) a Quito cuando tuvimos un accidente.
7. Vino (un edificio, una ambulancia, una grúa) para remolcar el coche.
8. Le puse (pimienta, agua, sal) al acumulador.

9. Según (ese letrero, esa valija, esa lluvia), estamos a 100 kilómetros de la capital.
10. Pondré los mapas en el (diente, peine, portaguantes).

D.  Situaciones

What would you say in the following situations?

1.  Ask your mechanic if he or she can check your car. Tell him or her you think the brakes are out of order.
2.  Tell a tourist that he or she can buy gasoline at the service station at the corner and that he or she has a flat tire.
3.  You are a police officer, and you have stopped a motorist. Tell the motorist that his or her car doesn't have a license plate and that the lights aren't working. Ask to see his or her driver's license.
4.  Tell someone to call a tow truck because your car won't start.

E.  A special activity

You are traveling through a Spanish-speaking country. Here are some of the signs you will see. Learn them!

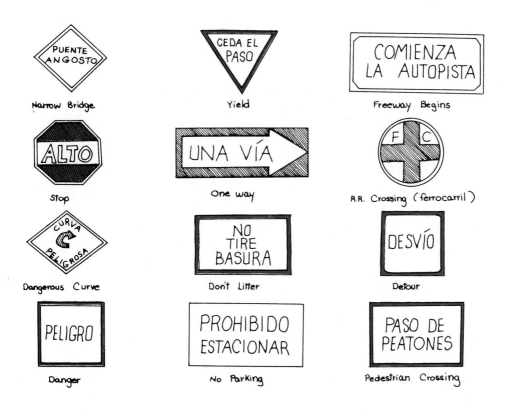

PUENTE ANGOSTO
Narrow Bridge

CEDA EL PASO
Yield

COMIENZA LA AUTOPISTA
Freeway Begins

ALTO
Stop

UNA VÍA
One way

F C
R.R. Crossing (ferrocarril)

CURVA PELIGROSA
Dangerous Curve

NO TIRE BASURA
Don't Litter

DESVÍO
Detour

PELIGRO
Danger

PROHIBIDO ESTACIONAR
No Parking

PASO DE PEATONES
Pedestrian Crossing

F. Señales de tráfico (*Traffic signs*)

Tell which sign you must be aware of when you find yourself in the following situations.

1. A train is coming.
2. You are looking for a place to park your car.
3. There are people crossing the street.
4. You are going over a bridge.
5. You are about to enter a freeway.
6. Your friend has some banana peels he or she wants to get rid of.
7. You come to an intersection.
8. You are going to have to yield.
9. You are driving around town, and you have to decide which direction to take.
10. There is construction on the road, and you can't go straight ahead.
11. You see an obviously dangerous spot ahead.
12. You are driving down a mountain.

## Ejercicio de lectura

### PIROPOS[1]

Miguel y José Luis han traído el coche al taller. El mecánico les ha dicho que debe arreglar los frenos, cambiar el filtro del aceite y limpiar el carburador.

—¿Qué vamos a hacer mientras esperamos? —dice Miguel. José Luis, parado a la puerta del taller, admira a las chicas que pasan.

—¡Qué curvas! ¡Y yo sin frenos! —exclama cuando ve a una hermosa muchacha. Miguel ve a dos chicas muy guapas y dice: —¡Qué monumentos!

Diciendo piropos y admirando a las chicas el tiempo pasa rápidamente. El mecánico les dice que el carro no podrá estar listo hoy porque necesita una bomba de agua nueva y no la tiene en el taller.

—¡Caramba! ¿Cuánto costará un coche nuevo? —piensa José Luis.

### ¡A ver cuánto recuerda!

Answer the following questions with complete sentences.

1. ¿Qué han hecho Miguel y José Luis con el coche?
2. ¿Qué les ha dicho el mecánico?
3. ¿Qué pregunta Miguel?

---

[1]**piropos** = *compliments*. In Spain and in Latin America, men often compliment women as they pass by.

4. ¿Qué hace José Luis?
5. ¿Qué les dice José Luis a las chicas?
6. ¿Qué les dice Miguel a las dos chicas?
7. ¿Ya está arreglado el coche?
8. ¿Qué les dice el mecánico?
9. ¿Por qué no podrá estar listo hoy?
10. ¿Qué piensa José Luis?

Now write the answers to the questions in paragraph form, add punctuation, and you will have a composition.

# BOSQUEJO CULTURAL

# España

España y Portugal forman la Península Ibérica. Al norte, España está separada de Francia por los Pirineos y de Inglaterra por el Mar Cantábrico. Al este° de la Península Ibérica está el Mar Mediterráneo, y al oeste° el Océano Atlántico. Al sur, el Estrecho de Gibraltar la separa del continente africano. Las islas Baleares en el Mar Mediterráneo y las islas Canarias en el Atlántico forman también parte del territorio español.

 Aunque España es un país° relativamente pequeño tiene una gran variedad de climas, relieves geográficos y diferentes actitudes culturales entre° sus cincuenta provincias. Sin embargo, tiene unidad política, social y religiosa.

 La vegetación de la península refleja el clima y las diferencias geográficas del país. El norte es siempre húmedo y por lo tanto° estas regiones son muy verdes. En el centro el clima varía mucho. En el invierno hace mucho frío y en el verano el calor es terrible. Sin embargo, en las costas del mediterráneo y en las islas, el clima no varía tanto.°

 El centro de España es árido y difícil de cultivar, mientras que en las costas mediterráneas abundan las huertas,° donde cultivan el limonero° y el naranjo.°

 Comercialmente España está dividida en dos partes: el norte es básicamente industrial, y el sur es agrícola.° La mayoría de los minerales están en el norte. Los más importantes son hierro,° cobre° y carbón.° Al sur hay minas de plomo° y plata.

 El centro y la costa del Mediterráneo son principalmente agrícolas. Los productos más importantes son las uvas, las naranjas, los limones y el arroz. En el sur hay grandes plantaciones de olivos° y los productos lácteos° son la riqueza° principal del norte. Otra de las grandes industrias del país es la pesca, que es abundante en todas las costas españolas.

 Las diferencias regionales existen también entre los habitantes de España. Entre la gente del norte, por ejemplo, abundan los tipos altos, rubios y de ojos azules o verdes. En el sur, debido a° la influencia árabe, la mayoría de la gente es morena de ojos negros o castaños.

*east*

*west*

*country*

*among*

*so*

*so much*

*orchards / lemon tree / orange tree*

*agricultural*

*iron / copper / coal / lead*

*olive trees / dairy products / wealth*

*due to*

**A la izquierda:** El monumento a Cervantes en la Plaza de España, Madrid.

own
hardworking / cheerful /
  happy-go-lucky
rather

No es posible hablar de los españoles «en general» porque los habitantes de cada región tienen características propias.° El catalán, por ejemplo, es más bien serio, trabajador° y práctico. En contraste, el andaluz es alegre° y despreocupado.° El gallego es más bien° triste y esta característica de su personalidad se refleja en su música y en su literatura.

En Madrid encontramos habitantes de todas partes de España, y por eso la capital española presenta características de las diferentes regiones.

the only one
Basque
In spite of
guided
feeling

Vemos también esta diversidad en los idiomas que hablan en España. Aunque el castellano es el idioma oficial, no es el único.° Hablan además el catalán, el vascuense,° el gallego y varios dialectos.

A pesar de° los contrastes y diferencias que existen entre los españoles, tienen dos elementos comunes: su tendencia a actuar guiados° por la emoción y el sentimiento° y su extraordinario individualismo.

pride

El español quiere ser diferente, no sólo de las otras naciones, sino de los propios habitantes de la península. Para cada español lo mejor de España está en su propia región, pues otra característica de los españoles es su gran orgullo.°

characters
accomplish

El español es un individuo de contrastes en el que continuamente se unen el idealismo de Don Quijote y el materialismo de Sancho Panza, los inmortales personajes° de Cervantes. Pero el idealismo triunfa siempre y los españoles llegan a los mayores sacrificios y realizan° los actos más extraordinarios guiados por él.

## ¡A ver cuánto recuerda!

Answer the following questions with complete sentences.

1. ¿Qué hay al norte, sur, este y oeste de España?
2. ¿Qué islas forman también parte del territorio español?
3. ¿Cómo son las regiones del norte? ¿Por qué?
4. ¿Cómo es el clima en el centro de España?
5. ¿Cómo está dividida España comercialmente?
6. ¿Qué minerales hay en España?
7. ¿Cuáles son los productos agrícolas más importantes de España?
8. ¿Son morenos todos los españoles?
9. ¿Cómo son los catalanes?
10. ¿Cómo son los andaluces?
11. ¿Qué características tienen los gallegos?
12. ¿Qué lenguas hablan en España?
13. ¿Qué elementos comunes tienen los españoles?
14. ¿Qué otra característica tienen los españoles?
15. ¿Quiénes son Don Quijote y Sancho Panza?

**A la derecha:** Entrada de la estación del Metro en la Puerta del Sol, Madrid.

**A la derecha:** Unos estudiantes españoles de la Universidad de Barcelona. **Abajo:** Viajeros en el aeropuerto de Barcelona.

**A la izquierda:** Pescadores de Nerja, España.

**Abajo:** Baile tradicional en Mirada del Castinar, España.

**OBJECTIVES**

STRUCTURE    Future perfect • Conditional perfect • Reciprocal reflexives • Uses of **se** as an impersonal subject

COMMUNICATION    You will learn vocabulary related to shopping for groceries and typical weekend activities (attending movies, concerts, and so on).

## Un fin de semana

*Hoy es feriado. Oscar y Jorge, dos estudiantes cubanos que viven en Miami, deciden ir al supermercado para hacer las compras de la semana. Por la noche piensan salir con dos chicas: Elsa y Adela. Tienen una cita para ir al cine, pero primero van a cocinar una cena para ellas en su apartamento. El mercado se abre a las nueve y los muchachos son los primeros en llegar.*

OSCAR —Necesitamos mantequilla, leche, una docena de huevos, pan, azúcar…

JORGE —¿No vas a comprar carne?

OSCAR —Sí; carne, pescado y pollo. También dos latas de frijoles y una de salsa de tomate.

JORGE —De haber sabido que ibas a invitar a las chicas, habría limpiado el apartamento.

OSCAR —Tú siempre te preocupas demasiado. A ver… necesitamos manzanas, uvas, naranjas, melón y peras para la ensalada de frutas…

JORGE —¿Dónde están las verduras? Tenemos que comprar lechuga, tomates, papas, zanahorias y cebollas.

OSCAR —¡Caramba! Esto va a costar una fortuna. Tendremos que ponernos a dieta.

*La cena estuvo muy buena. Ahora Oscar, Elsa, Jorge y Adela están en el cine, haciendo cola para comprar las entradas.*

OSCAR —Dicen que esta película es magnífica.

ADELA —Sí, ganó el primer premio en el Festival de Cannes.

ELSA —Es un drama, ¿verdad? De haberlo sabido no habría venido. Prefiero las comedias.

JORGE —El próximo sábado podemos ir a ver una película musical.

OSCAR —O podemos ir a un concierto…

ADELA —Después de la película podemos ir a la cafetería Versailles.

## A WEEKEND

*Today is a holiday. Oscar and Jorge, two Cuban students who are living in Miami, decide to go to the supermarket to do the weekly shopping. In the evening they're planning on going out with two girls: Elsa and Adela. They have a date to go to the movies, but first they are going to cook a dinner for them at their apartment. The market opens at nine, and the boys are the first to arrive.*

O.   We need butter, milk, a dozen eggs, bread, sugar . . .

J.   Aren't you going to buy meat?

O.   Yes; meat, fish, and chicken. Also two cans of beans and one (can) of tomato sauce.

J.   Had I known that you were going to invite the girls, I would have cleaned the apartment.

O.   You always worry too much. Let's see . . . we need apples, grapes, oranges, melon, and pears for the fruit salad . . .

J.   Where are the vegetables? We have to buy lettuce, tomatoes, potatoes, carrots, and onions.

O.   Gee! This is going to cost a fortune. We'll have to go on a diet.

*The dinner was very good. Now Oscar, Elsa, Jorge, and Adela are at the movies, standing in line to buy the tickets.*

O.   They say this movie is great.

A.   Yes, it won the first prize at the Cannes Festival.

E.   It's a drama, right? Had I known, I wouldn't have come. I prefer comedies.

J.   Next Saturday we can go see a musical.

O.   Or we can go to a concert . . .

A.   After the movie we can go to the Versailles cafeteria.

J.   Won't they have closed by that time? This is the last show.

O.   No, that cafeteria closes very late.

*The movie ends at twelve. Since the following day is Saturday, Oscar and Adela decide to see each other again to go to the beach. Elsa and Jorge are going to meet at the library to study.*

JORGE   —¿No habrán cerrado para esa hora? Ésta es la última función.

OSCAR   —No, esa cafetería se cierra muy tarde.

*La película termina a las doce. Como el día siguiente es sábado, Oscar y Adela deciden verse otra vez para ir a la playa. Elsa y Jorge se van a encontrar en la biblioteca para estudiar.*

## VOCABULARIO

### COGNADOS

el **apartamento**   apartment
la **comedia**   comedy
el **concierto**   concert
la **dieta**   diet
la **docena**   dozen
el **drama**   drama

la **fortuna**   fortune
el **melón**   melon
**musical**   musical
el **supermercado**   supermarket
el **tomate**   tomato

### NOMBRES

el **azúcar**   sugar
la **carne**   meat
la **cebolla**   onion
la **cita**   date
la **entrada**   ticket (i.e., theater)
el **feriado**   holiday
la **función**   show
el **huevo**, el **blanquillo** (*Mex.*)   egg
la **lata**, el **bote** (*Mex.*)   can
la **lechuga**   lettuce
la **mantequilla**   butter
la **manzana**   apple
la **naranja**   orange
el **pan**   bread
la **película**   movie
la **pera**   pear
el **pescado**   fish
el **premio**   prize
la **salsa**   sauce
la **verdura**   vegetable
la **zanahoria**   carrot

### VERBOS

**encontrarse** (o>ue) (con)   to meet
**ganar**   to win

### ADJETIVO

**siguiente**   following, next

### OTRAS PALABRAS Y EXPRESIONES

**a ver**   let's see
**de haberlo sabido**   had I known
**demasiado**   too much
**hacer cola**   to stand in line
**hacer compras**   to shop, do the shopping
**otra vez**   again
**ponerse a dieta**   to go on a diet
**verdad**   right, true

## VOCABULARIO ADICIONAL

el **apio**   celery
Voy a comer mucho **apio** porque me
   voy a poner a dieta.

el **durazno**, el **melocotón**   peach
No me gustan las manzanas; prefiero
   los **duraznos.**

las **fresas**   strawberries
Las **fresas** no tienen muchas calorías.

la **margarina**   margarine
No compré mantequilla; compré
   **margarina.**

el **papel higiénico**   toilet paper
¿Pusiste el **papel higiénico** en el baño?

el **parque de diversiones**   amusement
   park
Disneyland es mi **parque de
   diversiones** favorito.

la **piña**   pineapple
Cuando fui a Hawaii comí mucha **piña.**

la **sandía**   watermelon
Compré **sandía** para la ensalada de
   frutas.

la **toronja**   grapefruit
¿Quieres jugo de naranja o jugo de
   **toronja?**

el **vinagre**   vinegar
Yo le pongo aceite y **vinagre** a la
   ensalada.

---

**¿Lo sabía Ud....?**

1. Aunque (*Although*) hoy en día hay un gran número de supermercados en los países hispanos, muchas personas prefieren comprar en los mercados al aire libre o en las tiendas pequeñas que generalmente se especializan en uno o dos productos. Por ejemplo, se vende carne en la carnicería, frutas en la frutería, verduras en la verdulería y pan en la panadería.

2. En España y en Latinoamérica, la mayoría de la gente prefiere comprar productos frescos y van al mercado todos los días. ¡Hay gente que compra pan dos veces al día!

3. En muchos países hispánicos se producen muy buenas películas, muchas de las cuales son de tipo socio-político. En 1983, una película española, **Volver a empezar** (*To Begin Again*), ganó el Oscar como la mejor película extranjera.

4. Las películas norteamericanas son muy populares en el mundo hispánico. Generalmente tienen subtítulos en español o están dobladas (*dubbed*). Muchos de los títulos en español son completamente diferentes a los del inglés. Por ejemplo, la película *Jaws* (*Mandíbulas*) se llama **Tiburón** (*Shark*), y *Nine to Five* se titula **Cómo eliminar a su jefe** (*boss*).

## ESTRUCTURAS GRAMATICALES

▶ **1.** Future perfect   (*Futuro perfecto*)

The future perfect in Spanish corresponds closely in formation and meaning to the same tense in English. The Spanish future perfect is formed with the future tense of the auxiliary verb **haber** + the past participle of the main verb.

| | | |
|---|---|---|
| yo | habré terminado | *I will have finished* |
| tú | habrás vuelto | *you will have come back* |
| él | habrá comido | *he will have eaten* |
| nosotros | habremos escrito | *we will have written* |
| vosotros | habréis dicho | *you* (fam.) *will have said* |
| ellos | habrán salido | *they will have gone out* |

Like its English equivalent, the future perfect is used to indicate an action that will have taken place by a certain time in the future.

–¿Tus padres estarán aquí para el dos de junio?

*Will your parents be here by June second?*

–Sí, para esa fecha ya **habrán vuelto** de Madrid.

*Yes, by that date **they will have returned** from Madrid.*

## PRÁCTICA

A. Complete the following sentences, changing the verbs in parentheses to the future perfect tense.

1. Para el sábado, nosotros _____ (terminar) la blusa y la falda.
2. Para las ocho, ellos ya _____ (volver) del parque de diversiones.
3. A esa hora, Julio ya _____ (acostarse).
4. Para entonces, yo _____ (hacer) la comida.
5. Yo ya _____ (comprar) el pan y la mantequilla.
6. ¿Crees que él ya _____ (vender) las sandalias?
7. Para las nueve, la función ya _____ (empezar).
8. Para diciembre, ellos ya _____ (alquilar) el apartamento.

B. Write the following sentences in Spanish.

1. We will have opened the supermarket by then.
2. By noon they will have eaten the meat and the vegetables.
3. By tomorrow, she will have washed my socks and my shirts.
4. By nine o'clock they will have closed the shoe store.
5. By September we will have sold the theater.
6. By then they will have changed the tire.

► **2.** Conditional perfect  (*El condicional perfecto*)

The conditional perfect is formed with the conditional of the auxiliary verb
**haber** + the past participle of the main verb.

| | | |
|---|---|---|
| yo | **habría vuelto** | *I would have returned* |
| tú | **habrías comido** | *you would have eaten* |
| él | **habría salido** | *he would have gone out* |
| nosotros | **habríamos estudiado** | *we would have studied* |
| vosotros | **habríais hecho** | *you* (fam.) *would have done* |
| ellos | **habrían muerto** | *they would have died* |

Like the English conditional perfect, the Spanish conditional perfect is
used to indicate an action that would have taken place but didn't.

| –Compramos piña. | *We bought pineapple.* |
|---|---|
| –Yo **habría comprado** sandía. | *I would have bought watermelon.* |

## PRÁCTICA

A. Respond to the following statements, using the conditional perfect and the
cues given.

MODELO:   Yo traje cebollas.   (nosotros / apio)
        *Nosotros habríamos traído apio.*

1. Ella comió zanahorias.   (yo / lechuga)
2. Yo fui a ver una comedia musical.   (ellos / un drama)
3. Ellos alquilaron un apartamento.   (nosotros / casa)
4. Ana tomó jugo de naranja.   (tú / de toronja)
5. Él se puso un suéter.   (yo / un abrigo)
6. Ellas durmieron adentro.   (nosotros / afuera)
7. Jorge pidió un cuarto interior.   (Ud. / un cuarto con vista a la calle)
8. Yo compré una blusa y una falda.   (Elsa / un vestido)

B. Answer the following questions with complete sentences.

1. ¿Cuánto habrías pagado tú por un buen par de zapatos?
2. ¿A dónde habrías ido a esquiar?
3. Yo tomé aspirinas para el dolor de cabeza. ¿Qué habría tomado Ud.?
4. Yo le di veinte dólares a mi hijo. ¿Cuánto te habría dado tu papá?
5. El domingo pasado fui a ver un partido de fútbol. ¿A dónde habrían
   ido Uds.?
6. Yo le puse aceite y vinagre a la ensalada. ¿Qué le habrías puesto tú?
7. De postre servimos duraznos. ¿Qué habrían servido tus padres?
8. De haber sabido que esta clase no era muy fácil, ¿la habrías tomado?

C. Write the following sentences in Spanish.

1. He wouldn't have eaten the fish.
2. We would have bought sugar and a dozen eggs.
3. They would have brought the apples and the pears.
4. He wouldn't have worn that tie.
5. You would have broken your leg!

▶ **3.** Reciprocal reflexives   (*Pronombres reflexivos en función recíproca*)

As you have already learned in *lección* 8, the reflexive pronouns are used whenever the subject does the action to itself. The reflexive pronouns may also be used in the plural form (**nos, os, se**) to express a mutual or reciprocal relationship. The reflexive then translates as the expressions (*to*) *each other* or (*to*) *one another*.

**Nos** queremos mucho.          *We love **each other** very much.*

Los amigos **se** escriben.          *The friends write **to each other**.*

*Vendedor de frutas en Madrid.*

## PRÁCTICA

Write the following sentences in Spanish.

1. They will always see each other.
2. We don't love each other very much.
3. We don't speak to each other at home.
4. Did you meet at the concert?
5. Do you write to each other often?

▶ **4.** Uses of **se** as an impersonal subject   (*Usos de se como sujeto impersonal*)

Spanish uses the pronoun **se** + the third-person singular or plural of the verb to form an impersonal construction. This is equivalent to the English passive voice or to English sentences with the impersonal subjects *one, they, people,* and the like. This construction is widely used in Spanish.

En Guatemala **se habla** español.   { *Spanish **is spoken** in Guatemala.*
   ***They speak** Spanish in Guatemala.*

—Si **se llevan** más de dos maletas, **se tiene** que pagar exceso de equipaje.
—Yo jamás viajo con menos de seis maletas.

*If **one takes** more than two suitcases, **one must** pay excess luggage.*
*I never travel with less than six suitcases.*

## PRÁCTICA

A. Answer the following questions with complete sentences.

1. ¿Se habla inglés en Cuba?
2. ¿A qué hora se abren las tiendas?
3. ¿Se habla español o portugués en Río de Janeiro?
4. ¿Se usa ahora el pelo corto y lacio?
5. ¿Qué clase de coche cree Ud. que se vende más?
6. ¿Qué colores se usan más en el verano?
7. ¿Se vive bien en los Estados Unidos?
8. ¿Dónde se compran tomates?
9. ¿Dónde se vende papel higiénico?
10. ¿A qué hora se cierra la oficina de correos?

B. Write the following sentences in Spanish.

1. Water pumps, carburetors, and brakes are fixed at this repair shop.
2. They say Uruguayan food is excellent.
3. How does one get out of this building?
4. English is spoken in Australia.

## ¡A VER CUÁNTO APRENDIÓ!

A. ¡Conversemos!

Reread the dialogues in this lesson and be ready to discuss the following.

1. ¿A dónde van Jorge y Oscar para hacer las compras de la semana?
2. ¿Qué piensan hacer por la noche?
3. ¿A qué hora se abre el supermercado?
4. Según Oscar, ¿qué necesitan comprar?
5. ¿Cuántas latas de frijoles compran los muchachos?
6. De haber sabido que Oscar iba a invitar a las chicas, ¿qué habría hecho Jorge?
7. ¿Qué frutas necesitan para la ensalada?
8. ¿Por qué dice Oscar que tendrán que ponerse a dieta?
9. ¿Para qué tienen que hacer cola los muchachos?
10. ¿Qué premio ganó la película que van a ver?
11. ¿A dónde van a ir después de ver la película?
12. ¿Dónde se van a encontrar Elsa y Jorge?

B. Give appropriate answers to the following questions.

1. ¿Aceptaría Ud. una cita con una persona a quien no conoce?
2. ¿Prefieres ver una comedia musical o un drama?
3. Ud. salió con una chica (un chico) y no se divirtió. ¿Saldría con ella (él) otra vez?
4. ¿Qué hace Ud. cuando es feriado?
5. ¿Se preocupa Ud. cuando alguien viene a comer a su casa? ¿Por qué o por qué no?
6. ¿Cuántas docenas de huevos compra Ud. para una semana?
7. ¿Qué frutas le gustan a Ud.? ¿Qué verduras?
8. ¿Prefiere Ud. comer carne, pescado o pollo?
9. ¿A qué hora se cierran los mercados?
10. ¿A qué hora se abre la biblioteca de la universidad?

C. ¡Repase el vocabulario!

Choose the appropriate response to each of the following questions.

1. ¿Vas a hacer ravioles?
    a. Sí, necesito una lata de frijoles.
    b. Sí, necesito dos latas de salsa de tomate.
    c. Sí, necesito las naranjas.

2. ¡Caramba! La comida está carísima, ¿verdad?
    a. Sí, es muy barata.
    b. Sí, ahora cuesta menos.
    c. Sí, cuesta una fortuna.

3. ¿Hay mucha gente para comprar las entradas?
    a. Sí, tenemos que hacer cola.
    b. Sí, tenemos que llamar una grúa.
    c. Sí, tenemos que ir a la estación de servicio.

4. A ver... ¿qué verduras necesitamos?
    a. Agua y aceite.
    b. Pescado y pollo.
    c. Lechuga y zanahorias.

5. ¿Cuándo estuvieron listas las radiografías?
    a. Mañana.
    b. Al día siguiente.
    c. La semana próxima.

6. ¿Dónde queda el supermercado?
    a. Frente a la gasolinera.
    b. En la barbería.
    c. En el río.

7. ¿No tienes una cita con Juan Carlos?
    a. Sí, pero no puedo ir porque él es famoso.
    b. Sí, pero no puedo ir porque me duele la espalda.
    c. Sí, pero no puedo ir porque no tengo visa.

8. ¿Qué vas a usar para hacer el jugo?
    a. Huevos.
    b. Toronjas.
    c. Sellos.

9. ¿Bailamos?
    a. No, tengo que ponerme a dieta.
    b. No, me duelen los pies.
    c. No, no tengo el menú.

10. Dicen que esa película es fantástica.
    a. Sí, ganó el primer premio.
    b. Sí, ganó la licencia para conducir.
    c. Sí, a mí tampoco me gustó.

D. Situaciones

What would you say in the following situations?

1. You are telling someone from out of town what time stores open and close in the city in which you live.
2. Tell your friends you are going to meet them at the amusement park.
3. You tell your friend the ingredients (**ingredientes**) of a good salad and fruit salad.
4. Your friends dropped in to see you. Tell them that, had you known they were coming, you would have cleaned your apartment.

E. Para escribir

1. Write a grocery shopping list.
2. Write a dialogue between yourself and a friend, making plans for the weekend.

# SELF-TEST LECCIONES 11-15

Take this test. When you finish, compare your answers with the answer key provided for this section in Appendix C. Then use a red pen to correct any mistakes you may have made. Ready? Go!

## LECCIÓN 11

### A. Imperfect tense

Complete the following sentences with the imperfect tense of the verbs in the list, as needed.

| | | |
|---|---|---|
| dar | prestar | servir |
| tener | asistir | terminar |
| vivir | trabajar | devolver |

1. Yo nunca le _____ mis libros porque él no los _____ .
2. Nosotros siempre _____ una fiesta cuando _____ el semestre.
3. Ellos nunca _____ dinero para pagar la matrícula.
4. Cuando nosotros _____ en Chile, yo _____ a la escuela secundaria.
5. ¿Tú _____ en la biblioteca?
6. ¿Tú siempre _____ vino con la cena?

### B. Irregular imperfects

Complete the following sentences with the imperfect tense of **ser, ver,** or **ir,** as needed.

1. Cuando yo _____ niño, _____ a todos los partidos de fútbol.
2. ¿Tú _____ a tu clase de química cuando te vimos?
3. ¿Qué hora _____ cuando empezó la clase de sicología?
4. Cuando nosotros _____ niños, _____ a la escuela primaria juntos.
5. ¿Uds. siempre _____ a su consejero para planear el programa de estudios?
6. ¿Tú _____ a tus abuelos frecuentemente cuando _____ niño?

C. **Qué** and **cuál** used with **ser**

Supply the question that elicited the following responses, beginning with **qué** or **cuál,** as needed.

1. Mi número de teléfono es 862-4031.
2. El apellido de mi madre es Lovera.
3. Un pasaporte es un documento que necesitamos para viajar a un país extranjero.
4. Los requisitos son contabilidad y matemáticas.
5. Su dirección es calle Universidad número treinta.
6. La matrícula es el dinero que pagamos para tomar clases en una universidad.

D. The relative pronouns **que** and **quien(es)**

Combine the following pairs of sentences, using **que, quien,** or **quienes,** as needed. Follow the model.

MODELO:    Ayer hablé con el señor.
           El señor quería tomar mi clase.
           *Ayer hablé con el señor que quería tomar mi clase.*

1. Ésta es la señorita.
   La señorita le va a dar la tarea.
2. Éstos son los vestidos.
   Los vestidos están de moda.
3. Ayer vi a las profesoras.
   Ellos nos hablaron de las profesoras.
4. Ésta es la señora.
   Yo le mostré la calculadora a la señora.
5. Él compró un diccionario.
   El diccionario es caro.

E. Uses of **hacía... que**

Write sentences using the **hacía... que** construction and the elements provided. Follow the model.

MODELO:    cuatro años / tú / vivir / Lima
           *Hacía cuatro años que tú vivías en Lima.*

1. dos horas / nosotros / esperar / en la cafetería
2. una semana / ellos / estudiar / sociología
3. quince minutos / el profesor / hablar / literatura
4. dos días / Uds. / no comer
5. cinco meses / yo / no verlo

F. Just words . . .

Complete the following sentences with the appropriate words or phrases from the vocabulary in *lección* 11.

1. Me gusta mucho la historia. Ésa es mi _____ en la universidad.
2. Como _____ , jugamos al fútbol en nuestra clase de _____ .
3. Ayer hablé con mi _____ para planear mi programa de clases.
4. Es de La Habana. Es _____ .
5. Leímos *Don Quijote* en nuestra clase de _____ española.
6. El trimestre pasado tomé varios _____ generales, y ya tengo todos los requisitos.
7. No puedo jugar al fútbol porque no tengo _____ para practicar.
8. ¿Tienen un examen mañana? ¡Buena _____ !
9. No puedo tomar clases si no tengo dinero para pagar la _____ .
10. ¿Crees que es preferible tomar todos los requisitos generales primero? Yo creo _____ .
11. Es mejor empezar a estudiar lo antes _____ .
12. Estoy _____ de que esta lección no es difícil. Es muy _____ .
13. Un sinónimo de *asignatura* es _____ .
14. Tienes que entregarle el dinero y las tarjetas a la _____ .
15. Te voy a dar la carpeta con mi horario _____ el sábado.
16. Mi _____ en la clase de computadoras es «A».

LECCIÓN **12**

A. Preterit and imperfect

Give the Spanish equivalent of the words in parentheses.

1. Mi hermano _____ un accidente ayer. Yo _____ una ambulancia.   (*had/called*)
2. La semana pasada nosotros _____ al consultorio del doctor Mena. (*went*)
3. _____ las nueve de la noche cuando la enfermera me _____ a la sala de rayos equis para tomarme una radiografía.   (*It was/took*)
4. El médico me _____ si yo _____ embarazada.   (*asked/was*)
5. Cuando ella _____ chica, siempre _____ mareos y dolores de cabeza.   (*was/had*)
6. La doctora Nieto _____ que el niño _____ una inyección de penicilina.   (*said/needed*)
7. Anoche _____ un accidente en la autopista.   (*there was*)
8. Ayer nosotros _____ muy ocupados porque _____ mucha gente en nuestro restaurante.   (*were/there were*)
9. Pedro y yo _____ a la sala de emergencia cuando _____ a Marcela.   (*were going/we saw*)
10. La cabeza me _____ mucho. _____ dos aspirinas y _____ .   (*hurt/I took/went to bed*)

B. Changes in meaning with the imperfect and preterit

Write the following sentences in Spanish.

1. I refused to talk about my sickness.
2. We didn't know you had heart trouble, sir.
3. She found out I was sick.
4. At midnight I managed to sleep.
5. I met your brother last night.
6. I didn't want to take the medicine, but I took it.
7. She couldn't (wasn't able to) pay.
8. Paco, did you know Miss Rivera?

C. Past progressive

Write sentences with the elements given, using the past progressive.

1. nosotros / cruzar la calle
2. yo / servir hamburguesas
3. ¿qué / leer / tú?
4. ellos / no decir / nada
5. el doctor / recetarle / penicilina

D. **Hace...** meaning *ago*

Write questions or statements using the elements provided and the expression **hace... que.** Follow the model.

MODELO:  ¿ / cuánto tiempo / el doctor / recetarle / esa
medicina / ?
*¿Cuánto tiempo hace que el doctor le recetó esa medicina?*

1. dos días / atropellarlo / un coche
2. tres meses / ellos / operarme / de apendicitis
3. una semana / morir / mi perro
4. ¿ / cuánto tiempo / Ud. / ver / al doctor / ?
5. ¿ / cuánto tiempo / ellos / hacerle / los análisis / ?

E. Weather expressions

Complete the following sentences appropriately.

1. Necesito un paraguas. Está _____ a cántaros.
2. ¿No te vas a poner el abrigo? ¡Brrr! ¡ _____ _____ _____ !
3. ¡No necesito abrigo! ¡Hace _____ !
4. En Alaska _____ mucho en el invierno.
5. Necesitas la sombrilla para ir a la playa. Hoy _____ _____ _____ .
6. No quiero vivir en Oregón porque allí llueve mucho, y no me gusta la

_____ .

F. Just words . . .

Choose the word or phrase in parentheses that best completes the meaning of each of the following sentences.

1. Ella es alérgica a la (sección, penicilina, clase). Además, es diabética.
2. Comemos con (los oídos, los dientes, el pecho).
3. Hablamos con (la espalda, los dedos, la lengua).
4. Vemos con (los ojos, la boca, las orejas).
5. Caminamos con (las manos, el cuello, los pies).
6. Me desinfectaron (el dolor, la herida, la receta).
7. ¿Te (rompiste, atropellaste, sufriste) el brazo alguna vez?
8. Me sangraba mucho (la pierna, el pelo, el mareo).
9. Le vendé (el tobillo, el análisis, el corazón).
10. Era una calle de dos (narices, caras, vías).
11. ¿Cuándo fue la última vez que le (cortaron, quebraron, pusieron) una inyección contra el tétano?
12. ¿Por qué tomaste aspirinas? ¿Tenías (dolor de cabeza, apendicitis, tétano)?
13. ¿Tienes Alka Seltzer? Es para (el pecho, el estómago, los dedos de los pies).

14. Me van a hacer un análisis para ver (si me duele algo, si me sangra la nariz, si soy diabético).
15. Va a tener un niño. Está (cansada, enferma, embarazada).
16. ¿Qué le pasó a Raúl? Dicen que tiene el brazo (roto, alto, sentado).

## LECCIÓN 13

A. Past participle

Give the Spanish equivalent of the following past participles.

1. written
2. opened
3. seen
4. done
5. broken

6. gone
7. spoken
8. eaten
9. drunk
10. received

B. Present perfect tense

Complete the sentences with the present perfect tense of the verbs in the list, as needed.

decir        usar        comer
quedarse     hacer       envolver

1. ¿Tú nunca ____ esa falda?
2. Él me ____ los zapatos. No voy a llevarlos puestos.
3. Ellos me ____ que no tienen nada que ponerse.
4. Nosotros ____ demasiado.
5. Yo me ____ en la planta baja.
6. ¿Uds. no ____ la tarea todavía?

C. Past perfect tense

Complete the following sentences with the past perfect tense of the verbs in parentheses.

1. Cuando yo llegué, la liquidación ya ____ . (terminar)
2. Elsa dijo que ellos ____ (ir) al departamento de ropa para caballeros.
3. El dependiente me ____ (decir) que la cartera costaba cincuenta dólares.
4. Yo ya ____ (abrir) el probador.
5. Nosotros todavía no ____ (planchar) los pantalones.
6. ¿Tú le ____ (preguntar) qué talla usaba?

D.  Past participles used as adjectives

Give the Spanish equivalent of the words in parentheses.

   1.  Los espejos están _____ .  (*broken*)
   2.  ¿Están _____ las puertas de la tienda?  (*open*)
   3.  El hombre estaba _____ .  (*dead*)
   4.  El departamento de señoras está _____ .  (*closed*)
   5.  Estas sandalias están _____ aquí.  (*made*)


E.  Just words . . .

Choose the appropriate answer to the following questions.

   1.  ¿Qué número calza Ud.?
       a.  Talla mediana.
       b   El treinta y seis.
       c.  No tengo pantimedias.

   2.  ¿Quiere las botas negras y la bolsa azul?
       a.  No, no hacen juego.
       b.  Casi al mismo tiempo.
       c.  No, me gusta la ropa interior.

   3.  ¿Puedo probarme estos zapatos?
       a.  Sí, pero antes tiene que ponerse calcetines.
       b.  Sí, pero necesita esta corbata.
       c.  Sí, pero necesita ponerse estos guantes.

   4.  ¿Va a llevar este par de zapatos?
       a.  No, me quedan muy bien.
       b.  No, están en la zapatería.
       c.  No, me aprietan un poco.

   5.  ¿Dónde pusiste el traje?
       a.  ¡En la billetera, por supuesto!
       b.  ¡En el ropero, por supuesto!
       c.  ¡En la escalera, por supuesto!

   6.  ¿Tiene frío señora?
       a.  Sí, tráigame el pañuelo.
       b.  Sí, tráigame las sandalias.
       c.  Sí, tráigame la chaqueta.

7. ¿Quieres comer algo?
    a. Sí, estoy muerta de hambre.
    b. Sí, me gusta este modelo.
    c. Sí, quiero esa camisa y esa blusa.

8. ¿Cómo subieron al tercer piso?
    a. Nos encontramos en el tercer piso.
    b. Por la escalera mecánica.
    c. Compramos ropa.

## LECCIÓN 14

A. The future tense

Give the Spanish equivalent of the words in parentheses.

1. El mecánico ____ que su coche está descompuesto, señora.  (*will tell you*)
2. ¿Quién ____ el carburador y la batería?  (*will bring*)
3. Yo ____ las maletas en el maletero.  (*will put*)
4. Nosotros ____ un limpiaparabrisas nuevo.  (*will buy*)
5. ¿Tú ____ esta noche?  (*will speak to him*)
6. Yo ____ todo lo posible por los niños.  (*will do*)
7. Ellos ____ hasta la gasolinera para comprar gasolina.  (*will drive*)
8. El mecánico ____ el motor.  (*will check*)
9. Papá ____ el coche al taller.  (*will take*)
10. ____ más tarde, querido.  (*I will see you*)

B. Use of the future to express probability

Rewrite the following sentences with the future of probability. Follow the model.

MODELO:   ¿Quién *crees tú que es* esa chica?
             *¿Quién será esa chica?*

1. Mi coche hace mucho ruido. *Debe ser* porque el silenciador no funciona.
2. ¿Cuántos años *crees tú que tiene* Gustavo?
3. ¿Dónde *crees tú que hay* una estación de servicio?
4. Ese coche *debe costar* unos diez mil dólares.
5. San Diego *debe estar* a unas cincuenta millas de Los Ángeles.

C. The conditional

Give the Spanish equivalent of the words in parentheses.

1. Él dijo que ellos _____ el aceite.  (*would change*)
2. ¡Yo sabía que el tanque _____ vacío!  (*would be*)
3. Yo te dije que el coche _____ con la lluvia.  (*would get dirty*)
4. Yo les dije que Uds. _____ un filtro nuevo.  (*would need*)
5. Nosotros le _____ agua al carburador.  (*would put*)
6. ¿Qué le _____ tú?  (*would tell*)

D. Use of the conditional to express probability in the past

Rewrite the following sentences with the conditional to express probability in the past. Follow the model.

MODELO:   ¿Quién *crees tú que era* esa mujer?
          *¿Quién sería esa mujer?*

1. *Me pregunto qué hora era* cuando llegaron los muchachos.
2. *¿Crees tú que era* el acumulador?
3. ¿Cuántos años *crees tú que tenía* el dependiente?
4. *Me pregunto* quién *instaló* la bomba de agua.
5. ¿Quién *crees tú que vino* con Lola?

E. Just words . . .

Choose the word or phrase in parentheses that best completes each of the following sentences.

1. Tendré que cambiar (la chapa, el freno, el filtro) del aceite.
2. ¡Caramba! Los frenos de mi coche no (funcionan, manejan, arreglan).
3. Tuve que parar porque tuve (un pinchazo, un letrero, un portaguantes) en la carretera.
4. La (carretera, velocidad, grúa) máxima es de noventa kilómetros por hora.
5. No necesito gasolina porque el tanque está (lleno, rápido, extraño).
6. Camino a Madrid, me dieron una multa porque (las llantas eran negras, el coche no arrancaba, iba muy rápido).
7. La (goma, bomba de agua, chapa) de mi carro es ANA 325.
8. Según ese letrero no podemos (tener neumáticos, estacionar aquí, tener licencia para conducir).
9. Va a venir una grúa para (remolcar, instalar, funcionar) el coche.
10. Apague (el maletero, los frenos, las luces) del coche, por favor.

## LECCIÓN 15

A. Future perfect tense

Give the Spanish equivalent of the words in parentheses.

1. Para mañana _____ las entradas.  (*I will have bought*)
2. Para entonces, la función ya _____ .  (*will have finished*)
3. Para las diez, ellos ya _____ el supermercado.  (*will have closed*)
4. Para las doce, nosotros ya _____ del concierto, ¿verdad?  (*will have returned*)
5. ¿Tú _____ con ellos en el parque de diversiones para las once?  (*will have met*)

B. Conditional perfect

Complete the following sentences with the conditional perfect of the verbs in the list.

preocuparse, comprar, volver, aceptar, hacer

1. De haberlo sabido, yo no _____ esas latas de durazno.
2. Nosotros no _____ cola otra vez.
3. Él no _____ por eso.
4. ¿Tú _____ una cita con Rubén?
5. Ellos _____ al día siguiente.

C. Reciprocal reflexives

Write sentences with the elements given. Follow the model.

MODELO:    hace / un año / nosotros / no hablarse
           *Hace un año que nosotros no nos hablamos.*

1. hace / tres meses / ellos / escribirse
2. hace / mucho tiempo / Uds. / conocerse
3. hace / un mes / ellas / no verse
4. hace / quince días / Julio y Marisa / no llamarse por teléfono
5. hace / mucho tiempo / tú y yo / quererse

D. **Se** as an indefinite subject

Form questions with the elements given, adding the necessary connectors. Follow the model.

MODELO:    a qué hora / abrir / las tiendas
*¿A qué hora se abren las tiendas?*

1. qué idioma / hablar / Chile
2. a qué hora / cerrar / biblioteca
3. qué modelo / usar / este año
4. dónde / vender / billeteras / para hombre
5. por dónde / subir / segundo piso

E. Just words . . .

Match the questions in column **A** with the appropriate responses in column **B**.

| **A** | **B** |
|---|---|
| 1. ¿Está muy gorda? | a. Lechuga, cebolla, papas, tomates y apio. |
| 2. ¿Quieres ver un drama? | b. No, solamente como verduras. |
| 3. ¿Cuántos huevos quieres? | c. En el baño. |
| 4. ¿Qué frutas usas para la ensalada? | d. Sí, ganó el primer premio. |
| 5. ¿Trabajas el lunes? | e. No, es barato. |
| 6. ¿Qué necesitas para la ensalada? | f. Pescado. |
| 7. ¿No quieres azúcar? | g. Yo no como frutas. |
| 8. ¿Es buena esa película? | h. No, prefiero una comedia musical. |
| 9. ¿Dónde está el papel higiénico? | i. No, solamente aceite. |
| 10. ¿Qué quieres desayunar? | j. Zanahorias. |
| 11. ¿Alquilaste el apartamento? | k. No, es feriado. |
| 12. ¿Qué se vende allí? | l. Para hacer ravioles. |
| 13. Cuesta una fortuna, ¿verdad? | m. No, soy diabético. |
| 14. ¿No quieres carne? | n. No, se puso a dieta. |
| 15. ¿Qué come Bugs Bunny? | o. Pan y mantequilla. |
| 16. ¿Prefieres toronja o sandía? | p. Naranjas, peras, piña, manzanas, fresas y melón. |
| 17. ¿Tú le pones vinagre a la ensalada? | q. No, es demasiado caro. |
| 18. ¿Cuánto es? | r. Dos docenas. |
| 19. ¿Para qué necesitas la salsa de tomate? | s. Voy a hacer unas compras. |
| 20. ¿Qué vas a hacer hoy? | t. A ver… veinte dólares. |

## OBJECTIVES

STRUCTURE    The subjunctive mood • The subjunctive with verbs of
volition • The subjunctive with verbs of emotion • Uses of
**sino** and **pero**

COMMUNICATION    You will learn vocabulary related to banking: opening
accounts, cashing checks, applying for loans, and so on.

## En el banco

*En el Banco de Ponce en Puerto Rico se oyen estas conversaciones.*

*Abriendo una cuenta de ahorros:*

| | |
|---|---|
| EMPLEADA | —¿En qué puedo servirle, señor? |
| CLIENTE | —Quiero abrir una cuenta de ahorros. ¿Qué interés pagan? |
| EMPLEADA | —Pagamos el 12 por ciento anual en certificados de depósito a plazo fijo. |
| CLIENTE | —¿Qué es eso? |
| EMPLEADA | —Es un tipo de cuenta en la cual se debe depositar un mínimo de cinco mil dólares por un período de seis meses por lo menos. |
| CLIENTE | —Bien. Mi esposa quiere que abramos una cuenta conjunta. ¿Se necesita la firma de ella? |
| EMPLEADA | —Sí. Llene, feche y firme esta tarjeta y dígale a su esposa que la firme también. |
| CLIENTE | —¿Podemos sacar el dinero en cualquier momento? |
| EMPLEADA | —Sí, pero yo les sugiero que lo dejen por seis meses para no perder el interés. Aquí tiene su libreta de ahorros. |

*Cobrando un cheque:*

| | |
|---|---|
| CLIENTE | —Quiero cobrar este cheque. Déme cien dólares en efectivo. Voy a depositar el resto en mi cuenta corriente. |
| EMPLEADO | —Necesito que me dé el número de su cuenta o un modelo de depósito. |
| CLIENTE | —Lo siento, pero no traje el talonario de cheques y no sé cuál es el número de mi cuenta. |
| EMPLEADO | —No importa. Yo lo busco. |
| CLIENTE | —Necesito cheques de viajero. ¿Son gratis? |
| EMPLEADO | —Sí, si Ud. tiene un saldo de más de dos mil dólares en su cuenta. |
| CLIENTE | —Muy bien. Déme diez cheques de veinte dólares. ¡Ah! Quiero sacar unos papeles de mi caja de seguridad. |

## AT THE BANK

*At the Ponce Bank in Puerto Rico, these conversations are heard.*

*Opening a savings account:*

E.  How may I help you, sir?

C.  I want to open a savings account. What interest do you pay?

E.  We pay 12 percent annually on certificates of deposit with fixed installments.

C.  What's that?

E.  It's a type of account in which you must deposit a minimum of five thousand dollars for a period of at least six months.

C.  Good. My wife wants us to open a joint account. Is her signature necessary (needed)?

E.  Yes. Fill out, date, and sign this card, and tell your wife to sign it too.

C.  Can we withdraw our money at any time?

E.  Yes, but I suggest you leave it (in) for six months in order not to lose the interest. Here's your passbook.

*Cashing a check:*

C.  I want to cash this check. Give me one hundred dollars in cash. I'm going to deposit the rest in my checking account.

E.  I need you to give me your account number or a deposit slip.

C.  I'm sorry, but I didn't bring the checkbook, and I don't know what my account number is.

E.  It doesn't matter. I'll look it up.

C.  I need traveler's checks. Are they free?

E.  Yes, if you have a balance of more than two thousand dollars in your account.

C.  Very well. Give me ten twenty-dollar checks. Oh! I want to get some papers out of my safe-deposit box.

E.  For that, you have to go to window number seven . . . No, excuse me . . . it's not (window number) seven, but six.

EMPLEADO  —Para eso tiene que ir a la ventanilla número siete… No, perdón… no es la[1] siete sino la seis.

*El señor Rivas y su esposa quieren solicitar un préstamo:*

SR. RIVAS  —Espero que nos den el préstamo.

SRA. RIVAS  —Temo que no nos lo den porque no tenemos ninguna propiedad personal.

SR. RIVAS  —Pero no tenemos deudas, excepto la hipoteca de la casa.

SRA. RIVAS  —Bueno, ¿por qué no llenas la solicitud ahora?

## VOCABULARIO

### COGNADOS

el **banco**   bank

**excepto**   except

el **interés**   interest

el **mínimo**   minimum

el **período**   period

el **resto**   rest

el **tipo**   type

---

**NOMBRES**

la **caja de seguridad**   safe-deposit box

el (la) **cliente(-a)**   customer, client

la **cuenta**   account, bill

la **cuenta conjunta**   joint account

la **cuenta corriente**   checking account

la **cuenta de ahorros**   savings account

la **deuda**   debt

la **firma**   signature

la **hipoteca**   mortgage

la **libreta de ahorros**   passbook

el **modelo de depósito**   deposit slip

el **papel**   paper

el **préstamo**   loan

la **propiedad personal, los bienes**   assets

el **saldo**   balance

la **solicitud**   application

el **talonario de cheques**   checkbook

**VERBOS**

**buscar**   to look up

**cobrar**   to cash, collect; to charge

**deber**   to owe

**depositar**   to deposit

**esperar**   to hope

**fechar**   to date (a check, a letter)

**oír**[2]   to hear

**sugerir (e>ie)**   to suggest

**temer**   to fear, be afraid

**ADJETIVOS**

**anual**   annual

**gratis**   free (of charge)

---

[1]The word **ventanilla** is understood; therefore, it is omitted.

[2]Present indicative: **oigo, oyes, oye, oímos, oís, oyen**

**OTRAS PALABRAS Y EXPRESIONES**

**certificado de depósito a plazo fijo**   time-limit certificate, certificate of deposit with fixed installments

**en cualquier momento**   at any time

## VOCABULARIO ADICIONAL

**ahorrar**   to save
Quiero **ahorrar** diez dólares por semana.

**al contado**   cash
No voy a comprarlo a plazos. Voy a comprarlo **al contado**.

**a plazos**   in installments
Compré un piano **a plazos**.

**el billete**   bill
Tengo dos **billetes** de cien dólares.

**el contrato**   contract
Ayer firmamos el **contrato**.

**mensual**   monthly
Pago treinta dólares **mensuales**.

**el pago**   payment
¿Tienes dinero para hacer los **pagos?**

**en efectivo**   in cash
**¿En qué puedo servirle?**   What can I do for you?
**no importa**   it doesn't matter
**por ciento**   percent
**por lo menos**   at least

**pedir prestado**   to borrow
Voy al banco para **pedir prestados** cinco mil dólares.

**el recibo**   receipt
Él me pagó y yo le di un **recibo**.

**sin límite de tiempo**   without time limit
¿Va a depositar el dinero a plazo fijo o **sin límite de tiempo?**

**la sucursal**   branch
Trabajo en una **sucursal** del Banco de América.

*Mr. Rivas and his wife want to apply for a loan:*

MR. R.   I hope they give us the loan.
MRS. R.   I'm afraid they won't give it to us because we don't have any personal property.
MR. R.   But we don't have (any) debts except the mortgage on the house.
MRS. R.   Well, why don't you fill out the application now?

---

1. Puerto Rico es una de las Antillas Mayores. Es un estado libre asociado con los Estados Unidos, y sus lenguas oficiales son el español y el inglés. Su capital es San Juan.

   Los indios llamaban a la isla de Puerto Rico «Borinquen», y hoy en día muchos de sus habitantes todavía usan ese nombre: en vez de (*instead of*) decir que son «puertorriqueños» dicen que son «boricuas».

2. Cada nación latinoamericana tiene un banco central encargado de (*in charge of*) emitir el dinero y de controlar la actividad de los bancos comerciales.

   En la actualidad, América Latina está atravesando (*going through*) una gran crisis económica. Esto hace que los bancos centrales tengan que emitir grandes sumas (*quantities*) de dinero para financiar los déficits de sus gobiernos, y así la inflación resulta incontrolable.

**¿Lo sabía Ud....?**

## ESTRUCTURAS GRAMATICALES

▶ **1.** The subjunctive mood    (*El modo subjuntivo*)

**A.** Use of the subjunctive

While the indicative mood is used to express events that are factual and definite, the subjunctive mood is used to refer to events or conditions that the speaker does not view as part of reality or of his or her own experience. Expressions of volition, doubt, surprise, fear, and so forth are naturally followed by actions that occur only in the speaker's mind.

Except for its use in main clauses to express commands, the Spanish subjunctive is most often used in subordinate or dependent clauses.

The subjunctive is also used in English, although not as often as in Spanish. For example:

*I suggest that he* **arrive** *tomorrow.*

The expression that requires the use of the subjunctive is in the main clause, *I suggest.* The subjunctive appears in the subordinate clause, *that he* **arrive** *tomorrow.* The subjunctive mood is used because the action of arriving is not real; it is only what is *suggested* that he do.

**B.** Forms of the present subjunctive of regular verbs

To form the present subjunctive, add the following endings to the stem of the first person singular of the present indicative, after dropping the **o**.

| | -ar verbs | -er verbs | -ir verbs |
|---|---|---|---|
| | habl **-e** | com **-a** | viv **-a** |
| | habl **-es** | com **-as** | viv **-as** |
| | habl **-e** | com **-a** | viv **-a** |
| | habl **-emos** | com **-amos** | viv **-amos** |
| | habl **-éis** | com **-áis** | viv **-áis** |
| | habl **-en** | com **-an** | viv **-an** |

◈ Note that the endings for the **-er** and **-ir** verbs are the same.

The following table shows how to form the first person singular of the present subjunctive. The stem is the same for all persons.

| Verb | First Person Singular Present Indicative | Subjunctive Stem | First Person Singular Present Subjunctive |
|------|------------------------------------------|------------------|-------------------------------------------|
| tratar | trato | trat- | trate |
| aprender | aprendo | aprend- | aprenda |
| escribir | escribo | escrib- | escriba |
| decir | digo | dig- | diga |
| hacer | hago | hag- | haga |
| traer | traigo | traig- | traiga |
| cobrar | cobro | cobr- | cobre |
| venir | vengo | veng- | venga |

## PRÁCTICA

Give the present subjunctive of the following verbs.

1. *yo:*   solicitar, recibir, traer, decir, enviar, comer, ver, hacer
2. *tú:*   sufrir, operar, cubrir, doblar, venir, barrer, abrir
3. *él:*   retirar, traer, decidir, anotar, atropellar
4. *nosotros:*   cenar, depositar, celebrar, leer, poner, mandar
5. *ellos:*   salir, arrancar,[1] deber, bajar, hacer, vender, sangrar, vendar

---

**C.**   Subjunctive forms of stem-changing verbs

1. **-ar** and **-er** verbs maintain the basic pattern of the present indicative

| recomendar *to recommend* | | recordar *to remember* | |
|---------------------------|----------------|------------------------|-------------|
| recomiende | recomendemos | recuerde | recordemos |
| recomiendes | recomendéis | recuerdes | recordéis |
| recomiende | recomienden | recuerde | recuerden |

| entender *to understand* | | devolver *to return (something)* | |
|--------------------------|---------------|----------------------------------|-------------|
| entienda | entendamos | devuelva | devolvamos |
| entiendas | entendáis | devuelvas | devolváis |
| entienda | entiendan | devuelva | devuelvan |

---

[1]See *lección* 10 for rules on orthographic changes.

2. in **-ir** stem-changing verbs, the unstressed **e** changes to **i** and the unstressed **o** changes to **u** in the first and second persons plural

| mentir *to lie* | | dormir *to sleep* | |
|---|---|---|---|
| mienta | mintamos | duerma | durmamos |
| mientas | mintáis | duermas | durmáis |
| mienta | mientan | duerma | duerman |

**D.** Verbs that are irregular in the subjunctive

| dar | estar | saber | ser | ir |
|---|---|---|---|---|
| dé | esté | sepa | sea | vaya |
| des | estés | sepas | seas | vayas |
| dé | esté | sepa | sea | vaya |
| demos | estemos | sepamos | seamos | vayamos |
| deis | estéis | sepáis | seáis | vayáis |
| den | estén | sepan | sean | vayan |

ATENCIÓN:   The subjunctive of **hay** (impersonal form of **haber**) is **haya**.

PRÁCTICA

Give the present subjunctive of the following verbs.

1. *yo:*   dormir, mentir, recomendar, dar, haber, pensar, ir
2. *tú:*   volver, estar, ser, preferir, recordar, morir, ver, pedir
3. *él:*   cerrar, saber, perder, probar, dar, servir, seguir
4. *nosotros:*   sentir, ir, dar, dormir, perder, cerrar, saber, ser
5. *ellos:*   estar, ser, recordar, saber, haber, encontrar, repetir

**E.** Uses of the subjunctive

There are four main concepts that call for the use of the subjunctive in Spanish:

1. *Volition:*   demands, wishes, advice, persuasion, and other impositions of will

> Ella **quiere** que yo le **escriba.**
> Te **aconsejo** que no **vayas** a ese banco.

2. *Emotion:*   pity, joy, fear, surprise, hope, and so on

> Me **sorprende** que **lleguen** tan temprano.

3. *Doubt, disbelief, and denial:*   uncertainty, negated facts

**Dudo** que **paguen** un 10 por ciento de interés.
**No es verdad** que él **sea** médico.
Ella **niega** que Juan **sea** su esposo.

4. *Unreality:*   expectations, indefiniteness, nonexistence

**¿Hay alguien** que **hable** alemán?
**No hay nadie** que lo **sepa.**

▶ **2.** The subjunctive with verbs of volition   (*El subjuntivo con verbos que indican voluntad o deseo*)

All impositions of will, as well as indirect or implied commands, require the subjunctive in subordinate clauses. The subject in the main clause must be different from the subject in the subordinate clause.
    Some verbs of volition:

| | | | |
|---|---|---|---|
| **querer** | **aconsejar** | **sugerir** | **rogar** |
| **mandar** | **pedir** | **necesitar** | **recomendar** |

Note the sentence structure for the use of the subjunctive in Spanish.

| | | |
|---|---|---|
| Él **quiere** | que | yo **estudie.** |
| *He wants* | | *me to study.* |
| main clause | | subordinate clause |

–¿Quiere que le **dé** el número de mi cuenta?
–Sí, y dígale a su esposa que **firme** la solicitud.

*Do you want me to give you my account number?*
*Yes, and tell your wife to sign the application.*

### PRÁCTICA

A. Complete the following sentences with the verbs in parentheses in the subjunctive or in the infinitive, as needed.

1. Nosotros deseamos que él nos (dar) _____ la información familiar.
2. Yo te sugiero que (pedir) _____ un préstamo.
3. Él dice que quiere (depositar) _____ el dinero.
4. Ellos necesitan (cobrar) _____ esos cheques.
5. El profesor quiere que nosotros (saber) _____ los verbos irregulares.
6. Las chicas quieren que (haber) _____ una fiesta hoy.
7. Queremos (estar) _____ en la sucursal del banco a las dos.
8. No quiero que el saldo (ser) _____ de menos de mil dólares.
9. Nos sugiere que (abrir) _____ una cuenta de ahorros.

10. Necesitamos (sacar) ＿＿ unos papeles de la caja de seguridad.
11. Dígale que (llenar) ＿＿ el modelo de depósito.
12. Quiere que tú (ir) ＿＿ al banco.

B. Pattern drill

MODELO 1:   Tu mamá va a ir, ¿verdad?   (yo)
            *No, ella quiere que vaya yo.*

1. Tu mamá va a escribir, ¿verdad?   (nosotros)
2. Tu mamá va a ahorrar, ¿verdad?   (papá)
3. Tu mamá va a volver, ¿verdad?   (ellos)
4. Tu mamá va a trabajar, ¿verdad?   (Ud.)
5. Tu mamá va a venir, ¿verdad?   (yo)

MODELO 2:   Yo no quiero cobrarlo.
            *¡Pues le recomiendo que lo cobre!*

1. Yo no quiero fecharla.
2. Yo no quiero hacerlos.
3. Yo no quiero beberlo.
4. Yo no quiero aprenderlas.
5. Yo no quiero servirla.

C. Answer the following questions with complete sentences.

1. ¿Qué quieren Uds. que yo haga con la lechuga y los tomates?
2. ¿Desean Uds. pagar el coche al contado o a plazos?
3. ¿Te piden tus padres que sigas estudiando?
4. ¿Qué quieres que te traiga de México? ¿Una chaqueta o un pantalón?
5. ¿Qué quieren Uds. que sirva para la cena? ¿Camarones o langosta?
6. Voy a viajar a México. ¿Me sugieres que lleve dinero o cheques de viajero?
7. ¿Qué tipo de cuenta me recomiendan Uds. que abra?
8. ¿Prefieren Uds. que yo traiga uvas, peras o manzanas?
9. ¿Quieres solicitar una tarjeta de crédito? ¿Cuál?
10. ¿Prefieres que te dé dos billetes de cinco o uno de diez?

D. Write the following sentences in Spanish.

1. Tell him to cash the check.
2. I want him to pay the mortgage.
3. They don't want to pay their debts.
4. I suggest you sign the new contract, sir.
5. They prefer that we borrow money.
6. I don't want to buy these shoes; they don't match my bag.

► **3.** The subjunctive with verbs of emotion   (*El subjuntivo con verbos de emoción*)

**A.** In Spanish, the subjunctive is always used in the subordinate clause when the verb in the main clause expresses any kind of emotion, such as fear, joy, pity, hope, pleasure, surprise, anger, regret, sorrow, like and dislike, and so forth. Some of the verbs that call for the subjunctive are **temer, alegrarse** (**de**) (*to be glad*), **sentir** (*to be sorry, regret*), and **esperar.** Note that the subject of the subordinate clause must be different from that of the main clause.

–**Siento** que Julia no **venga** hoy.

–**Espero** que **pueda** venir mañana.

*I'm sorry that Julia is not coming today.*

*I hope she can come tomorrow.*

**B.** If there is no change of subject, the infinitive is used instead of the subjunctive.

Me alegro de no necesitar nada más. ⎫
(**Yo** me alegro–**yo** no necesito.) ⎬ *I'm glad **I** don't need anything else.*
                                      ⎭

PRÁCTICA

A. Pattern drill

MODELO 1:   ¿A qué hora van a llegar los chicos?
            *No sé, pero espero que lleguen temprano.*

1. ¿A qué hora van a volver los chicos?
2. ¿A qué hora van a acostarse los chicos?
3. ¿A qué hora van a dormir los chicos?
4. ¿A qué hora van a levantarse los chicos?
5. ¿A qué hora van a almorzar los chicos?

MODELO 2:   ¿Sabes que Horacio no viene hoy?
            *¡Pues me alegro de que no venga!*

1. ¿Sabes que los chicos no vuelven?
2. ¿Sabes que María no se casa?
3. ¿Sabes que Pedro está enfermo?
4. ¿Sabes que Alberto se va?
5. ¿Sabes que las hermanas de José no están aquí?

B. Supply the correct forms of the verbs in parentheses. Use the subjunctive or the infinitive, as needed.

1. Siento que el cuarto no (tener) _____ baño privado.
2. Me alegro de (tener) _____ la libreta de ahorros.
3. Tememos que tú no (conseguir) _____ un préstamo.
4. Espero que mañana no (lloviznar) _____ .
5. Siento que los cheques no (ser) _____ gratis.
6. Siento no (poder) _____ cobrar este cheque.
7. Temen no (tener) _____ dinero para comprarlo al contado.
8. Me alegro de no (tener) _____ que pedir dinero prestado.
9. Se alegran de que yo no (tener) _____ el contrato.
10. Sentimos mucho que el coche (gastar) _____ tanta gasolina.
11. Espero que ella (traer) _____ el talonario de cheques.
12. Nos gusta (tener) _____ una cuenta conjunta.

*Banco en la Ciudad de México.*

C. Complete the following sentences in an original manner, using either the subjunctive or the infinitive.

1. Temo que el banco...
2. Me alegro de...
3. Siento que el profesor...
4. Mis padres esperan que yo...
5. Temo no...
6. Nos alegramos de que nuestros amigos...
7. Siento...
8. Ella espera...

▶ **4.** Uses of **sino** and **pero**   (*Usos de sino y pero*)

A. **Sino,** meaning *but* in the sense of *on the contrary,* can be used only after negative statements.

> No es la ventanilla número siete **sino** la seis.
> No quiero una cuenta conjunta **sino** una cuenta a mi nombre solamente.

B. **Pero** is used for *but* in all other cases.

> La casa es pequeña **pero** cómoda.
> El cliente no fechó la solicitud **pero** la firmó.

## PRÁCTICA

A. Complete the following sentences with **sino** or **pero,** as needed.

1. No pagan un interés del 10 por ciento _____ del 8 por ciento.
2. No voy a comprarlo al contado _____ a plazos.
3. No tenemos seguro para el Ford _____ lo tenemos para el Pontiac.
4. Ellos cocinan _____ no sirven la comida.
5. Los pagos no son mensuales _____ anuales.
6. Pagué en efectivo _____ no me dieron el recibo.
7. No voy a depositarlo sin límite de tiempo _____ a plazo fijo.
8. Me debe dinero _____ yo sé que no me va a pagar.

B. Write the following sentences in Spanish.

1. I'm not going to open a checking account but a savings account.
2. I didn't bring my passbook, but I know my account number.
3. They have a house, but it's worth only forty thousand dollars.
4. The certificate of deposit with fixed installments is not for a year but for six months.
5. He didn't ask about my assets but about my debts.

## ¡A VER CUÁNTO APRENDIÓ!

A. ¡Conversemos!

Reread the dialogues in this lesson and be ready to discuss the following.

1. En el Banco de Ponce, ¿qué interés pagan en certificados de depósito a plazo fijo?
2. ¿Cuál es el mínimo que debe depositarse? ¿Por cuánto tiempo?
3. ¿Qué quiere la empleada que haga el cliente?
4. ¿Qué le sugiere que haga para no perder el interés?
5. ¿Cuánto quiere el cliente que le den en efectivo?
6. ¿Qué tiene que buscar el empleado? ¿Por qué?
7. ¿Qué quiere sacar el cliente de su caja de seguridad?
8. ¿Qué quieren solicitar el señor Rivas y su esposa?
9. ¿Por qué teme la señora que no les den el préstamo?
10. ¿Qué deudas tienen ellos?

B. Give appropriate responses to the following sentences.

1. ¿Tiene una cuenta de ahorros? ¿En qué banco?
2. ¿Vas a abrir una cuenta corriente? ¿Con cuánto dinero?
3. Si compro tu coche, ¿quieres que te pague con un cheque?
4. ¿Quieren Uds. el dinero en billetes grandes o pequeños?
5. ¿Va Ud. a depositar el dinero a plazo fijo o sin límite de tiempo?
6. ¿Tiene Ud. sus papeles importantes en una caja de seguridad?
7. ¿Tú siempre pides dinero prestado?
8. ¿Cuál es su propiedad personal?
9. ¿Tiene Ud. muchas deudas?
10. Tengo mil dólares. Debo ochocientos. ¿Qué me sugiere Ud. que haga con el resto?

### ¿LE HACE SU HOGAR DESPERDICIAR DINERO?

C. ¡Repase el vocabulario!

Match the questions in column **A** with the appropriate responses in column **B.**

| **A** | **B** |
|---|---|
| 1. ¿Dónde tiene los papeles importantes? | a. El diez por ciento anual. |
| 2. ¿Trajo su libreta de banco? | b. Sí, pero pierde el interés. |
| 3. ¿Por cuánto tiempo debo dejar el dinero? | c. No, con tarjeta de crédito. |
| 4. ¿Qué interés pagan? | d. Sí, excepto Ana María. |
| 5. ¿Cuánto dinero necesitas? | e. Una casa y dos coches. |
| 6. ¿Van a venir todos? | f. Un mínimo de mil dólares. |
| 7. ¿En qué puedo servirle? | g. No, no necesitamos la firma de él. |
| 8. ¿Puedo sacar mi dinero en cualquier momento? | h. Por un período de seis meses. |
| 9. ¿Sabe el cliente el número de la cuenta? | i. Quinientos dólares mensuales. |
| 10. ¿Cuánto debo depositar? | j. Quiero abrir una cuenta corriente. |
| 11. ¿Cuáles son sus bienes? | k. No, pero sé el número de la cuenta. |
| 12. ¿Cuánto paga por la hipoteca? | l. Nada. Son gratis. |
| 13. ¿Cuánto cobran por los cheques? | m. Por lo menos cinco mil dólares, porque quiero comprar un coche. |
| 14. ¿Mi esposo debe firmar el contrato? | n. No, pero no importa. Voy a buscarlo. |
| 15. ¿Va a pagar en efectivo? | o. En la caja de seguridad. |

D. Situaciones

What would you say in the following situations?

1. You are at the bank. Ask the employee how much interest the bank pays on a certificate of deposit with fixed installments. Ask also whether you can withdraw your money at any time.
2. You are a bank employee. Tell a customer that you suggest he open a joint account with his wife. Give him his passbook.
3. You are at the bank. Tell the employee you don't want to open a savings account but a checking account. Ask her to give you a checkbook and some deposit slips.
4. You are a bank employee. Tell your customer that the National Bank has branches in several cities. Also tell him that if he wants to apply for a loan, he has to go to window number five.

E.  Problemas y soluciones

I (We) have the following problems. Suggest solutions, always beginning
with **Le(s) sugiero que...**

1.  Tengo mucha caspa.
2.  Tenemos hambre.
3.  Tengo mucho calor.
4.  Tenemos un examen muy difícil mañana.
5.  Necesito comprar verduras y mantequilla.
6.  Me duele la cabeza.
7.  Nuestro automóvil está descompuesto.
8.  Estamos muy enfermos.
9.  El tanque de mi coche está vacío.
10. Necesitamos dinero para comprar una computadora.
11. Me duelen la espalda y el pecho.
12. Tengo mucha sed.
13. Está lloviznando.
14. Mi coche está muy viejo.
15. Hubo un accidente en la autopista.
16. Quiero ir a México pero no me gusta viajar en avión.
17. No podemos ir a la gasolinera mañana.
18. Queremos comer hamburguesas y papas fritas.
19. Tengo mucha prisa. El banco se cierra en cinco minutos.
20. No puedo comprar el coche al contado.

## Ejercicio de lectura

La señorita Alvarado va al banco para abrir una cuenta de ahorros. El empleado
le sugiere que abra una cuenta en la cual se deposita un mínimo de cinco mil
dólares por un período de seis meses por lo menos. El problema es que la
señorita Alvarado tiene solamente cuatrocientos dólares. Además, quiere sacar
su dinero en cualquier momento.

Decide abrir una cuenta sin límite de tiempo, y deposita trescientos dólares. El resto lo necesita para ir de compras, pues quiere comprar un vestido y
un par de zapatos. El empleado le dice que llene, feche y firme una tarjeta, y
después le da su libreta de banco.

Ahora la señorita Alvarado tiene una cuenta de ahorros y cien dólares en
efectivo. ¿Qué necesita para ser completamente feliz? ¡Una tarjeta de crédito!

¡A ver cuánto recuerda!

Answer the following questions with complete sentences.

1. ¿Para qué va al banco la señorita Alvarado?
2. ¿Qué le sugiere el empleado?
3. ¿Cuál es el problema?
4. ¿Qué tipo de cuenta decide abrir la señorita Alvarado?
5. ¿Cuánto deposita?
6. ¿Qué va a hacer con el resto?
7. ¿Qué le dice el empleado que haga?
8. ¿Qué le da?
9. ¿Cuánto tiene la señorita Alvarado en efectivo?
10. ¿Qué necesita la señorita Alvarado para ser completamente feliz?

**OBJECTIVES**

STRUCTURE     The subjunctive to express doubt, disbelief, and denial •
              Expressions that take the subjunctive • First-person plural
              command • Use of **volver a**

COMMUNICATION  You will learn vocabulary related to traveling by train and
               renting a car.

## Viajando por tren

*Alicia y Rosa han decidido viajar por el sur de España. Ahora están en el despacho de boletos de la estación de trenes.*

| | |
|---|---|
| EMPLEADO | −¿En qué puedo servirles? |
| ALICIA | −¿Cuándo hay trenes para Sevilla? |
| EMPLEADO | −Hay dos trenes diarios: uno por la mañana y otro por la noche. El tren de la noche es el expreso.[1] |
| ALICIA | −(*A Rosa*) Saquemos[2] pasajes para el expreso. |
| ROSA | −Bueno, pero entonces es mejor que reservemos literas. |
| ALICIA | −(*Al empleado*) ¿Tiene coche-cama el tren? |
| EMPLEADO | −Sí, señorita. Tiene coche-cama y coche-comedor. |
| ROSA | −Queremos dos literas, una alta y una baja. |
| EMPLEADO | −Dudo que haya literas bajas. |
| ALICIA | −Bueno, Rosa, reservemos literas altas. Es mejor que dormir en el asiento. |
| EMPLEADO | −¿Quieren pasajes de ida o de ida y vuelta? El pasaje de ida y vuelta tiene una tarifa especial. Damos el veinte por ciento de descuento. |
| ROSA | −¿Por cuánto tiempo es válido el boleto de ida y vuelta? |
| EMPLEADO | −Por seis meses, señorita. |
| ROSA | −Bueno, déme dos pasajes de ida y vuelta para el sábado. ¿Puede darme un itinerario? |
| EMPLEADO | −Sí, un momentito. Aquí tiene los boletos y el cambio. |
| ALICIA | −¡Ah! No tenemos que trasbordar, ¿verdad? |
| EMPLEADO | −No, señorita. |

*El día del viaje, Alicia y Rosa llegan a la estación y van al andén número cuatro, de donde sale el tren. Es posible que tengan que esperar un rato, porque el tren*

---

[1]In some Spanish-speaking countries, **rápido** is used for **expreso.**   [2]Note the orthographic change: **saquemos** = first-person plural (command) form of **sacar.** See *lección* 10.

## TRAVELING BY TRAIN

*Alicia and Rosa have decided to travel through the south of Spain. Now they are at the ticket office of the train station.*

E.  May I help you?

A.  When are there trains to Seville?

E.  There are two daily trains: one in the morning and one in the evening. The evening train is the express.

A.  (*To Rosa*) Let's buy tickets for the express train.

R.  Okay, but then it's better that we reserve berths.

A.  (*To the clerk*) Does the train have a sleeper?

E.  Yes, Miss. It has a sleeper and a dining car.

R.  We want two berths, an upper (berth) and a lower (berth).

E.  I doubt that there are lower berths.

A.  Well, Rosa, let's reserve upper berths. It's better than sleeping in the seat.

E.  Do you want one-way or round-trip tickets? The round-trip ticket has a special rate. We give a 20 percent discount.

R.  For how long is the round-trip ticket valid?

E.  For six months, Miss.

R.  Okay, give me two round-trip tickets for Saturday. Can you give me a timetable?

E.  Yes, one moment. Here are the tickets and the change.

A.  Oh! We don't have to transfer, do we?

E.  No, Miss.

*On the day of the trip, Alicia and Rosa arrive at the station, and they go to platform number four, from which the train leaves. It is possible that they will have to wait a while because the train is generally one hour behind schedule. After a long trip, they arrive in Seville and decide to rent a car.*

R.  (*To the agency employee*) We want to rent a car.

E.  Do you want a big car or a compact model?

A.  A two-door compact. Do you charge per kilometer?

E.  It depends. If you rent it by the day, we do; if you rent it by the week, we don't.

*generalmente tiene una hora de atraso. Después de un largo viaje llegan a Sevilla y deciden alquilar un coche.*

ROSA  —(*Al empleado de la agencia*) Queremos alquilar un coche.

EMPLEADO  —¿Quiere un coche grande o un modelo compacto?

ALICIA  —Compacto de dos puertas. ¿Cobran Uds. por kilómetro?

EMPLEADO  —Depende. Si lo alquila por día, sí; si lo alquila por semana, no.

ROSA  —Queremos un coche de cambios mecánicos.

EMPLEADO  —Creo que en este momento sólo tenemos automáticos, señorita.

ROSA  —Es una lástima que no tengan coches mecánicos. Gastan menos gasolina.

ALICIA  —(*Al empleado*) Queremos sacar seguro. Es mejor estar asegurado.

EMPLEADO  —Muy bien. Llene esta planilla.

ROSA  —Nosotras somos ciudadanas chilenas y nos dijeron que necesitábamos un permiso especial para manejar aquí.

EMPLEADO  —No, no es verdad que lo necesiten.

ROSA  —(*A Alicia*) Vamos a comer algo ahora.

ALICIA  —¿Quieres volver a comer? No creo que ya tengas hambre…

ROSA  —Bueno, no comamos ahora, pero ojalá que sirvan almuerzo en el hotel.

## VOCABULARIO

### COGNADOS

**automático(-a)**  automatic
**compacto(-a)**  compact
**chileno(-a)**  Chilean
**Sevilla**  Seville
**válido(-a)**  valid

### NOMBRES

el **andén**  platform

el **boleto**, el **pasaje**, el **billete** ticket

el **cambio**, el **vuelto**  change

el (la) **ciudadano(-a)**  citizen

el **coche**, el **vagón**  car, coach

el **coche-cama**  sleeping car, sleeper (Pullman)

el **coche-comedor**  dining car

el **descuento**  discount

el **despacho de boletos**
    (**billetes**)  ticket office
el **itinerario**, el **horario**
    schedule, timetable
la **litera**  berth
la **litera alta**  upper berth
la **litera baja**  lower berth
el **permiso**  permit
el **rápido**, el **expreso**  express
    (train)
el **seguro**  insurance
el **sur**  south, the South
la **tarifa**  rate

**VERBOS**

**depender** (**de**)  to depend
    (on)
**gastar**  to use; to spend

## VOCABULARIO ADICIONAL

**a tiempo**  on time
El tren no va a llegar **a tiempo;**
    tiene dos horas de atraso.

**bajarse**  to get off
Si quieres **bajarte** del tren,
    tenemos veinte minutos.

el **este**  east, the East
Boston está al **este** de los Estados
    Unidos.

la **frontera**  border
¿Cuándo llegamos a la **frontera**
    de México?

**hacer escala**  to make a stopover
Voy a Buenos Aires pero quiero
    **hacer escala** en Lima.

**llegadas y salidas**  arrivals and
    departures
Pregunte la hora de **llegada y**
    **salida** del tren.

**reservar**  to reserve
**trasbordar**  to transfer

**ADJETIVOS**

**asegurado(-a)**  insured
**diario(-a)**  daily
**suficiente**  enough, sufficient

**OTRAS PALABRAS Y
EXPRESIONES**

**de cambios mecánicos**  (with)
    a standard shift
**de dos puertas**  two-door
**¿Por cuánto tiempo es
    válido...?**  For how long
    is . . . good (valid)?
**sacar pasajes**  to buy (get)
    tickets

el **norte**  north, the North
Montana está al **norte** de los
    Estados Unidos.

el **oeste**  west, the West
Prefiero las ciudades del **oeste.**

la **sala de equipajes**  baggage
    room
Sus maletas están en la **sala de**
    **equipajes,** señora.

**subirse**  to get on
Ellos **se subieron** en Las Vegas,
    no en Los Ángeles.

R.  We want a car with a standard shift.
E.  I think that at the moment we only
    have automatics, Miss.
R.  It's a pity that they don't have
    standard shift cars. They use less
    gasoline.
A.  (*To the employee*) We want to take
    out insurance. It's better to be
    insured.
E.  Very well. Fill out this form.
R.  We are Chilean citizens, and they
    told us that we needed a special
    permit to drive here.
E.  No, it isn't true that you need it.
R.  (*To Alice*) Let's go have something
    to eat now.
A.  You want to eat again? I don't
    believe you're hungry already . . .
R.  Okay, let's not eat now, but I hope
    they serve lunch at the hotel.

1. Sevilla es una de las cinco provincias que forman Andalucía, la región sur de España. Sevilla fue la capital de la España Mora (*Moorish*), y hoy es un centro de atracción turística. Entre los lugares de interés están la Catedral, que es uno de los templos más grandes del mundo cristiano; la Giralda, que es la torre (*tower*) de una antigua mezquita (*mosque*) del siglo (*century*) XII y la Torre del Oro.

   Sevilla es famosa también por sus hermosos patios, sus plazas y sus casas pintadas de blanco con balcones llenos de flores. Por eso dicen los españoles: «Quien no ha visto Sevilla no ha visto maravilla.»

2. España tiene un excelente sistema de transportación. Tiene aeropuertos grandes y muy modernos y la aerolínea española Iberia sirve a todas las ciudades españolas y comunica a España con el extranjero. Tiene también un servicio muy bueno de autobuses y trenes. El Talgo y el Ter están entre los trenes más cómodos y rápidos de Europa.

## ESTRUCTURAS GRAMATICALES

▶ **1.** The subjunctive to express doubt, disbelief, and denial   (*Uso del subjuntivo para expresar duda, incredulidad y negación*)

In Spanish, the subjunctive mood is always used in the subordinate clause when the main clause expresses doubt, uncertainty, disbelief, denial, or negation.

1. When the verb of the main clause expresses uncertainty or doubt, the verb in the subordinate clause is in the subjunctive.

| | |
|---|---|
| **Dudo** que la **encuentre**. | *I doubt that you will find it.* |
| **No están seguros** de que ella **sea** alérgica. | *They are not sure that she is allergic.* |
| **Dudo** que yo **pueda** moverlo. | *I doubt that I can move it.* |

◈   Note that with the verb **dudar**, the subject in the subordinate clause can be the same as or different from the subject in the main clause.

ATENCIÓN:   When no doubt is expressed and the speaker is certain of the reality, the indicative is used.

| | |
|---|---|
| **No dudo** que la **va** a encontrar. | *I don't doubt that you are going to find it.* |
| **Están seguros** de que ella **es** alérgica. | *They are sure that she is allergic.* |

2. The verb **creer** (*to believe, to think*) is followed by the subjunctive when used in negative sentences in which it expresses disbelief. It is followed by the indicative in affirmative sentences in which it expresses belief.

| | |
|---|---|
| **No creo** que ellos **estén** en la escuela. | *I don't think they are at school.* |
| **No creo** que **podamos** conseguir literas. | *I don't think we can get berths.* |

*but:*

| | |
|---|---|
| **Creo** que ellos **están** en la escuela. | *I think they are at school.* |
| **Creo** que **podemos** conseguir literas. | *I think we can get berths.* |

3. When the main clause denies what is said in the subordinate clause, the subjunctive is used.

| | |
|---|---|
| **Niego** que él **sea** mi hijo. | *I deny that he is my son.* |
| **No es verdad** que él **tenga** los boletos. | *It's not true that he has the tickets.* |
| **No es cierto** que ellas **vayan** camino a Madrid. | *It's not true that they are on their way to Madrid.* |

ATENCIÓN:   When the main clause does not deny what is said in the subordinate clause, the indicative is used.

| | |
|---|---|
| **No niego** que él **es** mi hijo. | *I don't deny that he is my son.* |
| **Es verdad** que él **tiene** los boletos. | *It's true that he has the tickets.* |
| **Es cierto** que ellas **van** camino a Madrid. | *It's true that they are on their way to Madrid.* |

## PRÁCTICA

A. Change the following sentences to the affirmative, according to the model.

MODELO:   No dudo que la casa es enorme.
*Dudo que la casa sea enorme.*

1. No dudo que el tren tiene coche-cama.
2. No dudo que ésa es la velocidad máxima.
3. No dudo que tiene turno para hoy.
4. No dudo que puedo conseguir el permiso.
5. No dudo que el coche está asegurado.

B. Change the following sentences to the negative, according to the model.

MODELO:   Es verdad que ella nunca llega a tiempo.
          *No es verdad que ella nunca llegue a tiempo.*

1. Es cierto que tienen que hacer escala.
2. Es verdad que él necesita unos análisis.
3. Es seguro que el coche es automático.
4. Es cierto que nos dan un descuento.
5. Es verdad que tiene apendicitis.

C. Begin the following sentences with the words in parentheses and make the necessary changes.

1. Tenemos que trasbordar. (Dudo, Creo, No creo, Es seguro, No dudo)
2. Ellos están en el andén. (No dudo, No creo, Es cierto, No es verdad)
3. Ellos siempre sacan seguro. (Es cierto, No es verdad, No dudo, Creo, Niego)

D. Complete the following sentences with the appropriate forms of the verbs in parentheses.

1. Dudan que ella _____ (querer) una litera alta.
2. Es verdad que el coche _____ (ser) de dos puertas.
3. No es cierto que él _____ (estar) en la sala de emergencia.
4. ¿Niegas que ellos _____ (vender) seguros?
5. No dudo que mis padres _____ (comprar) la batería hoy.
6. Estoy seguro de que tú _____ (poder) bajarte aquí.
7. Es cierto que su especialización _____ (ser) historia.
8. No es verdad que nosotros _____ (tener) el itinerario.
9. Dudo que él _____ (ir) hasta la frontera.
10. Es verdad que el motor _____ (funcionar) bien.

E. Write the following sentences in Spanish.

1. She doesn't think I need a new driver's license.
2. I deny that she is married.
3. I doubt that they will buy a car with a standard shift.
4. I'm sure you want a shampoo, haircut, and set, dear.
5. It's not true that she is a Chilean citizen.

▶ **2.** Expressions that take the subjunctive   (*Expresiones que llevan el subjuntivo*)

**A.** In Spanish, some impersonal expressions that convey emotion, uncertainty, unreality, or an indirect or implied command are followed by a verb in the subjunctive. This occurs only when the verb of the subordinate clause has a subject expressed. The most common expressions are as follows.

| | |
|---|---|
| **es difícil** | *it is unlikely* |
| **es probable** | *it is probable* |
| **puede ser** | *it may be* |
| **es (im)posible** | *it is (im)possible* |
| **es mejor; más vale** | *it is better* |
| **es preferible** | *it is preferable* |
| **es necesario** | *it is necessary* |
| **conviene** | *it is advisable* |
| **es importante** | *it is important* |
| **es (una) lástima** | *it is a pity* |
| **¡ojalá... !** | *if only . . . (I hope . . .)* |
| **es increíble** | *it is incredible* |

| | |
|---|---|
| **Conviene** que tú **vayas** ahora. | *It's advisable that you go now.* |
| **Es difícil** que ellos **puedan** comprar nada más. | *It's unlikely that they can buy anything else.* |
| **Es probable** que **saquemos** pasaje para el lunes. | *It's probable that we'll buy tickets for Monday.* |
| **Es mejor** que **compremos** un coche compacto. | *It's better that we buy a compact car.* |
| **Es necesario** que el coche **esté** asegurado. | *It is necessary that the car be insured.* |
| **Es una lástima** que **sea** un coche de dos puertas. | *It's a pity that it's a two-door car.* |
| **Ojalá** que no **llueva** mañana. | *I hope it doesn't rain tomorrow.* |

**B.** Impersonal expressions that convey certainty are followed by the indicative.

| | |
|---|---|
| **Es seguro** que ella **está** aquí. | *It is certain that she is here.* |
| **Es verdad** que **llegaron** hasta la frontera. | *It is true that they reached the border.* |

**C.** When the sentence is completely impersonal (that is, when no subject is expressed), such expressions are followed by the infinitive.

| | |
|---|---|
| Es mejor no **depender** de eso. | *It's better not to depend on that.* |
| Es necesario **comer** frutas. | *It is necessary to eat fruit.* |
| Es importante **saber** español. | *It is important to know Spanish.* |

## PRÁCTICA

A. Indicate the correct choice in each of the following sentences.

1. Es lástima (que ella sea tan simpática / que el niño esté enfermo / que él sea feliz).
2. Es necesario (que el coche gaste mucha gasolina / que estemos enfermos / que estudiemos para el examen).
3. Es imposible (que un perro hable / que un niño juegue / que una ventana esté abierta).
4. Es difícil (que ganemos mil dólares por hora / ir a Sevilla / que las maletas estén en la sala de equipajes).
5. Conviene (que no tengamos suficiente comida / que tomemos vitaminas / que gastemos mucho dinero).
6. Es mejor (que no nos preocupemos demasiado / que se mueran todos / que haya muchos problemas).
7. Es increíble (que mi coche gaste tanta gasolina / que coma en el coche-comedor / que haga frío en el invierno).
8. Es probable (que ella use champú para lavarse la cabeza / que ella esté casada con un marciano [*Martian*] / que un perro prepare la comida).
9. Es importante (que te bañes todos los días / que comas una vez al año / que duermas diez minutos diarios).

SU PERRO

¿LO CUIDA USTED A EL COMO EL LE CUIDA A VD.?

B. Complete the following sentences with the subjunctive, the indicative, or the infinitive form of the verb in parentheses.

1. No va a ser posible ____ (tomar) cursos de contabilidad.
2. No será necesario que ella ____ (poner) la mesa ahora.
3. Es verdad que ese tren ____ (ser) el rápido.
4. Es importante que tú ____ (saber) el lugar de tu nacimiento.
5. Es seguro que ella ____ (estar) embarazada.
6. Es verdad que Uds. ____ (tener) que comprar un limpiaparabrisas nuevo.
7. Ojalá que ellos ____ (celebrar) su aniversario aquí.
8. Es cierto que ella ____ (necesitar) otro impermeable.
9. Es lástima que no ____ (haber) pasaje para hoy.
10. Es preferible ____ (ir) a las ocho.

▶ **3.** First-person plural command  (*El imperativo de la primera persona del plural*)

**A.** The first-person plural of an affirmative command (*let us* + verb) may be expressed in two different ways.

1. by using the first-person plural of the present subjunctive

| | |
|---|---|
| **Saquemos** pasajes para el rápido. | *Let's buy tickets for the express train.* |

2. by using the expression **vamos a** + infinitive

| | |
|---|---|
| **Vamos a sacar** pasajes para el rápido. | *Let's buy tickets for the express train.* |

**B.** The verb **ir** does not use the subjunctive for the first-person plural affirmative command.

| | |
|---|---|
| **Vamos** a la playa. | *Let's go to the beach.* |

For the negative command, the subjunctive is used.

| | |
|---|---|
| **No vayamos** a la playa. | *Let's not go to the beach.* |

ATENCIÓN:   In all direct affirmative commands, the object pronouns are attached to the verb and an accent is then placed on the stressed syllable.

| | |
|---|---|
| Apaguémosla. | *Let's turn it off.* |
| Comprémosla. | *Let's buy it.* |
| Arreglémosla. | *Let's fix it.* |

If the pronouns **nos** or **se** are attached to the verb, the final **-s** of the verb is dropped before adding the pronoun.

| | |
|---|---|
| Sentémo**nos** aquí. | *Let's sit here.* |
| Vistámo**nos** ahora. | *Let's get dressed now.* |
| Démo**selo** a los niños. | *Let's give it to the children.* |
| Permitámo**selo**. | *Let's allow (it to) him.* |

In direct negative commands, the object pronouns are placed in front of the verb.

No **lo** planchemos.    *Let's not iron **it**.*

## PRÁCTICA

A.  Pattern drill

MODELO 1:    ¿Nos sentamos?
*Sí, sentémonos.*

1. ¿Nos bañamos?
2. ¿Nos vestimos?
3. ¿Nos levantamos?
4. ¿Nos acostamos?
5. ¿Nos peinamos?

MODELO 2:    ¿Le damos el asiento?
*Sí, vamos a dárselo.*
*No, no se lo demos.*

1. ¿Le llevamos el permiso?
2. ¿Le reservamos los boletos?
3. ¿Le compramos la máquina de afeitar?
4. ¿Le ponemos la inyección?
5. ¿Le mandamos la calculadora?

B.  Change the following sentences according to the model.

MODELO:    Vamos a jugar.
*Juguemos.*

1. Vamos a cerrar.
2. Vamos a comer.
3. Vamos a trabajar.
4. Vamos a decirlo.
5. Vamos a vestirnos.
6. Vamos a pedírsela.
7. Vamos a hacerlo.
8. Vamos a dárselo.
9. Vamos a instalarlas.
10. Vamos a entregárselo.

C. Write the following sentences in Spanish.

1. Let's eat.
2. Let's go out.
3. Let's pray.
4. Let's work.
5. Let's go to bed.

6. Let's read it.
7. Let's talk.
8. Let's tow it.
9. Let's buy it for him.
10. Let's get up.

D. Make all the commands in exercise C negative.

*Agencia de alquiler de coches en el aeropuerto de Mérida, Venezuela.*

▶ **4.** Use of **volver a**   (*Uso de volver a*)

**Volver a** is used in Spanish when the subject repeats an action it has already performed. It translates as the adverb *again*. The formula is as follows.

| **volver** + **a** + *infinitive* |
| --- |

| | |
| --- | --- |
| ¿Quieres **volver a** comer? | *Do you want to eat **again**?* |
| Pedro no **volvió a** hablar conmigo. | *Pedro didn't speak to me **again**.* |
| Mañana **volverán a** limpiar el coche-comedor. | *Tomorrow they will clean the dining car **again**.* |

## PRÁCTICA

Answer the following questions with complete sentences.

1. ¿Piensa Ud. volver a peinarse hoy?
2. ¿Cuándo volverán Uds. a tener un examen?
3. ¿Cuándo volverá Ud. a comer?
4. ¿Piensa volver a tomar una clase de español?
5. ¿Vas a volver a estudiar en esta universidad?
6. ¿Vas a volver a bañarte hoy?
7. ¿Ha vuelto Ud. a ver a sus amigos de la escuela secundaria?
8. ¿Cuándo piensas volver a hablar con tu consejero(-a)?

## ¡A VER CUÁNTO APRENDIÓ!

A. ¡Conversemos!

Reread the dialogues in this lesson and be ready to talk about the following.

1. ¿Qué están haciendo Alicia y Rosa en el despacho de boletos?
2. ¿Dónde van a dormir las chicas?
3. ¿Qué descuento dan en los boletos de ida y vuelta?
4. ¿Por cuánto tiempo es válido el boleto de ida y vuelta?
5. ¿Por qué es posible que las chicas tengan que esperar un rato?
6. ¿Qué tipo de coche quieren alquilar?
7. ¿Cobran por kilómetro?
8. Rosa dice que es una lástima que no tengan coches de cambios mecánicos. ¿Por qué?
9. ¿Es verdad que las chicas necesitan un permiso especial para manejar en España?
10. ¿Qué quiere volver a hacer Rosa?

B.  Give appropriate responses to the following questions.

    1.  ¿Vive Ud. en el norte, el sur, el este o el oeste de los Estados Unidos?
    2.  ¿Es Ud. ciudadano(-a) de los Estados Unidos?
    3.  ¿Está asegurado su coche?
    4.  ¿Son diarias las clases de español?
    5.  ¿Tiene Ud. un coche grande o un modelo compacto? ¿Automático o de cambios mecánicos?
    6.  La cuenta es por setenta y cinco dólares y yo le doy al mozo un billete de cien dólares. ¿Cuánto me da de cambio?
    7.  ¿Tienen los pasajes de ida y vuelta tarifas especiales?
    8.  Si se viaja de Nueva York a Boston, ¿es necesario viajar en coche-cama?
    9.  ¿Es probable que los pasajes para Puerto Rico sean gratis?
  10.  ¿Vas a volver a estudiar esta lección?

C.  ¡Repase el vocabulario!

Choose the correct response to each of the following questions or statements.

    1.  –Perdón, ¿tienen Uds. tarifas especiales?
        –Sí, (si las pide prestadas / a veces ganamos más interés / le damos el 20 por ciento de descuento / acaban de poner otro vagón).
    2.  –Vamos a comprar los boletos.
        –Espero que (no estén sentados en el andén / no tengan esa enfermedad / no tengamos que hacer cola / me sirvan la especialidad de la casa).
    3.  –¿En qué puedo servirle?
        –Señor, (aquí servimos langosta y lechón / quiero llevarlo puesto / quiero alquilar un coche automático, de dos puertas / aquí sirven platos muy sabrosos).
    4.  –¿Qué hay de nuevo?
        –Pues… (mañana me voy para el sur de España / tengo un certificado de depósito a plazo fijo / creo que sí / allí están las llegadas y salidas de los aviones).
    5.  –Yo no quiero dormir en el asiento del tren.
        –Pues entonces (vamos a la liquidación / montemos a caballo / compremos cañas de pescar / reservemos literas).
    6.  –Tengo mucho dolor de cabeza.
        –Tendrás que volver a (pasar la frontera / tomar aspirinas / comprar el jamón / lavar los platos).
    7.  –El tren no va a llegar a tiempo.
        –Ojalá que no (tenga propiedad personal / tenga mucho atraso / venga en octubre / traiga el modelo de depósito).

8. —Este tren no llega hasta mañana.
   —Siento que (no tengas tarjetas de crédito / no podamos cazar / no podamos ir en el rápido / no haya nieve).

9. —¿Pagaste la cuenta?
   —Sí, pero no me dieron (la talla / la niebla / los rizos ni los rizadores / el vuelto).

10. —Si no viajamos hoy podemos viajar mañana.
    —Es difícil que (haga viento mañana / haya trenes diarios para Lima / el silenciador haga ruido / sea una calle de dos vías).

11. —¿Conviene tomar el expreso?
    —Sí, porque (es riquísimo / no es ciudadano / tiene una cuenta de ahorros / es mucho más rápido).

12. —¿Lleva el tren coche-cama?
    —Sí, y también (probadores / paraguas muy elegantes / coche-comedor / libretas de ahorro).

13. —¿Tengo que trasbordar?
    —Sí, (si calza el número diez / en la próxima estación / si le aprietan los zapatos / si es sin límite de tiempo).

14. —¿Quiere un coche de cambios mecánicos?
    —No, uno (lleno / vacío / automático / sin llantas).

15. —¿Por qué no manejas mi coche?
    —No puedo. No tengo (cuello / luz / una cuenta conjunta / licencia para conducir).

D.  Situaciones

What would you say in the following situations?

1. You are at a train station in Madrid. Ask the clerk when there are trains for Barcelona. Also ask him if the train has a sleeper and a dining car. Tell him you want a lower berth.

2. You are buying tickets to travel by train. Ask the clerk if they give a special rate or a discount when you buy a round-trip ticket. Also ask her for how long the ticket is valid and if you have to transfer. Finally, ask her to give you a timetable.

3. You are traveling with a friend. Tell him or her that you will probably have to wait because the train is two hours behind schedule. Suggest that you both go have something to eat.

4. You are at the car rental agency. Tell the clerk you want to rent a car. Tell him you want a four-door compact model. Also tell him that you hope they have automatics, because you don't like standard shifts.

# Una visión del mundo hispánico
## Norteamérica y Centroamérica

Las pirámides de San Juan de Teotihuacán son quizás las ruinas más famosas de México y están situadas a unas 35 millas al norte de la capital. La pirámide más alta es la Pirámide del Sol, que tiene 215 pies de alto; a poca distancia de ésta está la Pirámide de la Luna. Las pirámides son los restos de una antigua ciudad construida unos 300 años antes de Cristo.

Tikal, situada a orillas del lago
del mismo nombre, es la ciudad
más grande y antigua de la civilización maya. Está en un bosque
tropical, al noreste de Guatemala. En esta foto se ve Tikal, la
pirámide más alta de las construi-
das por los mayas. Estas pirámides eran utilizadas como
templos.

La ciudad de Mérida fue fundada
por el español Francisco de Mon-
tejo en 1542. En la ciudad se
conservan numerosos edificios de
arquitectura colonial, como el Palacio de Gobierno, que aparece
en la foto.

La ciudad de los Álamos es uno de los lugares más pintorescos de México. Se encuentra situada en la falda de la Sierra Madre. Los Álamos no ha cambiado nada desde el siglo XVIII y ha sido declarada monumento nacional. Los lugares más interesantes para el visitante son la iglesia, el antiguo hospital, la capilla y el rastro. La ciudad fue campo de batalla durante la sublevación yanqui en 1825, y de las luchas entre las imperialistas y los republicanos en 1866.

Como parte del proceso colonizador, las órdenes religiosas españolas establecieron numerosas misiones en el suroeste de los Estados Unidos. Los jesuitas fundaron 18 misiones y más tarde fueron reemplazados por los franciscanos. Fray Junípero Serra fundó varias misiones en California; entre ellos figura la de San Luis Rey, que aparece aquí.

Vista parcial de San José, la capital de Costa Rica, situada en la Meseta Central y rodeada de verdes montañas. San José es una ciudad de contrastes, combinando el estilo arquitectónico colonial español con el moderno. El área metropolitana tiene unos 500.000 habitantes. El clima de esta ciudad es eternamente primaveral, pues la temperatura promedio es de 72° Fahrenheit durante todo el año.

La ciudad de México es una de las más antiguas de las Américas. México fue fundada por los indios que la llamaron Tenochtitlán y era el centro del imperio azteca, con una población de cerca de 300.000 habitantes a la llegada de los españoles. La ciudad tiene actualmente amplias avenidas, hermosos parques y modernos edificios.

*A la derecha:* Los Jardines Flotantes de Xochimilco, en la Ciudad de México, son un lugar favorito de los mexicanos para pasear los domingos por la mañana. Góndolas adornadas con flores atraviesan los numerosos canales. Muchas de estas góndolas son tiendas flotantes, donde venden frutas, flores y otros productos. En otras, grupos de mariachis dan serenatas a los visitantes. *Abajo:* Acapulco es posiblemente el centro turístico mexicano más conocido internacionalmente. Sus playas de fina arena, sus colinas verdes y su cielo intensamente azul hacen de esta ciudad un verdadero paraíso tropical. Hay hoteles de todo tipo y para todo gusto. En la bahía de Acapulco, formada por dos penínsulas, existe un acantilado llamado La Quebrada, de 130 pies de altura. Es allí desde donde se arrojan algunos jóvenes, con gran peligro de su vida, demostrando inigualable destreza al zambullirse en las aguas de la bahía.

El Canal de Panamá, que une el Océano Atlántico y el Pacífico, fue terminado en el año 1914 por los Estados Unidos. Su construcción duró 7 años y costó 366.000.000 de dólares. Mide 82.4 kilómetros y tiene tres esclusas a cada lado del istmo que cruza. Por muchos años el Canal de Panamá fue propiedad de los Estados Unidos, pero actualmente pertenece a Panamá.

La fortaleza del Morro está situada a la entrada de la bahía de San Juan, en Puerto Rico. Fue construida por los Españoles en el siglo XVI para defender la isla de los ataques de corsarios y piratas. Hoy el Morro es considerado monumento nacional y constituye una importante atracción turística.

Estudiantes de la Universidad de Costa Rica en San José. Los edificios de esta universidad son una muestra de la arquitectura moderna. En Costa Rica, la educación es una de las prioridades del gobierno. El índice de analfabetismo en Costa Rica es uno de los más bajos de Latinoamérica.

La ciudad de México se caracteriza por el gran número de restaurantes que encontramos en ella. Hay tantos, que es posible comer en uno diferente durante los 365 días del año. Ud. puede encontrar todo tipo de restaurantes en México; los hay elegantes y también de precios módicos y en ellos se sirve comida de tipo internacional y comida típica mexicana.

Ver una representación del Ballet Folclórico de México es asistir a una combinación de ceremonias religiosas, danza, pantomima y comedia. Es también disfrutar de un espectáculo lleno de arte y color. El ballet ofrece representaciones los miércoles y los domingos en el Palacio de Bellas Artes. Sus danzas y trajes típicos son de una gran belleza.

Mercado al aire libre en Guatemala. Aunque los supermercados se están haciendo cada vez más populares, todavía existen muchos de estos mercados a donde vienen los campesinos con los productos de sus granjas, para venderlos en los pueblos y ciudades.

Estudiantes de la Universidad de México, una de las más grandes de Latinoamérica. El número de estudiantes ha aumentado tanto que el gobierno mexicano planea crear otros *campuses*. Al fondo se ve un edificio adornado con el típico arte mexicano con motivos aztecas.

E.  Para escribir

Write a composition describing a memorable trip you took. Include the following.

1.  means of transportation
2.  place(s) you visited
3.  things and people you saw
4.  places of interest
5.  where you stayed
6.  things that happened
7.  duration of trip
8.  whether or not you're planning to take the same trip again

# BOSQUEJO CULTURAL

# Celebraciones

Muchas de las fiestas y celebraciones de España e Hispanoamérica están relacionadas con la religión católica. Las principales celebraciones religiosas son la Nochebuena,° la Navidad, el Día de Reyes,° la Semana Santa,° la Pascua Florida° y las fiestas del patrón° del pueblo o del país.

La Nochebuena se celebra el 24 de diciembre. Después de la cena, que casi siempre es entre las diez y las once, la gente va a la iglesia° para asistir a la Misa del Gallo,° que se celebra a medianoche. En casi todas las casas hay un nacimiento° en el que con pequeñas figuras se representa el nacimiento° de Jesús.

En la época de la Navidad, existe la costumbre de darles dinero a las personas que han servido a la familia durante todo el año (el cartero,° el lechero,° el basurero,° etc.).

La noche del 31 de diciembre se celebran fiestas en las casas y en los clubes para esperar el año nuevo. Hay varias tradiciones interesantes relacionadas con esta fecha. En Cuba, por ejemplo, comen doce uvas a las doce de la noche, pidiendo algo especial para cada mes del año.

El Día de Reyes se celebra el 6 de enero. Según la tradición, los tres Reyes Magos°–Melchor, Gaspar y Baltasar–dejan juguetes,° dulces° y otros regalos en los zapatos que los niños dejan junto a la ventana la noche del cinco de enero. Los Reyes Magos son, pues, los equivalentes de *Santa Claus*.

La Semana Santa se conmemora en todos los países de habla hispana. El jueves y el viernes santo se celebran procesiones, en las que se sacan a la calle las imágenes de Jesucristo y de la Virgen María. Detrás° de las imágenes, caminan algunas personas cubiertas con capuchas.°

Christmas Eve / day that commemorates the arrival of the three kings at Bethlehem / Holy Week
Easter / patron saint
church
midnight mass
nativity scene
birth

mailman
milkman / garbage collector

the Three Wise Men / toys / sweets

Behind
hoods

**A la izquierda:** Procesión en Sevilla, España. **Arriba:** Noche de Navidad, Colombia.

La Semana Santa se celebra con gran esplendor en Sevilla, donde hay procesiones de día y de noche. Durante el paso de la procesión se escuchan las «saetas», que cantan los gitanos.° Una saeta popular dice así:

gypsies

> ¿Quién me presta una escalera°
> para subir al madero,°
> para quitarle los clavos°
> a Jesús el Nazareno?

ladder
large piece of timber (cross)
nails

En cada pueblo de España y en pueblos y países de Hispanoamérica hay un santo que es el patrón del lugar. El día del santo hay grandes fiestas que en España casi siempre comienzan con una romería.° Toda la gente del pueblo se va al campo para comer, beber y bailar.

pilgrimage

**A la izquierda:** Semana Santa en Cuenca, España. **A la derecha:** Famoso carnaval en Río de Janiero, Brazil.

Antes de la cuaresma° se celebran los carnavales.° Los más famosos son los del Brasil, pero también los celebran casi todos los países de habla hispana. Durante estas fiestas la gente asiste a bailes de disfraces° que hay en los clubes y en las calles. En muchas ciudades hay desfiles de carrozas° y grupos de bailarines que van por las calles cantando y bailando.

Lent / Mardi Gras

costume dances
parades of floats

they turn the bulls loose
run in front of them
bullfight

El 7 de julio se celebra la famosa fiesta de San Fermín en la ciudad de Pamplona, España. La celebración dura una semana y a ella asisten personas de todas partes del mundo. El día de San Fermín sueltan a los toros° por las calles de la ciudad, y los hombres corren delante de ellos° llevándolos hacia la plaza de toros, para la corrida.°

Además de la corrida, hay bailes en todas las calles de la ciudad. También hay diferentes grupos llamados «peñas», que van por las calles bailando y cantando. Una de las canciones favoritas empieza así:

Uno de enero, dos de febrero,
tres de marzo, cuatro de abril,
cinco de mayo, seis de junio,
siete de julio, San Fermín...

holidays that commemorate
    independence days
military and school parades
battle

Además de las fiestas religiosas, se celebran las fiestas patrias° con desfiles militares y escolares.° Estas fiestas conmemoran el día de la independencia del país, el nacimiento de un patriota o la fecha de alguna batalla° famosa.

**A la izquierda:** Fiesta de San Fermín en Pamplona, España. **Arriba:** Fiesta de fin de año en un club de Caracas, Venezuela.

**Arriba:** Desfile del Día de la Independencia en Guadalajara, México.

## ¡A ver cuánto recuerda!

Answer the following questions with complete sentences.

1. ¿Cuáles son las principales celebraciones religiosas en España e Hispano-américa?
2. ¿Qué costumbre existe en la época de Navidad?
3. ¿Qué hace la gente para celebrar la Nochebuena?
4. ¿Puede Ud. nombrar una tradición interesante relacionada con el 31 de diciembre?
5. Según la tradición, ¿qué hacen los tres Reyes Magos la noche del cinco de enero?
6. ¿Puede Ud. describir la celebración de la Semana Santa en Sevilla?
7. ¿Cómo celebran en España el día del patrón del pueblo?
8. ¿Cómo se celebran los carnavales?
9. ¿Cuáles son los carnavales más famosos?
10. ¿Qué se celebra en España el 7 de julio?
11. ¿Qué hacen ese día?
12. Además de las fiestas religiosas, ¿qué otras fiestas se celebran? ¿Cómo?

## OBJECTIVES

STRUCTURE  The subjunctive to express indefiniteness and nonexistence • The use of the subjunctive or indicative after some conjunctions • The present perfect subjunctive • The familiar commands (**tú** and **vosotros**)

COMMUNICATION  You will learn vocabulary related to various parts of a house, furniture, and purchasing a house.

## Buscando casa

*La señora Cortés visita una agencia de bienes raíces y le dice al agente lo que ella y su familia desean. Después de un rato, el agente siente que la señora haya venido a verlo.*

| | |
|---|---|
| SRA. CORTÉS | —Necesitamos una casa grande y cómoda que esté en un barrio elegante y que no sea muy cara. |
| AGENTE | —Bueno, dígame cuántas habitaciones necesita. |
| SRA. CORTÉS | —Somos siete, de modo que necesitamos una casa que tenga por lo menos cuatro dormitorios. |
| AGENTE | —Y que quede cerca de una escuela, ¿verdad? |
| SRA. CORTÉS | —Sí, por supuesto. ¡Ah! Preferimos una casa que tenga una cocina grande, comedor, sala, tres baños, un salón de estar, garaje, aire acondicionado… |
| AGENTE | —Muy bien, hay una muy bonita en la Quinta Avenida que cuesta dos millones de[1] pesos. |
| SRA. CORTÉS | —Necesitamos una casa que no sea tan cara. No somos ricos. |
| AGENTE | —Bueno, dudo que la encuentre. |
| SRA. CORTÉS | —¡Ah! Los niños quieren una casa que tenga piscina, y un patio con césped y árboles frutales. |
| AGENTE | —¡Señora! ¡No hay ninguna casa que tenga todo eso y que sea barata! |

*Esa noche, en casa de los Cortés:*

| | |
|---|---|
| SR. CORTÉS | —El tipo de casa que queremos cuesta demasiado, y no creo que podamos conseguir tanto dinero. |
| SRA. CORTÉS | —Es una lástima que no hayamos comprado la casa de la calle Tercera. ¡Era perfecta! |
| SR. CORTÉS | —Sí, y estoy seguro de que ahora valdrá muchísimo más. |
| SRA. CORTÉS | —En la oficina necesitan a alguien que haga traducciones. Voy a solicitar el puesto. |

---

[1]When a noun follows **millón** (**millones**), the preposition **de** is used before the noun.

*Mrs. Cortés visits a real estate agency and tells the agent what she and her family want. After a while, the agent is sorry that the lady has come to see him.*

MRS. C.   We need a big and comfortable house that is (located) in an exclusive (elegant) neighborhood and that is not very expensive.

A.   Well, tell me how many rooms you need.

MRS. C.   There are seven of us, so we need a house that has at least four bedrooms.

A.   And (one) that is located near a school, right?

MRS. C.   Yes, of course. Oh! We prefer a house that has a big kitchen, dining room, living room, three bathrooms, family room, garage, air-conditioning . . .

A.   Very well, there is a very beautiful one on Fifth Avenue that costs two million pesos.

MRS. C.   We need a house that is not very expensive. We are not rich.

A.   Well, I doubt that you'll find it.

MRS. C.   Oh! The children want a house that has a swimming pool, and a backyard with a lawn and fruit trees.

A.   Madam! There isn't any house that has all that and is cheap!

*That night, at the home of the Corteses:*

MR. C.   The kind of house that we want costs too much, and I don't think we can get so much money.

MRS. C.   It's a pity we didn't buy (haven't bought) the house on Third Street. It was perfect!

MR. C.   Yes, and I'm sure that now it will be worth much more.

MRS. C.   At the office they need somebody who does translations. I'm going to apply for the job.

MR. C.   You're going to work full-time instead of part-time?

MRS. C.   Yes, and in that job I'm going to earn much more.

MR. C.   The children and I are going to have to help you much more with the housework.

MRS. C.   I'm sure the house has a dishwasher . . . And Elenita and Roberto are learning how to cook.

SR. CORTÉS   —¿Vas a trabajar tiempo completo en vez de medio día?

SRA. CORTÉS   —Sí, y en ese empleo voy a ganar mucho más.

SR. CORTÉS   —Los chicos y yo vamos a tener que ayudarte mucho más con los trabajos de la casa.

SRA. CORTÉS   —Estoy segura de que la casa tiene lavaplatos... Y Elenita y Roberto están aprendiendo a cocinar.

SR. CORTÉS   —Oye, vamos a necesitar un refrigerador nuevo y algunos muebles cuando nos mudemos.

SRA. CORTÉS   —Sí, y en cuanto reciba mi primer sueldo, voy a comprar una cama y un colchón, sábanas, toallas, cortinas, un sofá...

SR. CORTÉS   —¡Espera! ¡No hagas tantos planes! ¡Primero debes conseguir el empleo!

SRA. CORTÉS   —Tienes razón. Mañana, tan pronto come llegue la supervisora, voy a hablar con ella.

SR. CORTÉS   —Sí, date prisa antes de que le den el puesto a otra.

## VOCABULARIO

### COGNADOS

el **aire acondicionado**   air conditioner, air-conditioning
**elegante**   elegant
el **garaje**   garage
el **millón**   million

el **plan**   plan
el **refrigerador**   refrigerator
el **sofá**   sofa
el (la) **supervisor(a)**   supervisor

### NOMBRES

la **agencia de bienes raíces**   real estate agency
los **árboles frutales**   fruit trees
el **barrio**   neighborhood
la **cama**   bed
el **césped**, el **zacate** (*Mex.*)   lawn
el **colchón**   mattress
el **comedor**   dining room
la **cortina**   curtain
el **dormitorio**, la **alcoba**, la **recámara** (*Mex.*)   bedroom
el **lavaplatos**   dishwasher
los **muebles**   furniture
el **patio**   backyard

la **piscina**, la **alberca** (*Mex.*)   swimming pool
el **puesto**, el **empleo**   job, position
la **sábana**   sheet
la **sala**   living room
el **salón de estar**   family room, den
el **sueldo**, el **salario**   salary
la **traducción**   translation

### VERBOS

**ayudar**   to help
**ganar**   to earn
**mudarse**   to move (from one house or place to another)

**ADJETIVO**

**rico(a)**   rich

**OTRAS PALABRAS Y EXPRESIONES**

**darse prisa**   to hurry
**de modo que**   so that
**en cuanto, tan pronto como**
   as soon as

**en vez de**   instead of
**medio día**   half a day, part-time
**somos** + (*número*)   there are
   (*number*) of us
**tan**   so
**tanto**   so much
**tiempo completo**   full-time

MR. C.   Listen, we're going to need a new refrigerator and some furniture when we move.

MRS. C.   Yes, and as soon as I receive my first paycheck (salary), I'm going to buy a bed and a mattress, sheets, towels, a sofa . . .

MR. C.   Wait! Don't make so many plans! First you must get the job!

MRS. C.   You're right. Tomorrow, as soon as the supervisor arrives, I'm going to speak with her.

MR. C.   Yes, hurry up before they give the job to somebody else.

## VOCABULARIO ADICIONAL

la **almohada**   pillow
¿Estás cómoda? ¿Necesitas otra **almohada?**

la **calefacción**   heating
La casa no tiene **calefacción.**

la **cocina**   stove
Necesitamos una **cocina** nueva.

la **cómoda**   chest of drawers
Necesito una **cómoda** más grande.

la **frazada**   blanket
Tengo calor. No necesito **frazadas.**

el **fregadero**   sink
Ponga los platos en el **fregadero.**

la **funda**   pillowcase
Esta almohada no tiene **funda.**

la **lámpara**   lamp
Compré dos **lámparas** para el dormitorio.

la **pared**   wall
¿De qué color son las **paredes?**

el **sillón**, la **butaca**   armchair
Pongan el **sillón** en el salón de estar.

la **sobrecama**   bedspread
Ayer compré una **sobrecama** azul.

---

**¿Lo sabía Ud....?**

1. En las grandes ciudades españolas y latinoamericanas, la mayoría de la gente vive en apartamentos, que en España se llaman «pisos». Los apartamentos se alquilan o se compran. Muchos edificios tienen oficinas o tiendas en la planta baja y apartamentos en los otros pisos.

2. La palabra «barrio» tiene una connotación negativa en muchos lugares de los Estados Unidos, pero en los países hispanos equivale simplemente al inglés «neighborhood». Un barrio puede ser bueno o malo, elegante o modesto.

3. En el mundo hispano, cada día hay más mujeres que trabajan fuera de la casa y tienen profesiones. Hay un gran número de médicas, abogadas (*lawyers*), arquitectas, etc. En los pueblos pequeños, sin embargo, el papel (*role*) de la mujer no ha cambiado mucho. Sigue siendo el de ama de casa (*housewife*), encargada de los niños y el trabajo doméstico.

## ESTRUCTURAS GRAMATICALES

► **1.** The subjunctive to express indefiniteness and nonexistence   (*Uso del subjuntivo para expresar lo indefinido y lo no existente*)

The subjunctive is always used when the subordinate clause refers to someone or something that is indefinite, unspecified, or nonexistent.

| | |
|---|---|
| Necesitamos una casa que **esté** en un barrio elegante. | *We need a house that **is** (**located**) in an elegant neighborhood.* |
| En la oficina necesitan a alguien que **haga** traducciones. | *At the office they need someone who **does** translations.* |
| Busco un empleado que **hable** inglés. | *I'm looking for a clerk who **speaks** English.* |
| ¡No hay ninguna casa que **tenga** todo eso y **sea** barata! | *There is no house that **has** all that and **is** inexpensive!* |

ATENCIÓN:   If the subordinate clause refers to existent, definite, or specific persons or things, the indicative is used instead of the subjunctive.

| | |
|---|---|
| Vivimos en una casa que **esta** en un barrio elegante. | *We live in a house that **is** (**located**) in an elegant neighborhood.* |
| En la oficina tienen a alguien que **hace** traducciones. | *At the office they have someone who **does** translations.* |
| Busco al empleado que **habla** inglés. | *I'm looking for the clerk who **speaks** English.* |
| Hay una casa que **tiene** todo eso y es barata. | *There is a house that **has** all that and **is** inexpensive.* |

## PRÁCTICA

A. Pattern drill

MODELO 1:  ¿Qué necesita?  (casa–ser cómoda)
*Necesito una casa que sea cómoda.*

1. ¿Qué desea?  (casa–tener garaje)
2. ¿Qué busca?  (secretaria–hablar italiano)
3. ¿Qué quiere?  (empleado–saber francés)
4. ¿Qué espera conseguir?  (puesto–pagar bien)
5. ¿Qué necesita?  (alguien–poder arreglar el aire acondicionado)

MODELO 2:  ¿No hay nadie que sepa hablar inglés?  (chica)
*Sí, hay una chica que sabe hablarlo.*

1. ¿No hay nadie que pueda lavar las cortinas?  (muchas personas)
2. ¿No hay nadie que necesite toallas?  (un señor)
3. ¿No hay nadie que quiera el refrigerador?  (señora)
4. ¿No hay nadie que sea de Colombia?  (estudiante)
5. ¿No hay nadie que conozca esa agencia de bienes raíces?  (cliente)

B. Complete the following sentences with the subjunctive or the indicative of the verbs in parentheses, as needed.

1. Necesito un sofá que (ser) _____ nuevo.
2. Tengo una sobrecama que (ser) _____ color café.
3. Busco una casa que (tener) _____ calefacción.
4. Tengo una casa que (tener) _____ árboles frutales.
5. ¿Hay un restaurante donde (servir) _____ camarones?
6. Hay un restaurante muy bueno donde (servir) _____ langosta.
7. ¿Conoce Ud. a alguien que (vender) _____ butacas?
8. Conozco a un señor que (vender) _____ colchones.
9. Quiero comprar algún vestido que (estar) _____ de moda.
10. Tengo una blusa que (estar) _____ de moda.

C. Write the following sentences in Spanish.

1. I don't want to buy a house that doesn't have a backyard.
2. I don't know anybody who is handsome, intelligent, and rich.
3. She knows a supervisor who needs a receptionist.
4. There is a job that pays a better salary.
5. We need a secretary who can do translations.
6. Is there anyone who can wrap this gift?

▶ **2.** The use of the subjunctive or indicative after some conjunctions (*El uso del subjuntivo o del indicativo después de ciertas conjunciones*)

**A.** The subjunctive is used after conjunctions of time when the main clause refers to a future action or is a command. Some conjunctions of time are **tan pronto como, en cuanto** (both meaning *as soon as*), **hasta que** (*until*), and **cuando** (*when*).

| | |
|---|---|
| Llámame **en cuanto** ella **llegue.** | *Call me **as soon as** she **arrives.*** |
| **Tan pronto como llegue** la supervisora, voy a hablar con ella. | ***As soon as** the supervisor **arrives**, I'm going to speak with her.* |
| Esperaré **hasta que** Uds. **vengan.** | *I will wait **until** you **come.*** |
| **En cuanto reciba** mi primer sueldo, voy a comprar una cama. | ***As soon as I receive** my first paycheck (salary), I'm going to buy a bed.* |
| Vamos a necesitar un refrigerador nuevo **cuando nos mudemos.** | *We're going to need a new refrigerator **when we move.*** |

ATENCIÓN:  If the action already happened or if there is no indication of a future action, the indicative is used after the conjunction of time.

| | |
|---|---|
| **Tan pronto como llegó** la supervisora, hablé con ella. | ***As soon as** the supervisor **arrived**, I spoke with her.* |
| Siempre espero **hasta que** Uds. **vienen.** | *I always wait **until** you **come.*** |
| **En cuanto recibí** mi primer sueldo, compré una cama. | ***As soon as I received** my first paycheck (salary), I bought a bed.* |
| Siempre compramos un refrigerador nuevo **cuando nos mudamos.** | *We always buy a new refrigerator **when we move.*** |

### PRÁCTICA

**A.** Complete the following sentences with the subjunctive or the indicative of the verbs in parentheses, as needed.

1. Voy a comprar el refrigerador tan pronto como (tener) _____ dinero.
2. Compré la casa tan pronto como (tener) _____ dinero.
3. Vendrá en cuanto le (agregar) _____ agua al motor del coche.
4. Vino en cuanto le (agregar) _____ agua al motor del coche.

5. Siempre espera hasta que ellos (venir) ＿＿ .
6. Esperará hasta que ellos (venir) ＿＿ .
7. Pagará la matrícula cuando nosotros le (dar) ＿＿ el dinero.
8. Pagó la matrícula cuando nosotros le (dar) ＿＿ el dinero.

B. Write the following sentences in Spanish.

1. I will buy the dishwasher when I save the money.
2. They brought the armchair when they came.
3. He is going to sell the cabin as soon as he can.
4. I always order soup when I go to a restaurant.
5. I'm going to cut the lawn as soon as I finish my lunch.
6. She will have to go on a diet when she comes back.

---

**B.** There are some conjunctions that by their very meaning imply uncertainty or condition and are therefore *always* followed by the subjunctive. Some of them are **con tal que** (*provided that*), **sin que** (*without*), **en caso de que** (*in case*), **a menos que** (*unless*), **para que** (*in order that*), and **antes de que** (*before*).

| | |
|---|---|
| Siempre sale **sin que** la vean. | *She always leaves **without their seeing** her.* |
| Date prisa **antes de que** le **den** el puesto a otro. | *Hurry up **before they give** the job to somebody else.* |
| **En caso de que** él **necesite** la tienda de campaña, se la daré. | *In case he needs the tent, I'll give it to him.* |

## PRÁCTICA

A. Pattern drill

MODELO 1:  ¿Me vas a llevar al cine?  (no nevar)
             *Sí, te voy a llevar con tal que no nieve.*

1. ¿Me vas a comprar una cómoda?  (tener dinero)
2. ¿Vas a limpiar las escaleras?  (tener tiempo)
3. ¿Vas a lavar las cortinas?  (tú / ayudar)
4. ¿Vas a ir al consultorio?  (tú / ir conmigo)
5. ¿Vas a darles una sorpresa?  (ellos / llegar temprano)

MODELO 2:  ¿Van a terminar Uds. el trabajo?  (ayudar)
             *No podemos terminarlo sin que Uds. nos ayuden.*

1. ¿Van a comprar Uds. las sillas?  (dar un préstamo)
2. ¿Van a ir Uds. a la playa?  (prestar el coche)

3. ¿Van a preparar Uds. la comida?   (traer la carne)
4. ¿Van a solicitar Uds. el puesto?   (hablar con el supervisor)
5. ¿No van a hacer Uds. la tarea?   (devolver el diccionario)

MODELO 3:   ¿Piensas ir al lago?   (llover)
   *Voy a ir a menos que llueva.*

1. ¿Piensas ir a acampar?   (hacer frío)
2. ¿Piensas venir mañana?   (tener que trabajar)
3. ¿Piensas montar a caballo mañana?   (venir Luis)
4. ¿Piensas asistir a clase?   (estar enfermo)
5. ¿Piensas vender la casa?   (conseguir un empleo)

B. Write the following sentences in Spanish.

1. She's going to take you to the X-ray room in order to take an X-ray of your knee.
2. I won't go to the beach unless it's sunny.
3. You don't have to stand in line unless you have something to declare.
4. He always cleans the yard without my asking him.
5. We have to buy pillows and pillowcases before the people arrive.
6. I can't do anything about that unless I earn more money.

C. The conjunction **aunque** (*even if*) takes the subjunctive if the speaker wants to express uncertainty. If not, **aunque** takes the indicative and is equivalent to *although*.

**Aunque** la **busque,** no la encontrará.

*Even if he looks for her, he won't find her.*

**Aunque** la **buscó,** no la encontró.

*Although he looked for her, he didn't find her.*

## PRÁCTICA

A. Complete the following sentences with the indicative or the subjunctive of the verbs in parentheses, as needed.

1. Aunque (cortarse) ____ el dedo no le dolió mucho.
2. Aunque (estudiar) ____ mucho no va a sacar una «A» este trimestre.
3. Aunque (tener) ____ dinero nunca paga sus cuentas.
4. Aunque tú (hacer) ____ planes para el viaje él no irá contigo.
5. Aunque le (gustar) ____ ese tipo de silla no la compró.

B. Write the following sentences in Spanish.

1. Although it was hot last night she used a blanket.
2. Even if he is not here tomorrow we can bring the armchairs.
3. I didn't buy the furniture for the bedroom although I had the money.
4. He will fix the kitchen sink even though he's very tired.
5. Even if we leave the money in for a period of six months they won't pay us more interest.

▶ **3.** The present perfect subjunctive   (*El presente perfecto del subjuntivo*)

The present perfect subjunctive is formed with the present subjunctive of the auxiliary verb **haber,** plus the past participle of the main verb.

| PRESENT PERFECT SUBJUNCTIVE | | |
|---|---|---|
| *Present Subjunctive of* haber   +   | *Past Participle of the Main Verb* | |
| yo | haya | cambiado |
| tú | hayas | temido |
| él | haya | sufrido |
| nosotros | hayamos | hecho |
| vosotros | hayáis | puesto |
| ellos | hayan | visto |

The present perfect subjunctive is used in sentences in which the main clause calls for the use of the subjunctive in the subordinate clause. It is used in the same way the present perfect is used in English.

—Me alegro de que **hayas venido.**   *I'm glad **you have come.***

—Es una lástima que papá no **haya podido** venir conmigo.   *It is a pity that Dad **has** not **been able** to come with me.*

PRÁCTICA

A. Change the verbs according to the new subjects.

1. Siento que *Ud.* no haya traído la torta.   (Uds., tú, nosotros, él, ellas)
2. Me alegro de que *ella* haya estudiado literatura.   (tú, Luis, nosotros, mis padres)

B. Write the following sentences in Spanish.

1. It is possible that they have had a flat tire.
2. It's a pity that you haven't ordered the stuffed turkey.
3. I'm glad they have taken those subjects.
4. I hope you (*pl.*) have bought the pictures and the lamps.
5. It's possible that David has already brought the cups and the forks.

C. Complete the following sentences in an original manner with the present perfect subjunctive.

1. Es una lástima que tú...
2. Ojalá que mis padres...
3. Espero que el profesor...
4. No es verdad que yo...
5. Dudan que nosotros...

▶ **4.** The familiar commands (**tú** and **vosotros**)   (*Las formas imperativas de tú y de vosotros*)

In Spanish, the familiar affirmative commands (corresponding to the **tú** and **vosotros** forms) are the only commands that do not use the subjunctive.

**A.** The affirmative command form for **tú** has exactly the same form as the third-person singular form of the present indicative.

| Verb | Present Indicative | Familiar Command (tú) |
|------|-------------------|----------------------|
| hablar | él habla | **habla** (tú) |
| comer | él come | **come** (tú) |
| abrir | él abre | **abre** (tú) |
| cerrar | él cierra | **cierra** (tú) |
| volver | él vuelve | **vuelve** (tú) |

| | |
|---|---|
| **¡Espera!** | *Wait!* |
| **Habla** español. | *Speak Spanish.* |
| **¡Come** el biftec! | *Eat the steak!* |
| **Abre** el refrigerador. | *Open the refrigerator.* |
| **Cierra** la puerta. | *Close the door.* |
| **Vuelve** a la alberca. | *Go back to the swimming pool.* |

Spanish has eight irregular command forms of **tú**.

| | | | | | |
|---|---|---|---|---|---|
| decir: | **di** | (*say, tell*) | salir: | **sal** | (*go out*) |
| hacer: | **haz** | (*do, make*) | ser: | **sé** | (*be*) |
| ir: | **ve** | (*go*) | tener: | **ten** | (*have*) |
| poner: | **pon** | (*put*) | venir: | **ven** | (*come*) |

| | |
|---|---|
| **Di** la verdad. | *Tell the truth.* |
| **Haz** tu trabajo. | *Do your work.* |
| **Ve** al sexto piso. | *Go to the sixth floor.* |
| **Ponlo**[1] en la mesa. | *Put it on the table.* |
| ¡**Sal** de mi dormitorio! | *Get out of my bedroom!* |
| **Sé** bueno. | *Be good.* |
| **Ten** paciencia. | *Have patience.* |
| **Ven** lo antes posible. | *Come as soon as possible.* |

**B.** The affirmative command form for **vosotros** is formed by changing the final **r** of the infinitive to **d**.

| *Infinitive* | *Familiar Command* (vosotros) |
|---|---|
| hablar | habla**d** |
| comer | come**d** |
| escribir | escribi**d** |
| ir | i**d** |
| salir | sali**d** |

When the affirmative command of **vosotros** is used with the reflexive pronoun **os**, the final **d** is dropped.

| | | |
|---|---|---|
| bañar | baña~~d~~ | **bañaos** |
| poner | pone~~d~~ | **poneos** |
| vestir | vesti~~d~~ | **vestíos**[2] |

| | |
|---|---|
| **Bañaos** antes de cenar. | *Bathe before dinner.* |
| **Poneos** los zapatos. | *Put your shoes on.* |
| **Vestíos** aquí. | *Get dressed here.* |

Only one verb doesn't drop the final **d** when the pronoun **os** is added.

**irse** (*to go away*):    ¡**Idos!** (*Go away!*)

**C.** The negative commands of **tú** and **vosotros** use the corresponding forms of the present subjunctive.

| | | |
|---|---|---|
| hablar: | no **hables** tú | no **habléis** vosotros |
| vender: | no **vendas** tú | no **vendáis** vosotros |
| decir: | no **digas** tú | no **digáis** vosotros |
| salir: | no **salgas** tú | no **salgáis** vosotros |

---

[1]The position of object pronouns with the familiar commands follows the same rules as those for the formal commands; see *lección* 8.    [2]Note that the -**ir** verbs take a written accent over the **i** when the reflexive pronoun **os** is added.

## PRÁCTICA

A. Pattern drill

MODELO 1:    ¿No vas a ir al banco?
             *No, ve tú.*

1. ¿No vas a salir?
2. ¿No vas a venir?
3. ¿No vas a prestárselo?
4. ¿No vas a ponértelo?
5. ¿No vas a decirlo?

MODELO 2:    ¿Abro la puerta?
             *No, no la abras.*

1. ¿Traigo el menú?
2. ¿Limpio la trucha?
3. ¿Le doy las carpetas?
4. ¿Arreglo el fregadero?
5. ¿Compro la penicilina?

B. Change the following commands, using the verbs in parentheses.

1. *Ven* en seguida.   (salir)
2. *Sube* al dormitorio.   (ir)
3. *Sirve* el puré de papas.   (hacer)
4. *Barre* el patio.   (limpiar)
5. *Compra* la butaca.   (vender)
6. *Ve* al comedor.   (regresar)
7. *Regresa* temprano.   (volver)
8. *Pide* las fundas.   (traer)
9. *Paga* la cuenta.   (pedir)
10. *Trae* una docena de huevos.   (comprar)

C. Change the following sentences to the negative.

1. Múdate a otro barrio.
2. Ven a la sala.
3. Haz el pollo frito.
4. Cuenta las fundas.
5. ¡Córtame el bigote!
6. Compra el silenciador.
7. Véndeselas a José.
8. Dile que eres alérgico.

D. Change the following sentences to the affirmative.

1. No busques las sábanas.
2. No salgas tarde.
3. No lo hagas.
4. No digas que es diabético.
5. No me des el contrato.
6. No le vendes el tobillo.
7. No te lo pongas.
8. No vengas mañana.

E.  Complete the following sentences with the familiar command form (**tú**) of the verbs given.

1. *salir:*   No _____ con Rosa; _____ conmigo.
2. *hacerlo:*   No _____ ahora; _____ mañana.
3. *decírselo:*   _____ a Marta; pero no _____ a Pedro.
4. *venir:*   No _____ a las cuatro; _____ a las cinco.
5. *ponértelo:*   No _____ aquí; _____ en el probador.
6. *ir:*   No _____ a la playa; _____ a la montaña.
7. *ser:*   _____ generosa; no _____ egoísta.
8. *tener/ser:*   ¡ _____ paciencia! ¡No _____ tan impaciente!

F.  Dígale a su compañero(-a)…   (*Use the **tú** form.*)

1. que no se vaya
2. que salga
3. que pare el coche y cierre el maletero
4. que tenga paciencia
5. que haga cordero asado
6. que no sea malo(-a)
7. que le pida la especialidad de la casa
8. que haga la tarea
9. que ponga la mesa
10. que no abra la ventanilla
11. que no se suba a la silla
12. que le traiga los recibos

## ¡A VER CUÁNTO APRENDIÓ!

A.  ¡Conversemos!

Reread the dialogues in this lesson and be ready to discuss the following.

1. ¿Para qué visita la señora Cortés una agencia de bienes raíces?
2. ¿Qué tipo de casa necesita la señora Cortés?
3. ¿Para qué necesitan una casa que tenga por lo menos cuatro dormitorios?
4. ¿Cuánto cuesta la casa que queda en la Quinta Avenida?
5. ¿Qué quieren los niños que tenga la casa?
6. ¿Qué dice la señora Cortés de la casa de la calle Tercera?
7. ¿Qué necesitan en la oficina?
8. ¿Por qué van a tener que ayudar más los chicos a su mamá?
9. ¿Qué van a tener que comprar en cuanto se muden?
10. ¿Qué va a hacer la señora Cortés tan pronto como llegue la supervisora?

B. Give appropriate responses to the following questions.

1. Describa el tipo de casa que Ud. quiere.
2. ¿Qué muebles hay en el comedor de su casa? ¿En la sala? ¿En los dormitorios?
3. ¿Piensa Ud. comprar cortinas y muebles nuevos para su casa?
4. ¿Cuántos son en su familia?
5. ¿Trabaja Ud. medio día o tiempo completo?
6. ¿Puede Ud. conseguir un puesto donde le paguen 80.000 dólares al año?
7. ¿Conoce Ud. a alguien que haga traducciones?
8. ¿Siente Ud. que el profesor (la profesora) haya venido hoy?
9. ¿Qué va a hacer Ud. en caso de que haya un examen mañana?
10. ¿Qué va a hacer Ud. en cuanto llegue a su casa?

C. ¡Repase el vocabulario!

Choose the word or phrase that best completes each sentence, then read it aloud.

1. Es una lástima que no hayamos comprado los (cuadros, dientes, préstamos). Tenían un buen precio.
2. Trae las (literas, sillas, piscinas) y ponlas en el comedor.
3. No trabaja tiempo completo. Trabaja (medio día, con mucha gente, en el despacho de boletos).
4. No van a llegar a tiempo aunque (paguen la hipoteca, tengan filtros, se den prisa).
5. Busco una casa que tenga cuatro (recámaras, boletos, firmas).
6. Espero que hayas traído las fundas para las (botellas, tarifas, almohadas).
7. Necesitamos mucho dinero, de modo que voy a buscar un (permiso, puesto, papel) donde paguen mejor sueldo.
8. Tengo frío. Tráeme una (frazada, lengua, frontera).
9. Conozco a una señorita que sabe inglés y francés. Ella puede hacer las (sucursales, barberías, traducciones).
10. No tengo lavaplatos; lava los platos en (el fregadero, el arma, la cara, el itinerario).
11. Dudo que duermas bien en esta cama. El (descuento, colchón, corazón) no es cómodo.
12. Me duele mucho el estómago. Tan pronto como llegue a casa, voy a llamar (al médico, al mecánico, al cliente).
13. Quiero una casa que tenga un patio con (coche-comedor, árboles frutales, talonario de cheques).
14. No podemos hacer las camas sin que Uds. nos traigan (las sábanas, las estufas, las paredes).
15. Pon la ropa interior en (el cuadro, la lámpara, la cómoda).

16. Ahora somos seis, de modo que necesitamos mudarnos a una (piscina, casa, caja de seguridad) que sea más grande.

17. Compré cortinas nuevas para (la ventana, los muebles, el sillón).

18. No necesitamos nada más para la sala excepto (un césped, una cama, una lámpara).

19. Hace poco compramos un refrigerador. Los pagos son de treinta dólares (diarios, anuales, mensuales).

20. En la agencia de bienes raíces me dijeron que la casa no tenía (barrio, aire acondicionado, ventanas).

D. Situaciones

What would you say in the following situations?

1. You are talking to a real estate agent. Tell him or her you want a house (that is) located in a very exclusive (elegant) neighborhood. Say that there are nine in your family, and therefore you need at least five bedrooms. Finally, say you want a house that has air-conditioning and a three-car garage.

2. You are a real estate agent. Tell a customer that there is a house on Ninth Avenue that has a swimming pool and a backyard with (a) lawn and fruit trees. Also tell him or her that it is near a very good school.

3. You are having a dinner party. Tell your guests that you're very glad they have been able to come. Also tell them that you'll be with them as soon as you talk with the maid about (the) dinner.

4. You are giving a friend a few instructions before you leave the house. Tell him or her to answer the phone, close all the doors, and go to the market to buy (some) red wine. Tell him or her *not* to leave before you return, tell anybody where you are, or talk with anybody.

E. Para escribir

Write a composition describing the house of your dreams (**sueños**). Include the following information:

1. location
2. kind of neighborhood
3. what rooms you want
4. number of bedrooms and bathrooms
5. backyard
6. color scheme
7. price range
8. furniture you would have in each room
9. conveniences
10. what you will have to do to be able to afford such a house

## Ejercicio de lectura

La familia Gómez acaba de comprar una casa enorme en el sur de California. Es una casa bonita y cómoda. Como ellos son cinco, necesitan solamente cuatro dormitorios, pero se alegran de que la casa tenga seis dormitorios porque tienen muchos amigos que vienen a visitarlos y a quedarse con ellos. La casa tiene un comedor y una cocina muy grandes, tres baños y un garaje para tres coches. En el patio hay hermosos árboles frutales y una piscina.

Ellos piensan mudarse a la casa nueva en junio, a menos que los niños no hayan terminado las clases todavía. Los Gómez piensan vender uno de los coches y comprar otro. Los hijos quieren un coche que no gaste mucha gasolina, pero que sea muy grande y cómodo. La señora Gómez dice que no hay ningún coche grande que gaste poca gasolina. El señor Gómez dice que va a comprar un Ford Escort en cuanto lleguen a California.

## ¡A ver cuánto recuerda!

Answer the following questions with complete sentences.

1. ¿Está en San Francisco la casa que los Gómez acaban de comprar? ¿Cómo lo sabe?
2. Si ellos necesitan solamente cuatro dormitorios, ¿por qué se alegran de que la casa tenga seis?
3. ¿Cree Ud. que los Gómez tienen que comer en la cocina?
4. A mí me gusta nadar. ¿Podría hacerlo en casa de los Gómez?
5. Si yo quiero visitar a los Gómez en su nueva casa en el mes de abril, ¿podré hacerlo? ¿Por qué?
6. ¿Es verdad que los Gómez tienen solamente un coche?
7. ¿Qué clase de coche quieren los hijos de los Gómez?
8. ¿Qué dice la señora Gómez sobre los coches grandes?
9. ¿Va a comprar el señor Gómez un coche nacional?
10. ¿Cuándo va a comprar un Ford Escort el señor Gómez?

**OBJECTIVES**

STRUCTURE     The imperfect subjunctive • Uses of the imperfect
              subjunctive • The pluperfect subjunctive • Sequence of
              tenses with the subjunctive

COMMUNICATION You will learn vocabulary related to a visit to the dentist
              and the eye doctor.

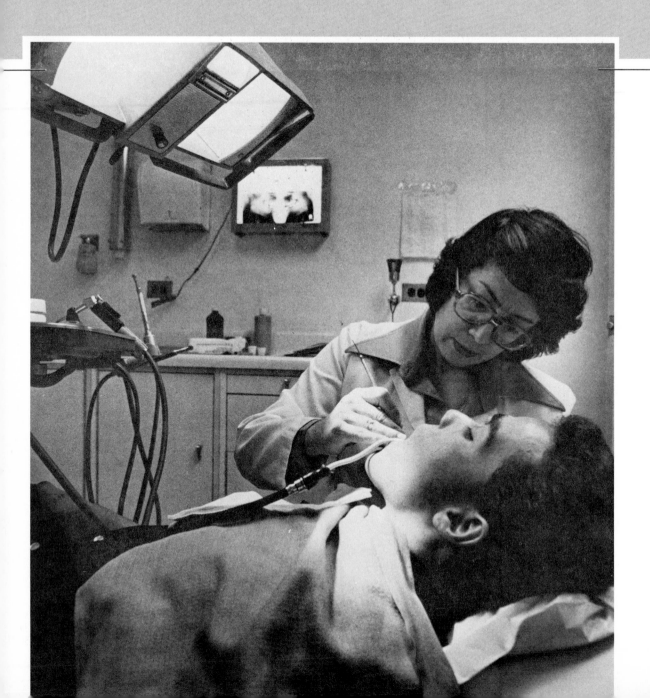

## Eva y Sergio van al centro médico

*Eva va al consultorio del dentista, pues hace dos días que le duele una muela, y tiene la cara inflamada.*

DENTISTA —Abra la boca, por favor. Hmmm… Tiene la encía infectada. Siento que no hubiera venido antes, porque habríamos podido salvar esta muela.

EVA —Es que temía que Ud. me dijera que tenía que extraerla.

DENTISTA —Además tiene tres caries. Voy a empastarlas la semana próxima.

EVA —También necesito una limpieza, ¿no? Y yo siempre me cepillo los dientes tres veces al día.

DENTISTA —Sería mejor que usara también hilo dental para limpiarse entre los dientes.

EVA —¿Va a sacarme la muela hoy? ¿Me va a doler?

DENTISTA —No. Voy a darle anestesia.

DENTISTA —*(Después de sacarle la muela)* Enjuáguese la boca. Si le duele mucho, tome dos aspirinas y póngase una bolsa de hielo.

EVA —¿Tengo que volver la semana próxima?

DENTISTA —Sí, pero ahora va a venir mi ayudante y le va a enseñar cómo debe cepillarse los dientes para limpiarlos bien.

*Sergio va a ver al oculista, pues no ve muy bien y tiene dolores de cabeza.*

OCULISTA —Voy a examinarle los ojos. Lea la segunda línea, empezando por la línea de abajo.

SERGIO —No veo las letras muy bien. Están borrosas.

OCULISTA —Bueno, Ud. necesita anteojos. Siéntese aquí. Le voy a poner unas gotas en los ojos.

SERGIO —No veo muy bien… Y me molesta la luz.

OCULISTA —Eso no dura mucho. Pero sería mejor que llamara un taxi o que su esposa viniera por Ud. No conviene que maneje ahora.

SERGIO —Bueno. ¡Ah, doctor! Me gustaría usar lentes de contacto.

OCULISTA —Es muy difícil acostumbrarse a ellos. Sería mejor que usara anteojos.

SERGIO —Bueno, si no hay más remedio… ¿Puedo usar su teléfono?

OCULISTA —Sí, cómo no. Hay uno en la sala de espera.

*Eva goes to the dentist's office because
she has had a toothache for two days,
and her face is swollen.*

D. Open your mouth, please.
Hmmm . . . Your gum is infected.
I'm sorry you didn't come sooner,
because we would have been able to
save this tooth.

E. The fact is, I was afraid you'd tell
me you had to pull it.

D. Besides, you have three cavities.
I'm going to fill them next week.

E. I also need a cleaning, don't I? And
I always brush my teeth three times
a day.

D. It would be better if you also used
dental floss to clean between your
teeth.

E. Are you going to pull out my tooth
today? Is it going to hurt?

D. No, I'm going to give you
anesthesia.

D. (*After extracting the tooth*) Rinse
out your mouth. If it hurts a great
deal, take two aspirins and use an
ice pack.

E. Do I have to come back next week?

D. Yes, but right now my assistant is
going to come teach you how you
must brush your teeth to clean them
well.

*Sergio goes to see the optometrist, for
he cannot see very well and he has
headaches.*

O. I'm going to examine your eyes.
Read the second line, starting with
the bottom line.

S. I don't see the letters very well.
They are blurry.

O. Well, you need glasses. Sit over
here. I'm going to put some drops
in your eyes.

S. I can't see very well . . . and the
light bothers me.

O. That won't last very long. But it
would be better if you called a taxi
or if your wife came to pick you up.
It is not a good idea for you to drive
now.

S. Okay. Oh, doctor! I would like to
wear contact lenses.

O. It's very difficult to get used to
them. It would be better for you to
wear glasses.

S. Well, if there's no other choice . . .
May I use your phone?

O. Yes, of course. There's one in the
waiting room.

## VOCABULARIO

### COGNADOS

la **anestesia**   anesthesia
el (la) **dentista**   dentist
**infectado(-a)**   infected
la **línea**   line

### NOMBRES

los **anteojos, espejuelos, lentes;**
    las **gafas**   glasses
el (la) **ayudante**   assistant
la **bolsa de hielo**   ice pack
la **carie**   cavity
el **centro médico**   medical
    center
la **encía**   gum
la **gota**   drop
el **hilo dental**   dental floss
los **lentes de contacto**   contact
    lenses
la **limpieza**   cleaning
la **muela**   tooth, molar
el (la) **oculista**   eye doctor
la **sala de espera**   waiting room

### VERBOS

**acostumbrarse (a)**   to get used
  (to)
**cepillar(se)**   to brush
**durar**   to last
**empastar**   to fill (a cavity)
**enjuagar(se)**   to rinse, rinse out
**examinar**   to examine

**extraer** (*conj. like traer*), **sacar**
    to extract, pull (out)
**molestar**   to bother
**salvar**   to save

### ADJETIVOS

**borroso(-a)**   blurred
**inflamado(-a)**   swollen

### OTRAS PALABRAS Y
### EXPRESIONES

**entre**   between, among
**la línea de abajo**   the bottom
  line
**no conviene**   it is not a good
  idea
**si no hay más remedio**   if there's
  no other choice
**tiene la cara inflamada**   her face
  is swollen
**tiene la encía infectada**   her
  gum is infected
**veces al día**   times a day

## VOCABULARIO ADICIONAL

la **aguja**   needle
Necesito una **aguja**.

la **bolsa de agua caliente**   hot water
   bottle
Póngase una **bolsa de agua caliente**.

el **calmante**   painkiller
Le voy a dar un **calmante** para el dolor.

el **cepillo de dientes**   toothbrush
Necesito un **cepillo de dientes** nuevo.

la **corona**   crown
Me dijo que necesitaba una **corona**.

el **hilo**   thread, floss
Tengo una aguja pero no tengo **hilo**.

el **mal aliento**   bad breath
Tienes **mal aliento**.

la **pasta dentífrica**   toothpaste
Ponga la **pasta dentífrica** en el cepillo.

---

**¿Lo sabía Ud....?**

1. En España y en algunos países de Latinoamérica, se pueden comprar jeringuillas (*syringes*) en las farmacias, porque su venta (*sale*) al público no está prohibida como en los Estados Unidos. No es necesario ir al consultorio de un médico o a un hospital para que le pongan a uno una inyección, porque cualquiera puede hacerlo.

2. Muchos productos norteamericanos son tan populares y comunes en los países hispanos como lo son en los Estados Unidos. En las tiendas y farmacias se ven, por ejemplo, perfumes y talcos *Coty*, jabón *Palmolive* o *Lux* y pasta dentífrica *Colgate*. Por supuesto, los nombres de estos productos se pronuncian en español, lo cual hace que muchas personas de habla inglesa no los reconozcan al oírlos.

## ESTRUCTURAS GRAMATICALES

▶  **1.** The imperfect subjunctive   (*El imperfecto de subjuntivo*)

Spanish has two forms for the imperfect subjunctive: the **-ra** form and the **-se** form. Both forms may be used interchangeably in almost every case, but the **-ra** ending is more commonly used.

To form the imperfect subjunctive of all verbs—regular and irregular—the **-ron** ending of the third-person plural preterit is dropped and the following endings are added to the stem.

| IMPERFECT SUBJUNCTIVE ENDINGS | | | |
|---|---|---|---|
| **-ra** *form* | | **-se** *form* | |
| -ra | -ramos | -se | -semos |
| -ras | -rais | -ses | -seis |
| -ra | -ran | -se | -sen |

| Verb | Third-Person Plural Preterit | Stem | First-Person Singular Imperfect Subjunctive | |
|------|------------------------------|------|-----------------|-----------------|
| | | | (-ra form) | (-se form) |
| hablar | hablaron | habla- | hablara | hablase |
| aprender | aprendieron | aprendie- | aprendiera | aprendiese |
| vivir | vivieron | vivie- | viviera | viviese |
| dejar | dejaron | deja- | dejara | dejase |
| ir | fueron | fue- | fuera | fuese |
| saber | supieron | supie- | supiera | supiese |
| decir | dijeron | dije- | dijera | dijese |
| poner | pusieron | pusie- | pusiera | pusiese |
| pedir | pidieron | pidie- | pidiera | pidiese |
| estar | estuvieron | estuvie- | estuviera | estuviese |

## PRÁCTICA

Supply the imperfect subjunctive of the following verbs.

1. *yo:*  extraer, salir, salvar, temer, molestar, poder, traducir, manejar
2. *tú:*  dormir, decir, volver, examinar, andar, abrir, pedir, ir, dar
3. *él:*  cepillar, venir, doler, querer, esperar, vivir, examinar, estar, hacer
4. *nosotros:*  empastar, durar, poner, servir, conducir, volver
5. *Uds.:*  sacar, tener, enjuagar, saber, morir, conseguir, cerrar, sentir

▶ **2.** Uses of the imperfect subjunctive  (*Usos del imperfecto de subjuntivo*)

1. The imperfect subjunctive is always used in a subordinate clause when the verb of the main clause calls for the subjunctive and is in the past.

| | |
|---|---|
| **Esperaban** que tú te **acostumbraras** a eso. | *They hoped you would get used to that.* |
| **Queríamos** que Uds. lo **dijeran.** | *We wanted you to say it.* |
| **Sentían** que nosotros **estuviéramos**[1] enfermos. | *They were sorry that we were sick.* |
| **Fue** una lástima que tú no **pudieras** manejar. | *It was a pity that you weren't able to drive.* |

---

[1]Note the accent on the first-person plural form.

2. When the verb of the main clause is in the present, but the subordinate clause refers to the past, the imperfect subjunctive is used.

**Me alegro** de que **cortaras** el césped ayer.

*I'm glad you cut the lawn yesterday.*

**Siento** que **estuvieras** enferma la semana pasada.

*I'm sorry you were sick last week.*

**Es lástima** que ellos no **vinieran** al centro médico anoche.

*It's a pity that they didn't come to the medical center last night.*

## PRÁCTICA

A. Pattern drill

MODELO 1:    ¿Explicaron los chicos la lección?
*Sí, porque yo les pedí que la explicaran.*

1. ¿Visitaron los chicos a María?
2. ¿Compraron ... _ _hicos el hilo dental?
3. ¿Vendieron los chicos la butaca?
4. ¿Salvaron los chicos al perrito?
5. ¿Trajeron los chicos los espejuelos?

MODELO 2:    Ayer no vine porque estuve enferma.
*¿Sí? ¡Siento mucho que estuvieras enferma!*

1. Ayer no vine porque tuve que trabajar.
2. Ayer no vine porque mi coche no funcionaba.
3. Ayer no vine porque me rompí el tobillo.
4. Ayer no vine porque me dolió la muela.
5. Ayer no vine porque tenía la cara inflamada.

B. Change the following sentences to the past, using the imperfect or preterit for the verb in the main clause, as needed.

MODELO:   Yo *quiero* que el dentista lo *empaste.*
*Yo quería que el dentista lo empastara.*

1. *Quiero* que *trabajen* tiempo completo.
2. Le *pide* que *traiga* los muebles.
3. *Espero* que *pueda* acostumbrarse.
4. *Es* mejor que *tomen* educación física.
5. *Siento* que le *duelan* las muelas.
6. Nos *manda* que nos *enjuaguemos* la boca.
7. Les *dice* que se *pongan* una bolsa de agua caliente.
8. *Es* mejor que se *cepillen* los dientes.

C. Read the following sentences, substituting the verbs in parentheses for the italicized verbs.

MODELO:    Quería que *leyeras* el libro.   (traer)
*Quería que trajeras el libro.*

1. Esperaba que *trajeran* el sillón.   (vender)
2. Deseábamos que *comprara* el coche.   (conducir)
3. Necesitaba que lo *hicieran*.   (decir)
4. Negaban que lo *quisiera*.   (saber)
5. Me pidió que *limpiara* el dormitorio.   (cerrar)
6. Sintió que se *cayeran*.   (morir)
7. Me alegro de que *dejaras* el calmante.   (pedir)
8. No creía que *consiguieras* lentes de contacto.   (tener)

D. Write the following sentences in Spanish.

1. She told us to buy toothpaste.
2. They were sorry that you had so many cavities.
3. He didn't want us to rent a compact car.
4. I'm sorry you weren't comfortable in that bed.
5. I don't think they bought the curtains and the mattress yesterday.

▶ **3.** The pluperfect subjunctive   (*El pluscuamperfecto de subjuntivo*)

The pluperfect subjunctive is formed with the imperfect subjunctive of the auxiliary verb **haber** plus the past participle of the main verb. It is used in the same way the past perfect is used in English, but in sentences in which the main clause calls for the subjunctive.

| THE PLUPERFECT SUBJUNCTIVE | | |
|---|---|---|
| *Imperfect Subjunctive of* **haber** | + | *Past Participle of the Main Verb* |
| yo          hubiera | | hablado |
| tú          hubieras | | comido |
| él          hubiera | | vivido |
| nosotros    hubiéramos | | visto |
| vosotros    hubierais | | hecho |
| ellos       hubieran | | vuelto |

Yo **dudaba** que ellos **hubieran llegado**.

*I doubted that they had arrived.*

Yo **esperaba** que tú **hubieras pagado** tus deudas.

*I was hoping that you had paid your debts.*

Ella **temía** que Ud. **hubiera
  cerrado** su cuenta corriente.
Ricardo **se alegró** de que sus
  amigos **hubieran llegado.**

*She **was afraid** that you **had
  closed** her checking account.
Richard **was glad** that his
  friends **had arrived.***

## PRÁCTICA

A.  Change the verbs according to the new subjects.

Dudaba que yo lo hubiera hecho.
Dudaba que tú ——————————————— .
Dudaba que ——————————————— depositado.
Dudaba que ellos ——————————————— .
Dudaba que ——————————————— dicho.
Dudaba que nosotros ——————————————— .
Dudaba que ——————————————— extraído.
Dudaba que Ester ——————————————— .
Dudaba que ——————————————— instalado.
Dudaba que los estudiantes ——————————————— .

B.  Change the following sentences according to the model.

MODELO:    Él se alegra de que ellos hayan hecho la traducción.
           Él se alegró ——————————————— .
           *Él se alegró de que ellos hubieran hecho la traducción.*

1. Nosotros sentimos que hayas estado solo en Lima.
   Nosotros sentíamos ——————————————— .
2. Yo espero que Uds. le hayan hecho una limpieza.
   Yo esperaba ——————————————— .
3. Siente que yo no haya podido salvarla.
   Sintió ——————————————— .
4. Es una tontería que hayas comprado esas gafas.
   Fue una tontería ——————————————— .
5. Es una lástima que no hayas cambiado la goma.
   Fue una lástima ——————————————— .
6. Me alegro de que hayamos conseguido la receta.
   Me alegré ——————————————— .
7. Es increíble que ellos hayan tenido que trasbordar.
   Era increíble ——————————————— .
8. No es verdad que el oculista te haya puesto esas gotas.
   No era verdad ——————————————— .

C. Write the following sentences in Spanish.

1. We were hoping that they had done everything possible.
2. I was sorry you had moved.
3. They were glad that he had brought the ice pack.
4. It was a pity that they hadn't gotten a lower berth.
5. We were glad that you had brought your driver's license.

▶ **4.** Sequence of tenses with the subjunctive   (*La secuencia de los tiempos con el subjuntivo*)

The tense of the verb used in the subordinate clause depends on the tense of the verb used in the main clause.

| A. Main Clause Indicative | Subordinate Clause Subjunctive |
|---|---|
| 1. present | |
| 2. future | present subjunctive |
| 3. present perfect | present perfect subjunctive |
| 4. command | present subjunctive |

◈ If the verb of the main clause is in the present, future, or present perfect, the verb of the subordinate clause must be in the present subjunctive or present perfect subjunctive. If the verb of the main clause is a command, the present subjunctive is used.

| | |
|---|---|
| Yo le **digo** que **venga**. | *I tell her to come.* |
| Yo le **diré** que **venga**. | *I will tell her to come.* |
| Yo le **he dicho** que **venga**. | *I have told her to come.* |
| **Me alegro** de que **haya venido**. | *I'm glad she has come.* |
| **Dile** que **venga**. | *Tell her to come.* |

| B. Main Clause Indicative | Subordinate Clause Subjunctive |
|---|---|
| 1. preterit | imperfect subjunctive |
| 2. imperfect | pluperfect subjunctive |
| 3. conditional | |

◈ If the verb of the main clause is in the preterit, imperfect, or conditional, the verb of the subordinate clause must be in the imperfect subjunctive or the pluperfect subjunctive.

| | |
|---|---|
| Le **dije** que **viniera**. | *I told her to come.* |
| Le **decía** que **viniera**. | *I was telling her to come.* |

Le **diría** que **viniera**.
Me **alegré** de que Rosa
**hubiera venido**.

*I **would tell** her to come.*
*I **was glad** that Rosa **had come**.*

| C. Main Clause<br>Indicative | Subordinate Clause<br>Subjunctive |
| --- | --- |
| present | imperfect subjunctive |

◈ If the verb of the main clause is in the present indicative, the verb of the subordinate clause should be in the imperfect subjunctive if the action of the subordinate clause refers to *something that happened in the past*.

**Me alegro** de que **vinieran**
anoche.
**Es lástima** que tú no
**arreglaras** el fregadero ayer.

*I'm **glad** that **they came** last*
*night.*
*It's **a pity** that you didn't **fix** the*
*sink yesterday.*

## PRÁCTICA

A. Complete the following sentences with the correct tense of the verbs in parentheses.

1. Yo te he dicho que (traer) _____ a tu ayudante.
2. Yo les pido que (ir) _____ al centro médico.
3. Diles que (tomar) _____ los requisitos este semestre.
4. Le pediremos que no le (poner) _____ una multa.
5. El supervisor te dijo que (venir) _____ temprano.
6. El dentista quería que yo (tomar) _____ un calmante.
7. Me gustaría que ellos (trabajar) _____ en la estación de servicio.
8. Siento que las líneas (estar) _____ borrosas.
9. Siento que la sala de espera (haber estado) _____ cerrada.
10. Temíamos que ellos no (haber comprado) _____ la lámpara.

B. Pattern drill

MODELO 1:   ¿Qué me sugieres que haga con la casa?   (alquilar)
*Te sugiero que la alquiles.*

1. ¿Qué me sugieres que haga con mi esposo?   (dejar)
2. ¿Qué me sugieres que haga con los muebles?   (vender)
3. ¿Qué me sugieres que haga con los lentes de contacto?   (cambiar)
4. ¿Qué me sugieres que haga con mis hijos?   (mandar a la escuela)
5. ¿Qué me sugieres que haga con los árboles frutales?   (cortar)

MODELO 2:    ¿Sabes a qué hora regresa Amelia?
             *Es posible que ya haya regresado.*

1. ¿Sabes a qué hora vuelven los chicos?
2. ¿Sabes a qué hora sale el avión?
3. ¿Sabes a qué hora llega el tren?
4. ¿Sabes a qué hora termina la clase?
5. ¿Sabes a qué hora empieza la fiesta?

MODELO 3:    ¿No has traído la bolsa de hielo?
             *¡Tú no me dijiste que la trajera!*

1. ¿No te has lavado las manos?
2. ¿No te has puesto las sandalias?
3. ¿No has traído el cepillo de dientes?
4. ¿No has comprado las agujas y el hilo?
5. ¿No has limpiado las ventanas de la sala?

C. Write the following sentences in Spanish.

1. I'm glad you don't need a cleaning.
2. The eye doctor told me to read the third line.
3. She has told me not to use anesthesia.
4. It's a pity that he hasn't played the piano.
5. I'm sorry he has bad breath.
6. I didn't think you had to be a citizen (in order) to work there.

## ¡A VER CUÁNTO APRENDIÓ!

A. ¡Conversemos!

Reread the dialogues in this lesson and be ready to discuss the following.

1. ¿Por qué va Eva al consultorio del dentista?
2. ¿Por qué siente el dentista que Eva no hubiera venido antes?
3. ¿Por qué debe volver Eva la semana próxima?
4. ¿Qué debe usar Eva para limpiarse entre los dientes?
5. ¿Qué le dice el dentista que haga si le duele?
6. ¿Qué le va a enseñar la ayudante del dentista a Eva?
7. ¿Por qué va Sergio al oculista?
8. ¿Qué le va a poner el oculista a Sergio?
9. ¿Qué no conviene que haga Sergio?
10. ¿Qué dice el oculista que es muy difícil?

B. Give appropriate responses to the following questions.

1. ¿Cuándo fue la última vez que Ud. estuvo en el consultorio del dentista?
2. ¿Qué hace Ud. cuando le duele una muela?
3. ¿Tiene Ud. la encía infectada?
4. ¿Qué podemos hacer para no tener caries?
5. ¿Usa Ud. hilo dental para limpiarse entre los dientes?
6. ¿Cuántas veces al día se cepilla Ud. los dientes?
7. ¿Qué pasta dentífrica prefiere Ud.?
8. ¿Le molesta la luz? ¿Quiere que la apague?
9. ¿Preferiría Ud. usar anteojos o lentes de contacto? ¿Por qué?
10. ¿Prefiere Ud. anestesia local o general?

C. ¡Repase el vocabulario!

Choose the word or phrase in parentheses that best completes the meaning of each sentence, then read it aloud.

1. ¿Tiene la (corona, encía, cómoda) infectada?
2. Me duele una muela. Voy a ir (al dentista, a la agencia de bienes raíces, al andén) si no hay más remedio.
3. Debe cepillarse los dientes y además usar (aire acondicionado, hilo dental, una estufa).
4. Para que no me doliera, le pedí que me diera (una frazada, un refrigerador, anestesia).
5. No veo bien la segunda línea. Está un poco (automática, quebrada, borrosa).
6. Uso hilo dental para limpiarme entre (los dientes, los oídos, los dedos).
7. Tiene mal aliento, de modo que el dentista le dijo que usara una buena (funda, toalla, pasta dentífrica).
8. El dentista tiene su consultorio en (una piscina, un patio, un barrio muy elegante).
9. Le pedí al dentista que me empastara dos (sábanas, cuadros, caries).
10. El oculista me dijo que esperara en (el zacate, el lavaplatos, la sala de espera).
11. Después de extraerme la muela, el dentista me dijo que (me diera prisa, me enjuagara la boca, comprara zanahorias).
12. Le van a poner unas gotas en (los ojos, el sofá, el salón de estar).
13. Tiene (la sala, la bolsa de agua caliente, la cara) inflamada.
14. Le voy a decir a mi ayudante que se baje (de la aguja, del coche, de la cucharita).
15. ¿No ves bien? En ese caso debes ir (al norte, a la playa, al centro médico).
16. Tengo la encía infectada. Conviene que (haga escala, vaya al dentista, alquile un coche de cambios mecánicos).

17. El dentista me dijo que usara hilo dental y un buen (cepillo de dientes, expreso, calcetín).
18. El oculista me ha dicho que me ponga (los guantes, las gotas, un coche de dos puertas) tres veces al día.
19. Como tenía la cara inflamada, el dentista me dijo que me pusiera (un cangrejo, un piropo, una bolsa de hielo).
20. No veo muy bien pero, en vez de usar anteojos, prefiero (usar lentes de contacto, tener mal aliento, gastar gasolina).
21. Le pedí al dentista que (me hiciera una limpieza, me cortara un poco a los costados, bañara a su ayudante).
22. A veces es difícil acostumbrarse a los lentes de contacto porque (recetan, examinan, molestan) mucho.

D. Situaciones

What would you say in the following situations?

1. You are at the dentist's office. Ask her if she can fill the cavity, because you don't want her to pull your tooth.
2. You are a dentist. Tell your patient that you're not going to be able to save his tooth and that his gums are infected and swollen. Add that you're sorry he didn't come sooner.
3. You are at the eye doctor's office. Tell him that you have headaches and you can't (don't) see very well. Tell him you think you need glasses.
4. You are an eye doctor. Tell your patient to read the third line, starting at the top. She blinks. Ask if the light is bothering her. Ask if she wants to wear glasses or whether she prefers to wear contact lenses.
5. You are a dentist. Tell your patient to do the following:
   a. make an appointment for next week because he needs a cleaning
   b. brush his teeth three times a day
   c. use dental floss to clean between his teeth

E. Para escribir

Complete the following dialogues.

1. *En el consultorio del dentista:*

   DENTISTA  —Temo que haya que extraer esta muela.
   MARISA  —_____
   DENTISTA  —No, no le va a doler. Voy a darle anestesia local.
   MARISA  —_____
   DENTISTA  —Sí, está infectada. Es una lástima que Ud. no haya venido antes.
   MARISA  —_____
   DENTISTA  —Sí, también necesita una limpieza.

MARISA     —_____

DENTISTA   —No, hoy no. Tendrá que volver la semana próxima.

MARISA     —_____

DENTISTA   —Sí, pero además de cepillarse los dientes debe usar hilo
            dental.

2. *En el consultorio del oculista:*

ENRIQUE    —Yo creo que necesito anteojos porque no veo muy bien y
            me duele a menudo la cabeza.

OCULISTA   —_____

ENRIQUE    —J… F… H… No… , están muy borrosas…

OCULISTA   —_____

ENRIQUE    —No, tampoco las veo muy claramente.

OCULISTA   —_____

ENRIQUE    —¡Ay! Después de las gotas ya no veo nada.

OCULISTA   —_____

ENRIQUE    —Eso no es problema; mi esposa puede venir a buscarme.

OCULISTA   —_____

ENRIQUE    —Yo preferiría usar lentes de contacto. ¿Es muy difícil acos-
            tumbrarse a ellos?

OCULISTA   —_____

**OBJECTIVES**

STRUCTURE       *If* clauses • Summary of the uses of the subjunctive •
                The passive voice • Constructions with **se**

COMMUNICATION   You will learn vocabulary related to applying for a job:
                classified ads, interviews, and letters of recommendation.

## ¡*El puesto es suyo*!

### AVISOS CLASIFICADOS

Se necesita secretaria bilingüe que haya trabajado con máquinas de oficina y que tenga experiencia como traductora e intérprete. Llamar al teléfono 330–7146.

Se necesita taquígrafo-mecanógrafo para compañía de importación y exportación. Debe escribir a máquina por lo menos sesenta palabras por minuto. Llamar a la señora Díaz al 332–4520.

BANCO INTERNACIONAL (Fundado en 1952)
Se necesita contador público que tenga experiencia en trabajos administrativos. El sueldo depende de la experiencia. Escribir al señor Gustavo Roca y enviar cartas de recomendación. Avenida de Mayo 514.

*El jefe de personal del Banco Internacional entrevista a la señorita Liliana Gómez Blanco, que ha solicitado el puesto de contador.*

JEFE —Mucho gusto, señorita Gómez.

SRTA. GÓMEZ —El gusto es mío, señor Roca.

JEFE —Señorita Gómez, debo decirle que Ud. fue muy bien recomendada por su antiguo jefe. Según él, Ud. es una persona muy eficiente.

SRTA. GÓMEZ —Gracias. Es que me gusta mi trabajo.

JEFE —¿Habla Ud. inglés, señorita Gómez?

SRTA. GÓMEZ —Sí. Yo trabajaba para una compañía norteamericana y todas las transacciones eran hechas en inglés.

JEFE —Me alegro. Si Ud. no hablara inglés no podríamos emplearla pues algunas veces nuestros contadores deben viajar a los Estados Unidos.

SRTA. GÓMEZ —No sólo hablo inglés. También hablo francés.

JEFE —¡Muy bien! ¿Ha tenido Ud. mucha experiencia en trabajos administrativos?

## THE JOB IS YOURS!

### CLASSIFIED ADS

Needed: Bilingual secretary who has worked with office machines and who has experience as a translator and interpreter. Call 330–7146.

Needed: Stenographer-typist for import-export company. Must type at least sixty words a minute. Call Mrs. Díaz at 332–4520.

### INTERNATIONAL BANK
(Founded in 1952)

Needed: Certified public accountant who has experience in administrative work. The salary depends on experience. Write to Mr. Gustavo Roca and send letters of recommendation. 514 Avenida de Mayo.

*The personnel director of the International Bank interviews Miss Liliana Gómez Blanco, who has applied for the position of accountant.*

P.D.   A pleasure, Miss Gómez.

MISS G.   The pleasure is mine, Mr. Roca.

P.D.   Miss Gómez, I must tell you that you were very well recommended by your former boss. According to him, you are a very efficient person.

MISS G.   Thank you. The fact is, I like my work.

P.D.   Do you speak English, Miss Gómez?

MISS G.   Yes. I used to work for an American company, and all the transactions were done in English.

P.D.   I'm glad. If you didn't speak English, we couldn't hire you, because sometimes our accountants must travel to the United States.

MISS G.   I don't speak only English. I also speak French.

P.D.   Very good! Have you had much experience in administrative work?

MISS G.   Yes, in my other job I was in charge of the payroll department, so I have had a great deal of experience in that field.

SRTA. GÓMEZ   —Sí, en mi otro empleo estaba encargada de la sección de pagos, de modo que he tenido mucha experiencia en ese campo.

JEFE   —Si le diéramos el puesto, ¿cuándo podría empezar a trabajar?

SRTA. GÓMEZ   —Si pudiera empezar en junio estaría muy bien...

JEFE   —Está bien. Yo creo que Ud. es la persona que necesitamos. Si el sueldo le conviene, el puesto es suyo.

Carta de recomendación recibida por el señor Roca:

Sr. Gustavo Roca                              18 de mayo de 1985
Jefe de Personal
Banco Internacional
Avenida de Mayo 514
Buenos Aires, Argentina

Muy señor mío:

Tengo el gusto de enviarle la información solicitada por Ud. en su carta del doce del corriente.

La señorita Liliana Gómez Blanco fue empleada por nuestra compañía en el año 1980, y desde esa fecha hasta el 31 de marzo de 1985 trabajó como encargada de la sección de pagos. Su trabajo ha sido siempre excelente.

La señorita Gómez Blanco es una persona muy eficiente y tiene un gran sentido de responsabilidad.

Es, pues, con mucho gusto, que recomendamos a la señorita Gómez Blanco para el puesto vacante en su compañía.

Atentamente,

Aníbal Lovera Rojas

Liliana le escribe a su amiga Elvira, que vive en Córdoba:

20 de mayo de 1985

Querida Elvira,

Te escribo para darte buenas noticias: hoy fui empleada por el Banco Internacional como contadora. Estoy muy contenta, pues el sueldo es muy bueno y tendré oportunidades de viajar.

Me mudé a un apartamento muy cómodo en la Avenida de Mayo. Cuando vengan a Buenos Aires pasen unos días conmigo.

Escríbeme pronto. Espero poder verlos en la boda de Graciela. Un abrazo muy grande para todos de

Liliana

# VOCABULARIO

### COGNADOS

**administrativo(-a)** administrative
**bilingüe** bilingual
**clasificado(-a)** classified
**eficiente** efficient
**excelente** excellent
la **experiencia** experience
la **exportación** export
la **importación** import

el (la) **intérprete** interpreter
el **minuto** minute
la **oportunidad** opportunity
la **recomendación** recommendation
la **responsabilidad** responsibility
la **transacción** transaction
**vacante** vacant

P.D.    If we were to give you the job, when could you start working?
MISS G.    If I could start in June, it would be very good . . .
P.D.    All right. I think you are the person we need. If the salary is acceptable, the job is yours.

Taller de Arte **junior**
De 4 a 12 años
• Dibujo
• Pintura
• Teatro
Sábado de 9:30 a 12:30 mañana
Centro de Arte e Instrucción ROSETA
Prof. J. Orlando Saavedra UIS UN
Nueva Sede
Av. 127 No. 29-78  Tel: 258 6404

### NOMBRES

el **abrazo** hug
la **avenida** avenue
el **aviso,** el **anuncio** ad, advertisement
el **campo** field
el **contador público** certified public accountant
el **jefe,** la **jefa** boss, director
la **máquina** machine
el (la) **mecanógrafo(-a)** typist
la **palabra** word
el **personal** personnel
el **sentido** sense
el (la) **taquígrafo(-a)** stenographer
el (la) **traductor(a)** translator

### VERBOS

**convenir** (*conj. like venir*) to suit, be acceptable
**emplear** to hire, employ

**entrevistar** to interview
**fundar** to found
**solicitar** to request

### ADJETIVOS

**antiguo(-a)** former, previous
**corriente** current

### OTRAS PALABRAS Y EXPRESIONES

**algunas veces** sometimes
**atentamente** politely, cordially
**escribir a máquina** to type
**estar encargado(-a)** to be in charge
**pronto** soon
**sección de pagos** payroll department

## LETTER WRITING

A. Address

1. *to a person:*
   Sr. Ernesto Montoya
   Avenida 19 de Mayo 756
   La Habana, Cuba

2. *a business letter to a company:*
   Sres. Juárez Menéndez y Cía.,[1] S.A.[2]
   Apdo. Postal[3] 148
   Santiago, Chile

B. Date line

Caracas, 5 de febrero de 1985

C. Salutations

1. *business letters:*
   Muy señor(a) mío(-a): (from one person to another)
   Muy señores(-as) míos(-as): (from one person to more than one person)
   Distinguido(-a) señor (señora, señorita):

2. *familiar:*
   Querido Luis, (to a close friend or relative)
   Estimado Raúl, (informal)
   Queridísimo(-a), (*Dearest,*)

D. Conclusions

1. *social and business letters:*
   Sinceramente, (*Sincerely,*)
   Atentamente, (lit.: *"Politely,"*)

2. *to family and friends:*
   Abrazos de,
   Con todo cariño, (*Love,*)
   Besos, (*Kisses,*)
   Afectuosamente, (*Affectionately,*)
   Cariñosos saludos de, (*Affectionate greetings from,*)

---

[1]**Cía.** = **Compañía**   [2]**S.A.** = **Sociedad Anónima** (equivalent to the English *Inc.* or *Incorporated*)
[3]**Apartado postal:** *Post Office Box*

¿Lo sabía Ud....?

1. En la mayoría de los países hispánicos, el desempleo (*unemployment*) es un problema muy serio, incluso entre los graduados universitarios, que muchas veces no consiguen trabajo o tienen empleos que no están relacionadas con su especialidad.

2. Como en muchos países hispánicos el costo de vida (*cost of living*) es muy alto y los sueldos son generalmente bajos, muchas personas necesitan tener más de un empleo para los gastos (*expenses*) extras o simplemente para poder vivir.

## ESTRUCTURAS GRAMATICALES

▶ **1.** *If* clauses   (*Cláusulas que comienzan con* **si**)

1. In Spanish, as in English, the imperfect subjunctive is used in *if* clauses when a contrary-to-fact statement is made.

| | |
|---|---|
| **Si** Ud. no **hablara** inglés, no podríamos emplearla. | *If you didn't **speak** English, we couldn't hire you.* |
| **Si** yo **fuera** Ud., no lo molestaría. | *If I **were** you, I wouldn't bother him.* |
| **Si** yo no **pudiera** ver bien, usaría gafas. | *If I **weren't able** to see well, I would wear glasses.* |

Note that the imperfect subjunctive is used in the *if* clause and the conditional is used in the main clause. When a sentence contains a compound tense, the pluperfect subjunctive is used in the *if* clause and the conditional perfect is used in the main clause.

| | |
|---|---|
| **Si** yo **hubiera sabido** que tenía caries, **habría ido** antes. | *If I **had known** I had cavities, I **would have gone** sooner.* |

2. The imperfect subjunctive is also used in *if* clauses that express an unlikely fact, or simply the Spanish equivalent of the English *if . . . were to . . .*

| | |
|---|---|
| **Si** alguna vez **encontrara** al hombre perfecto, me **casaría.** | *If **I were to find** the perfect man, **I would get married**.* |

3. The imperfect subjunctive is also used after the expression **como si** (*as if*).

| | |
|---|---|
| Eva gasta dinero como si **fuera** millonaria. | *Eva spends money as if **she were** a millionaire.* |

4. In no other situation is the imperfect subjunctive used after *if*, not even when *if* means *whether*.

> Si **tengo** tiempo, iré a verte.          *If **I have** time, I'll go see you.*
> (No sé si lo tengo o no.)

◈  Note that the present subjunctive is *never* used in an *if* clause.

## PRÁCTICA

A. Pattern drill

MODELO 1:    ¿Por qué no vienes a verme?   (tener tiempo)
              *Vendría a verte si tuviera tiempo.*

1. ¿Por qué no pones un anuncio en el periódico?   (tener dinero)
2. ¿Por qué no me das una carta de recomendación?   (poder)
3. ¿Por qué no le das un abrazo?   (conocer bien)
4. ¿Por qué no te quedas con nosotros?   (haber lugar)
5. ¿Por qué no solicitas el puesto vacante?   (ser bilingüe)

MODELO 2:    ¿Van a venir Uds. mañana?   (tener tiempo)
              *Bueno... si tenemos tiempo, vamos a venir.*

1. ¿Van a emplear Uds. un contador público?   (tener dinero)
2. ¿Van a volver Uds. pronto?   (terminar el trabajo)
3. ¿Van a esperar Uds. unos minutos?   (poder)
4. ¿Van a alquilar Uds. un apartamento?   (encontrar uno barato)
5. ¿Van a leer Uds. los avisos clasificados?   (ellos traernos el periódico)

B. Complete the following sentences with the imperfect subjunctive, the pluperfect subjunctive, or the indicative of the verbs in parentheses, as needed.

1. Si yo (ser) _____ tú, le daría un beso.
2. Si Uds. (necesitar) _____ un secretario eficiente, yo puedo recomendarles uno.
3. Si Robert Redford (querer) _____ salir conmigo, aceptaría con mucho gusto.
4. Si yo te (pedir) _____ un favor, ¿me lo harías?
5. Si nosotros (tener) _____ dinero, te compraríamos las gotas para los ojos.
6. Habla como si lo (saber) _____ todo.
7. Si Raúl (tener) _____ experiencia, habría conseguido el trabajo.
8. Si ella (tener) _____ la cara inflamada, póngale una bolsa de hielo.
9. No sé si Mario (ser) _____ especialista en ese campo.
10. ¿Saben Uds. si Carlos (estar) _____ arriba?
11. Si ellos (estudiar) _____ más, tendrían mejores notas.

12. Me habla como si yo (ser) _____ de su misma edad.
13. Si mamá (estar) _____ enferma, yo me habría quedado en casa a cuidarla.
14. Si tú (saber) _____ francés, podrías trabajar como intérprete.
15. Si él me (decir) _____ eso, yo le diría que no tiene sentido de responsabilidad.
16. Si ellos (conseguir) _____ el dinero, habrían comprado máquinas de oficina.
17. Si ésa (ser) _____ una compañía de importación y exportación, van a necesitar empleados bilingües.
18. Si Ud. (hablar) _____ dos idiomas, tendrá una excelente oportunidad de conseguir el puesto.

C. Complete the following sentences in an appropriate manner with the pluperfect subjunctive.

1. Si nosotros _____ , habríamos ido a verte.
2. Si ellos _____ , habrían tenido un buen sueldo.
3. Si tú no _____ , no estarías enfermo ahora.
4. Si yo _____ , me habría ido a Buenos Aires.
5. Si Carlos _____ , habría conseguido el puesto.
6. Si Uds. _____ , yo habría podido comprarles lo que Uds. querían.
7. Si tú y yo _____ , habríamos recibido una buena nota.
8. Si Marta _____ , no habría llegado tarde.
9. Si el avión no _____ , habríamos llegado a Madrid a las ocho.
10. Si tú _____ , habrías visto que no te quedaba bien.

D. Write the following sentences in Spanish.

1. If he has had experience in administrative work, hire him.
2. If the transactions were done in English, we would understand.
3. If you had read the news, you would have known what happened.
4. She spends money as if she had a million dollars.
5. If I could find a house on that avenue, I would rent it.
6. If you had given me fifty dollars, I would have given you the change.

▶ **2.** Summary of the uses of the subjunctive   (*Resumen de los usos del subjuntivo*)

**A.** Subjunctive versus infinitive

1. The subjunctive is used in an indirect command after verbs and expressions of volition, when there is a change of subject.

| | |
|---|---|
| **Quiero** que **Roberto traiga** los avisos clasificados. | *I want Robert to bring the classified ads.* |
| **¿Tú quieres** que **yo** la **entreviste?** | *Do you want me to interview her?* |
| **Es necesario** que **nosotros solicitemos** información. | *It is necessary that we request information.* |

The infinitive is used after verbs or expressions of volition if there is no change of subject.

| | |
|---|---|
| **Roberto quiere traer** los avisos clasificados. | *Robert wants to bring the classified ads.* |
| **¿Tú quieres entrevistarla?** | *Do you want to interview her?* |
| **Es necesario solicitar** información. | *It is necessary to request information.* |

2. The subjunctive is used after verbs and expressions of emotion when there is a change of subject.

| | |
|---|---|
| **Espero** que **podamos** verlos. | *I hope we can see you.* |

The infinitive is used after verbs and expressions of emotion if there is no change of subject.

| | |
|---|---|
| **Espero poder** verlos. | *I hope to be able to see you.* |

**B.** Subjunctive versus indicative

1. The subjunctive is always used when the subordinate clause refers to someone or something that is indefinite, unspecified, or non-existent.

| | |
|---|---|
| **Necesito una** secretaria que **sea** bilingüe. | *I need a secretary who is bilingual.* |
| **No hay nadie** que **sepa** escribir en francés. | *There is no one who knows how to write in French.* |

The indicative is used when the noun or pronoun refers to a specific person or thing.

**Tengo** una secretaria que **es** bilingüe.

*I have a secretary who is bilingual.*

**Hay** una traductora que **sabe** escribir en francés.

*There is a translator who knows how to write in French.*

2. The subjunctive is used if the action is pending in time.

**Cuando vengan** a Buenos Aires, **pasen** unos días conmigo.

*When you come to Buenos Aires, spend a few days with me.*

**Voy a cenar** en cuanto él **llegue.**

*I'm going to dine as soon as he arrives.*

The indicative is used if the action has been completed, is presently occurring, or usually occurs.

Cuando **vinieron** a Buenos Aires, **pasaron** unos días conmigo.

*When you came to Buenos Aires, you spent a few days with me.*

**Siempre ceno** en cuanto él **llega.**

*I always dine as soon as he arrives.*

3. The subjunctive is used after verbs and expressions of doubt or uncertainty.

**Dudo** que esa mecanógrafa **sea** eficiente.

*I doubt that that typist is efficient.*

**No estamos seguros** de que el intérprete **tenga** experiencia.

*We're not sure that the interpreter has (any) experience.*

**Es probable** que el jefe nos **invite.**

*It is probable that the boss will invite us.*

The indicative is used when expressing certainty.

**No dudo** que esa mecanógrafa **es** eficiente.

*I don't doubt that that typist is efficient.*

**Estamos seguros** de que el intérprete **tiene** experiencia.

*We're sure that the interpreter has experience.*

**Es seguro** que el jefe nos **invitará.**

*It is certain that the boss will invite us.*

4. The subjunctive is used when the main clause denies what the subordinate clause expresses.

| | |
|---|---|
| **No es verdad** que el puesto **esté** vacante. | *It's not true that the job is vacant.* |
| **Niego** que yo le **haya dado** un abrazo. | *I deny having given him a hug.* |

The indicative is used when the main clause *does not* deny what the subordinate clause expresses.

| | |
|---|---|
| **Es verdad** que el puesto **está** vacante. | *It is true that the job is vacant.* |
| **No niego** que yo le **he dado** un abrazo. | *I don't deny having given him a hug.* |

5. The subjunctive is used after the conjunction **aunque** when it implies uncertainty.

| | |
|---|---|
| Aunque **tenga** la oportunidad, no iré. | *Even if **I** have the opportunity, I won't go.* (I don't know whether I will have it or not.) |
| Mañana iremos a la playa aunque **llueva.** | *Tomorrow we'll go to the beach even if **it** rains.* |

The indicative is used after **aunque** when no uncertainty is expressed.

| | |
|---|---|
| Aunque **tengo** la oportunidad, no iré. | *Even though **I** have the opportunity, I will not go.* (I know I have it.) |
| **Ayer** fuimos a la playa aunque **llovió.** | *Yesterday we went to the beach even though **it** rained.* |

6. The subjunctive is used in an *if* clause to refer to something contrary to fact, impossible, or very improbable.

| | |
|---|---|
| Si **pudiera**, iría. | *If **I** could, I'd go.* |

The indicative is used in an *if* clause when not referring to anything that is contrary to fact, impossible, or highly improbable.

| | |
|---|---|
| Si **puedo**, iré. | *If **I** can, I'll go.* |

## PRÁCTICA

Read the following sentences, choosing the correct verb forms.

1. Antonio quiere que yo le (enseñar, enseñe) a usar las máquinas de oficina. Si (puedo, pudiera), lo haré.
2. ¿Quieres (ver, vea) las cartas de recomendación?
3. El contador no quería que nosotros (empleáramos, emplear) a esa taquígrafa.
4. Siento que tú no (pudiste, pudieras) ir al oculista ayer.
5. Yo esperaba que tú (supieras, sabías) los planes.
6. Nos alegramos mucho de que Ud. lo (ha, haya) escrito a máquina.
7. No hay nadie que (puede, pueda) acostumbrarse fácilmente a los lentes de contacto.
8. Mi antiguo jefe conoce a un dentista que (sea, es) excelente.
9. Tengo la cara inflamada. Cuando (llego, llegue) a casa me pondré una bolsa de hielo.
10. El jefe de personal los esperó en su apartamento hasta que (vinieron, vinieran).
11. Aceptaría el puesto si el sueldo me (conviniera, conviene).
12. No hay duda de que ella (use, usa) lentes de contacto.
13. No es cierto que él (trabaja, trabaje) en una compañía de importación y exportación.
14. Es verdad que mi ayudante (use, usa) anteojos.
15. Dijo que me pusiera una bolsa de agua caliente tan pronto como (llegaba, llegara) a casa.
16. No sé si tiene experiencia en ese campo, pero aunque no la (tenga, tiene) vamos a emplearla.
17. Pedro vino a verme anoche aunque (llovía, lloviera) mucho.
18. La jefa quería que la (esperamos, esperáramos) en la avenida Bolívar.
19. Espero que Uds. (hacer, hagan) todas las transacciones en inglés.
20. Buscábamos un empleado que (tenía, tuviera) un gran sentido de responsabilidad.

▶ **3.** The passive voice    (*La voz pasiva*)

In the *active voice*, the subject is the *performer* of the action. In the true *passive voice*, the subject of the sentence does not perform the action of the verb, but receives it. In Spanish the passive voice is formed in the same way as in English.

ACTIVE VOICE:
   **Una familia francesa fundó** esta compañía.
      (subject)        (verb)

   *A French family founded this company.*
      (subject)        (verb)

PASSIVE VOICE:
   **Esta compañía fue fundada** por una familia francesa.
      (subject)        (verb)

   *This company was founded by a French family.*
      (subject)        (verb)

◆ The true passive voice uses only the verb **ser,** which can be used in any tense.

◆ The past participle always agrees with the subject in gender and number.

| | |
|---|---|
| **América fue descubierta** por Colón. | *America was discovered by Columbus.* |
| **Los empleados serán entrevistados** por el presidente. | *The employees will be interviewed by the president.* |

◆ The true passive voice must always be used when the performer of the action is expressed or strongly implied.

*Don Quijote* **fue escrito** por Cervantes en 1605.    (*performer expressed*)

*Don Quijote* **fue escrito** en 1605.    (*performer strongly implied*)

REGINE'S

**Festival de Merengue**
Como recibimiento al Conjunto Quisqueya hoy jueves, 7 de abril desde las 9:00 P.M. en adelante.
**Grandes Premios.**
**Hotel Dupont Plaza   Condado**
Regine's of P.R. Inc.

## PRÁCTICA

A. Change the verbs according to the new subjects.

1. *Yo* fui muy bien recibido por el presidente. (Nosotros, Tú, El secretario, Ellos)
2. *Ella* ha sido empleada por esta compañía. (Ellos, Yo, Tú, Nosotros)
3. *Ellos* no serán entrevistados. (Ella, Tú, Nosotros, Yo, María)

B. Pattern drill

MODELO 1:    ¿Es verdad que una familia francesa fundó esa compañía?
*Sí, la compañía fue fundada por una familia francesa.*

1. ¿Es verdad que Shakespeare escribió esos libros?
2. ¿Es verdad que el doctor Fuentes empleó a esa enfermera?
3. ¿Es verdad que el jefe entrevistó al contador?
4. ¿Es verdad que Colón descubrió América?
5. ¿Es verdad que el presidente firmó la carta?

MODELO 2:    ¿Revisan las secretarias los documentos?
*¡Por supuesto! Todos los documentos son revisados por las secretarias.*

1. ¿Recomendó el señor García a los empleados?
2. ¿Empleó el jefe de personal a ese traductor?
3. ¿Entrevistó el presidente a los nuevos intérpretes?
4. ¿Atiende el jefe de la sección de pagos a esos clientes?
5. ¿Entregó el jefe de la sección de pagos ese cheque?

MODELO 3:    ¿Ya han llamado a los empleados?
*No, los empleados serán llamados mañana.*

1. ¿Ya han enviado las cartas?
2. ¿Ya han firmado los documentos?
3. ¿Ya han mandado las cartas de recomendación?
4. ¿Ya han confirmado el horario?
5. ¿Ya han entrevistado a los traductores?

C. Change the following sentences from the active voice to the passive voice.[1]

1. El director enviará las cartas de recomendación esta noche.
2. Escribieron la novela el año pasado.

---

[1]Note that the tense of the verb **ser** is always the same as the tense of the verb used in the active voice.

3. Los empleados ya han hecho las transacciones.
4. No hay duda de que traerán a los niños el próximo viernes, como siempre.
5. Fundaron la biblioteca hace quince años.
6. Es necesario que el presidente firme las cartas.
7. El secretario escribe todas las cartas a máquina.
8. El jefe de personal entrevistaba a todos los empleados.

D. Write the following sentences in Spanish.

1. *Othello* was written by Shakespeare.
2. That city was founded in 1867.
3. The secretary was interviewed by the personnel director.
4. The telegrams will be sent soon.
5. The apartment was rented yesterday.
6. The balance was sent by mail.

▶ **4.** Constructions with **se**   (*Construcciones con se*)

A. In Spanish, the reflexive pronoun **se** is often used instead of the passive voice when the performer of the action is not stated. The verb is used in the third-person singular or plural.

| | |
|---|---|
| ¿Qué idioma **se habla** en el Brasil? | *What language **is spoken** in Brazil?* |
| El portugués. | *Portuguese.* |
| ¿A qué hora **se cierran** las tiendas los domingos? | *What time do the stores **close** on Sundays?* |
| Cierran a las cinco. | *They close at five.* |

ATENCIÓN:   In Spanish, the third-person plural of the verb may be used as the equivalent of the English impersonal *they*.

B. **Se** and the third-person singular of the verb in Spanish is equivalent to the impersonal *one* or the colloquial *you* in English.

| | |
|---|---|
| ¿Cómo **se sale** de aquí? | *How does **one** (**do you**) **get out** of here?* |
| Por aquella puerta. | *Through that door.* |

## PRÁCTICA

A. Read the following sentences, changing the impersonal *they* form to the impersonal reflexive construction.

> MODELO: *Dicen* que el jefe está muy contento.
> *Se dice que el jefe está muy contento.*

1. ¿*Hablan* francés en la Argentina?
2. *Trabajan* sólo por la noche en ese restaurante.
3. *Abren* la sección de pagos a las ocho de la mañana.
4. *Cierran* a las nueve de la noche.
5. No *hablan* inglés en Cuba.
6. *Llegan* a las siete en punto.
7. *Suponen* que él está encargado de varias secciones.
8. ¿A qué hora *abren* la tienda?
9. *Dicen* que *deben* dejarlo por un mínimo de seis meses.
10. Aquí *venden* ropa de señoras.

B. Answer the following questions with complete sentences.

1. ¿Cómo se dice «*current*» en español?
2. ¿Qué idioma se habla en Brasil? (¿En París? ¿En Australia?)
3. ¿Qué dicen del presidente de los Estados Unidos?
4. ¿Ya se han cerrado todas las tiendas?
5. ¿Ya se han abierto las puertas de la universidad?
6. ¿A qué hora se abren los bancos?
7. ¿Cómo se sale de este edificio?
8. ¿Qué es un flan? ¿Se come o se bebe eso?
9. ¿Se venden zapatos en el mercado?
10. ¿Dónde se compran estampillas?

C. Complete the following sentences with the true passive voice or the reflexive construction of the verbs in parentheses.

1. La ciudad (fundar) ____ por los españoles.
2. En Chile (hablar) ____ español.
3. Las tiendas (cerrar) ____ a las nueve.
4. Esa novela (escribir) ____ por Cervantes en el año 1605.
5. ¿Cómo (decir) ____ «atentamente» en inglés?
6. Los contratos (firmar) ____ por todos los empleados mañana.
7. (Decir) ____ que muchos hombres murieron en este lugar.
8. (Enviar) ____ las máquinas de escribir la semana pasada.
9. ¡Eso no (hacer) ____ !
10. (Vender) ____ coches usados.

D. Write the following sentences in Spanish.

1. That is not done, so don't do it again!
2. One doesn't eat a cigarette.
3. Has the apartment been rented, or is it vacant?
4. Had the telegrams already been sent?
5. What languages do they speak at the university?
6. Is English spoken in Ecuador?

*Oficina de Empleos
en Nueva York.*

## ¡A VER CUÁNTO APRENDIÓ!

A. ¡Conversemos!

Reread the dialogue in this lesson and be ready to discuss the following.

1. ¿Quién entrevista a Liliana?
2. ¿Qué dice el antiguo jefe de la señorita Gómez?
3. Si Liliana no hablara inglés, no podrían emplearla. ¿Por qué?
4. ¿Qué experiencia ha tenido Liliana en trabajos administrativos?
5. Si le dieran el puesto, ¿cuándo podría empezar a trabajar?
6. ¿Cómo describe el señor Lovera a Liliana?
7. ¿Cuál es la buena noticia que le da Liliana a Elvira?
8. ¿Qué oportunidades tendrá en el nuevo puesto?
9. ¿Dónde está el nuevo apartamento de Liliana?
10. ¿Cuándo se van a ver Elvira y Liliana?

B. Give appropriate answers to the following questions.

1. ¿Qué es más importante, ser eficiente o tener sentido de responsabilidad?
2. Si Ud. hablara varios idiomas, ¿le gustaría trabajar como intérprete?
3. ¿Hay un puesto vacante en la compañía donde Ud. trabaja?
4. ¿Ha sido Ud. recomendado(-a) para algún puesto administrativo?
5. ¿Escribe Ud. a máquina?
6. Necesito un (una) secretario(-a). El sueldo es mil quinientos dólares al mes. ¿Le conviene?
7. ¿Qué idioma se habla en los Estados Unidos?
8. ¿En qué año fue descubierta (*discovered*) América?
9. Si Ud. tuviera cien mil dólares en este momento, ¿dónde estaría?
10. Si Ud. le escribe una carta a un amigo, ¿la termina escribiendo «atentamente» o «con todo cariño»?

C. ¡Repase el vocabulario!

Choose the word or phrase in parentheses that best completes the meaning of each sentence.

1. La información ha sido (salvada, solicitada, empastada) por el jefe de personal.
2. Lo emplearíamos si (se cepillara los dientes, se enjuagara la boca, tuviera experiencia) en ese campo.
3. Esa compañía fue fundada en (Santo Domingo, la sala de espera, el centro médico) en 1976.
4. Si no tiene (mal aliento, la cara inflamada, sentido de responsabilidad), no nos conviene emplearlo.

5. ¡Tengo muy buenas noticias! (Me dieron el puesto de taquígrafa, Tengo la encía infectada, La segunda línea está borrosa).

6. En los avisos clasificados, se solicitan personas que (crucen la calle, usen hilo dental, hablen francés).

7. Cuando hables con él, dile que tiene una excelente (corona, pasta dentífrica, oportunidad) de conseguir el puesto.

8. Dicen que (el puesto, el abrazo, la limpieza) está vacante.

9. Algunas veces los empleados son (entrevistados, examinados, fundados) por el presidente de la compañía.

10. La nueva secretaria es muy eficiente y (lee, camina, escribe) muy bien a máquina.

11. Dudo que puedas conseguir el puesto en esa compañía de importación y exportación si no (hablas francés, vives en ese apartamento, sabes las noticias).

12. Esa compañía fue fundada (con, entre, para) los años 1930 y 1935.

13. La información solicitada por Uds. en su carta del quince del (antiguo, contento, corriente) ya ha sido enviada.

14. Es muy fácil acostumbrarse a (usar, pensar, entrevistar) las máquinas de oficina.

15. ¡Me alegro muchísimo de verte! ¡Dame (una avenida, un apartamento, un abrazo)!

16. Según el contador de la compañía, podemos pagar mil dólares ahora y el (cambio, resto, aviso) el mes próximo.


D. Situaciones

What would you say in the following situations?

1. You are a personnel director. Call the paper and dictate an ad for a bilingual secretary, and say that someone who has experience working with office machines is needed. Include your phone number.

2. You are talking to a man who did not get hired by your company. Tell him that if he had had experience in administrative work, you would have hired him.

3. You are talking to a prospective employer. Tell her that if she were to give you the job, you could start (to) work very soon.

4. You have looked at an apartment, and you are talking to the landlord. Tell him it is a little expensive, but it suits you because it is located downtown.

5. You have just been hired. Call your friend and tell her you have very good news. Tell her you got the job and that you will have many opportunities to travel.

E. Para escribir

Now that you know how to write letters in Spanish, do the following.

1. Write a letter to a friend who has moved away, giving him or her the latest news about you and your family. You may include the following:
   a. news about school and work
   b. any projects in which you are involved
   c. plans for your vacation
   d. parties you have attended and traveling you have done
   e. news about your family
   f. any health problem you may have had
   g. any specific question(s) you may wish to ask your friend about what's happening in his or her life

2. Write a letter to the personnel director of a company or an institution, applying for a vacancy in your field. Give all pertinent information about yourself. You may include the following:
   a. education
   b. work experience
   c. foreign language(s) you speak
   d. whether you are applying for a part-time or a full-time job
   e. salary
   f. any other information you think may help you obtain the job

SOLO
**PARA MUJERES
DE EXITO**

Si tú eres dinámica,
emprendedora y deseas ganar
mucho dinero invirtiendo
únicamente tus horas libres,
llámanos hoy mismo al
Telf. 27477 19
¡Esperamos tu llamada!

ebel

## Ejercicio de lectura

Una carta escrita por Elvira a su amiga Liliana:

28 de mayo de 1985

Queridísima Liliana,

Ayer recibí tu carta en la que me dices que conseguiste el puesto de contadora en el Banco Internacional. ¡Me alegro muchísimo!

Nosotros también tenemos muy buenas noticias: Manuel fue entrevistado por el jefe de personal de una compañía de importación y exportación, y decidieron emplearlo. El sueldo le conviene mucho más y es una oportunidad excelente. Es una compañía muy grande, que fue fundada en el año 1910. Como Manuel es bilingüe, va a estar encargado de todas las transacciones en francés, y a veces va a trabajar como traductor e intérprete. La compañía solicitó información sobre él, y el antiguo jefe de Manuel le dio una buena recomendación.

Rosita consiguió un puesto de taquígrafa-mecanógrafa. Como sabes, ella escribe muy bien a máquina y ha tenido mucha experiencia trabajando con máquinas de oficina. Bueno, fue fantástico. Ella leyó los avisos clasificados en el periódico ayer, fue a la oficina y le dieron el puesto. Según ella, pronto va a alquilar un apartamento y va a vivir con otra chica. ¡Veremos! Ella tiene sentido de responsabilidad y es muy buena. Algunas veces pienso que la experiencia le haría bien y otras... quiero que se quede a vivir aquí hasta que se case°...

María continúa tomando clases de computadoras. Yo no creo que eso sea muy interesante, pero no niego que es un buen campo.

Yo sigo enseñando, y es muy posible que escriba un libro de texto.° ¡Tú sabes qué eficiente soy yo!

Pensamos viajar a Buenos Aires, pero todavía no sé la fecha. Te enviaré un telegrama en cuanto esté segura. Y ahora que tienes un apartamento en la Avenida de Mayo, podemos quedarnos allí unos meses, ¿no... ? (No te preocupes, estoy bromeando.)

Bueno, sólo tengo unos minutos antes de que lleguen Manuel y los chicos. Felicitaciones por el nuevo puesto. Cariñosos saludos de todos nosotros.

Besos,

*Elvira*

*until she gets married . . .*

*textbook*

## ¡A ver cuánto recuerda!

Answer the following questions with complete sentences.

1. ¿Esperó mucho tiempo Elvira antes de escribirle a su amiga?
2. ¿Está contenta Elvira de que le hayan dado a Liliana el puesto de contadora?
3. ¿Cuáles son las buenas noticias que tiene Elvira sobre Manuel?

4. ¿Cuándo fue fundada la compañía?
5. ¿De qué va a estar encargado Manuel?
6. ¿Es verdad que el antiguo jefe de Manuel ha dicho en su carta que Manuel no es eficiente?
7. ¿Qué consiguió Rosita?
8. ¿Tuvo que esperar mucho tiempo para que le dieran el puesto?
9. ¿Cuáles son los planes de Rosita?
10. Algunas veces Elvira piensa que la experiencia de tener un apartamento le haría bien a Rosita. ¿Está segura ella de que eso es lo mejor para su hija?
11. ¿Cree Ud. que a Elvira le gustaría tomar clases de computadoras? ¿Por qué?
12. ¿Cuál es la profesión de Elvira?
13. ¿Sabe Elvira la fecha de su viaje a Buenos Aires?
14. ¿Qué va a hacer Elvira cuando esté segura de la fecha del viaje?
15. ¿Qué dice Elvira que pueden hacer ella y su familia ahora que Liliana tiene un apartamento en la Avenida de Mayo?
16. ¿Es verdad que Elvira tiene muchísimo tiempo antes de que lleguen Manuel y los chicos?

# BOSQUEJO CULTURAL

# Minorías latinoamericanas en los Estados Unidos

## Los chicanos

Los chicanos son una minoría numerosa en los Estados Unidos.

Viven principalmente en los estados de Texas, Nuevo México, Arizona, California y Colorado. Algunos de ellos descienden de personas que vivían en esas regiones cuando todavía pertenecían° a México y a España. Otros–la mayoría–salieron de México mucho después.

belonged

Los grados de aculturación entre los chicanos son muy diversos. Algunos de ellos están muy americanizados y culturalmente son muy similares a la mayoría de la población de tradición inglesa. Otros conservan su lengua y sus costumbres. Podemos decir sin embargo que la religión católica, el idioma español y la unidad familiar son elementos básicos de la cultura méxico-americana.

Como sucede° también con algunos otros grupos étnicos minoritarios, los chicanos tienen que enfrentarse° con problemas especiales dentro de la sociedad de los Estados Unidos. Su posición económica es generalmente baja,° y el promedio° de años que pasan en la escuela es menor que el del resto del país. Estimulados por estos problemas y por otros, muchos chicanos se unieron a los movimientos de protesta que comenzaron durante la década de los sesenta, creando así el Movimiento Chicano.

happens
face
low / average

En los últimos años, el movimiento ha logrado° una serie de mejoras.° Los esfuerzos de numerosos miembros de la comunidad chicana que ocupan importantes puestos° en el gobierno, ha hecho que se reconozcan los derechos° de esta minoría.

obtained / improvements

positions / rights

Aunque el movimiento chicano no ha podido solucionar° todos los problemas económicos y sociales del grupo, ha ayudado a crear un sentido de orgullo en la comunidad chicana.

solve

**A la izquierda:** Barrio puertorriqueño en Harlem, Nueva York.

399

## Los puertorriqueños

whole families / transferred

following years / World War II

coldness

so

amusement

fight

La emigración puertorriqueña a los Estados Unidos comienza en los primeros años de 1900. Vienen familias enteras,° y a veces pueblos completos son trasladados° especialmente para trabajar en los campos de azúcar de Hawai. También los primeros pioneros llegan a Nueva York, ciudad que va a convertirse en la meca del puertorriqueño en los años sucesivos.° Después de la segunda guerra mundial,° comienza un gran éxodo de la isla; y entre los años cuarenta y cincuenta, miles de puertorriqueños llegan a los Estados Unidos.

Al llegar a Nueva York, el puertorriqueño se encuentra con dos grandes problemas: el idioma y la frialdad° de la gran ciudad, en contraste con el clima tropical de su isla. Vienen a establecerse en la parte baja del este de Nueva York, entre la Quinta y la Octava avenida, y las calles 110 y 116. Aquí establecen su pequeño paraíso, manteniendo su idioma, su religión, sus comidas y sus costumbres. La primera sensación que experimentan al llegar es la de un gran aislamiento. En las escuelas, el problema de la educación es grave, ya que la mayoría de los profesores no conocen el idioma español, y por lo tanto° no pueden comunicar sus ideas a los jóvenes latinos.

Ahora la situación está cambiando radicalmente. Los puertorriqueños han fundado sus propias revistas de información cultural y política; han establecido sus propios restaurantes y lugares de diversión;° con el control de los barrios por los jefes designados por la comunidad, han comenzado a luchar° contra el racismo y el analfabetismo.

Hoy en día ha surgido una nueva descendencia de los emigrantes: «The Rican», el cual se considera el recipiente de dos culturas y dos naciones. Esta nueva generación no se concentra en Nueva York, y se encuentra esparcida en todos los estados de Norteamérica. Entre ellos podemos encontrar prominentes abogados, médicos, profesores, comerciantes y políticos.

Locutora de radio.

Clase de inglés
para extranjeros en
Colorado.

## Los cubanos

A pocas millas de la Florida está la isla de Cuba, «La Perla° de las Antillas». Los    Pearl
exiliados cubanos que viven en Miami se sienten allí cerca de su tierra de sol y de
palmeras,° y han creado en esa ciudad «La pequeña Habana», un trozo de patria°    palm trees / homeland
transplantado a los Estados Unidos.

Los cubanos han ejercido una enorme influencia en la ciudad de Miami, no
solamente desde el punto de vista cultural sino también desde el punto de vista
económico. Existen miles de establecimientos comerciales que pertenecen a los
cubanos, que contribuyen con unos novecientos millones de dólares a los ingresos°    revenues
de la comunidad. Existen también varias estaciones de radio y canales° de televisión    channels
con programas enteramente en español, así como numerosos periódicos y revistas
que se publican° especialmente para la colonia cubana.    are published

En la pequeña Habana, que ocupa la mayor parte de la calle ocho del
«Southwest», casi todas las tiendas, cafés, restaurantes, y mercados tienen nombres
en español. Es éste el idioma que se oye hablar por las calles, pues el español no es
una lengua extranjera en esa zona. En muchas tiendas hay letreros que dicen: «Aquí
se habla inglés.»

Ilustrador de libros hispánicos.

flavor

Los cubanos le han dado a Miami un sabor° latino. Muchos teatros, cines y clubes ofrecen espectáculos en español. La comida cubana es muy popular en todas partes ya que existe un gran número de restaurantes que la sirven al público.

took over the government

El gran éxodo de los cubanos comenzó en el año 1959, cuando Fidel Castro tomó el poder° y continúa hasta el día de hoy. Aproximadamente un millón de cubanos vive en los Estados Unidos, de los cuales la mayoría vive en la ciudad de Miami; el resto se ha establecido en otros estados, principalmente en Nueva Jersey y California. La mayoría de los cubanos que están en los Estados Unidos llegó a este país sin un centavo, pues el gobierno de Castro no permite sacar dinero de Cuba. Muchos no sabían inglés, y aún médicos, abogados y profesores se vieron obligados a trabajar en diversos oficios hasta que lograron, después de muchos esfuerzos, alcanzar una posición similar a la que tenían en Cuba. La mayoría de los cubanos goza hoy de un alto nivel de vida y en muchos casos han creado fuentes de trabajo no solamente para otros cubanos sino también para muchos norteamericanos.

Los cubanos, como otras minorías, luchan por no perder su cultura y su identidad y así han mantenido en el exilio el mismo sistema de vida que tenían en Cuba. Existen numerosas escuelas privadas, clínicas, funerarias° y sociedades que funcionan al estilo cubano. También han mantenido casi todas sus tradiciones y costumbres. Pero la necesidad de abrirse paso° en esta sociedad competitiva les ha hecho integrarse a ella y participar en su vida pública, social y económica.

funeral parlors

to succeed

El último grupo de exiliados cubanos llegó en 1980. La mayoría de ellos son personas jóvenes que crecieron bajo el sistema comunista, pues el sesenta por ciento de ellos tenía unos cinco años cuando Fidel Castro tomó el poder. Si a esto añadimos las condiciones en que fueron enviados a este país y la crisis económica que encontraron a su llegada,° podremos comprender mejor los problemas que se han presentado con algunos de ellos.

arrival

Henry Cisneros, alcalde de San Antonio, Tejas, hablando con John Braderas, presidente de la Universidad de Nueva York.

¡A ver cuánto recuerda!

Answer the following questions.

1. ¿En qué estados vive la mayoría de los chicanos?
2. Hable Ud. sobre los grados de aculturación de los chicanos.
3. ¿Cuáles son los problemas que enfrentan los chicanos?
4. ¿Qué quieren conseguir los miembros del movimiento chicano?
5. ¿Qué ha logrado el movimiento chicano?
6. ¿Cuándo comienza la emigración puertorriqueña a los Estados Unidos?
7. ¿Qué pasó después de la segunda guerra mundial?
8. ¿Cuáles son los problemas que encuentra el puertorriqueño al llegar a Nueva York?
9. ¿Qué mejoras han logrado los puertorriqueños?
10. Hable Ud. de la nueva generación puertorriqueña.
11. Hable Ud. de la influencia ejercida por los cubanos, desde el punto de vista económico.
12. ¿Qué características tiene la Pequeña Habana?
13. ¿Cuándo y por qué comenzó el éxodo de los cubanos?
14. ¿En qué forma tratan los cubanos de mantener su cultura y su identidad?
15. ¿Cuándo llegó el último grupo de exiliados cubanos?
16. ¿Por qué ha tenido problemas en los Estados Unidos este grupo de cubanos?

Pintor hispánico en el Barrio de Oakland, California.

# SELF-TEST

Take this test. When you finish, compare your answers with the answer key provided for this section in Appendix C. Then use a red pen to correct any mistakes you may have made. Ready? Go!

## LECCIÓN **16**

A. The subjunctive in indirect or implied commands

Give the Spanish equivalent of the words in parentheses.

1. Yo te sugiero que ____ al banco mañana. (*you go*)
2. Mis padres quieren ____ una cuenta conjunta. (*to open*)
3. Elena quiere ____ un cheque. (*to cash*)
4. El empleado nos sugiere que ____ a plazos. (*we buy it*)
5. Dígales a sus clientes que ____ y ____ la solicitud. (*to date/to sign*)
6. Ella quiere que ____ al contado. (*I pay her*)
7. Deseo ____ con un billete de cien dólares. (*to pay him*)
8. Yo les recomiendo a Uds. que ____ el dinero en el banco. (*you deposit*)
9. Nosotros necesitamos ____ más. (*to save*)
10. Yo le sugiero que ____ su talonario de cheques. (*you bring*)
11. Mi esposo quiere que yo ____ sacar mi dinero del banco en cualquier momento. (*be able*)
12. Ella me sugiere que ____ un préstamo. (*I apply for*)
13. Ella quiere ____ por lo menos cincuenta dólares mensuales. (*to charge them*)
14. Ellos quieren que tú ____ el resto de tu dinero en el banco. (*leave*)
15. ¿Qué tipo de cuenta quieren ____ Uds.? (*to open*)
16. Mis padres quieren que yo le ____ que eso no importa. (*tell*)
17. Yo les sugiero que ____ un mínimo del diez por ciento de su sueldo. (*you save*)
18. Mi hermano quiere que su hijo ____ con nosotros por un período de seis meses. (*live*)

B. The subjunctive after verbs of emotion

Write the Spanish equivalent of the following sentences.

1. I hope you have a deposit slip, Mr. Vega.
2. I'm sorry that they can't sign the contract today.
3. We're afraid that the payments are monthly.
4. I'm glad you don't have to borrow money, dear.
5. I hope there is a branch of Bank of America in this town.

C. Uses of **sino** and **pero**

Combine the following pairs of sentences into one, using **pero** or **sino** as needed. Follow the model.

MODELO:   Ella es morena.
           Ella no es rubia.
           *Ella no es rubia sino morena.*

1. No voy a comprarlo a plazos.
   Voy a comprarlo al contado.
2. No quiere que le pague con un cheque.
   Quiere que le pague en efectivo.
3. El coche vale solamente setecientos dólares.
   Nosotros no podemos comprarlo.
4. Carlos no dijo que tenía el dinero.
   Carlos dijo que tenía los cheques.
5. Ella no quiere que firmemos el contrato.
   Ella quiere que lo leamos.

D. Just words . . .

Complete the following sentences with vocabulary learned in *lección* 16, as appropriate.

1. Voy a poner los documentos en la caja _____ .
2. Si quiero pagar con cheques debo tener una cuenta _____ .
3. Necesito que pongan la fecha y la _____ en la solicitud.
4. Todavía debo mucho dinero por la casa; la _____ es cincuenta mil dólares.
5. Tenía mil dólares en mi cuenta corriente. Escribí un cheque por doscientos cincuenta dólares. El _____ es de setecientos cincuenta dólares.
6. El Banco de América tiene muchas _____ en California.
7. No voy a pagarlo al contado sino a _____ .
8. No es _____ ; cobran veinte dólares por persona.
9. Si es un certificado de depósito a _____ fijo, no puedo sacar el dinero en cualquier momento.

10. Buenos días, señora. Soy uno de los empleados del Banco Nacional.
    ¿En qué puedo _____ ?
11. Pagan un _____ del ocho por ciento anual.
12. Para comprar el coche necesito por lo _____ seis mil dólares.

## LECCIÓN **17**

A. The subjunctive to express doubt, disbelief, and denial.

Rewrite the following sentences with the new beginnings.

1. Creo que hacemos escala en Caracas.
   No creo que...
2. No es verdad que ella esté en la sala de equipajes.
   Es verdad que...
3. No dudo que tenemos que trasbordar.
   Dudo que...
4. No niego que él maneja muy rápido.
   Niego que...
5. Estoy seguro de que Luis sabe las horas de llegada y salida de los
   trenes.
   No estoy seguro de que...
6. Es cierto que necesitamos seguro.
   No es cierto que...

B. Expressions that take the subjunctive

Choose an expression from the following list to start each of the sentences
below. Use the verbs in parentheses in the subjunctive, the indicative, or
the infinitive, as needed.

| | | |
|---|---|---|
| es una lástima | es increíble | es seguro |
| es difícil | conviene | es imposible |
| es mejor | puede ser | es necesario |
| ojalá | | |

1. _____ (aprender) _____ a hablar bien el español en una semana.
2. ¡_____ que el profesor me (dar) _____ una «A» en esta clase!
3. _____ que un niño de cinco años (hablar) _____ tres idiomas.
4. _____ (estudiar) _____ un poco todos los días que (tratar) _____ de estu-
   diarlo todo la noche antes del examen.
5. _____ que ellos (preferir) _____ las ciudades del oeste, porque siempre
   han vivido en Arizona, Nevada o California.
6. _____ que Uds. (poder) _____ bajarse del tren si solamente tienen un
   minuto.

7. \_\_\_\_ que el tren no (llevar) \_\_\_\_ coche-cama porque no me gusta dormir en el asiento.

8. \_\_\_\_ (comprar) \_\_\_\_ un boleto de ida y vuelta porque es más barato.

9. \_\_\_\_ que ellos nos (hacer) \_\_\_\_ un descuento.

10. \_\_\_\_ que Uds. (conseguir) \_\_\_\_ un permiso especial para viajar en Sevilla.

C. First-person plural command

Change the following sentences according to the model.

MODELO:    Yo creo que sería una buena idea estudiar con Roberto.
*Estudiemos con Roberto.*

1. Yo creo que sería una buena idea reservar una mesa para dos.
2. Yo creo que sería una buena idea alquilar un coche de dos puertas.
3. Yo creo que sería una buena idea no decirle que no tenemos licencia para conducir.
4. Yo creo que sería una buena idea preguntarle a María por cuánto tiempo es válido el pasaje.
5. Yo creo que sería una buena idea vestirnos ahora para llegar a tiempo.
6. Yo creo que sería una buena idea decirles que el coche no estaba asegurado.

D. Use of **volver a**

Give the Spanish equivalent of the following sentences. Be sure to use the expression **volver a** in your sentences:

1. I told him again that I needed a lower berth.
2. I'm going to ask for a timetable again.
3. They will get on the train again.
4. She lost her driver's license again.
5. We bought a compact car again.
6. Again we talked to the man who was at the ticket office.

E. Just words . . .

Match the questions in column **A** with the appropriate responses in column
**B**.

| **A** | **B** |
|---|---|
| 1. ¿Es automático? | a. No, en abril tienen una tarifa especial. |
| 2. ¿Son Uds. norteamericanos? | |
| 3. ¿De dónde sale el tren? | b. No, prefiero la litera alta. |
| 4. ¿Llega a tiempo? | c. Depende del professor. |
| 5. ¿Cenamos en el tren? | d. No, en el sur. |
| 6. ¿Quieres dormir aquí? | e. No, somos ciudadanos chilenos. |
| 7. ¿Qué tren vas a tomar? | |
| 8. ¿Viven en el norte? | f. Sí, porque gasta menos gasolina. |
| 9. ¿Es muy caro el pasaje? | |
| 10. ¿No te dio el vuelto? | g. No, sólo dos veces por semana. |
| 11. ¿Cuándo tenemos exámenes? | h. Del andén número cinco. |
| 12. ¿Prefieres un coche mecánico? | i. No, no le gusta el este. |
| 13. ¿Hay trenes diarios? | j. No, tiene tres horas de retraso. |
| 14. ¿Dónde está El Paso? | k. Sí, dos dólares. |
| 15. ¿Va a vivir en Nueva York? | l. No, de cambio. |
| | m. El rápido. |
| | n. No, no tiene coche-comedor. |
| | o. En la frontera con México. |

# LECCIÓN **18**

A. The subjunctive to express indefiniteness and nonexistence

Give the Spanish equivalent of the following sentences.

1. Is there anybody here who can do translations?
2. We have a house that has five bedrooms.
3. I don't know anybody who is rich.
4. Do you want a house that has a swimming pool?
5. I need a mattress that is comfortable.
6. There is a girl who speaks French, but there is no one who speaks Russian.

B. The use of the subjunctive or indicative after certain conjunctions

Give the Spanish equivalent of the verbs in parentheses.

1. Tan pronto como Marta _____ a casa, le voy a mostrar la cómoda nueva. (*arrives*)
2. Voy a esperarlos hasta que _____ . (*they return*)

3. Cuando ellos _____ a trabajar, siempre dejan las ventanas abiertas. (*go*)
4. Cuando lo _____ , dile que somos seis.    (*see*)
5. Démonos prisa antes de que _____ la lámpara que te gusta.    (*they sell*)
6. Ella va a ir a la fiesta con tal que tú _____ con ella.    (*go*)
7. No puedo sacar el sillón de la casa sin que ellos me _____ .    (*see*)
8. En caso de que ella _____ otra almohada, aquí está la mía.    (*needs*)
9. No puedo comprar las fundas a menos que tú me _____ el dinero. (*give*)
10. Voy a hacer todo lo posible para que él _____ el puesto.    (*gets*)
11. Aunque _____ el rojo, no creo que sea un buen color para una pared.    (*I like*)
12. Vamos a ir a la playa el sábado aunque _____ .    (*it rains*)

C. The present perfect subjunctive

Combine the following pairs of sentences, using the verbs in the main clauses in the present indicative and the verbs in the subordinate clauses in the present perfect subjunctive. Follow the model.

MODELO:    Yo (alegrarme).
           Tú (venir).
           *Yo me alegro de que tú hayas venido.*

1. Nosotros (sentir) mucho.
   Uds. no (ir) a la agencia de bienes raíces.
2. Yo (dudar).
   Ella (cortar) el césped.
3. (Ser) una lástima.
   El refrigerador no (ser) nuevo.
4. Ellos (alegrarse).
   Nosotros (comprar) los muebles para el salón de estar.
5. Yo (sentir) mucho.
   La supervisora (morir).
6. (Ser) difícil.
   Pedro (vender) el sofá y los cuadros.

D. The familiar command (*tú form*)

Give the Spanish equivalent of the words in parentheses.

1. _____ la verdad, Paco. ¿Pusiste los platos en el fregadero?    (*Tell me*)
2. _____ la tarea y luego _____ la cocina, María.    (*Do/clean*)
3. _____ de mi recámara, Carlos.    (*Get out*)
4. _____ con ella y _____ las cortinas para el comedor, Pepe.    (*Go/buy*)
5. ¿Los libros? _____ en la mesa, querida.    (*Put them*)

6. ____ conmigo. ¡ ____ !  (*Come/Hurry up*)
7. ____ buena y ____ las sábanas y la frazada, Anita.  (*Be/bring me*)
8. ____ paciencia. ____ unos minutos más.  (*Have/Wait for me*)
9. ____ la casa si no tiene aire acondicionado, Luis.  (*Don't buy*)
10. ¿El flan? ____ todavía, Petrona.  (*Don't serve it*)
11. ____ , querido.  (*Don't go away*)
12. ____ a las seis y ____ hasta las once.  (*Get up/work*)

E. Just words . . .

Match the questions in column **A** with the appropriate responses in column
**B.**

| **A** | **B** |
|---|---|
| 1. ¿Tienes frío? | a. Pienso viajar a México. |
| 2. ¿Por qué es tan cara la casa? | b. No, tengo fregadero. |
| 3. ¿Por qué necesitas un garaje tan grande? | c. Sí, la cama era muy cómoda. |
| 4. ¿Cuánto va a costar el edificio? | d. Porque era más cómodo. |
| 5. ¿Cuáles son tus planes para el verano? | e. La semana próxima. |
| 6. ¿Qué hay en el patio? | f. Está en un barrio muy elegante. |
| 7. ¿Dormiste bien? | g. Una cómoda y una butaca. |
| 8. ¿Tienes lavaplatos? | h. No, tiempo completo. |
| 9. ¿Cuándo se mudan? | i. Árboles frutales. |
| 10. ¿Es muy tarde? | j. Sí, pero no tenemos fundas. |
| 11. ¿Por qué compraste este sofá en vez del otro? | k. ¡Tengo tres coches! |
| 12. ¿Vas a trabajar medio día? | l. Ponlo en la sala. |
| 13. ¿Qué muebles necesitas? | m. Sí, cierra la ventana, por favor. |
| 14. ¿Dónde pongo el sofá? | n. Sí, de modo que debemos darnos prisa. |
| 15. ¿Tienen almohadas? | o. Cinco millones de dólares. |

## LECCIÓN 19

A. Uses of the imperfect subjunctive

Give the Spanish equivalent of the words in parentheses.

1. Yo quería que tú ____ hilo y aguja.  (*bring me*)
2. Yo sentí mucho que el dentista ____ salvar esa muela.  (*wasn't able to*)
3. Fue una lástima que ____ la pasta dentífrica en esa farmacia, señora.  (*you bought*)
4. El dentista me dijo que yo ____ tres veces al día.  (*brush my teeth*)
5. Es una lástima que ____ ese día.  (*her face was swollen*)
6. Nuestros padres querían que ____ al oculista.  (*we go*)

7. Tu tío me pidió que yo ____ que él tenía la encía infectada.   (*tell you*)
8. El dentista me dijo que ____ hilo dental para limpiarme entre los dientes.   (*to use*)
9. Es una lástima que ellos ____ al centro médico la semana pasada. (*didn't come*)
10. Yo me alegré mucho de que Uds. ____ .   (*knew him*)

B. The pluperfect subjunctive

Give the Spanish equivalent of the words in parentheses.

1. Yo dudaba que María ____ las gotas para los ojos.   (*had brought*)
2. Ellos temían que nosotros ____ .   (*had left*)
3. Él se alegró mucho de que Uds. ____ a su hijo.   (*had examined*)
4. Él esperaba que yo ____ que Ud. tenía dos caries.   (*had told you*)
5. Yo sentí muchísimo que tú ____ a la fiesta.   (*hadn't come*)

C. Sequence of tenses with the subjunctive

Complete the following sentences with the correct tense of the verbs in parentheses.

1. El dentista quiere que Ud. (hablar) ____ con su ayudante.
2. Yo sé que el oculista me dirá que (usar) ____ anteojos.
3. ¿Le has dicho que (ponerse) ____ una bolsa de hielo?
4. Dile que (venir) ____ en seguida.
5. Mis padres me dijeron que no los (molestar) ____ para nada.
6. Ellos querían que el cuaderno (durar) ____ más tiempo.
7. Me gustaría que Uds. (comprarme) ____ una bolsa de agua caliente.
8. Me alegro mucho de que el dentista (haber podido) ____ empastarle la muela.
9. El oculista me dijo que (leer) ____ la segunda línea, pero estaba borrosa.
10. Yo le sugerí que (usar) ____ lentes de contacto.
11. Él sintió mucho que Uds. no lo (haber encontrado) ____ .
12. Ella temía que los chicos ya (haberse ido) ____ .

D. Just words . . .

Complete the following sentences with words and phrases from the vocabulary in *lección* 19.

1. Antes de extraerme la muela, el dentista me dio ____ para que no me doliera.
2. No se cepilla los dientes y no usa hilo dental. Necesita una buena ____ .
3. La enfermera nos ha dicho que esperemos en la ____ .
4. Quise usar lentes de contacto pero no pude ____ a ellos.

5. El dentista me dijo que me _____ la boca.
6. Use hilo dental para limpiarse _____ los dientes.
7. Para cepillarse los dientes, use una buena pasta dentífrica y un buen _____ .
8. Si no hay más _____ le voy a poner una corona.
9. Necesita _____ los dientes después de las comidas y usar algo para enjuagarse la boca.
10. Tengo dos caries. El dentista me las va a _____ mañana.

## LECCIÓN **20**

A. *If* clauses

Give the Spanish equivalent of the words in parentheses.

1. Si ellos _____ todas las transacciones en inglés, él lo entendería todo. (*did*)
2. Si tú _____ todas esas cartas, habríamos podido ir al cine. (*had typed*)
3. Si yo _____ un buen traductor, lo emplearía en seguida. (*were to find*)
4. Si tengo tiempo, _____ el puesto vacante. (*I'll apply for*)
5. Gasta dinero _____ rica. (*as if she were*)
6. Si Uds. _____ un intérprete, puedo recomendarles uno muy bueno. (*need*)
7. ¿Qué le dirías tú a la mecanógrafa si ella _____ a trabajar? (*didn't come*)
8. Salimos mañana si Alejandro _____ los pasajes. (*gets*)

B. Summary of the uses of the subjunctive

Give the Spanish equivalent of the words in parentheses.

1. El jefe de personal quiere que _____ a veinte personas. (*I interview*)
2. El señor Peña sugiere que _____ una buena recomendación, señora Mena. (*you give her*)
3. ¿ _____ los avisos clasificados, querido? (*Do you want to read*)
4. Espero que _____ experiencia en ese campo. (*she has*)
5. Me alegro mucho de _____ , señorita Alvarado. (*see you*)
6. Necesitamos una secretaria que _____ eficiente y _____ por lo menos dos idiomas. (*is/speaks*)
7. Aquí no hay nadie que _____ nada de química. (*knows*)
8. Tenemos dos secretarias que _____ bilingües. (*are*)
9. Hay muchas personas que _____ vivir en un apartamento. (*prefer*)
10. Voy a esperar hasta que Ud. _____ empezar a trabajar. (*are able to*)
11. Cuando _____ mis padres, les daré la buena noticia. (*arrive*)
12. Siempre la esperamos hasta que ella _____ . (*arrives*)
13. La semana pasada, cuando ellos _____ a Buenos Aires, hablé con ellos por unos minutos. (*came*)

14. Anoche no cenamos hasta que todos _____ allí.   (*were*)
15. Dudo que él _____ un puesto administrativo.   (*wants*)
16. Es probable que él _____ un puesto en una compañía de importación y exportación.   (*gets*)
17. Estoy segura de que él _____ a sus antiguos jefes.   (*will want to see*)
18. No es verdad que ellos _____ sentido de responsabilidad.   (*don't have*)
19. No niego que nosotros _____ de la sección de pagos.   (*are in charge*)
20. Aunque _____ mañana, iremos a tu casa.   (*it rains*)

C.  The passive voice

Change the following sentences from the active voice to the passive voice.

1.  Los españoles fundaron esa ciudad en 1530.
2.  El jefe de la sección de pagos firmará todos los cheques.
3.  El jefe de personal ha entrevistado a tres contadores públicos.
4.  Para esa fecha, nuestra compañía habrá vendido todas las máquinas de oficina.
5.  Hacían las transacciones en francés.

D.  Substitutes for the passive

Change the following sentences from the true passive voice, first using the impersonal "they" and then using the impersonal reflexive construction. Follow the model.

MODELO:    Las cartas *fueron enviadas.*
           *Enviaron las cartas.*
           *Las cartas se enviaron.*

1.  El anuncio *fue escrito.*
2.  La noticia *fue leída.*
3.  Las cartas *serán firmadas.*
4.  La compañía *fue fundada* en 1936.
5.  Las puertas *fueron abiertas* a las dos.

E.  Just words . . .

Complete the following sentences with words and phrases from the vocabulary in *lección* 20.

1.  Yo te sugiero que solicites ese puesto. Pagan muy bien y tendrás muchas _____ de viajar a España.
2.  Es más que «muy buena». Es _____ .
3.  Cuando la vea, le voy a dar un _____ y un beso.
4.  No es una calle; es una _____ .
5.  El taquígrafo no aceptó el otro puesto porque el sueldo no le _____ .

6. Recibí su carta del tres del \_\_\_\_ .
7. No sé si llegarán esta noche o mañana, pero sé que será muy \_\_\_\_ porque no quieren quedarse allá mucho tiempo.
8. Según mi antiguo jefe, ella es una persona muy \_\_\_\_ ; trabaja muy bien.
9. Casi siempre comemos en casa, pero \_\_\_\_ comemos en un restaurante mexicano muy bueno.
10 Ella \_\_\_\_ de la sección de pagos. Es la supervisora.
11. No creo que él pueda hacer ese tipo de trabajo porque no ha tenido ninguna \_\_\_\_ en ese campo.
12. Espero recibir carta suya en seguida.

_____ ,

_____

Mario Aranda                    ,

# APPENDIXES

## APPENDIX A

### Spanish sounds

▶ **1.** The vowels

There are five distinct vowels in Spanish: **a, e, i, o, u.** Each vowel has only one basic sound, which is produced with considerable muscular tension. The pronunciation of each vowel is constant, clear, and brief.

The sound is never prolonged; in fact, the length of the sound is practically the same whether it is produced in a stressed or unstressed syllable.[1]

To produce the English stressed vowels that most closely resemble Spanish, the speaker changes the position of the tongue, lips, and lower jaw during the production of the sound, so that the vowel actually starts as one sound and then *glides* into another. In Spanish, however, the tongue, lips, and jaw keep a constant position during the production of the sounds.

> *English:*  banana      *Spanish:*  banana

The stress falls on the same vowel and syllable in both Spanish and English, but the stressed English *a* is longer than the Spanish stressed **a.**

> *English:*  banana      *Spanish:*  banana

Note also that the stressed English *a* has a sound different from the other *a*'s in the word; the Spanish **a** sound remains constant and is similar to the other **a** sounds in the Spanish word.

**a**   in Spanish has a sound somewhat similar to the English *a* in the word *father.*

>    alta    casa    palma    Ana    cama    Panamá    alma    apagar

**e**   is pronounced like the English *e* in the word *met.*

>    mes    entre    este    deje    ese    encender    teme    prender

**i**   has a sound similar to the English *ee* in the word *see.*

>    fin    ir    sí    sin    dividir    Trini    difícil

**o**   is similar to the English *o* in the word *no*, but without the glide.

>    toco    como    poco    roto    corto    corro    solo    loco

**u**   is pronounced like the English *oo* sound in the word *shoot*, or the *ue* sound in the word *Sue.*

>    su    Lulú    Úrsula    cultura    un    luna    sucursal    Uruguay

---

[1] In a stressed syllable the prominence of the vowel is indicated by its loudness.

417

DIPHTHONGS AND TRIPHTHONGS

When unstressed **i** or **u** falls next to another vowel in a syllable, it unites with that vowel to form a *diphthong*. Both vowels are pronounced as one syllable. Their sounds do not change; they are only pronounced more rapidly and with a glide. For example:

| | | | | | |
|---|---|---|---|---|---|
| traiga | Lidia | treinta | siete | **oigo** | adiós |
| **Aurora** | agua | bueno | antig**uo** | ci**uda**d | Luis |

A *triphthong* is the union of three vowels, a stressed vowel between unstressed **i** or **u,** in the same syllable. For example: Paraguay, estudiáis.

NOTE:    Stressed **i** and **u** do not form diphthongs with other vowels, except in the combinations **iu** and **ui.** For example: rí-o, sa-bí-ais.

In syllabication, diphthongs and triphthongs are considered as a single vowel; their components cannot be separated.

▶  **2.**  The consonants

Consonant sounds are produced by regulating the flow of air through the mouth with the aid of two speech organs. As the diagrams illustrate, various speech organs can be used to control the air flow. The point of articulation will differ accordingly.

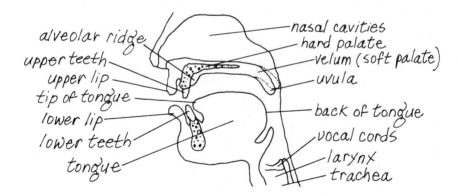

In Spanish, the air flow can be controlled in various ways. One such way is called a *stop,* because in the articulation of the sound the air is stopped at some point while passing through the oral cavity.

When we bring the speech organs close together without closing the air flow completely, we produce a friction sound called a *fricative,* such as the *ff* and the *th* in the English words *offer* and *other.*

**p**      The Spanish **p** is produced by bringing the lips together as a stream of air passes through the oral cavity (see diagram A). It is pronounced in a manner similar to the English *p* sound, but without the puff of air that follows after the English sound is produced.

| | | | | |
|---|---|---|---|---|
| pesca | pude | puedo | parte | papá |
| postre | piña | puente | Paco | |

**k**      The Spanish **k** sound, represented by the letters **k, c** before **a, o, u,** or *a consonant,* and **qu,** is

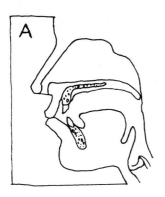 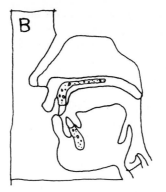 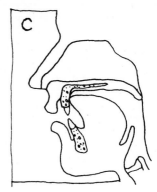

produced by touching the velum with the back of the tongue, as in diagram B. The sound is somewhat similar to the English *k* sound, but without the puff of air.

casa    comer    cuna    clima    acción    que
quinto    queso    aunque    kiosko    kilómetro

**t**    The Spanish **t** is produced by touching the back of the upper front teeth with the tip of the tongue, as in diagram C. It has no puff of air as in the English *t*.

todo    antes    corto    Guatemala    diente
resto    tonto    roto    tanque

**d**    The Spanish consonant **d** has two different sounds, depending on its position. At the beginning of an utterance and after **n** or **l,** the tip of the tongue presses the back of the upper front teeth to produce what is called a *voiced dental stop* (see diagram C).

día    doma    dice    dolor    dar
anda    Aldo    caldo    el deseo    un domicilio

In all other positions the sound of **d** is similar to the *th* sound in the English word *they*, but softer. This sound is called a *voiced dental fricative* (see diagram C). It is produced by placing the tip of the tongue behind the front teeth.

medida    todo    nada    nadie    medio
puedo    moda    queda    nudo

**g**    The Spanish consonant **g** also represents two sounds. At the beginning of an utterance or after **n** it is a *voiced velar stop* (see diagram B), identical to the English *g* sound in the word *guy*.

goma    glotón    gallo    gloria
gorrión    garra    guerra    angustia

In all other positions, except before **e** or **i**, it is a *voiced velar fricative* (see diagram B), similar to the English *g* sound in the word *sugar*. It is produced by moving the back of the tongue close to the velum, as in diagram F.

lago    alga    traga    amigo
algo    Dagoberto    el gorrión    la goma

**j**    The sound of the Spanish **j** (or **g** before **e** and **i**) is called a *voiceless velar fricative*. It is produced by positioning the back of the tongue close to the velum (see diagram F). (In some Latin American countries the sound is similar to a strongly exaggerated English *h* sound.)

       gemir    juez    jarro    gitano    agente
       juego    giro    bajo    gente

**b, v**    There is no difference in sound between the Spanish **b** and **v**; both letters are pronounced alike. At the beginning of an utterance or after **m** or **n**, **b** and **v** have a sound called a *voiced bilabial stop* (see diagram A), which is identical to the English *b* sound in the word *boy*.

       vivir    beber    vamos    barco    enviar
       hambre    batea    bueno    vestido

When pronounced between vowels, the Spanish **b** and **v** sound is a *voiced bilabial fricative* (see diagram A). This sound is produced by bringing the lips together but not closing them, so that some air may pass through.

       sábado    autobús    yo voy    su barco

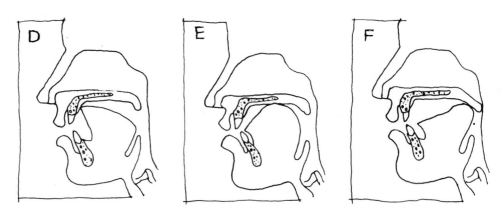

**y, ll**    In most countries, the Spanish **ll** and **y** have a sound called a *voiced palatal fricative* (see diagram E) similar to the English *y* sound in the word *yes*.

       el llavero    un yelmo    el yeso    su yunta    llama    yema
       oye    trayecto    trayectoria    mayo    milla    bella

NOTE:    When it stands alone or is at the end of a word, the Spanish **y** is pronounced like the vowel **i.**

       rey    hoy    y    doy    buey    muy    voy    estoy    soy

**r, rr**    The Spanish **r** is produced by tapping the alveolar ridge with the tongue only once and very briefly (see diagram D). The sound is similar to the English *dd* sound in the word *ladder*.

       crema    aroma    cara    arena    aro
       harina    toro    oro    eres    portero

The Spanish **r** in an initial position and after **n, l,** or **s,** and also **rr** in the middle of a word, are pronounced with a very strong trill. This trill is produced by bringing the tip of the tongue near the alveolar ridge and letting it vibrate freely while the air passes through the mouth.

| | | | | |
|---|---|---|---|---|
| rama | carro | Israel | cierra | roto |
| perro | alrededor | rizo | corre | Enrique |

**s**     The Spanish **s** is represented in most of the Spanish-speaking world by the letters **s, z,** and **c** before **e** or **i.** The sound is very similar to the English sibilant *s* in the word *sink.*

| | | | |
|---|---|---|---|
| sale | sitio | presidente | signo |
| salsa | seda | suma | vaso |
| sobrino | ciudad | cima | canción |
| zapato | zarza | cerveza | centro |

When it is in the final position, the Spanish **s** is less sibilant than in other positions. In many regions of the Spanish-speaking world there is a tendency to aspirate word-final **s** and even to drop it altogether.

| | | | | |
|---|---|---|---|---|
| eres | somos | estas | mesas | libros |
| vamos | sillas | cosas | rezas mucho | |

**h**     The letter **h** is silent in Spanish, unless it is combined with the **c** to form **ch.**

| | | | |
|---|---|---|---|
| hoy | hora | hidra | hemos |
| humor | huevo | horror | hortelano |

**ch**     The Spanish **ch** is pronounced like the English *ch* in the word *chief.*

| | | | |
|---|---|---|---|
| hecho | chico | coche | Chile |
| mucho | muchacho | salchicha | |

**f**     The Spanish **f** is identical in sound to the English *f.*

| | | | |
|---|---|---|---|
| difícil | feo | fuego | forma |
| fácil | fecha | foto | fueron |

**l**     The Spanish **l** is pronounced like the English *l* in the word *lean.* It is produced by touching the alveolar ridge with the tip of the tongue, as for the English *l.* The rest of the tongue should be kept fairly low in the mouth.

| | | | | |
|---|---|---|---|---|
| dolor | lata | ángel | lago | sueldo |
| los | pelo | lana | general | fácil |

**m**     The Spanish **m** is pronounced like the English *m* in the word *mother.*

| | | | |
|---|---|---|---|
| mano | moda | mucho | muy |
| mismo | tampoco | multa | cómoda |

**n**     In most cases, the Spanish **n** has a sound similar to the English *n* (see diagram D).

| | | | |
|---|---|---|---|
| nada | nunca | ninguno | norte |
| entra | tiene | sienta | |

The sound of the Spanish **n** is often affected by the sounds that occur around it. When it occurs before **b**, **v**, or **p**, it is pronounced like an **m**.

| | | |
|---|---|---|
| tan bueno | toman vino | sin poder |
| un pobre | comen peras | siguen bebiendo |

Before **k**, **g**, and **j**, the Spanish **n** has a voiced velar nasal sound similar to the English *ng* in the word *sing*.

| | | | |
|---|---|---|---|
| un kilómetro | incompleto | conjunto | mango |
| tengo | enjuto | un comedor | |

**ñ**   The Spanish **ñ** is a voiced palatal sound (see diagram E) similar to the English *ny* sound in the word *canyon*.

| | | | |
|---|---|---|---|
| señor | otoño | ñoño | uña |
| leña | dueño | niños | años |

**x**   The Spanish **x** has two pronunciations, depending on its position. Between vowels the sound is similar to the English *gs*.

| | | | |
|---|---|---|---|
| examen | exacto | boxeo | éxito |
| oxidar | oxígeno | existencia | |

When it occurs before a consonant, the Spanish **x** sounds like the English *s*.

| | | | |
|---|---|---|---|
| expresión | explicar | extraer | excusa |
| expreso | exquisito | extremo | |

NOTE:   When the **x** occurs in the word **México** or in other words of Mexican origin associated with historical or legendary figures or names of places, it is pronounced like the letter **j**.

## Rhythm

Rhythm is the melodic variation of sound intensity that we usually associate with music. Spanish and English each regulate these variations in speech differently, because they have different patterns of syllable length. In Spanish the length of the stressed and unstressed syllables remains almost the same, while in English stressed syllables are considerably longer than unstressed ones.

| | |
|---|---|
| estudiante | *student* |
| composición | *composition* |
| policía | *police* |

Because the length of the Spanish syllables remains constant, the greater the number of syllables in a given word or phrase, the longer the phrase will be.

Pronounce the following words, keeping stressed and unstressed syllables the same length and enunciating each syllable clearly. (Remember that stressed and unstressed vowels are pronounced alike.)

| | | |
|---|---|---|
| Úr-su-la | el-ci-ne | ba-jan-to-dos |
| la-su-cur-sal | los-za-pa-tos | ki-ló-me-tro |
| Pa-ra-guay | bue-no | |
| la-cul-tu-ra | di-fí-cil | |

## Linking

In spoken Spanish, the various words in a phrase or a sentence are not pronounced as isolated elements but combined together. This is called *linking*.

| | |
|---|---|
| Pe-pe-co-me-pan | Pepe come pan |
| To-más-to-ma-le-che | Tomás toma leche |
| Luis-tie-ne-la-lla-ve | Luis tiene la llave |
| la-ma-no-de-Ro-ber-to | La mano de Roberto |

1. The final consonant of a word is pronounced together with the initial vowel of the following word.

| | |
|---|---|
| Car-lo-san-da | Carlos anda |
| u-nán-gel | un ángel |
| e-lo-to-ño | el otoño |
| u-no-ses-tu-dio-sin-te-re-san-tes | unos estudios interesantes |

2. A diphthong is formed between the final vowel of a word and the initial vowel of the following word. A triphthong is formed when there is a combination of three vowels (see rules for the formation of diphthongs and triphthongs on page 000).

| | |
|---|---|
| suher-ma-na | su hermana |
| tues-co-pe-ta | tu escopeta |
| Ro-ber-toy-Luis | Roberto y Luis |
| ne-go-cioim-por-tan-te | negocio importante |
| llu-viay-nie-ve | lluvia y nieve |
| ar-duaem-pre-sa | ardua empresa |

3. When the final vowel of a word and the initial vowel of the following word are identical, they are pronounced slightly longer than one vowel.

| | | | |
|---|---|---|---|
| A-nal-can-za | Ana alcanza | tie-ne-so | tiene eso |
| lol-vi-do | lo olvido | Ada-tien-de | Ada atiende |

The same rule applies when two identical vowels appear within a word.

| | |
|---|---|
| cres | crees |
| Te-rán | Teherán |
| cor-di-na-ción | coordinación |

4. When the final consonant of a word and the initial consonant of the following word are the same, they are pronounced like one consonant with slightly longer than normal duration.

| | | | |
|---|---|---|---|
| e-la-do | el lado | tie-ne-sed | tienes sed |
| Car-lo-sal-ta | Carlos salta | | |

## Intonation

Intonation is the rise and fall of pitch in the delivery of a phrase or a sentence. In most languages intonation is one of the most important devices to express differences of meaning between otherwise identical phrases or sentences. In general, Spanish pitch tends to change less than English, giving the impression that the language is less emphatic.

As a rule, the intonation for normal statements in Spanish starts in a low tone, raises to a higher one on the first stressed syllable, maintains that tone until the last stressed syllable, and then goes back to the initial low tone, with still another drop at the very end.

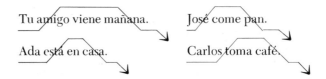

Tu amigo viene mañana.    José come pan.

Ada está en casa.    Carlos toma café.

## The alphabet

| Letter | Name | Letter | Name | Letter | Name | Letter | Name |
|--------|------|--------|------|--------|------|--------|------|
| a | a | g | ge | m | eme | rr | erre |
| b | be | h | hache | n | ene | s | ese |
| c | ce | i | i | ñ | eñe | t | te |
| ch | che | j | jota | o | o | u | u |
| d | de | k | ka | p | pe | v | ve |
| e | e | l | ele | q | cu | w | doble ve |
| f | efe | ll | elle | r | ere | x | equis |
| | | | | | | y | y griega |
| | | | | | | z | zeta |

## Syllable formation in Spanish

General rules for dividing words into syllables:

A. Vowels

1. A vowel or a vowel combination can constitute a syllable.

    a-lum-no    a-bue-la    Eu-ro-pa

2. Diphthongs and triphthongs are considered single vowels and cannot be divided.

    bai-le    puen-te    Dia-na    es-tu-diáis    an-ti-guo

3. Two strong vowels do not form a diphthong, and are separated into two syllables.

    em-ple-ar    vol-te-ar    lo-a

4. A written accent on a weak vowel (**i** or **u**) breaks the diphthong, thus the vowels are separated into two syllables.

    trí-o    dú-o    Ma-rí-a

B. Consonants

1. A single consonant forms a syllable with the vowel that follows it.

   po-der    ma-no    mi-nu-to

   NOTE:   **ch, ll,** and **rr** are considered single consonants: **a-ma-ri-llo, co-che, pe-rro.**

2. Consonant clusters composed of **b, c, d, f, g, p,** or **t** with **l** or **r** are considered single consonants, and cannot be separated.

   in-tré-pi-do    ha-blar    cla-vo    gri-tan    Glo-ria

3. When two consonants appear between two vowels, they are separated into two syllables.

   al-fa-be-to    cam-pe-ón    me-ter-se    mo-les-tia

   EXCEPTION:   When a consonant cluster composed of **b, c, d, f, g, p,** or **t** with **l** or **r** appears between two vowels, the cluster joins the following vowel: **so-bre, o-tros, ca-ble, te-lé-gra-fo.**

4. When three consonants appear between two vowels, only the last one goes with the following vowel.

   ins-pec-tor    trans-por-te    trans-for-mar

   EXCEPTION:   When there is a cluster of three consonants in the combinations described in rule 2, the first consonant joins the preceding vowel and the cluster joins the following vowel: **es-cri-bir, ex-tran-je-ro, im-plo-rar, es-tre-cho.**

## Accentuation

In Spanish, all words are stressed according to specific rules. Words that do not follow the rules must have a written accent to indicate the change of stress. The basic rules for accentuation are as follows.

1. Words ending in a vowel, **n,** or **s** are stressed on the next-to-last syllable.

   **hi**-jo       **ca**-lle      **me**-sa    fa-**mo**-sos
   flo-**re**-cen   **pla**-ya     **ve**-ces

2. Words ending in a consonant except **n** or **s** are stressed on the last syllable.

   ma-**yor**    a-**mor**    tro-pi-**cal**    na-**riz**    re-**loj**    co-rre-**dor**

3. All words that do not follow these rules, and also those that are stressed on the second from the last syllable, must have the written accent.

   ca-**fé**        sa-**lió**       rin-**cón**     fran-**cés**    sa-**lón**        ma-**má**
   **án**-gel       **lá**-piz       **dé**-bil      a-**zú**-car    **Víc**-tor
   sim-**pá**-ti-co  **lí**-qui-do   **mú**-si-ca    e-**xá**-me-nes  de-**mó**-cra-ta

4. Pronouns and adverbs of interrogation and exclamation have a written accent to distinguish them from the relative pronouns.

   –¿**Qué** comes?              *What are you eating?*
   –La pera que no comió.        *The pear that he did not eat.*

–¿**Quién** está ahí?         *Who is there?*
–El hombre a quien vi.        *The man whom I saw.*

–¿**Dónde** está?            *Where is he?*
–El lugar donde él trabaja.   *The place where he works.*

5. Words that have the same spelling but different meanings take a written accent to differentiate one from the other.

| el | *the* | él | *he, him* | | te | *you* | té | *tea* |
|----|-------|-----|-----------|---|-----|-------|-----|-------|
| mi | *my* | mí | *me* | | si | *if* | sí | *yes* |
| tu | *your* | tú | *you* | | mas | *but* | más | *more* |

6. The demonstrative adjectives have a written accent when they are used as pronouns.

éste    ésta    éstos    éstas    ése    ésa
ésos    ésas    aquél    aquélla  aquéllos  aquéllas

Prefiero **aquél**.    *I prefer **that one**.*

## Cognates

Cognates are words that are the same or similar in two languages. It is extremely valuable to be able to recognize them when learning a foreign language. Following are some principles of cognate recognition in Spanish.

1. Some words are exact cognates; only the pronunciation is different.

general    terrible    musical    central    humor    banana
idea       mineral     horrible   cultural   natural  terror

2. Some cognates are almost the same, except for a written accent mark, a final vowel, or a single consonant in the Spanish word.

región     comercial    arte       México       posible     potente
persona    península    oficial    importante   conversión  imposible

3. Most nouns ending in *-tión* in English end in **-ción** in Spanish.

conversación    solución    operación    cooperación

4. English words ending in *-ce* and *-ty* end in **-cia, -cio,** and **-dad** in Spanish.

importancia    competencia    precipicio
universidad    frivolidad     popularidad

5. The English ending *-ous* is often equivalent to the Spanish ending **-oso.**

famoso    amoroso    numeroso    malicioso

6. The English consonant *s* is often equivalent to the Spanish **es.**

escuela    estado    estudio    especial

7. There are many other easily recognizable cognates for which no rule can be given.

| millón | deliberadamente | estudiar | millonario | mayoría | ordenar |
|--------|-----------------|----------|------------|---------|---------|
| ingeniero | norte | enemigo | artículo | monte | centro |

In this text, cognates that appear in the reading exercises and the cultural readings are not translated.

## APPENDIX B  Verbs

## Regular verbs

▶ Model **-ar, -er, -ir** verbs

### INFINITIVE

**amar** (*to love*)        **comer** (*to eat*)        **vivir** (*to live*)

### PRESENT PARTICIPLE

**amando** (*loving*)        **comiendo** (*eating*)        **viviendo** (*living*)

### PAST PARTICIPLE

**amado** (*loved*)        **comido** (*eaten*)        **vivido** (*lived*)

## SIMPLE TENSES

### Indicative mood

#### PRESENT

| (*I love*) | | (*I eat*) | | (*I live*) | |
|---|---|---|---|---|---|
| amo | amamos | como | comemos | vivo | vivimos |
| amas | amáis | comes | coméis | vives | vivís |
| ama | aman | come | comen | vive | viven |

#### IMPERFECT

| (*I used to love*) | | (*I used to eat*) | | (*I used to live*) | |
|---|---|---|---|---|---|
| amaba | amábamos | comía | comíamos | vivía | vivíamos |
| amabas | amabais | comías | comíais | vivías | vivíais |
| amaba | amaban | comía | comían | vivía | vivían |

#### PRETERIT

| (*I loved*) | | (*I ate*) | | (*I lived*) | |
|---|---|---|---|---|---|
| amé | amamos | comí | comimos | viví | vivimos |
| amaste | amasteis | comiste | comisteis | viviste | vivisteis |
| amó | amaron | comió | comieron | vivió | vivieron |

#### FUTURE

| (*I will love*) | | (*I will eat*) | | (*I will live*) | |
|---|---|---|---|---|---|
| amaré | amaremos | comeré | comeremos | viviré | viviremos |
| amarás | amaréis | comerás | comeréis | vivirás | viviréis |
| amará | amarán | comerá | comerán | vivirá | vivirán |

CONDITIONAL

| (*I would love*) | | (*I would eat*) | | (*I would live*) | |
|---|---|---|---|---|---|
| amaría | amaríamos | comería | comeríamos | viviría | viviríamos |
| amarías | amaríais | comerías | comeríais | vivirías | viviríais |
| amaría | amarían | comería | comerían | viviría | vivirían |

## Subjunctive mood

PRESENT

| ([*that*] I [*may*] *love*) | | ([*that*] I [*may*] *eat*) | | ([*that*] I [*may*] *live*) | |
|---|---|---|---|---|---|
| ame | amemos | coma | comamos | viva | vivamos |
| ames | améis | comas | comáis | vivas | viváis |
| ame | amen | coma | coman | viva | vivan |

IMPERFECT

(two forms: **ara, ase**)

| ([*that*] I [*might*] *love*) | ([*that*] I [*might*] *eat*) | ([*that*] I [*might*] *live*) |
|---|---|---|
| amara (-ase) | comiera (-iese) | viviera (-iese) |
| amaras (-ases) | comieras (-ieses) | vivieras (-ieses) |
| amara (-ase) | comiera (-iese) | viviera (-iese) |
| amáramos (-ásemos) | comiéramos (-iésemos) | viviéramos (-iésemos) |
| amarais (-aseis) | comierais (-ieseis) | vivierais (-ieseis) |
| amaran (-asen) | comieran (-iesen) | vivieran (-iesen) |

IMPERATIVE MOOD

| (*love*) | (*eat*) | (*live*) |
|---|---|---|
| ama (tú) | come (tú) | vive (tú) |
| ame (Ud.) | coma (Ud.) | viva (Ud.) |
| amemos (nosotros) | comamos (nosotros) | vivamos (nosotros) |
| amad (vosotros) | comed (vosotros) | vivid (vosotros) |
| amen (Uds.) | coman (Uds.) | vivan (Uds.) |

# COMPOUND TENSES

PERFECT INFINITIVE

**haber amado**          **haber comido**          **haber vivido**

PERFECT PARTICIPLE

**habiendo amado**          **habiendo comido**          **habiendo vivido**

## Indicative mood

PRESENT PERFECT

| (*I have loved*) | | (*I have eaten*) | | (*I have lived*) | |
|---|---|---|---|---|---|
| he amado | hemos amado | he comido | hemos comido | he vivido | hemos vivido |
| has amado | habéis amado | has comido | habéis comido | has vivido | habéis vivido |
| ha amado | han amado | ha comido | han comido | ha vivido | han vivido |

PLUPERFECT

| (*I had loved*) | (*I had eaten*) | (*I had lived*) |
|---|---|---|
| había amado | había comido | había vivido |
| habías amado | habías comido | habías vivido |
| había amado | había comido | había vivido |
| habíamos amado | habíamos comido | habíamos vivido |
| habíais amado | habíais comido | habíais vivido |
| habían amado | habían comido | habían vivido |

FUTURE PERFECT

| (*I will have loved*) | (*I will have eaten*) | (*I will have lived*) |
|---|---|---|
| habré amado | habré comido | habré vivido |
| habrás amado | habrás comido | habrás vivido |
| habrá amado | habrá comido | habrá vivido |
| habremos amado | habremos comido | habremos vivido |
| habréis amado | habréis comido | habréis vivido |
| habrán amado | habrán comido | habrán vivido |

CONDITIONAL PERFECT

| (*I would have loved*) | (*I would have eaten*) | (*I would have lived*) |
|---|---|---|
| habría amado | habría comido | habría vivido |
| habrías amado | habrías comido | habrías vivido |
| habría amado | habría comido | habría vivido |
| habríamos amado | habríamos comido | habríamos vivido |
| habríais amado | habríais comido | habríais vivido |
| habrían amado | habrían comido | habrían vivido |

## Subjunctive Mood

PRESENT PERFECT

| (*[that] I [may] have loved*) | (*[that] I [may] have eaten*) | (*[that] I [may] have lived*) |
|---|---|---|
| haya amado | haya comido | haya vivido |
| hayas amado | hayas comido | hayas vivido |
| haya amado | haya comido | haya vivido |
| hayamos amado | hayamos comido | hayamos vivido |
| hayáis amado | hayáis comido | hayáis vivido |
| hayan amado | hayan comido | hayan vivido |

PLUPERFECT

(two forms: **-ra, -se**)

| (*[that] I [might] have loved*) | (*[that] I [might] have eaten*) | (*[that] I [might] have lived*) |
|---|---|---|
| hubiera (-iese) amado | hubiera (-iese) comido | hubiera (-iese) vivido |
| hubieras (-ieses) amado | hubieras (-ieses) comido | hubieras (-ieses) vivido |
| hubiera (-iese) amado | hubiera (-iese) comido | hubiera (-iese) vivido |
| hubiéramos (-iésemos) amado | hubiéramos (-iésemos) comido | hubiéramos (-iésemos) vivido |
| hubierais (-ieseis) amado | hubierais (-ieseis) comido | hubierais (-ieseis) vivido |
| hubieran (-iesen) amado | hubieran (-iesen) comido | hubieran (-iesen) vivido |

## Stem-changing verbs

► ## The -**ar** and -**er** stem-changing verbs

Stem-changing verbs are those verbs that have a spelling change in the root. In verbs that end in -**ar** and -**er**, the stressed vowel changes from **e** to **ie**, and the stressed **o** to **ue.** These changes occur in all persons except the first- and second-persons plural of the present indicative, present subjunctive, and imperative.

| INFINITIVE | PRESENT INDICATIVE | IMPERATIVE | PRESENT SUBJUNCTIVE |
|---|---|---|---|
| **perder** | pierdo | —————— | pierda |
| (*to lose*) | pierdes | pierde | pierdas |
| | pierde | pierda | pierda |
| | perdemos | perdamos | perdamos |
| | perdéis | perded | perdáis |
| | pierden | pierdan | pierdan |
| **cerrar** | cierro | —————— | cierre |
| (*to close*) | cierras | cierra | cierres |
| | cierra | cierre | cierre |
| | cerramos | cerremos | cerremos |
| | cerráis | cerrad | cerréis |
| | cierran | cierren | cierren |
| **contar** | cuento | —————— | cuente |
| (*to count,* | cuentas | cuenta | cuentes |
| *tell*) | cuenta | cuente | cuente |
| | contamos | contemos | contemos |
| | contáis | contad | contéis |
| | cuentan | cuenten | cuenten |
| **volver** | vuelvo | —————— | vuelva |
| (*to return*) | vuelves | vuelve | vuelvas |
| | vuelve | vuelva | vuelva |
| | volvemos | volvamos | volvamos |
| | volvéis | volved | volváis |
| | vuelven | vuelvan | vuelvan |

Verbs that follow the same pattern:

| | | | | | |
|---|---|---|---|---|---|
| acordarse | *to remember* | despertar(se) | *to wake up* | nevar | *to snow* |
| acostar(se) | *to go to bed* | discernir | *to discern* | pensar | *to think, plan* |
| almorzar | *to have lunch* | empezar | *to begin* | probar | *to prove, taste* |
| atravesar | *to go through* | encender | *to light, turn on* | recordar | *to remember* |
| cocer | *to cook* | encontrar | *to find* | rogar | *to beg* |
| colgar | *to hang* | entender | *to understand* | sentar(se) | *to sit down* |

| | | | | | |
|---|---|---|---|---|---|
| comenzar | *to begin* | llover | *to rain* | soler | *to be in the habit of* |
| confesar | *to confess* | mover | *to move* | soñar | *to dream* |
| costar | *to cost* | mostrar | *to show* | tender | *to stretch, unfold* |
| demostrar | *to demonstrate, show* | negar | *to deny* | torcer | *to twist* |

▶ ## The -ir stem-changing verbs

There are two types of stem-changing verbs that end in **-ir**: in one type, stressed **e** changes to **ie** in some tenses and to **i** in others, and stressed **o** to **ue** or **u**; in the second type, stressed **e** changes to **i** only in all the irregular tenses.

### Type I   -ir: e > ie / o > ue or u

These changes occur as follows.

*Present Indicative:* all persons except the first- and second-plural change from **e** to **ie** and **o** to **ue**. *Preterit:* third-person, singular and plural, changes from **e** to **i** and **o** to **u**. *Present Subjunctive:* all persons change from **e** to **ie** and **o** to **ue** except the first- and second-persons plural, which change from **e** to **i** and **o** to **u**. *Imperfect Subjunctive:* all persons change from **e** to **i** and **o** to **u**. *Imperative:* all persons except the second-person plural change from **e** to **ie** and **o** to **ue**; first-person plural changes from **e** to **i** and **o** to **u**. *Present Participle:* changes from **e** to **i** and **o** to **u**.

| INFINITIVE | Indicative | | Imperative | Subjunctive | |
|---|---|---|---|---|---|
| **sentir** (*to feel*) | PRESENT | PRETERIT | | PRESENT | IMPERFECT |
| | siento | sentí | _____ | sienta | sintiera (-iese) |
| PRESENT | sientes | sentiste | siente | sientas | sintieras |
| PARTICIPLE | siente | sintió | sienta | sienta | sintiera |
| sintiendo | sentimos | sentimos | sintamos | sintamos | sintiéramos |
| | sentís | sentisteis | sentid | sintáis | sintierais |
| | sienten | sintieron | sientan | sientan | sintieran |
| **dormir** (*to sleep*) | duermo | dormí | _____ | duerma | durmiera (-iese) |
| | duermes | dormiste | duerme | duermas | durmieras |
| | duerme | durmió | duerma | duerma | durmiera |
| durmiendo | dormimos | dormimos | durmamos | durmamos | durmiéramos |
| | dormís | dormisteis | dormid | durmáis | durmierais |
| | duermen | durmieron | duerman | duerman | durmieran |

Other verbs that follow the same pattern:

| | | | | | |
|---|---|---|---|---|---|
| advertir | *to warn* | divertir(se) | *to amuse oneself* | preferir | *to prefer* |
| arrepentirse | *to repent* | herir | *to wound, hurt* | referir | *to refer* |
| consentir | *to consent; to pamper* | mentir | *to lie* | sugerir | *to suggest* |
| convertir(se) | *to turn into* | morir | *to die* | | |

## Type II   -ir: e > i

The verbs in this second category are irregular in the same tenses as those of the first type. The only difference is that they only have one change: **e > i** in all irregular persons.

| INFINITIVE | Indicative | | Imperative | Subjunctive | |
|---|---|---|---|---|---|
| **pedir** | | | | | |
| (*to ask for, request*) | PRESENT | PRETERIT | | PRESENT | IMPERFECT |
| | pido | pedí | _____ | pida | pidiera (-iese) |
| PRESENT | pides | pediste | pide | pidas | pidieras |
| PARTICIPLE | pide | pidió | pida | pida | pidiera |
| pidiendo | pedimos | pedimos | pidamos | pidamos | pidiéramos |
| | pedís | pedisteis | pedid | pidáis | pidierais |
| | piden | pidieron | pidan | pidan | pidieran |

Verbs that follow this pattern:

| | | | | | |
|---|---|---|---|---|---|
| concebir | *to conceive* | impedir | *to prevent* | reñir | *to fight* |
| competir | *to compete* | perseguir | *to pursue* | seguir | *to follow* |
| despedir(se) | *to say good-bye* | reír(se) | *to laugh* | servir | *to serve* |
| elegir | *to choose* | repetir | *to repeat* | vestir(se) | *to dress* |

## Orthographic-changing verbs

Some verbs undergo a change in the spelling of the stem in some tenses, in order to keep the sound of the final consonant. The most common ones are those with the consonants **g** and **c**. Remember that **g** and **c** in front of **e** or **i** have a soft sound, and in front of **a, o,** or **u** have a hard sound. In order to keep the soft sound in front of **a, o,** or **u**, **g** and **c** change to **j** and **z**, respectively. In order to keep the hard sound of **g** or **c** in front of **e** and **i**, **u** is added to the **g** (**gu**) and the **c** changes to **qu**. The most important verbs of this type that are regular in all the tenses but change in spelling are the following:

1. Verbs ending in **-gar** change from **g** to **gu** before **e** in the first-person of the preterit and in all persons of the present subjunctive.

   **pagar**   *to pay*
   *Preterit:*       pagué, pagaste, pagó, etc.
   *Pres. Subj.:*   pague, pagues, pague, paguemos, paguéis, paguen

   Verbs that follow the same pattern: **colgar, llegar, navegar, negar, regar, rogar, jugar.**

2. Verbs ending in **-ger** or **-gir** change from **g** to **j** before **o** and **a** in the first-person of the present indicative and in all the persons of the present subjunctive.

   **proteger**   *to protect*
   *Pres. Ind.:*   protejo, proteges, protege, etc.
   *Pres. Subj:*   proteja, protejas, proteja, protejamos, protejáis, protejan

   Verbs that follow the same pattern: **coger, dirigir, escoger, exigir, recoger, corregir.**

3. Verbs ending in **-guar** change from **gu** to **gü** before **e** in the first-persons of the preterit and in all persons of the present subjunctive.

> **averiguar**   *to find out*
> *Preterit:*      averigüé, averiguaste, averiguó, etc.
> *Pres. Subj.:*   averigüe, averigües, averigüe, averigüemos, averigüéis, averigüen

The verb **apaciguar** follows the same pattern.

4. Verbs ending in **-guir** change from **gu** to **g** before **o** and **a** in the first-person of the present indicative and in all persons of the present subjunctive.

> **conseguir**   *to get*
> *Pres. Ind.:*   consigo, consigues, consigue, etc.
> *Pres. Subj.:*  consiga, consigas, consiga, consigamos, consigáis, consigan

Verbs that follow the same pattern: **distinguir, perseguir, proseguir, seguir.**

5. Verbs ending in **-car** change from **c** to **qu** before **e** in the first-person of the preterit and in all persons of the present subjunctive.

> **tocar**   *to touch, to play (a musical instrument)*
> *Preterit:*      toqué, tocaste, tocó, etc.
> *Pres. Subj.:*   toque, toques, toque, toquemos, toquéis, toquen

Verbs that follow the same pattern: **atacar, buscar, comunicar, explicar, indicar, sacar, pescar.**

6. Verbs ending in **-cer** or **-cir** preceded by a consonant change from **c** to **z** before **o** and **a** in the first-person of the present indicative and in all persons of the present subjunctive.

> **torcer**   *to twist*
> *Pres. Ind.:*   tuerzo, tuerces, tuerce, etc.
> *Pres. Subj.:* tuerza, tuerzas, tuerza, torzamos, torzáis, tuerzan

Verbs that follow the same pattern: **convencer, esparcir, vencer.**

7. Verbs ending in **-cer** or **-cir** preceded by a vowel change from **c** to **zc** before **o** and **a** in the first-person of the present indicative and in all persons of the present subjunctive.

> **conocer**   *to know, be acquainted with*
> *Pres. Ind.:*   conozco, conoces, conoce, etc.
> *Pres. Subj.:*  conozca, conozcas, conozca, conozcamos, conozcáis, conozcan

Verbs that follow the same pattern: **agradecer, aparecer, carecer, establecer, entristecer** (*to sadden*), **lucir, nacer, obedecer, ofrecer, padecer, parecer, pertenecer, relucir, reconocer.**

8. Verbs ending in **-zar** change from **z** to **c** before **e** in the first-person of the preterit and in all persons of the present subjunctive.

> **rezar**   *to pray*
> *Preterit:*      recé, rezaste, rezó, etc.
> *Pres. Subj.:*   rece, reces, rece, recemos, recéis, recen

Verbs that follow the same pattern: **alcanzar, almorzar, comenzar, cruzar, empezar, forzar, gozar, abrazar.**

9. Verbs ending in **-eer** change from the unstressed **i** to **y** between vowels in the third-person singular and plural of the preterit, in all persons of the imperfect subjunctive, and in the present participle.

> **creer**   *to believe*
> *Preterit:*     creí, creíste, creyó, creímos, creísteis, creyeron
> *Imp. Subj.:*  creyera(ese), creyeras, creyera, creyéramos, creyerais, creyeran
> *Pres. Part.:*  creyendo
> *Past Part.:*   creído

Verbs that follow the same pattern: **leer, poseer.**

10. Verbs ending in **-uir** change from the unstressed **i** to **y** between vowels (except **-quir**, which has the silent **u**) in the following tenses and persons.

> **huir**   *to escape, flee*
> *Pres. Part.:*  huyendo
> *Pres. Ind.:*   huyo, huyes, huye, huimos, huís, huyen
> *Preterit:*     huí, huiste, huyó, huimos, huisteis, huyeron
> *Imperative:*   huye, huya, huyamos, huid, huyan
> *Pres. Subj.:*  huya, huyas, huya, huyamos, huyáis, huyan
> *Imp. Subj.:*  huyera(ese), huyeras, huyera, huyéramos, huyerais, huyeran

Verbs that follow the same pattern: **atribuir, concluir, constituir, construir, contribuir, destituir, destruir, disminuir, distribuir, excluir, incluir, influir, instruir, restituir, sustituir.**

11. Verbs ending in **-eír** lose one **e** in the third-person singular and plural of the preterit, in all persons of the imperfect subjunctive, and in the present participle.

> **reír**   *to laugh*
> *Preterit:*     reí, reíste, rio, reímos, reísteis, rieron
> *Imp. Subj.:*  riera(ese), rieras, riera, riéramos, rierais, rieran
> *Pres. Part.:*  riendo

Verbs that follow the same pattern: **sonreír, freír.**

12. In verbs ending in **-iar**, a written accent is added to the **i**, except in the first- and second-persons plural of the present indicative and subjunctive.

> **fiar(se)**   *to trust*
> *Pres. Ind.:*   fío (me), fías (te), fía (se), fiamos (nos), fiais (os), fían (se)
> *Pres. Subj.:*  fíe (me), fíes (te), fíe (se), fiemos (nos), fiéis (os), fíen (se)

Verbs that follow the same pattern: **enviar, ampliar, criar, desviar, enfriar, guiar, telegrafiar, vaciar, variar.**

13. In verbs ending in **-uar** (except **-guar**) a written accent is added to the **u**, except in the first- and second-persons plural of the present indicative and subjunctive.

> **actuar**   *to act*
> *Pres. Ind.:*   actúo, actúas, actúa, actuamos, actuáis, actúan
> *Pres. Subj.:*  actúe, actúes, actúe, actuemos, actuéis, actúen

Verbs that follow the same pattern: **continuar, acentuar, efectuar, exceptuar, graduar, habituar, insinuar, situar.**

14. Verbs ending in **-ñir** lose the **i** of the diphthongs **ie** and **ió** in the third-person singular and plural of the preterit and all persons of the imperfect subjunctive. The **e** of the stem also changes to **i** in the same persons.

> **teñir**   *to dye*
> *Preterit:*      teñí, teñiste, **tiñó**, teñimos, teñisteis, tiñeron
> *Imp. Subj.:*  tiñera(ese), tiñeras, tiñera, tiñéramos, tiñerais, tiñeran

Verbs that follow the same pattern: **ceñir, constreñir, desteñir, estreñir, reñir.**

## Some common irregular verbs

Only those tenses with irregular forms will be shown.

> **acertar**   *to guess right*
> *Pres. Ind.:*    acierto, aciertas, acierta, acertamos, acertáis, aciertan
> *Pres. Subj.:*   acierte, aciertes, acierte, acertemos, acertéis, acierten
> *Imperative:*    acierta, acierte, acertemos, acertad, acierten
>
> **adquirir**   *to acquire*
> *Pres. Ind.:*    adquiero, adquieres, adquiere, adquirimos, adquirís, adquieren
> *Pres. Subj.:*   adquiera, adquieras, adquiera, adquiramos, adquiráis, adquieran
> *Imperative:*    adquiere, adquiera, adquiramos, adquirid, adquieran
>
> **andar**   *to walk*
> *Preterit:*      anduve, anduviste, anduvo, anduvimos, anduvisteis, anduvieron
> *Imp. Subj.:*  anduviera (anduviese), anduvieras, anduviera, anduviéramos, anduvierais,
>                anduvieran
>
> **avergonzarse**   *to be ashamed, be embarrassed*
> *Pres. Ind.:*    me avergüenzo, te avergüenzas, se avergüenza, nos avergonzamos,
>                os avergonzáis, se avergüenzan
> *Pres. Subj.:*   me avergüence, te avergüences, se avergüence, nos avergoncemos,
>                os avergoncéis, se avergüencen
> *Imperative:*    avergüénzate, avergüéncese, avergoncémonos, avergonzaos, avergüéncense
>
> **caber**   *to fit, have enough room*
> *Pres. Ind.:*    quepo, cabes, cabe, cabemos, cabéis, caben
> *Preterit:*      cupe, cupiste, cupo, cupimos, cupisteis, cupieron
> *Future:*        cabré, cabrás, cabrá, cabremos, cabréis, cabrán
> *Conditional:*   cabría, cabrías, cabría, cabríamos, cabríais, cabrían
> *Imperative:*    cabe, quepa, quepamos, cabed, quepan
> *Pres. Subj.:*   quepa, quepas, quepa, quepamos, quepáis, quepan
> *Imp. Subj.:*  cupiera (cupiese), cupieras, cupiera, cupiéramos, cupierais, cupieran
>
> **caer**   *to fall*
> *Pres. Ind.:*    caigo, caes, cae, caemos, caéis, caen
> *Preterit:*      caí, caíste, cayó, caímos, caísteis, cayeron
> *Imperative:*    cae, caiga, caigamos, caed, caigan
> *Pres. Subj.:*   caiga, caigas, caiga, caigamos, caigáis, caigan

*Imp. Subj.:*    cayera (cayese), cayeras, cayera, cayéramos, cayerais, cayeran
*Past Part.:*    caído

**cegar**    *to blind*
*Pres. Ind.:*    ciego, ciegas, ciega, cegamos, cegáis, ciegan
*Imperative:*    ciega, ciegue, ceguemos, cegad, cieguen
*Pres. Subj.:*    ciegue, ciegues, ciegue, ceguemos, ceguéis, cieguen

**conducir**    *to guide; to drive*
*Pres. Ind.:*    conduzco, conduces, conduce, conducimos, conducís, conducen
*Preterit:*    conduje, condujiste, condujo, condujimos, condujisteis, condujeron
*Imperative:*    conduce, conduzca, conduzcamos, conducid, conduzcan
*Pres. Subj.:*    conduzca, conduzcas, conduzca, conduzcamos, conduzcáis, conduzcan
*Imp. Subj.:*    condujera (condujese), condujeras, condujera, condujéramos, condujerais, condujeran

(All verbs ending in **-ducir** follow this pattern.)

**convenir**    *to agree* (See **venir**)

**dar**    *to give*
*Pres. Ind.:*    doy, das, da, damos, dais, dan
*Preterit:*    di, diste, dio, dimos, disteis, dieron
*Imperative:*    da, dé, demos, dad, den
*Pres. Subj.:*    dé, des, dé, demos, deis, den
*Imp. Subj.:*    diera (diese), dieras, diera, diéramos, dierais, dieran

**decir**    *to say, tell*
*Pres. Ind.:*    digo, dices, dice, decimos, decís, dicen
*Preterit:*    dije, dijiste, dijo, dijimos, dijisteis, dijeron
*Future:*    diré, dirás, dirá, diremos, diréis, dirán
*Conditional:*    diría, dirías, diría, diríamos, diríais, dirían
*Imperative:*    di, diga, digamos, decid, digan
*Pres. Subj.:*    diga, digas, diga, digamos, digáis, digan
*Imp. Subj.:*    dijera (dijese), dijeras, dijera, dijéramos, dijerais, dijeran
*Pres. Part.:*    diciendo
*Past Part.:*    dicho

**detener**    *to stop; to hold; to arrest* (See **tener**)

**elegir**    *to choose*
*Pres. Ind.:*    elijo, eliges, elige, elegimos, elegís, eligen
*Preterit:*    elegí, elegiste, eligió, elegimos, elegisteis, eligieron
*Imperative:*    elige, elija, elijamos, elegid, elijan
*Pres. Subj.:*    elija, elijas, elija, elijamos, elijáis, elijan
*Imp. Subj.:*    eligiera (eligiese), eligieras, eligiera, eligiéramos, eligierais, eligieran

**entender**    *to understand*
*Pres. Ind.:*    entiendo, entiendes, entiende, entendemos, entendéis, entienden
*Imperative:*    entiende, entienda, entendamos, entended, entiendan
*Pres. Subj.:*    entienda, entiendas, entienda, entendamos, entendáis, entiendan

**entretener**   *to entertain, amuse* (See **tener**)

**extender**   *to extend; to stretch out* (See **tender**)

**errar**   *to err; to miss*
*Pres. Ind.:*      yerro, yerras, yerra, erramos, erráis, yerran
*Imperative:*      yerra, yerre, erremos, errad, yerren
*Pres. Subj.:*     yerre, yerres, yerre, erremos, erréis, yerren

**estar**   *to be*
*Pres. Ind.:*      estoy, estás, está, estamos, estáis, están
*Preterit:*        estuve, estuviste, estuvo, estuvimos, estuvisteis, estuvieron
*Imperative:*      está, esté, estemos, estad, estén
*Pres. Subj.:*     esté, estés, esté, estemos, estéis, estén
*Imp. Subj.:*      estuviera (estuviese), estuvieras, estuviera, estuviéramos, estuvierais,
                   estuvieran

**haber**   *to have*
*Pres. Ind.:*      he, has, ha, hemos, habéis, han
*Preterit:*        hube, hubiste, hubo, hubimos, hubisteis, hubieron
*Future:*          habré, habrás, habrá, habremos, habréis, habrán
*Conditional:*     habría, habrías, habría, habríamos, habríais, habrían
*Pres. Subj.:*     haya, hayas, haya, hayamos, hayáis, hayan
*Imp. Subj.:*      hubiera (hubiese), hubieras, hubiera, hubiéramos, hubierais, hubieran

**hacer**   *to do, make*
*Pres. Ind.:*      hago, haces, hace, hacemos, hacéis, hacen
*Preterit:*        hice, hiciste, hizo, hicimos, hicisteis, hicieron
*Future:*          haré, harás, hará, haremos, haréis, harán
*Conditional:*     haría, harías, haría, haríamos, haríais, harían
*Imperative:*      haz, haga, hagamos, haced, hagan
*Pres. Subj.:*     haga, hagas, haga, hagamos, hagáis, hagan
*Imp. Subj.:*      hiciera (hiciese), hicieras, hiciera, hiciéramos, hicierais, hicieran
*Past Part.:*      hecho

**imponer**   *to impose; to deposit* (See **poner**)

**ir**   *to go*
*Pres. Ind.:*      voy, vas, va, vamos, vais, van
*Imp. Ind.:*       iba, ibas, iba, íbamos, ibais, iban
*Preterit:*        fui, fuiste, fue, fuimos, fuisteis, fueron
*Imperative:*      ve, vaya, vayamos, id, vayan
*Pres. Subj.:*     vaya, vayas, vaya, vayamos, vayáis, vayan
*Imp. Subj.:*      fuera (fuese), fueras, fuera, fuéramos, fuerais, fueran

**jugar**   *to play*
*Pres. Ind.:*      juego, juegas, juega, jugamos, jugáis, juegan
*Imperative:*      juega, juegue, juguemos, jugad, jueguen
*Pres. Subj.:*     juegue, juegues, juegue, juguemos, juguéis, jueguen

**obtener**   *to obtain* (See **tener**)

**oír**   *to hear*
*Pres. Ind.:*     oigo, oyes, oye, oímos, oís, oyen
*Preterit:*       oí, oíste, oyó, oímos, oísteis, oyeron
*Imperative:*     oye, oiga, oigamos, oid, oigan
*Pres. Subj.:*    oiga, oigas, oiga, oigamos, oigáis, oigan
*Imp. Subj.:*     oyera (oyese), oyeras, oyera, oyéramos, oyerais, oyeran
*Pres. Part.:*    oyendo
*Past Part.:*     oído

**oler**   *to smell*
*Pres. Ind.:*     huelo, hueles, huele, olemos, oléis, huelen
*Imperative:*     huele, huela, olamos, oled, huelan
*Pres. Subj.:*    huela, huelas, huela, olamos, oláis, huelan

**poder**   *to be able*
*Pres. Ind.:*     puedo, puedes, puede, podemos, podéis, pueden
*Preterit:*       pude, pudiste, pudo, pudimos, pudisteis, pudieron
*Future:*         podré, podrás, podrá, podremos, podréis, podrán
*Conditional:*    podría, podrías, podría, podríamos, podríais, podrían
*Imperative:*     puede, pueda, podamos, poded, puedan
*Pres. Subj.:*    pueda, puedas, pueda, podamos, podáis, puedan
*Imp. Subj.:*     pudiera (pudiese), pudieras, pudiera, pudiéramos, pudierais, pudieran
*Pres. Part.:*    pudiendo

**poner**   *to place, put*
*Pres. Ind.:*     pongo, pones, pone, ponemos, ponéis, ponen
*Preterit:*       puse, pusiste, puso, pusimos, pusisteis, pusieron
*Future:*         pondré, pondrás, pondrá, pondremos, pondréis, pondrán
*Conditional:*    pondría, pondrías, pondría, pondríamos, pondríais, pondrían
*Imperative:*     pon, ponga, pongamos, poned, pongan
*Pres. Subj.:*    ponga, pongas, ponga, pongamos, pongáis, pongan
*Imp. Subj.:*     pusiera (pusiese), pusieras, pusiera, pusiéramos, pusierais, pusieran
*Past Part.:*     puesto

**querer**   *to want, wish; to like, love*
*Pres. Ind.:*     quiero, quieres, quiere, queremos, queréis, quieren
*Preterit:*       quise, quisiste, quiso, quisimos, quisisteis, quisieron
*Future:*         querré, querrás, querrá, querremos, querréis, querrán
*Conditional:*    querría, querrías, querría, querríamos, querríais, querrían
*Imperative:*     quiere, quiera, queramos, quered, quieran
*Pres. Subj.:*    quiera, quieras, quiera, queramos, queráis, quieran
*Imp. Subj.:*     quisiera (quisiese), quisieras, quisiera, quisiéramos, quisierais, quisieran

**resolver**   *to decide on*
*Pres. Ind.:*     resuelvo, resuelves, resuelve, resolvemos, resolvéis, resuelven
*Imperative:*     resuelve, resuelva, resolvamos, resolved, resuelvan
*Pres. Subj.:*    resuelva, resuelvas, resuelva, resolvamos, resolváis, resuelvan
*Past Part.:*     resuelto

**saber**   *to know*
*Pres. Ind.:*      sé, sabes, sabe, sabemos, sabéis, saben
*Preterit:*        supe, supiste, supo, supimos, supisteis, supieron
*Future:*          sabré, sabrás, sabrá, sabremos, sabréis, sabrán
*Conditional:*     sabría, sabrías, sabría, sabríamos, sabríais, sabrían
*Imperative:*      sabe, sepa, sepamos, sabed, sepan
*Pres. Subj.:*     sepa, sepas, sepa, sepamos, sepáis, sepan
*Imp. Subj.:*      supiera (supiese), supieras, supiera, supiéramos, supierais, supieran

**salir**   *to leave, go out*
*Pres. Ind.:*      salgo, sales, sale, salimos, salís, salen
*Future:*          saldré, saldrás, saldrá, saldremos, saldréis, saldrán
*Conditional:*     saldría, saldrías, saldría, saldríamos, saldríais, saldrían
*Imperative:*      sal, salga, salgamos, salid, salgan
*Pres. Subj.:*     salga, salgas, salga, salgamos, salgáis, salgan

**ser**   *to be*
*Pres. Ind.:*      soy, eres, es, somos, sois, son
*Imp. Ind.:*       era, eras, era, éramos, erais, eran
*Preterit:*        fui, fuiste, fue, fuimos, fuisteis, fueron
*Imperative:*      sé, sea, seamos, sed, sean
*Pres. Subj.:*     sea, seas, sea, seamos, seáis, sean
*Imp. Subj.:*      fuera (fuese), fueras, fuera, fuéramos, fuerais, fueran

**suponer**   *to assume* (See **poner**)

**tener**   *to have*
*Pres. Ind.:*      tengo, tienes, tiene, tenemos, tenéis, tienen
*Preterit:*        tuve, tuviste, tuvo, tuvimos, tuvisteis, tuvieron
*Future:*          tendré, tendrás, tendrá, tendremos, tendréis, tendrán
*Conditional:*     tendría, tendrías, tendría, tendríamos, tendríais, tendrían
*Imperative:*      ten, tenga, tengamos, tened, tengan
*Pres. Subj.:*     tenga, tengas, tenga, tengamos, tengáis, tengan
*Imp. Subj.:*      tuviera (tuviese), tuvieras, tuviera, tuviéramos, tuvierais, tuvieran

**tender**   *to spread out; to hang out*
*Pres. Ind.:*      tiendo, tiendes, tiende, tendemos, tendéis, tienden
*Imperative:*      tiende, tienda, tendamos, tended, tiendan
*Pres. Subj.:*     tienda, tiendas, tienda, tendamos, tendáis, tiendan

**traducir**   *to translate*
*Pres. Ind.:*      traduzco, traduces, traduce, traducimos, traducís, traducen
*Preterit:*        traduje, tradujiste, tradujo, tradujimos, tradujisteis, tradujeron
*Imperative:*      traduce, traduzca, traduzcamos, traducid, traduzcan
*Pres. Subj.:*     traduzca, traduzcas, traduzca, traduzcamos, traduzcáis, traduzcan
*Imp. Subj.:*      tradujera (tradujese), tradujeras, tradujera, tradujéramos, tradujerais,
                   tradujeran

**traer**   *to bring*
*Pres. Ind.:*      traigo, traes, trae, traemos, traéis, traen
*Preterit:*        traje, trajiste, trajo, trajimos, trajisteis, trajeron

| | |
|---|---|
| *Imperative:* | trae, traiga, traigamos, traed, traigan |
| *Pres. Subj.:* | traiga, traigas, traiga, traigamos, traigáis, traigan |
| *Imp. Subj.:* | trajera (trajese), trajeras, trajera, trajéramos, trajerais, trajeran |
| *Pres. Part.:* | trayendo |
| *Past Part.:* | traído |

**valer**   *to be worth*

| | |
|---|---|
| *Pres. Ind.:* | valgo, vales, vale, valemos, valéis, valen |
| *Future:* | valdré, valdrás, valdrá, valdremos, valdréis, valdrán |
| *Conditional:* | valdría, valdrías, valdría, valdríamos, valdríais, valdrían |
| *Imperative:* | vale, valga, valgamos, valed, valgan |
| *Pres. Subj.:* | valga, valgas, valga, valgamos, valgáis, valgan |

**venir**   *to come*

| | |
|---|---|
| *Pres. Ind.:* | vengo, vienes, viene, venimos, venís, vienen |
| *Preterit:* | vine, viniste, vino, vinimos, vinisteis, vinieron |
| *Future:* | vendré, vendrás, vendrá, vendremos, vendréis, vendrán |
| *Conditional:* | vendría, vendrías, vendría, vendríamos, vendríais, vendrían |
| *Imperative:* | ven, venga, vengamos, venid, vengan |
| *Pres. Subj.:* | venga, vengas, venga, vengamos, vengáis, vengan |
| *Imp. Subj.:* | viniera (viniese), vinieras, viniera, viniéramos, vinierais, vinieran |
| *Pres. Part.:* | viniendo |

**ver**   *to see*

| | |
|---|---|
| *Pres. Ind.:* | veo, ves, ve, vemos, veis, ven |
| *Imp. Ind.:* | veía, veías, veía, veíamos, veíais, veían |
| *Preterit:* | vi, viste, vio, vimos, visteis, vieron |
| *Imperative:* | ve, vea, veamos, ved, vean |
| *Pres. Subj.:* | vea, veas, vea, veamos, veáis, vean |
| *Imp. Subj.:* | viera (viese), vieras, viera, viéramos, vierais, vieran |
| *Past Part.:* | visto |

# APPENDIX C  Glossary of grammatical terms

**adjective:**  A word used to describe a noun: *tall* girl, *difficult* lesson.

**adverb:**  A word that modifies a verb, an adjective, or another adverb. It answers the questions *How?*, *When?*, *Where?*: She walked *slowly*. She'll be here *tomorrow*. She is *here*.

**agreement:**  A term usually applied to adjectives. An adjective is said to show agreement with the noun it modifies when its ending changes in accordance with the gender and number of the noun. In Spanish, a feminine plural noun requires a feminine plural ending in the adjective that describes it (**casas amarillas**) and a masculine singular noun requires a masculine singular ending in the adjective (**libro negro**).

**article:**  See *definite article* and *indefinite article*.

**auxiliary verb:**  A verb that helps in the conjugation of another verb: I *have* finished. He *was* called. She *will* go. He *would* eat.

**command form:**  The form of the verb used to give an order or a direction: *Go! Come back! Turn* to the right!

**conjugation:**  The process by which the forms of the verb are presented in their different moods and tenses: I *am*, you *are*, he *is*, she *was*, we *were*, and so on.

**contraction:**  The combination of two or more words into one: *isn't, don't, can't.*

**definite article:**  A word used before a noun indicating a definite person or thing: *the* woman, *the* money.

**demonstrative:**  A word that refers to a definite person or object: *this, that, these, those.*

**diphthong:**  A combination of two vowels forming one syllable. In Spanish, a diphthong is composed of one *strong* vowel (**a, e, o**) and one *weak* vowel (**u, i**) or two weak vowels: **ei, au, ui.**

**exclamation:**  A word used to express emotion: *How* strong! *What* beauty!

**gender:**  A distinction of nouns, pronouns, and adjectives, based on whether they are masculine or feminine.

**indefinite article:**  A word used before a noun that refers to an indefinite person or object. *A* child. *An* apple.

**infinitive:**  The form of the verb generally preceded in English by the word *to* and showing no subject or number: *to do, to bring.*

**interrogative:**  A word used in asking a question: *Who? What? Where?*

**main clause:**  A group of words that includes a subject and a verb and by itself has complete meaning: *They saw me. I go now.*

**noun:**  A word that names a person, place, thing, and so on: *Ann, London, pencil,* and so on.

**number:**  Number refers to singular and plural: *chair, chairs.*

**object:**  Generally, a noun or a pronoun that is the receiver of the verb's action. A direct object answers the question "*What?*" or "*Whom?*": We know *her*. Take *it*. An indirect object answers the question "*To whom?*" or "*To what?*": Give *John* the money. Nouns and pronouns can also be objects of prepositions: The letter is *from Rick*. I'm thinking *about you*.

**past participle:**  Past forms of a verb: *gone, worked, written,* and so on.

**person:**   The form of the pronoun and of the verb that shows the person referred to: *I* (first-person singular), *you* (second-person singular), *she* (third-person singular), and so on.

**possessive:**   A word that denotes ownership or possession: This is *our* house. The book isn't *mine*.

**preposition:**   A word that introduces a noun, pronoun, adverb, infinitive, or present participle and indicates its function in the sentence: They were *with* us. She is *from* Nevada.

**pronoun:**   A word that is used to replace a noun: *she, them, us*, and so on. A **subject pronoun** refers to the person or thing spoken of: *They* work. An **object pronoun** receives the action of the verb: They arrested *us* (direct object pronoun). She spoke to *him* (indirect object pronoun). A pronoun can also be the object of a preposition: The children stayed with *us*.

**reflexive pronoun:**   A pronoun that refers back to the subject: *myself, yourself, himself, herself, itself, ourselves*, and so on.

**subject:**   The person, place, or thing spoken of: *Robert* works. *Our car* is new.

**subordinate clause:**   A clause that has no complete meaning by itself but depends on a main clause: They knew *that I was here*.

**tense:**   The group of forms in a verb that show the time in which the action of the verb takes place: *I go* (present indicative), *I'm going* (present progressive), *I went* (past), *I was going* (past progressive), *I will go* (future), *I would go* (conditional), *I have gone* (present perfect), *I had gone* (past perfect), *that I may go* (present subjunctive), and so on.

**verb:**   A word that expresses an action or a state: We *sleep*. The baby *is* sick.

# APPENDIX D  Answer key to self-tests

## Pasos 1–3

A. nueve, cinco, tres, dos, cero, diez, siete, uno, cuatro, seis, ocho

B. 1. la, una  2. el, un  3. el, un  4. la, una  5. el, un  6. el, un  7. la, una  8. el, un
9. el, un  10. la, una

C. 1. los señores y las señoritas  2. unos relojes  3. las doctoras y los profesores  4. unos
lápices  5. las conversaciones  6. unas mujeres  7. las ventanas  8. las plumas y los
cuadernos

D. 1. amarillo  2. rojo  3. azul  4. azul, blanco y rojo  5. verde  6. negro  7. marrón
8. anaranjado

E. 1. g  2. j  3. h  4. a  5. d  6. f  7. i  8. b  9. c  10. e

## Lección 1

A. 1. Nosotras hablamos inglés y español.  2. Uds. trabajan en el hospital.  3. Ellas llaman más
tarde.  4. Ellos estudian ruso y chino.  5. Nosotros necesitamos dinero.  6. Nosotros
deseamos hablar con Eva.

B. 1. la  2. las  3. la  4. los  5. la  6. el  7. la  8. las  9. el  10. el  11. las  12. los

C. 1. –¿Habla Ud. francés?
–No, (yo) no hablo francés.

2. –¿Necesita él la lección uno?
–No, (él) no necesita la lección uno.

3. –¿Ellos llaman más tarde?
–No, (ellos) no llaman más tarde.

4. –¿Tú trabajas (Ud. trabaja) en la universidad?
–No, (yo) no trabajo en la universidad.

D. cien, once, noventa y ocho, cincuenta y cuatro, veintitrés (veinte y tres), quince, ochenta y dos,
sesenta y uno, treinta y tres, setenta y seis, dieciocho (diez y ocho), cuarenta y cinco, trece

E. 1. i  2. d  3. l  4. a  5. c  6. k  7. b  8. g  9. j  10. f  11. e  12. h

## Lección 2

A. 1. ¿Cuál es el número de teléfono de Nora?  2. Nosotros contestamos las preguntas de la
recepcionista.  3. ¿Cuál es la dirección de la hija de Ernesto?

B. 1. Yo soy mexicano(-a) pero los niños son de California.
2. La enfermera es viuda. ¿Es Ud. casado, señor Soto?

3. ¿Tú eres norteamericano(-a)? Nosotros somos de los Estados Unidos también.

4. El señor Vera es ingeniero.

5. Roberto y yo somos solteros.

C. 1. La niña es inteligente.    2. La doctora es española.    3. Las señoras son inglesas.
4. La profesora es mexicana.    5. Las hijas de ella no son felices.

D. 1. Sí, (ella) es su esposa.    2. Sí, nuestro hijo es divorciado.    3. Sí, sus hijos beben
refrescos    4. Sí, nuestras hijas solicitan el trabajo.    5. Sí, tus hijas deben llenar otra planilla.

E. 1. como, como   2. vive   3. aprenden   4. beben   5. crees   6. lee   7. escribimos
8. recibe   9. decido   10. debe

F. 1. tienen   2. viene   3. tenemos   4. viene   5. tengo, vienen   6. vengo

G. 1. Nombre y apellido   2. Dirección (Domicilio)   3. Edad   4. Lugar de nacimiento
5. Estado civil   6. Profesión

## Lección 3

A. 1. Mis compañeros tienen prisa.   2. No tengo hambre pero tengo mucha sed.   3. ¿Tiene(s)
calor? ¡Yo tengo frío!   4. Los niños tienen sueño.   5. (Nosotros) no tenemos miedo.
6. (Ud.) tiene razón, señorita Peña. Mary tiene treinta años.

B. 1. Yo tengo que traer los discos y las cintas y tú tienes que traer las bebidas.   2. ¿Cuántos pollos
tenemos que traer?   3. (Ellos) siempre tienen que trabajar.   4. Mi hermano tiene que venir a
la medianoche.

C. 1. Yo llevo a mis hermanos a la fiesta de Navidad.   2. Nosotros llevamos la cerveza a la
cafetería.   3. Mamá llama a mi primo.   4. Nosotros tenemos cuatro hijos.

D. 1. (Nosotros) venimos del club.   2. Voy al baile de fin de año.   3. (Mi novio) llama al hermano
de su compañero.   4. (Ellos) necesitan a las enfermeras.   5. Vengo de la terraza.
6. (Nosotros) llevamos a las muchachas uruguayas.   7. Viene del mercado.   8. Es de la ciudad
de México.

E. 1. voy   2. damos   3. está   4. está   5. van   6. dan   7. estoy   8. van   9. estás   10. doy

F. 1. El año mil cuatrocientos noventa y dos   2. El año mil setecientos setenta y seis   3. El año mil
ochocientos sesenta y cinco   4. El año mil novecientos ochenta y cinco   5. Calle Universidad,
número dos mil quinientos treinta y dos   6. Calle Magnolia, número cinco mil ciento veintitrés
7. Siete mil doscientos setenta y cuatro dólares   8. Trescientos veintidós mil doscientos
sesenta y nueve dólares

G. 1. Invitamos   2. comemos   3. sidra   4. fantástica   5. nuevo   6. coctel   7. brindamos
8. discos

## Lección 4

A. 1. quiere   2. entendemos   3. pierde   4. Cierras   5. empiezan (comienzan)   6. comenzamos
(empezamos)   7. pienso   8. preferimos

B.  1. Alfredo es el estudiante más inteligente de la clase.
    2. La lección doce es menos interesante que la lección siete.
    3. Mi novia es más bonita que tu novia.
    4. Roberto es el más guapo de la familia.
    5. El profesor tiene menos de veinte estudiantes.
    6. Ana es tan alta como Roberto.

C.  1. más grande   2. mejor   3. mejor, peor   4. mayor, menor   5. más, menos   6. más pequeño

D.  1. Yo no voy a hablar con mi nuera.   2. Mis sobrinas van a asistir a la universidad en España.
    3. Mi cuñada va a manejar el auto de mi suegra.   4. Nosotros vamos a extrañar a nuestros
    padres.   5. Tú no vas a vivir cerca de la pensión.

E.  1. tercer   2. quinto   3. cuarto   4. décimo   5. octavo   6. primer

F.  1. nieto   2. bajo   3. delgado   4. las pinturas   5. cartas   6. mirar   7. pelirroja
    8. ¡Qué lástima!   9. manejan su auto   10. fotos

## Lección 5

A.  1. cuesta   2. podemos   3. Recuerda   4. cuento   5. almorzamos

B.  1. ¿Hay solamente una puerta?   2. Hay dos vuelos los sábados.   3. No hay agentes en la agencia
    de viajes.

C.  1. está diciendo   2. están hablando   3. estamos leyendo   4. estás comiendo
    5. estoy bebiendo   6. está pidiendo

D.  1. El desayuno es a las siete y media de la mañana.
    2. Son las cinco y veinticinco.
    3. El avión sale a la una y diez de la tarde.
    4. El almuerzo es al mediodía (a las doce del día).
    5. Nosotros estudiamos por la mañana.
    6. Es la una y veinticinco.
    7. La cena es a las ocho menos cuarto de la noche.
    8. La clase empieza a las seis y cuarto de la mañana.
    9. Son las once menos veinticinco.
    10. Mis clases son por la noche.

E.  1. mí   2. ti   3. ellos (ellas)   4. nosotros(-as)   5. conmigo   6. contigo

F.  1. carísimos   2. baratísima   3. buenísimo   4. altísimas

G.  1. para   2. Buen viaje   3. turista   4. ida   5. retraso (atraso)   6. documentos   7. equipaje
    8. salida   9. mano   10. mediodía   11. turistas   12. barco   13. Cuándo

## Lección 6

A.  1. En el restaurante México sirven la cena a las nueve.   2. Ella pide un cuarto (una habitación)
    con vista a la calle.   3. (Nosotros) seguimos al botones al cuarto (a la habitación).
    4. ¿Consiguen Uds. reservaciones en diciembre?   5. Digo que él debe firmar el registro en
    seguida.

B.  1. comprarlo   2. te llamo   3. la sirven   4. declararlos   5. me lleva   6. las necesito
    7. los aceptan   8. llevarlo   9. las tengo   10. llamarla

C.  1. Ellos van a querer algo.   2. Hay alguien en el baño.   3. Tengo algunos objetos de oro y
    plata.   4. Ellos siempre pasan por la aduana.   5. Yo también ceno a las nueve.   6. Siempre
    tiene las listas de los hoteles.   7. Puedes ir o a la derecha o a la izquierda.   8. Ellos siempre
    quieren algo también.

D.  1. estos cigarrillos y ésos   2. esa llave y ésta   3. estas oficinas y aquéllas   4. este taxi y
    aquél   5. esta pensión y aquélla

E.  1. (Ella) acaba de recibir su pasaporte.   2. (Yo) acabo de comer.   3. ¿Tu (Su) tarjeta de crédito?
    Acabamos de verla.   4. Los viajeros acaban de llegar.

F.  1. No, son baratas.   2. En la oficina de turismo.   3. La tarjeta de turista y la visa.   4. 1.200 soles
    por dólar.   5. Esta cámara fotográfica.   6. No tenemos ningún cuarto libre, señorita.   7. En
    la aduana.   8. ¿Quiere una habitación interior?   9. Una habitación sencilla con baño privado.
    10. No, voy a cancelar las reservaciones.   11. Sí, pero no tenemos toallas.   12. No, nosotros
    tenemos reservaciones.

## Lección 7

A.  1. Ella es la mamá de María.   2. El club nocturno está en la calle Siete.   3. ¡Hmmm!, este lechón
    asado está muy sabroso.   4. Roberto es de España, pero ahora está en Estados Unidos.   5. La
    sopa está fría.   6. El reloj es de oro.   7. Hoy es martes y mañana es miércoles.   8. El mozo
    está sirviendo la comida.   9. La fiesta es en casa de Julia.   10. El teatro es muy grande.

B.  1. conduzco   2. sé   3. quepo   4. salgo   5. traduzco   6. veo   7. hago   8. pongo
    9. conozco   10. traigo

C.  1. (Yo) voy a preguntar cuándo es su aniversario de bodas.   2. Yo sé que ellos quieren ir al
    cine.   3. Yo no conozco a su suegra, señora Peña.   4. Él va a pedir el menú.   5. Yo no sé
    hablar ruso.

D.  Ella les trae la torta helada.   2. Te voy a preparar un puré de papas. (Voy a prepararte un puré
    de papas.)   3. Él le trae el flan y el helado.   4. Ana me va a comprar las tazas. (Ana va a
    comprarme las tazas.)   5. El camarero nos trae una botella de vino tinto.

E.  1. No me gusta este bistec.   2. Le gusta el pavo relleno.   3. ¿Te (Le) gusta la langosta?   4. No
    nos gusta salir con ellos (ellas).   5. ¿Les gustan los camarones?

F.  1. s   2. i   3. a   4. m   5. q   6. t   7. o   8. d   9. g   10. h   11. c   12. f   13. b   14. r
    15. e   16. k   17. n   18. j   19. l   20. p

## Lección 8

A.  1. Las mías   2. el suyo   3. las nuestras   4. los tuyos   5. los nuestros   6. El suyo

B.  1. Se lo van a mandar mañana. (Van a mandárselo mañana.)   2. Elsa me las va a comprar. (Elsa
    va a comprármelas.)   3. Luis nos las va a traducir. (Luis va a traducírnoslas.)   4. Te (Se) lo
    voy a traer esta tarde. (Voy a traértelo [traérselo] esta tarde.)   5. La profesora me la va a dar.
    (La profesora va a dármela.)

C. 1. mande   2. Estén   3. Vaya   4. camine/doble   5. sean   6. Caminen   7. Trate
8. Cierren   9. den   10. deje

D. 1. tráigamelas   2. Désela   3. Escríbanselas   4. Llévesela   5. Dígale   6. Déjelo   7. no se lo
diga   8. No los traiga

E. 1. Hace dos días que yo no duermo.   2. Hace un mes que tú no me llamas.   3. Hace mucho rato
que nosotros estamos sentados.   4. Hace un año que ellos viven en España.   5. Hace doce
horas que mi hija no come.

F. 1. l   2. g   3. o   4. i   5. c   6. a   7. k   8. e   9. b   10. m   11. d   12. h   13. f   14. j
15. n   16. p

## Lección 9

A. 1. Ayer Luisa y yo limpiamos la cocina.   2. La semana pasada yo bañé al perro.   3. Ayer ella me
esperó en la peluquería.   4. ¿No plancharon Uds. los vestidos anoche?   5. Ellos abrieron las
ventanas al mediodía.   6. Nosotros comimos en la cafetería el lunes.   7. ¿Barriste tu cuarto
esta mañana?   8. Ayer yo recibí muchos regalos.

B. 1. Nosotros fuimos a la cocina y comimos hamburguesas.   2. El no fue mi profesor el año pasado.
3. ¿Le diste la revista, querido(-a)?   4. Alguien rompió el espejo. ¿Fue Ud., señorita?
5. Nosotros no le dimos el champú al peluquero.   6. Yo fui a la peluquería.   7. Yo no le di el
rizador.   8. ¿Fuiste tú a la farmacia anoche?   9. Ellos fueron a la barbería la semana pasada.
10. ¿Fueron Raúl y Eva mis estudiantes el año pasado?   11. Yo te di la alfombra.   12. Ellos
nos dieron una buena idea.

C. 1. Tú te vistes muy bien.   2. Ellos se afeitan todos los días.   3. Ellos se acuestan a las once.
4. ¿Ud. no se preocupa por sus hijos?   5. Yo me pongo el vestido.   6. Juan se sienta aquí.
7. Tú te lavas la cabeza todos los días.   8. Yo no me corté el pelo.   9. Yo no me acordé de
eso.   10. Uds. se fueron.   11. ¿Cómo te llamas (tú)?   12. Nosotros no nos ensuciamos.

D. 1. Especialmente   2. raramente   3. lenta y claramente   4. solamente   5. Generalmente
6. Desgraciadamente

E. 1. ¿Tú te quitas los zapatos?   2. El barbero me corta el pelo.   3. La peluquera me lava la
cabeza.   4. Uds. no se lavan la cara.   5. A ella le gusta el té.   6. Las madres se preocupan por sus hijos.   7. La libertad es lo más importante.

F. 1. escoba   2. lavado/peinado   3. moda   4. tarde   5. cocinar   6. usar   7. lacio   8. lejos
9. peine   10. máquina/afeitar   11. poco   12. ocupado(-a)

## Lección 10

A. 1. tuvieron   2. estuvieron   3. traduje   4. pude   5. pusiste   6. hubo   7. hizo las maletas
8. vino   9. no dijeron   10. trajo

B. 1. saqué   2. llegué   3. toqué   4. busqué   5. pesqué   6. pagué   7. jugué   8. apagué
9. empecé   10. recé   11. leyeron   12. creyó

C. 1. Durmió   2. siguieron   3. servimos   4. mintió   5. consiguió   6. pidieron   7. murió
8. repitió

D. para/para/por/para/para/por/Por/para/para/por/para/por/por/por/para

E. 1. l  2. h  3. o  4. a  5. j  6. b  7. d  8. n  9. m  10. c  11. e  12. f  13. i  14. g
15. k  16. p

## Lección 11

A. 1. prestaba/devolvía  2. dábamos/terminaba  3. tenían  4. vivíamos/asistía  5. trabajabas
6. servías

B. 1. era/iba  2. ibas  3. era  4. éramos/íbamos  5. veían  6. veías/eras

C. 1. ¿Cuál es tu (su) número de teléfono?  2. ¿Cuál es el apellido de tu (su) madre?  3. ¿Qué es un
pasaporte?  4. ¿Cuáles son los requisitos?  5. ¿Cuál es su dirección?  6. ¿Qué es la matrícula?

D. 1. Ésta es la señorita que le va a dar la tarea.  2. Éstos son los vestidos que están de moda.
3. Ayer vi a las profesoras de quienes ellos nos hablaron.  4. Ésta es la señora a quien yo le
mostré la calculadora.  5. Él compró un diccionario que es caro.

E. 1. Hacía dos horas que nosotros esperábamos en la cafetería.  2. Hacía una semana que ellos
estudiaban sociología.  3. Hacía quince minutos que el profesor hablaba de literatura.
4. Hacía dos días que Uds. no comían.  5. Hacía cinco meses que yo no lo veía.

F. 1. especialización  2. siempre/educación física  3. consejero(-a)  4. cubano(-a)  5. literatura
6. requisitos  7. tiempo  8. suerte  9. matrícula  10. que sí  11. posible
12. seguro(-a)/fácil  13. materia  14. cajera  15. de clases  16. nota

## Lección 12

A. 1. tuvo/llamé  2. fuimos  3. Eran/llevó  4. preguntó/estaba  5. era/tenía  6. dijo/
necesitaba  7. hubo  8. estuvimos/había  9. íbamos/vimos  10. dolía/tomé/me acosté

B. 1. (Yo) no quise hablar de mi enfermedad.  2. (Nosotros) no sabíamos que Ud. sufría del corazón,
señor.  3. Ella supo que yo estaba enfermo(-a).  4. A medianoche pude dormirme.  5. (Yo)
conocí a su (tu) hermano anoche.  6. (Yo) no quería tomar la medicina, pero la tomé.  7. Ella
no pudo pagar.  8. Paco, ¿conocías a la señorita Rivera?

C. 1. Nosotros estábamos cruzando la calle.  2. Yo estaba sirviendo hamburguesas.  3. ¿Qué
estabas leyendo tú?  4. Ellos no estaban diciendo nada.  5. El doctor estaba recetándole
penicilina.

D. 1. Hace dos días que lo atropelló un coche.  2. Hace tres meses que ellos me operaron de
apendicitis.  3. Hace una semana que mi perro murió.  4. ¿Cuánto tiempo hace que Ud. vio
al doctor?  5. ¿Cuánto tiempo hace que ellos le hicieron los análisis?

E. 1. lloviendo  2. Hace mucho frío.  3. calor  4. nieva  5. hace mucho sol.  6. lluvia

F. 1. penicilina  2. los dientes  3. la lengua  4. los ojos  5. los pies  6. la herida  7. rompiste
8. la pierna  9. el tobillo  10. vías  11. pusieron  12. dolor de cabeza  13. el estómago
14. si soy diabético  15. embarazada  16. roto

## Lección 13

A. 1. escrito  2. abierto  3. visto  4. hecho  5. roto  6. ido  7. hablado  8. comido
9. bebido  10. recibido

B. 1. has usado  2. ha envuelto  3. han dicho  4. hemos comido  5. he quedado  6. han hecho

C. 1. había terminado  2. habían ido  3. había dicho  4. había abierto  5. habíamos planchado
6. habías preguntado

D. 1. rotos  2. abiertas  3. muerto  4. cerrado  5. hechas

E. 1. El treinta y seis.  2. No, no hacen juego.  3. Sí, pero antes tiene que ponerse calcetines.
4. No, me aprietan un poco.  5. ¡En el ropero, por supuesto!  6. Sí, tráigame la chaqueta.
7. Sí, estoy muerta de hambre.  8. Por la escalera mecánica.

## Lección 14

A. 1. le dirá  2. traerá  3. pondré  4. compraremos  5. le hablarás  6. haré
7. manejarán (conducirán)  8. revisará  9. llevará  10. Te veré

B. 1. Mi coche hace mucho ruido. Será porque el silenciador no funciona.  2. ¿Cuántos años tendrá
Gustavo?  3. ¿Donde habrá una estación de servicio?  4. Ese coche costará unos diez mil
dólares.  5. San Diego estará a unas cincuenta millas de Los Ángeles.

C. 1. cambiarían  2. estaría  3. se ensuciaría  4. necesitarían  5. pondríamos  6. dirías

D. 1. ¿Qué hora sería cuando llegaron los muchachos?  2. ¿Sería el acumulador?  3. ¿Cuántos años
tendría el dependiente?  4. ¿Quién instalaría la bomba de agua?  5. ¿Quién vendría con Lola?

E. 1. el filtro  2. funcionan  3. un pinchazo  4. velocidad  5. lleno  6. iba muy rápido
7. chapa  8. estacionar aquí  9. remolcar  10. las luces

## Lección 15

A. 1. (yo) habré comprado  2. habrá terminado  3. habrán cerrado  4. habremos vuelto  5. te
habrás encontrado

B. 1. habría comprado  2. habríamos hecho  3. se habría preocupado  4. habrías aceptado
5. habrían vuelto

C. 1. Hace tres meses que ellos se escriben.  2. Hace mucho tiempo que Uds. se conocen.
3. Hace un mes que ellas no se ven.  4. Hace quince días que Julio y Marisa no se llaman por
teléfono.  5. Hace mucho tiempo que tú y yo nos queremos.

D. 1. ¿Qué idioma se habla en Chile?  2. ¿A qué hora se cierra la biblioteca?  3. ¿Qué modelo se
usa este año?  4. ¿Dónde se venden billeteras para hombre?  5. ¿Por dónde se sube al
segundo piso?

E. 1. n  2. h  3. r  4. p  5. k  6. a  7. m  8. d  9. c  10. o  11. q  12. f  13. e  14. b
15. j  16. g  17. i  18. t  19. l  20. s

## Lección 16

A. 1. vayas   2. abrir   3. cobrar   4. lo compremos   5. fechen, firmen   6. le pague   7. pagarle
8. depositen   9. ahorrar   10. traiga   11. pueda   12. solicite   13. cobrarles   14. dejes
15. abrir   16. diga   17. ahorren   18. viva

B. 1. Espero que tenga un modelo de depósito, señor Vega.   2. Siento que ellos no puedan firmar
el contrato hoy.   3. Tememos que los pagos sean mensuales.   4. Me alegro de que no tengas
que pedir prestado dinero, querido.   5. Espero que haya una sucursal del Banco de América
en este pueblo.

C. 1. No voy a comprarlo a plazos sino al contado.   2. No quiere que le pague con un cheque sino
en efectivo.   3. El coche vale solamente setecientos dólares pero no podemos comprarlo.
4. Carlos no dijo que tenía el dinero sino que tenía los cheques.   5. Ella no quiere que
firmemos el contrato sino que lo leamos.

D. 1. de seguridad   2. corriente   3. la firma   4. hipoteca   5. saldo   6. sucursales   7. plazos
8. gratis   9. plazo   10. servirle   11. interés   12. menos

## Lección 17

A. 1. No creo que hagamos escala en Caracas.   2. Es verdad que ella está en la sala de equipajes.
3. Dudo que tengamos que trasbordar.   4. Niego que él maneje muy rápido.   5. No estoy
seguro de que Luis sepa las horas de llegadas y salidas de los trenes.   6. No es cierto que
necesitemos seguro.

B. 1. Es imposible aprender   2. Ojalá/de   3. Es increíble/hable   4. Es mejor estudiar/tratar
5. Es seguro/prefieren   6. Es difícil/puedan   7. Es una lástima/lleve   8. Conviene comprar
9. Puede ser/hagan   10. Es necesario/consigan

C. 1. Reservemos una mesa para dos.   2. Alquilemos un coche de dos puertas.   3. No le digamos
que no tenemos licencia para conducir.   4. Preguntémosle a María por cuánto tiempo es válido
el pasaje.   5. Vistámonos ahora para llegar a tiempo.   6. Digámosles que el coche no estaba
asegurado.

D. 1. Volví a decirle que necesitaba una litera baja.   2. Voy a volver a pedir un itinerario.   3. Ellos
volverán a subirse al tren.   4. Ella volvió a perder su licencia para conducir.   5. Volvimos a
comprar un coche compacto.   6. Volvimos a hablarle al hombre que estaba en el despacho de
boletos.

E. 1. l   2. e   3. h   4. j   5. n   6. b   7. m   8. d   9. a   10. k   11. c   12. f   13. g   14. o
15. i

## Lección 18

A. 1. ¿Hay alguien aquí que pueda hacer traducciones?   2. Tenemos una casa que tiene cinco
dormitorios.   3. Yo no conozco a nadie que sea rico(-a).   4. ¿Quiere(s) una casa que tenga
piscina?   5. Necesito un colchón que sea cómodo.   6. Hay una chica que habla francés, pero
no hay nadie que hable ruso.

B.  1. llegue   2. vuelvan   3. van   4. veas   5. vendan   6. vayas   7. vean   8. necesite   9. des   10. consiga   11. me gusta   12. llueva

C.  1. Nosotros sentimos mucho que Uds. no hayan ido a la agencia de bienes raíces.   2. Yo dudo que ella haya cortado el césped.   3. Es una lástima que el refrigerador no haya sido nuevo.   4. Ellos se alegran de que nosotros hayamos comprado los muebles para el salón de estar.   5. Yo siento mucho que la supervisora haya muerto.   6. Es difícil que Pedro haya vendido el sofá y los cuadros.

D.  1. dime   2. haz/limpia   3. sal   4. ve/compra   5. ponlos   6. ven/date prisa   7. sé/tráeme   8. ten/espérame   9. no compres   10. no lo sirvas   11. no te vayas   12. levántate/trabaja

E.  1. m   2. f   3. k   4. o   5. a   6. i   7. c   8. b   9. e   10. n   11. d   12. h   13. g   14. l   15. j

## Lección 19

A.  1. me trajeras   2. no pudiera   3. Ud. comprara   4. me cepillara los dientes   5. tuviera la cara inflamada   6. fuéramos   7. te dijera   8. usara   9. no vinieran   10. lo conocieran

B.  1. hubiera traído   2. nos hubiéramos ido   3. hubieran examinado   4. le hubiera dicho   5. no hubieras venido

C.  1. hable   2. use   3. se ponga   4. venga   5. molestara   6. durara   7. me compraran   8. haya podido   9. leyera   10. usara   11. hubieran encontrado   12. se hubieran ido

D.  1. anestesia   2. limpieza   3. sala de espera   4. acostumbrarme   5. enjuagara   6. entre   7. cepillo de dientes   8. remedio   9. cepillarse   10. empastar

## Lección 20

A.  1. hicieran   2. hubieras escrito a máquina   3. encontrara   4. solicitaré   5. como si fuera   6. necesitan   7. no viniera   8. consigue

B.  1. yo entreviste   2. Ud. le dé   3. Quieres leer   4. ella tenga   5. verla   6. sea, hable   7. sepa   8. son   9. prefieren   10. pueda   11. lleguen   12. llega   13. vinieron   14. estuvieron   15. quiera   16. consiga   17. querrá   18. no tengan   19. estamos encargados(-as)   20. llueva

C.  1. Esa ciudad fue fundada por los españoles en 1530.   2. Todos los cheques serán firmados por el jefe de la sección de pagos.   3. Tres contadores públicos han sido entrevistados por el jefe de personal.   4. Para esa fecha, todas las máquinas de oficina habrán sido vendidas por nuestra compañía.   5. Las transacciones eran hechas en francés.

D.  1. Escribieron el anuncio. Se escribió el anuncio.   2. Leyeron la noticia. Se leyó la noticia.   3. Firmarán las cartas. Se firmarán las cartas.   4. Fundaron la compañía en 1936. La compañía se fundó en 1936.   5. Abrieron las puertas a las dos. Las puertas se abrieron a las dos.

E.  1. oportunidades   2. excelente   3. abrazo   4. avenida   5. convenía   6. corriente   7. pronto   8. eficiente   9. a veces   10. está encargada   11. experiencia   12. Atentamente

# VOCABULARY

## Spanish-English

### A

a  to
a cambio de  in exchange for
a dónde  where (to)
a eso (de)  at about
a menudo  often
a pesar de  in spite of
a pie  on foot
a plazos  on installments
a tiempo  on time
a veces  sometimes
a ver  let's see
abajo  down, below, under
abierto, -a (p.p. of abrir and adj.)
  open, opened
abogado, -a (m.,f.)  lawyer
abrazar  to hug
abrazo (m.)  hug, embrace
abrigo (m.)  coat
abril  April
abrir  to open
abuela  grandmother
abuelo  grandfather
aburrido, -a  bored, boring
aburrir(se)  to bore, be bored
acabar de  to have just
acampar  to camp
accidente (m.)  accident
aceite (m.)  oil
acelerador (m.)  accelerator
aceptar  to accept
acera (f.)  sidewalk
acerca (de)  about
acordarse (de) (o>ue)  to remember
acostar(se) (o>ue)  to put to bed, to
  go to bed
acostumbrado, -a  usual; used to
acostumbrarse (a)  to get used (to)
actividad (f.)  activity
actor  actor
actriz  actress

actualmente  at the present time,
  nowadays
acumulador (m.)  battery
adelantado, -a  advanced, ahead
además  besides
adentro  inside
adiós  good-bye
administrar  to manage
administrativo, -a  administrative
aduana (f.)  customs
aeropuerto (m.)  airport
afectuosamente  affectionately
afeitar(se)  to shave (oneself)
afuera  outside
agencia de bienes raíces (f.)  real
  estate agency
agencia de viajes (f.)  travel agency
agente (m.,f.)  agent
agosto  August
agradable  pleasant
agregar  to add
agrícola  agricultural
agua (f.)  water; — mineral
  mineral water
aguja (f.)  needle
ahí mismo  right there
ahogado, -a  drowned
ahora  now; — mismo  right now
ahorrar  to save
ahorros (m.)  savings
aire acondicionado (m.)  air
  conditioner, air conditioning
ajedrez (m.)  chess
ají (m.)  bell pepper
ajo (m.)  garlic
al (contraction)  to the
al contado  cash
al contrario  on the contrary
al lado de  next (door) to
al mismo tiempo  at the same time
al principio  at first

al rato  a while later
al teléfono  on the phone
alberca (f.) (Mex.)  swimming pool
albóndiga (f.)  meatball
alcoba (f.)  bedroom
alcohólico, -a  alcoholic
alegrarse de  to be glad
alegre  cheerful, merry
alemán (m.)  German (lang.)
alérgico, -a  allergic
alfombra (f.)  carpet, rug
algo  something, anything;
  ¿— mas?  anything else?
alguien  someone, somebody
alguna vez  ever
alguno, -a  any, some
algunos, -as  some
almohada (f.)  pillow
almorzar (o>ue)  to have lunch
almuerzo (m.)  lunch
alquilar  to rent
alquiler (m.)  rent
alrededor (de)  around
alto, -a  tall, high
alumno, -a (m.,f.)  student
allí  there
ama de casa  housewife
amar  to love
amarillo, -a  yellow
ambulancia (f.)  ambulance
amigo, -a (m.,f.)  friend
amor (m.)  love
amplio, -a  wide
analfabeto, -a  illiterate
análisis (m.)  test; analysis
anaranjado, -a  orange
andar  to walk; to run, work
  (machines)
andén (m.)  platform
anestesia (f.)  anesthesia
ángel (m.)  angel

453

anillo (*m.*)   ring
aniversario (*m.*)   anniversary; — de bodas (*m.*)   wedding anniversary
anoche   last night
anotar   to write down
anteojos (*m.*)   glasses
antes (de)   before; lo — posible   as soon as possible
antiguo, -a   former, old, previous
antipático, -a   unpleasant
antropología (*f.*)   anthropology
anual   yearly
anunciar   to announce
anuncio (*m.*)   advertisement, ad
añadir   to add
año (*m.*)   year
apagar   to put out (*a fire*); to turn off
apartado postal (*m.*)   post office box
apartamento (*m.*)   apartment
apellido (*m.*)   surname
apenas   hardly
apendicitis (*f.*)   appendicitis
apio (*m.*)   celery
apreciar   to appreciate
aprender   to learn
apresurarse   to hurry
apretar (e>ie)   to be too tight, squeeze
aprobar (o>ue)   to pass; to approve
aquel(-los), aquella(-s) (*adj.*)   that, those (*distant*)
aquél(-los), aquélla(s) (*pron.*)   that (*one*), those (**distant**)
aquello (*neuter pron.*)   that
aquí   here
árbol (*m.*)   tree
árboles frutales (*m.*)   fruit trees
arma (*f.*)   weapon, arm
arquitecto (*m.,f.*)   architect
arrancar   to start (*a car*)
arreglar   to fix, arrange
arriba   upstairs
arroz (*m.*)   rice
arte (*m.*)   art
artículo (*m.*)   article
asado, -a (*adj.*)   roast; (*n.m.*) barbecue

ascensor (*m.*)   elevator
asegurar   to assure; to insure
así   so, like this (that)
asiento (*m.*)   seat
asignatura (*f.*)   subject
asistir   to attend
aspiradora (*f.*)   vacuum cleaner
aspirina (*f.*)   aspirin
astronomía (*f.*)   astronomy
asunto (*m.*)   deal, business affair
atender (e>ie)   to wait on, give service to
atentamente   politely
atleta (*m.,f.*)   athlete
atrasado, -a   behind (*schedule*); backward
atravesar   to go through
atropellar   to run over
auge (*m.*)   importance
aula (*f.*)   classroom
aumentar   to increase, augment
aumento (*m.*)   increase
aunque   although
auto (*m.*)   car
autobús (*m.*)   bus
automático, -a   automatic
automóvil (*m.*)   car
autopista (*f.*)   freeway, highway
ave (*f.*)   bird
avenida (*f.*)   avenue
averiguar   to find out
avión (*m.*)   plane
aviso (*m.*)   advertisement, ad
ayer   yesterday
ayuda (*f.*)   assistance, help, aid
ayudante (*m.,f.*)   assistant
ayudar   to help, assist
azúcar (*m.*)   sugar
azul   blue

## B

¿bailamos?   shall we dance?
bailar   to dance
baile (*m.*)   dance; — de disfraces (*m.*)   costume dance
bajar(se)   to descend, go down; to get off

bajo, -a (*adj.*)   short, low
bajo (*prep.*)   under
bancario, -a   banking-related
banco (*m.*)   bank
bañar(se)   to bathe
baño (*m.*)   bathroom
baño María (*m.*)   double boiler
bar (*m.*)   bar
barato, -a   cheap, inexpensive
barba (*f.*)   beard
barbería (*f.*)   barber shop
barbero, -a (*m.,f.*)   barber
barbilla (*f.*)   chin
barco (*m.*)   boat, ship
barrer   to sweep
barriga (*f.*)   belly
barrio (*m.*)   neighborhood
básquetbol (*m.*)   basketball
basurero (*m.*)   garbageman
batalla (*f.*)   battle
batería (*f.*)   battery
batir   to beat
beber   to drink
bebida (*f.*)   soft drink, beverage
bello, -a   pretty, beautiful
besar   to kiss
beso (*m.*)   kiss
biblioteca (*f.*)   library
bibliotecario, -a (*m.,f.*)   librarian
bicicleta (*f.*)   bicycle
bien   well, all right, fine, okay
biftec (*m.*)   steak
bigote (*m.*)   moustache
bilingüe   bilingual
billete (*m.*)   ticket; bill; fare
billetera (*f.*)   wallet
biología (*f.*)   biology
blanco, -a   white
blusa (*f.*)   blouse
boca (*f.*)   mouth
bocadillo (*m.*) (*Sp.*)   sandwich
boda (*f.*)   wedding
boleto (*m.*)   ticket
bolsa (*f.*)   purse
bolsa de agua caliente (*f.*)   hot water bottle
bolsa de dormir (*f.*)   sleeping bag
bolsa de hielo (*f.*)   ice pack

**bolso de mano** (*m.*)   handbag
**bomba de agua** (*f.*)   water pump
**bombero, -a** (*m.,f.*)   firefighter
**bonito, -a**   pretty
**borracho, -a**   drunk
**borrador** (*m.*)   eraser
**borroso, -a**   blurred
**bota** (*f.*)   boot
**botánica** (*f.*)   botany
**bote** (*m.*) (*Mex.*)   can
**botella** (*f.*)   bottle
**botones** (*m.*)   bellhop
**boxeador** (*m.*)   boxer
**brazo** (*m.*)   arm
**breve**   brief
**brindar**   to toast
**bromear**   to kid, to joke
**buenas noches**   good evening, good
   night
**buenas tardes**   good afternoon
**bueno, -a**   well; good, all right,
   okay
**¡Bueno!** (*excl.*)   Hello!
**buenos días**   good morning
**buen viaje**   (have a) nice trip
**bujía** (*f.*)   spark plug
**buscar**   to look for, search for, look
   up
**butaca** (*f.*)   armchair

## C

**caballero** (*m.*)   knight; gentleman
**caballo** (*m.*)   horse
**cabaña** (*f.*)   cabin
**cabello** (*m.*)   hair
**caber**   to fit
**cabeza** (*f.*)   head
**cacerola** (*f.*)   saucepan
**cada**   each
**cadera** (*f.*)   hip
**caer(se)**   to fall
**café** (*m.*)   coffee; café (*adj.*); brown;
   **— al aire libre** (*m.*)   sidewalk café
**cafetería** (*f.*)   cafeteria
**caja** (*f.*)   box
**caja de seguridad** (*f.*)   safe deposit
   box

**cajero, -a** (*m.,f.*)   cashier
**cajuela** (*f.*) (*Mex.*)   trunk
**calabaza** (*f.*)   pumpkin
**calamar** (*m.*)   squid
**calcetín** (*m.*)   sock
**calculadora** (*f.*)   calculator
**calefacción** (*f.*)   heating
**calentar** (e>ie)   to heat, warm
**caliente**   hot
**calor** (*m.*)   heat, hot
**calvo** (*m.*)   bald
**calzar**   to take (*a certain*) size (*in
   shoes*)
**calle** (*f.*)   street; **— de dos vías**
   two-way street
**cama** (*f.*)   bed
**cámara fotográfica** (*f.*)   camera
**camarero, -a**   waiter
**camarones** (*m.*)   shrimp
**cambiar**   to change, exchange;
   **— de idea**   to change one's mind
**cambio** (*m.*)   change, exchange;
   **— de velocidades**   gear shift
**caminar**   to walk
**camino** (*m.*)   road; **— a**   on the
   way to
**camión** (*m.*)   truck; **— de pasajeros**
   (*m.*) (*Mex.*)   bus
**camisa** (*f.*)   shirt
**campesino, -a** (*m.,f.*)   farm worker
**campo** (*m.*)   field
**cana** (*f.*)   gray hair
**canal** (*m.*)   channel
**cancelar**   to cancel
**canción** (*f.*)   song
**cangrejo** (*m.*)   crab
**cansado, -a**   tired
**cansar(se)**   to tire, become tired,
   get tired
**cantante** (*m.,f.*)   singer
**cantar**   to sing
**cantidad** (*f.*)   quantity
**caña de pescar** (*f.*)   fishing rod
**capacidad** (*f.*)   capacity
**capaz**   capable
**capital** (*f.*)   capital
**capítulo** (*m.*)   chapter
**capó** (*m.*)   hood (**of a car**)

**capucha** (*f.*)   hood
**cara** (*f.*)   face
**¡caramba!**   gee!
**caramelo** (*m.*)   caramel
**¡caray!**   gee!
**carbón** (*m.*)   coal
**carburador** (*m.*)   carburetor
**cárcel** (*f.*)   jail, prison
**cardiólogo, -a** (*m.,f.*)   cardiologist
**carie** (*f.*)   cavity
**cariño**   darling, love
**carnaval** (*m.*)   Mardi Gras
**carne** (*f.*)   meat
**carnicería** (*f.*)   meat market
**carnicero, -a** (*m.,f.*)   butcher
**carpeta** (*f.*)   folder
**carpintero, -a** (*m.,f.*)   carpenter
**caro, -a**   expensive
**carrera** (*f.*)   race; career
**carretera** (*f.*)   highway
**carro** (*m.*)   car
**carroza** (*f.*)   float
**carta** (*f.*)   letter
**cartera** (*f.*)   purse
**cartero** (*m.*)   mailman
**casa** (*f.*)   house, home
**casado, -a**   married
**casarse**   to get married
**casete** (*m.*)   cassette, tape
**casi**   almost
**caso** (*m.*)   case
**caspa** (*f.*)   dandruff
**castaño**   brown (*hair or eyes*)
**castellano** (*m.*)   Spanish (*lang.*)
**catorce**   fourteen
**causa** (*f.*)   cause
**cazar**   to hunt
**cebolla** (*f.*)   onion
**ceja** (*f.*)   eyebrow
**celebrar**   to celebrate
**cena** (*f.*)   dinner, supper
**cenar**   to have dinner
**centavo** (*m.*)   cent
**centro** (*m.*)   downtown; **— médico**
   medical center
**cepillar(se)**   to brush
**cepillo** (*m.*)   brush; **— de dientes**
   toothbrush

**cerca** (*adv.*)  near
**cero**  zero
**cerrar** (e>ie)  to close, shut
**certidumbre** (*f.*)  certainty
**certificado, -a** (*adj.*)  certified, registered
**certificado** (*n.m.*)  certificate; — **de depósito a plazo fijo**  certificate of deposit with fixed installments
**cerveza** (*f.*)  beer
**césped** (*m.*)  lawn
**cien (ciento)**  one (a) hundred
**ciencia política** (*f.*)  political science
**ciervo** (*m.*)  deer
**cigarrillo** (*m.*)  cigarette
**cinco**  five
**cincuenta**  fifty
**cine** (*m.*)  movie theater
**cinta** (*f.*)  cassette, tape
**cintura** (*f.*)  waist
**cirujano** (*m.,f.*)  surgeon
**cita** (*f.*)  date
**ciudad** (*f.*)  city
**ciudadano, -a**  citizen
**claro, -a**  clear, light
**¡Claro que sí!**  Of course!
**clase** (*f.*)  class
**clasificado, -a**  classified
**clavel** (*m.*)  carnation
**clavo** (*m.*)  nail
**cliente, -a** (*m.,f.*)  client, customer
**clima** (*m.*)  climate
**club** (*m.*)  club; — **nocturno** (*m.*) nightclub
**cobrar**  to collect; to cash
**cobre** (*m.*)  copper
**cocina** (*f.*)  kitchen; stove
**cocinar**  to cook
**cóctel** (*m.*)  cocktail
**coche** (*m.*) (*Sp.*)  car; coach; — **-cama**  sleeper car (Pullman); — **-comedor**  dining car
**codo** (*m.*)  elbow
**colchón** (*m.*)  mattress
**color** (*m.*)  color
**comedia** (*f.*)  comedy
**comedor** (*m.*)  dining room

**comentar**  to comment
**comenzar** (e>ie)  to begin
**comer**  to eat
**comestibles** (*m.*)  groceries
**comida** (*f.*)  meal, food
**como**  being that, as like, since
**¿Cómo?, ¡Cómo!**  How?, What!
**¡Cómo no!**  surely, of course
**como siempre**  as usual
**cómoda** (*f.*)  chest of drawers
**comodidad** (*f.*)  comfort
**cómoda, -a**  comfortable
**compacto, -a**  compact
**compañero, -a**  classmate
**compañía** (*f.*)  company
**competencia** (*f.*)  competition
**comprar**  to buy
**comprobante** (*m.*)  claim check
**comprometerse**  to become engaged
**computadora** (*f.*)  computer
**con**  with
**concierto** (*m.*)  concert
**concluir**  to finish
**conclusión** (*f.*)  conclusion
**concurrido, -a**  full of people, crowded
**conducir**  to conduct; to act; (*Sp.*) to drive
**confirmar**  to confirm
**conmigo**  with me
**conocer**  to know, be acquainted with
**conseguir** (e>i)  to get, obtain
**consejero, -a** (*m.,f.*)  advisor, counselor
**consejo** (*m.*)  advice
**consistir en**  to consist of
**consultorio** (*m.*)  doctor's office
**contabilidad** (*f.*)  accounting
**contador, -a público, -a** (*m.,f.*) Certified Public Accountant
**contar** (o>ue)  to tell; to count
**contento, -a**  happy, glad
**contestar**  to answer
**contigo** (*fam. sing.*)  with you
**continuar**  to continue
**contra**  against

**contrato** (*m.*)  contract
**contribuir**  to contribute
**convenir**  to suit; to agree; to be advisable (*conj. like venir*)
**conversación** (*f.*)  conversation
**conversar**  to talk, converse
**copa** (*f.*)  goblet
**corazón** (*m.*)  sweetheart; heart
**corbata** (*f.*)  tie
**cordero** (*m.*)  lamb
**corona** (*f.*)  crown
**corredor** (*m.*)  hallway
**correo** (*m.*)  mail, post office
**correr**  to run
**corrida** (*f.*)  bullfight
**corriente**  current
**cortar(se)**  to cut (oneself)
**corte** (*m.*)  haircut, cut
**cortina** (*f.*)  curtain
**corto, -a**  short
**costado** (*m.*)  side
**costar** (o>ue)  to cost; — **un ojo de la cara**  to cost an arm and a leg
**costumbre** (*f.*)  custom, habit
**crecer**  to grow
**creer**  to believe, think
**crema** (*f.*)  cream
**Creo que sí.**  I think so.
**criado, -a**  servant
**criar**  to raise (*children, animals*)
**cruz** (*f.*)  cross
**cruzar**  to cross
**cuaderno** (*m.*)  notebook
**cuadra** (*f.*)  block
**cuadro** (*m.*)  picture, painting
**cuál** (*pl.* cuáles)  which, what
**cualidad** (*f.*)  quality
**cualquier, -a**  any, anybody
**cuando**  when
**cuánto, -a**  how much
**cuánto tiempo**  how long
**cuántos, -as**  how many
**cuarenta**  forty
**cuaresma** (*f.*)  Lent
**cuarto** (*m.*)  room
**cuarto**  quarter, one-fourth
**cuatro**  four
**cuatrocientos**  four hundred

**cubano, -a** Cuban
**cubierta** (*f.*) hood
**cubierto, -a** (*p.p. of* **cubrir** *and adj.*) cover, covered
**cubrir** to cover
**cuchara** (*f.*) spoon
**cucharada** (*f.*) spoonful
**cucharadita** (*f.*) teaspoonful
**cucharita** (*f.*) teaspoon
**cuchillo** (*m.*) knife
**cuello** (*m.*) neck
**cuenta** (*f.*) account, bill; **— corriente** checking account; **— conjunta** joint account; **— de ahorros** savings account
**cuento** (*m.*) short story
**cuero** (*m.*) leather
**cuidar** to take care (of)
**cultivar** to grow
**cumpleaños** (*m.*) birthday
**cuñada** sister-in-law
**cuñado** brother-in-law
**curso** (*m.*) course
**curva** (*f.*) curve
**cuyo, -a** whose

## CH

**champán** (*m.*) champagne
**champú** (*m.*) shampoo
**chapa** (*f.*) license plate
**chaparro, -a** (*Mex.*) short
**chaqueta** (*f.*) jacket
**cheque** (*m.*) check; **— de viajero** (*m.*) traveler's check
**chequear** to check
**chica** girl
**chico** boy
**chileno, -a** Chilean
**chino** (*m.*) Chinese (*lang.*)
**chocolate** (*m.*) chocolate

## D

**dar** to give; **— se cuenta de** to realize; **— se prisa** to hurry
**de** of; from; about; by; with
**de cambios mecánicos** with standard shift

**de ida** one-way
**de ida y vuelta** round-trip
**de manera que** so
**de moda** in style
**de modo que** so
**de nada** you're welcome
**de postre** for dessert
**de quién(es)** whose
**de vacaciones** on vacation
**deber** to owe; must, ought (to)
**debido a** due to
**decidir** to decide
**décimo, -a** tenth
**decir** (e>i) to say, tell
**declarar** to declare
**dedo** (*m.*) finger; **— del pie** toe
**defender** (e>ie) to defend
**dejar** to leave; to allow
**del** (*contraction*) of the; from the
**delante** in front of
**deletrear** to spell
**delgado, -a** thin, slender
**demás** (*adj. and pron.*) (the) rest, other(s)
**demasiado** too, too much
**demostrar** (o>ue) to show
**dentista** (*m.,f.*) dentist
**dentro de** within, in
**departamento** (*m.*) department; **— de** (**ropa para**) **caballeros** men's department; **— de** (**ropa para**) **señoras** women's department
**depender** (**de**) to depend (on)
**dependiente, -a** (*m.,f.*) clerk
**deporte** (*m.*) sport
**depositar** to deposit
**derecho, -a** (*adj.*) right; **a la —** to (on, at) the right
**derecho** (*adv.*) straight ahead
**derecho** (*n.m.*) right; law
**derretir** (e>i) to melt
**desagradable** unpleasant
**desarrollado, -a** developed
**desayuno** (*m.*) breakfast
**descompuesto, -a** out-of-order
**descubrir** to discover
**descuento** (*m.*) discount

**desear** to wish, want
**desempleo** (*m.*) unemployment
**desfile** (*m.*) parade
**desgraciado, -a** unfortunate
**desierto** (*m.*) desert
**desinfectar** to disinfect
**desmayarse** to faint
**despacho de boletos** (*m.*) ticket office
**despertar(se)** (e>ie) to wake up
**despreocupado, -a** happy-go-lucky
**después (de)** after, then, afterwards
**desvestir (se)** (e>i) to undress, get undressed
**detrás** behind
**deuda** (*f.*) debt
**devolver** (o>ue) to return
**día** (*m.*) day; **al — siguiente** the next day
**diabetes** (*f.*) diabetes
**diabético, -a** diabetic
**diario** (*m.*) diary
**diario, -a** (*adj.*) daily
**diccionario** (*m.*) dictionary
**diciembre** December
**dictado** (*m.*) dictation
**dicho, -a** (*p.p. of* **decir** *and adj.*) said, told
**diente** (*m.*) tooth; (garlic) clove
**dieta** (*f.*) diet
**diez** ten
**diez y nueve** nineteen
**diez y ocho** eighteen
**diez y seis** sixteen
**diez y siete** seventeen
**diferencia** difference
**difícil** difficult, unlikely
**digo...** I mean . . .
**dinero** (*m.*) money
**Dios** God
**dirección** (*f.*) address; direction
**dirigirse (a)** to address
**disco** (*m.*) record
**discutir** to argue; to discuss
**disfraz** (*m.*) costume
**disponer** (*conj. like* **poner**) to dispose
**distinto, -a** different

**diversión** amusement
**divertido, -a** amusing, funny
**divertirse (e>ie)** to have a good time
**dividir(se)** to divide
**divorciado, -a** (*m.,f.*) divorced
**doblar** to turn; to bend
**doble** double
**doce** twelve
**docena** (*f.*) dozen
**doctor, -a** (*m.,f.*) doctor
**documento** (*m.*) document
**dólar** (*m.*) dollar
**doler (o>ue)** to ache, hurt
**dolor** (*m.*) pain; — **de cabeza** headache
**domicilio** (*m.*) address
**domingo** (*m.*) Sunday
**donde** where; **¿dónde?** where?
**dorado, -a** golden brown
**dormir(se) (o>ue)** to sleep, fall asleep
**dormitorio** (*m.*) bedroom
**dos** two
**doscientos** two hundred
**drama** (*m.*) drama, play
**duda** (*f.*) doubt
**dudar** to doubt
**dudoso, -a** doubtful
**dulce** (*m.*) sweet, candy
**dulcería** (*f.*) candy shop
**durante** during
**durar** to last
**durazno** (*m.*) peach
**duro, -a** hard, tough

# E

**e** and
**economía** (*f.*) economics; — **doméstica** home economics
**económico, -a** financial, economic, economical
**economista** (*m.,f.*) economist
**edad** (*f.*) age
**edificio** (*m.*) building
**educación física** (*f.*) physical education

**eficiencia** (*f.*) efficiency
**eficiente** efficient
**el** the (*m. sing.*)
**él** he
**electricidad** (*f.*) electricity
**electricista** (*m.*) electrician
**eléctrico, -a** electric
**elegante** elegant
**elegir (e>i)** to elect, choose
**elevador** (*m.*) elevator
**ella** she
**ellas** (*f.*) they
**ellos** (*m.*) they
**embajada** (*f.*) embassy
**embarazada** pregnant
**emergencia** (*f.*) emergency
**empastar** to fill a cavity
**emperador** (*m.*) emperor
**empezar (e>ie)** to begin, start
**empleado, -a** (*m.,f.*) clerk
**emplear** to hire, employ
**empleo** (*m.*) job
**empresa** (*f.*) purpose; enterprise; company
**en** in; at; into; on
**en cuanto** as soon as
**en efectivo** cash
**en punto** o'clock
**en regla** in order
**en seguida** right away
**en vez de** instead of
**enamorado, -a** in love
**enamorarse (de)** to fall in love (with)
**encargado, -a** in charge
**encargar** to order
**encender (e>ie)** to turn on
**encerrado, -a** locked in
**encía** (*f.*) gum
**encontrar (o>ue)** to find
**encontrarse (con) (o>ue)** to meet
**enero** January
**enfadar(se)** to anger, become angry
**énfasis** (*m.*) emphasis
**enfermar(se)** to make sick, become sick
**enfermedad** (*f.*) disease, sickness
**enfermero, -a** (*m.,f.*) nurse

**enfermo, -a** sick
**enfrentar(se) (con)** to face
**enfriar** to cool
**engrasar** to grease
**enjuagar(se)** to rinse, rinse out
**enorme** enormous
**enrollar** to roll
**ensalada** (*f.*) salad
**enseñar** to show, to teach
**ensuciar** to get (something) dirty
**entender (e>ie)** to understand
**enterarse** to find out
**entero, -a** whole
**entonces** then, in that case
**entrada** (*f.*) entrance; ticket
**entrar (en, a)** to enter, go in
**entre** between, among
**entregar** to deliver, turn in
**entremeses** (*m.*) hors d'œuvres
**entrenador, -a** (*m.,f.*) coach
**entretener** (*like* **tener**) to entertain
**entrevistar** to interview
**entusiasmado, -a** excited
**enviar** to send
**envidia** (*f.*) envy, jealousy
**envolver (o>ue)** to wrap
**época** (*f.*) time
**equipaje** (*m.*) luggage
**equipo** (*m.*) team
**equivocado, -a** (*m.,f.*) wrong
**es de esperar** it is to be hoped
**es que...** the fact is,
**escalar** to climb
**escalera** (*f.*) ladder; — **mecánica** escalator
**escaleras** (*f.*) stairs
**escoba** (*f.*) broom
**escoger** to choose
**escolar** (*adj.*) school
**escribir** to write; — **a máquina** to type
**escrito, -a** (*p.p. of* **escribir** *and adj.*) written
**escritorio** (*m.*) desk
**escuchar** to listen (to)
**escuela** (*f.*) school; — **primaria** grade school; — **secundaria** high school

**escultura** (*f.*) sculpture
**ese(-os), esa(-s)** (*adj.*) that, those (nearby)
**ése(-os), ésa(-s)** (*pron.*) that (one), those
**esfuerzo** (*m.*) effort
**eso** (*neuter pron.*) that
**espacioso, -a** spacious, roomy
**espalda** (*f.*) back
**España** Spain
**español, -a** (*m.*) (*also noun*) Spanish
**español** (*m.*) Spanish (*lang.*)
**especial** special
**especialidad** (*f.*) specialty
**especialista de niños,** (*m.,f.*) pediatrician
**especialista de la piel** (*m.,f.*) dermatologist
**especialización** (*f.*) major, specialization
**espectáculo** (*m.*) show, spectacle
**espejo** (*m.*) mirror
**espejuelos** (*m.*) (eye)glasses
**esperar** to wait (for); to expect; to hope
**esposa** wife
**esposo** husband
**esquiar** to ski
**esquina** (*f.*) street corner
**está bien** all right
**esta noche** tonight
**estación** (*f.*) station; **— del metro** subway; **— de policía** police station; **— de servicio** service station
**estacionar** to park
**estadio** (*m.*) stadium
**estado civil** (*m.*) marital status
**Estados Unidos** (*m.*) United States
**estampilla** (*f.*) stamp
**estaño** (*m.*) tin
**estar** to be; **— de acuerdo** to agree
**este...** er
**este** (*m.*) East
**este(-os), esta(-s)** (*adj.*) this, these
**éste(-os), ésta(-s)** (*pron.*) this (one), these; the latter

**estimado, -a** dear
**estirar** to stretch
**esto** this (*neuter pron.*)
**estómago** (*m.*) stomach
**estrella** (*f.*) star
**estricto, -a** strict
**estudiante** (*m.,f.*) student
**estudiar** to study
**estudio** (*m.*) study
**estufa** (*f.*) stove
**estupendo, -a** great, fantastic
**estúpido, -a** stupid
**exagerar** to exaggerate
**examen** (*m.*) examination, exam, test
**examinar** to examine
**excelente** excellent
**excepción** (*f.*) exception
**excepto** except
**exceso** (*m.*) excess
**éxito** (*m.*) success
**experiencia** (*f.*) experience
**experimento** (*m.*) experiment
**explicación** (*f.*) explanation
**explicar** to explain
**exportación** (*f.*) export
**expreso** (*m.*) express (*train*)
**extraer** to extract, pull out
**extranjero, -a** (*m.,f.*) foreigner
**extrañar** to miss
**extraño, -a** strange, funny
**extraordinario, -a** extraordinary
**extremadamente** extremely

## F

**fácil** easy, likely
**facultad** (*f.*) college
**faja** (*f.*) girdle
**falda** (*f.*) skirt
**familia** (*f.*) family
**familiar** familiar
**famoso, -a** famous
**fantástico, -a** fantastic
**farmacéutico, -a** (*m.,f.*) pharmacist
**farmacia** (*f.*) pharmacy
**favorito, -a** favorite
**febrero** February

**fecha** (*f.*) date
**fechar** to date
**felicidad** (*f.*) happiness
**feliz** happy
**feo, -a** ugly, homely
**feriado** (*m.*) holiday
**fiesta** (*f.*) party
**fijo, -a** fixed, set
**filete** (*m.*) tenderloin steak
**filtro** (*m.*) filter
**fin** (*m.*) end; **— de semana** weekend
**firma** (*f.*) signature; firm
**firmar** to sign
**física** (*f.*) physics
**flan** (*m.*) custard
**flor** (*f.*) flower
**fortuna** (*f.*) fortune
**foto** (*f.*) photograph
**fracaso** (*m.*) failure
**francés** (*m.*) French (*lang.*)
**francés, francesa** (*m.,f.*) French
**Francia** (*f.*) France
**frazada** (*f.*) blanket
**frecuente** frequent
**fregadero** (*m.*) sink
**freír** (*e>i*) to fry
**freno** (*m.*) brake
**frente** (*f.*) forehead
**frente a** in front of
**fresa** (*f.*) strawberry
**frialdad** (*f.*) coldness
**frijol** (*m.*) bean
**frío** (*m.*) cold
**frío, -a** (*adj.*) cold
**frito, -a** fried
**fruncir el ceño** to frown
**fruta** (*f.*) fruit
**fuego** (*m.*) fire; **a — lento** at low temperature
**fuente** (*f.*) source; fountain
**función** (*f.*) function
**funcionar** to work, function
**funda** (*f.*) pillowcase
**fundar** to found
**funeraria** (*f.*) funeral home
**furioso, -a** furious
**fútbol** (*m.*) football, soccer

## G

**gafas** (*f.*)   glasses
**ganar**   to win; to earn
**garaje** (*m.*)   garage
**gaseosa** (*f.*)   club soda
**gasolina** (*f.*)   gasoline
**gasolinera** (*f.*)   service station
**gastar**   to spend (*e.g., money*); to use
**gasto** (*m.*)   expense
**gelatina** (*f.*)   gelatin
**general**   general
**gente** (*f.*)   people
**geografía** (*f.*)   geography
**geología** (*f.*)   geology
**gerente** (*m.*)   manager
**ginecólogo, -a** (*m.,f.*)   gynecologist
**giro postal** (*m.*)   money order
**gitano, -a**   gypsy
**golf** (*m.*)   golf
**goma** (*f.*)   tire; **— pinchada** (*f.*) flat tire
**gordo, -a**   fat
**gota** (*f.*)   drop
**gozar**   to enjoy
**gracias**   thank you
**grado** (*m.*)   degree
**graduar(se)**   to graduate
**gran**   great
**grande**   big, large, great
**gratis**   free
**grave**   serious
**gris**   gray
**gritar**   to scream, shout
**grúa** (*f.*)   tow truck
**guante** (*m.*)   glove; **— de pelota** baseball glove
**guapo, -a**   handsome
**guardafangos** (*m.*)   fender
**guardar**   to keep
**güero, -a**   blond (*Mex.*)
**guerra** (*f.*)   war
**guiar**   to guide
**gustar**   to please, to be pleasing
**gusto** (*m.*)   pleasure, taste; **a —** to one's taste

## H

**haber** (*aux.*)   to have
**habilidad** (*f.*)   ability
**habitación** (*f.*)   room
**habitante** (*m.,f.*)   inhabitant
**hablar**   to speak, talk
**hacer**   to make, to do; **— calor** to be hot; **— cola** to stand in line; **— escala** to stop over; **— frío** to be cold; **— gárgaras** to gargle; **— juego** to match; **— las compras** to do the shopping; **— las maletas** to pack; **— las paces** to make up; **— sol** to be sunny; **— viento** to be windy
**hacerse**   to become
**hacia**   toward
**hambre** (*f.*)   hunger
**hamburguesa** (*f.*)   hamburger
**harina de maíz** (*f.*)   corn meal
**hasta**   until, up to; even; **— luego** see you later; **— mañana** see you tomorrow
**hay**   there is, there are; **— que...** one must . . .
**hecho, -a** (*p.p. of* **hacer** *and adj.*) done, made
**helado** (*m.*)   ice cream
**helado, -a** (*adj.*)   iced
**herida** (*f.*)   wound
**hermana**   sister
**hermano**   brother
**hermoso, -a**   beautiful
**hervir** (*e>ie*)   to boil
**hielo** (*m.*)   ice
**hierro** (*m.*)   iron
**higiene** (*f.*)   health education
**hija**   daughter
**hijo**   son
**hijos** (*m.*)   children
**hilo** (*m.*)   thread; **— dental** (*m.*) dental floss
**hipoteca** (*f.*)   mortgage
**hipotecar**   to mortgage
**historia** (*f.*)   history
**hogar** (*m.*)   home

**hoja** (*f.*)   leaf
**hojalata** (*f.*)   tin
**hola**   hello, hi
**hombre**   man; **— de negocios** businessman
**hombro** (*m.*)   shoulder
**hora** (*f.*)   time, hour
**horario** (*m.*)   schedule
**horno** (*m.*)   oven
**hospital** (*m.*)   hospital
**hotel** (*m.*)   hotel
**hoy**   today
**huelga** (*f.*)   strike
**huerta** (*f.*)   orchard
**huevo** (*m.*)   egg
**huir**   to run away, escape
**humano, -a**   human
**húmedo, -a**   humid

## I

**idea** (*f.*)   idea
**idioma** (*m.*)   language
**iglesia** (*f.*)   church
**impermeable** (*m.*)   raincoat
**importación** (*f.*)   import
**importante**   important
**importar**   to matter
**imposible**   impossible
**(im)probable**   (im)probable
**impuesto** (*m.*)   tax
**incendio** (*m.*)   fire
**incluir**   include
**increíble**   incredible
**independencia** (*f.*)   independence
**indicador** (*m.*)   turn signal
**indio, -a**   Indian
**individuo** (*m.*)   person, individual
**infancia** (*f.*)   childhood
**infectado, -a**   infected
**inferior**   inferior
**inflación** (*f.*)   inflation
**inflamado, -a**   swollen
**influir**   to influence
**información** (*f.*)   information
**ingeniero** (*m.,f.*)   engineer
**inglés** (*m.*)   English (*lang.*)

**ingreso** (*m.*)  revenue
**inmediatamente**  immediately
**insistir**  to insist
**inspector, -a** (*m.,f.*)  inspector
**instalar**  to install
**inteligente**  intelligent
**interés** (*m.*)  interest
**interesante**  interesting
**interior**  interior
**intérprete** (*m.,f.*)  interpreter
**inventar**  to invent
**invierno**  winter
**invitar**  to invite
**inyección** (*f.*)  injection, shot
**ir**  to go; (— **se**)  to go away;
  — **de compras**  to go
  shopping
**irresistible**  irresistible
**isla** (*f.*)  island
**italiano, -a**  Italian
**itinerario** (*m.*)  schedule, timetable
**izquierdo, -a**  left; **a la —**  at the
  left

## J

**jabón** (*m.*)  soap
**jamás**  never
**jamón** (*m.*)  ham
**japonés** (*m.*)  Japanese (*lang.*)
**jardín** (*m.*)  garden
**jefe, -a** (*m.,f.*)  chief, director
**jeringuilla** (*f.*)  syringe
**joven**  young
**jueves** (*m.*)  Thursday
**juez** (*m.,f.*)  judge
**jugador, -a** (*m.,f.*)  player
**jugar** (**u>ue**)  to play
**jugo** (*m.*)  juice
**juguete** (*m.*)  toy
**julio**  July
**junio**  June
**junto a**  next to
**juntos, -as**  together
**justificar**  to justify
**juventud** (*f.*)  youth
**juzgar**  to judge

## K

**kilogramo** (*m.*)  kilogram
**kilómetro** (*m.*)  kilometer

## L

**la** (*f. sing.*)  the
**labio** (*m.*)  lip
**lacio, -a**  straight
**lado** (*m.*)  side
**ladrar**  to bark
**ladrón, -ona** (*m.,f.*)  thief, robber
**lago** (*m.*)  lake
**lamentable**  regrettable
**lamentar**  to lament, be sorry
**lámpara** (*f.*)  lamp
**langosta** (*f.*)  lobster
**lápiz** (*m.*)  pencil
**largo, -a**  long
**las** (*pl. f.*)  the
**lastimar(se)**  to hurt, hurt oneself
**lata** (*f.*)  can
**lavado** (*m.*)  shampoo
**lavaplatos** (*m.*)  dishwasher
**lavar(se)**  to wash; — **la cabeza**  to
  wash one's hair
**lección** (*f.*)  lesson
**leche** (*f.*)  milk
**lechero** (*m.*)  milkman
**lechón** (*m.*)  young pig
**lechuga** (*f.*)  lettuce
**leer**  to read
**lejos**  far
**lengua** (*f.*)  tongue
**lentes** (*m.*)  glasses
**lentes de contacto** (*m.*)  contact
  lenses
**lento, -a**  slow
**letra** (*f.*)  letter
**letrero** (*m.*)  sign
**levantar**  to lift, raise
**levantarse**  to get up
**ley** (*f.*)  law
**libertad** (*f.*)  liberty
**libra** (*f.*)  pound
**libre**  vacant, free

**libreta de ahorros** (*f.*)  passbook
**libro** (*m.*)  book
**licencia** (*f.*)  registration, license;
  — **para conducir**  driver's license
**limonada** (*f.*)  lemonade
**limonero** (*m.*)  lemon tree
**limpiaparabrisas** (*m.*)  windshield
  wiper
**limpiar**  to clean
**limpieza** (*f.*)  cleaning
**limpio, -a**  clean
**lindo, -a**  pretty
**línea** (*f.*)  line
**liquidación** (*f.*)  sale
**lista** (*f.*)  list; — **de espera** (*f.*)
  waiting list
**listo, -a** (*adj.*)  ready
**litera** (*f.*)  berth; — **alta**  upper
  berth; — **baja**  lower berth
**literatura** (*f.*)  literature
**lo antes posible**  as soon as possible
**loco, -a**  crazy
**lograr**  to obtain
**los** (*pl. m.*)  the
**luchar**  to fight, struggle
**luego**  later, then
**lugar** (*m.*)  place; **en — de**
  instead of
**lumbre** (*f.*)  fire, light
**luna** (*f.*)  moon
**lunes** (*m.*)  Monday
**luz** (*f.*)  light

## LL

**llamar**  to call; — **por teléfono**  to
  make a phone call
**llanta** (*f.*)  tire
**llave** (*f.*)  key
**llegada** (*f.*)  arrival
**llegar**  to arrive; — **tarde**  to be
  late
**llenar**  to fill
**lleno, -a**  full
**llevar**  to take
**llevar puesto** (**a**)  to wear
**llevarse**  to carry off

**llover** (o>ue)   to rain; **— a cántaros**   to rain cats and dogs
**lloviznar**   to drizzle
**lluvia** (*f.*)   rain
**lluvioso, -a**   rainy

# M

**macho**   male
**madera** (*f.*)   wood
**madero** (*m.*)   large piece of timber (*cross*)
**madre**   mother
**madrugar**   to get up very early in the morning
**maestro, -a** (*m.,f.*)   schoolteacher
**magnífico, -a**   magnificent
**mago, -a** (*m.,f.*)   magician
**maíz** (*m.*)   corn
**mal**   bad, badly
**mal aliento** (*m.*)   bad breath
**maleta** (*f.*)   suitcase; **hacer las maletas**   to pack
**maletero** (*m.*)   trunk
**maletín** (*m.*)   hand luggage
**malo, -a**   bad
**mamá**   *Mom*
**mandar**   to send; to order
**manejar**   to drive
**manera** (*f.*)   way
**mano** (*f.*)   hand
**manteca** (*f.*)   lard
**mantel** (*m.*)   tablecloth
**mantequilla** (*f.*)   butter
**manzana** (*f.*)   apple
**mañana** (*adv.*)   tomorrow
**mañana** (*n.f.*)   morning
**mapa** (*m.*)   map
**maquillaje** (*m.*)   makeup
**máquina** (*f.*)   machine; **— de afeitar** (*f.*)   razor; **— de calcular** (*f.*)   calculator; **— de coser** (*f.*)   sewing; **— de escribir** (*f.*)   typewriter
**mar** (*m.*)   sea
**marca** (*f.*)   brand
**mareo** (*m.*)   dizziness, dizzy spell

**margarina** (*f.*)   margarine
**margarita** (*f.*)   daisy
**marina** (*f.*)   navy
**mariscos** (*m.*)   seafood
**marrón**   brown
**martes** (*m.*)   Tuesday
**martini** (*m.*)   martini
**marzo**   March
**más**   more
**más bien**   rather
**más o menos**   more or less
**más tarde**   later
**más vale**   it's better
**mascar**   to chew
**matar**   to kill
**matemáticas** (*f. pl.*)   math
**materia** (*f.*)   subject matter
**matón** (*m.*)   killer
**matrícula** (*f.*)   registration
**matricularse**   to register
**matrimonio** (*m.*)   married couple; marriage
**mayo**   May
**mayor** (*adj.*)   older, oldest
**mayor** (*m.,f.*)   major
**mayoría** (*f.*)   majority
**me** (*obj. pron.*)   me, to me, (*to*) myself
**mecánico** (*m.*)   mechanic
**mecánico** (*adj.*)   standard shift
**mecanografía** (*f.*)   typing
**mecanógrafo, -a** (*m.,f.*)   typist
**medalla** (*f.*)   medal
**media** (*f.*)   stocking; half
**medianoche** (*f.*)   midnight
**medicina** (*f.*)   medicine
**médico**   M.D.
**medida** (*f.*)   size
**medio** (*m.*)   half
**mediodía** (*m.*)   noon
**medios** (*m.*)   means
**mejilla** (*f.*)   cheek
**mejor**   better, best
**mejora** (*f.*)   improvement
**melocotón** (*m.*)   peach
**melón** (*m.*)   melon
**mencionar**   to mention

**menor**   younger, youngest
**menos**   less
**mensual**   monthly
**mentir** (e>ie)   to lie
**mentiroso, -a**   liar
**menú** (*m.*)   menu
**mercado** (*m.*)   market
**merienda** (*f.*)   afternoon snack
**mes** (*m.*)   month
**mesa** (*f.*)   table; **— de centro** (*f.*)   coffee table
**mesero, -a**   waiter, waitress (*Mex.*)
**metro** (*m.*)   subway
**mexicano, -a** (*m.,f.*)   Mexican
**mezcla** (*f.*)   mix
**mezclar**   to mix
**mi** (*adj.*)   my
**mí** (*obj. of prep.*)   me
**microbio** (*m.*)   germ
**microbiología** (*f.*)   microbiology
**microscopio** (*m.*)   microscope
**miedo** (*m.*)   fear
**miel** (*f.*)   honey
**mientras**   while; **— tanto**   meanwhile
**miércoles** (*m.*)   Wednesday
**mil**   thousand
**militar**   military
**milla**   mile
**millaje** (*m.*)   mileage
**millón** (*m.*)   million
**millonario, -a**   millionaire
**mínimo, -a**   minimum
**minuto** (*m.*)   minute
**mío, -a** (*pron.*)   mine
**míos, -as**   mine
**miope**   near-sighted
**mirar**   to look at, watch
**Misa del Gallo** (*f.*)   midnight mass
**mismo**   same; **lo —**   the same thing
**mitad** (*f.*)   half, middle; **— de curso**   midterm
**moda** (*f.*)   fashion; **estar de —**   to be in style
**modelo** (*m.*)   model, style; **— de depósito**   deposit slip

**moderno, -a**  modern
**modista** (*f.*)  dressmaker
**modo** (*m.*)  way; **de — que**  so
**mojar**  to wet
**molde** (*m.*)  mold, pan
**moler** (**o>ue**)  to grind
**molestar**  to bother
**molido, -a**  ground
**momento** (*m.*)  moment
**moneda** (*f.*)  coin
**mono, -a** (*m.,f.*)  monkey
**montaña** (*f.*)  mountain
**montar**  to mount, ride (*a horse*)
**moreno, -a**  dark-haired
**morir** (**o>ue**)  to die
**mosca** (*f.*)  fly
**mostrar** (**o>ue**)  to show
**motor** (*m.*)  motor
**mover** (**o>ue**)  to move
**mozo**  waiter
**muchacha**  girl, young woman
**muchacho**  boy, young man
**muchas gracias**  thank you very much
**muchísimo, -a**  very much
**mucho, -a**  much, a great deal (of)
**mucho gusto**  a pleasure, how do you do?
**muchos, -as**  many
**mudarse**  to move (*from one house or place to another*)
**muebles** (*m.*)  furniture
**muela** (*f.*)  tooth, molar; **— de juicio**  wisdom tooth
**muerte** (*f.*)  death
**muerto, -a** (*p.p. of* **morir** *and adj.*)  dead; **— de hambre**  starving
**mujer**  woman
**multa** (*f.*)  fine
**mundial** (*adj.*)  world
**mundo** (*m.*)  world
**muñeca** (*f.*)  wrist
**muro** (*m.*)  wall
**museo** (*m.*)  museum
**música** (*f.*)  music
**musical**  musical
**muy**  very

## N

**nacimiento** (*m.*)  birth; nativity scene
**nacional**  national
**nada**  nothing
**nadar**  to swim
**nadie**  nobody, no one
**naranja** (*f.*)  orange
**naranjo** (*m.*)  orange tree
**nariz** (*f.*)  nose
**natación** (*f.*)  swimming
**Navidad** (*f.*)  Christmas
**necesario, -a**  necessary
**necesitar**  to need
**necio, -a**  silly, foolish
**negar** (**e>ie**)  to deny
**negocio** (*m.*)  business
**negro, -a**  black
**neumático** (*m.*)  tire
**neurólogo** (*m.,f.*)  neurologist
**nevar** (**e>ie**)  to snow
**ni**  nor, neither
**niebla** (*f.*)  fog
**nieta**  granddaughter
**nieto**  grandson
**nieve** (*f.*)  snow
**ninguno, -a**  no, none, not any
**niño, -a** (*m.,f.*)  child
**nivel** (*m.*)  standard, level
**no**  no, not
**no hay de qué**  you're welcome
**no importa**  it doesn't matter
**noche** (*f.*)  evening, night
**Nochebuena** (*f.*)  Christmas Eve
**nombre** (*m.*)  name; noun
**norte** (*m.*)  North
**norteamericano, -a** (*m.,f.*)  North American
**nos** (*obj. pron.*)  us, to us, (to) ourselves
**nosotros, -as**  we, us
**nota** (*f.*)  note, grade
**notar**  to notice
**notario público** (*m.*)  notary public
**noticias** (*f.*)  news
**novecientos**  nine hundred

**novela** (*f.*)  novel
**noveno, -a**  ninth
**noventa**  ninety
**novia**  girlfriend, fiancée, bride
**noviembre**  November
**novio**  boyfriend, fiancé, groom
**nuera**  daughter-in-law
**nuestro(-s), nuestra(-s)** (*adj.*)  our
**nuestro(-s), nuestra(-s)** (*pron.*)  ours
**nueve**  nine
**nuevo, -a**  new, different
**número** (*m.*)  number; **— de teléfono**  telephone number
**nunca**  never

## O

**o**  or, either
**obedecer**  to obey
**objeto** (*m.*)  object
**obrero, -a** (*m.,f.*)  worker
**ocasión** (*f.*)  occasion
**océano** (*m.*)  ocean
**ochenta**  eighty
**ocho**  eight
**ochocientos**  eight hundred
**octavo, -a**  eighth
**octubre**  October
**oculista** (*m.,f.*)  optometrist, eye doctor
**ocupado, -a**  busy, occupied
**ocupar(se)**  to fill (*a vacancy*)
**ocurrir**  to happen, take place
**oeste** (*m.*)  West
**oficina** (*f.*)  office; **— de correos** post office; **— de telégrafos** telegraph office
**oficio** (*m.*)  trade
**ofrecer**  to offer
**oído** (*m.*)  ear; hearing
**oír**  to hear
**ojalá**  God grant, I hope
**ojo** (*m.*)  eye
**olivo** (*m.*)  olive tree
**olvidar**  to forget
**olvidar(se) (de)**  to forget (about)
**ómnibus** (*m.*)  bus

**once**  eleven
**operar**  operate
**oportunidad** (f.)  opportunity
**optimista** (m.,f.)  optimist
**orden** (f.)  command, order
**oreja** (f.)  ear
**organización** (f.)  organization
**orgullo** (m.)  pride
**oro** (m.)  gold
**orquesta** (f.)  orchestra
**orquídea** (f.)  orchid
**ortopédico, -a** (m.,f.)  orthopedist
**os** (obj. pron.)  you (fam. pl.)  to
  you, (to) yourselves
**oscuro, -a**  dark
**otoño** (m.)  autumn, fall
**otra vez**  again
**otro, -a**  another, other
**¡oye!**  listen!

**P**

**padre**  father
**padres** (m.)  parents
**pagar**  to pay
**pagaré** (m.)  promissory note
**página deportiva** (f.)  sports page
**pago** (m.)  payment, payroll
**país** (m.)  country
**paisaje** (m.)  landscape
**pájaro** (m.)  bird
**palabra** (f.)  word
**palmera** (f.)  palm tree
**palo** (m.)  stick, rod; — **de golf**
  golf club
**pan** (m.)  bread; — **rallado**  bread
  crumbs
**panadería** (f.)  bakery
**panadero, -a** (m.,f.)  baker
**pantalón** (m.)  pants
**pantimedias** (f.)  pantyhose
**pañuelo** (m.)  handkerchief
**papa** (f.)  potato
**papá**  Dad
**papel** (m.)  role, paper;
  — **higiénico**  toilet tissue
**paquete** (m.)  package
**par** (m.)  pair

**para**  to; for; by; in order to
**parabrisas** (m.)  windshield
**parado, -a**  standing; stopped
**paraguas** (m.)  umbrella
**¿para qué?**  what for?
**parar**  to stop, halt
**parecer**  to seem, look
**parecerse (a)**  to look like
**pared** (f.)  wall
**pareja** (f.)  couple
**parquear**  to park
**partera** (f.)  midwife
**participar**  to participate
**partido** (m.)  game
**pasado, -a**  last, past
**pasaje** (m.)  ticket, fare
**pasaporte** (m.)  passport
**pasar**  to go by, pass; to spend
  (time); to happen; — **la**
  **aspiradora**  to vacuum
**Pascua Florida** (f.)  Easter
**pasear**  to go for a walk or a ride
**pasillo** (m.)  hallway; aisle
**pasta dentífrica** (f.)  toothpaste
**patilla** (f.)  sideburn
**patinar**  to skate
**patio** (m.)  backyard
**patria** (f.)  homeland
**pavo** (m.)  turkey
**pecho** (m.)  chest, breast
**pediatra** (m.,f.)  pediatrician
**pedido** (m.)  order
**pedir (e>i)**  to ask for, request; to
  order; — **prestado**  to borrow; —
  **turno**  to make an appointment
**peinado** (m.)  set, hairdo
**peinarse**  to comb one's hair
**peine** (m.)  comb
**pelar**  to peel
**pelea** (f.)  fight
**pelear**  to fight
**película** (f.)  movie, film
**pelirrojo, -a**  redheaded
**pelo** (m.)  hair
**pelota** (f.)  ball
**peluquería** (f.)  beauty parlor
**peluquero, -a**  hairdresser
**penicilina** (f.)  penicillin

**pensar (e>ie)**  to plan; to think
**pensión** (f.)  boardinghouse
**peor**  worse, worst
**pequeño, -a**  small, little
**pera** (f.)  pear
**perder (e>ie)**  to lose; to waste; to
  miss
**perdón** (m.)  pardon, pardon me
**perdonar**  to forgive
**perfectamente**  perfectly
**perfecto, -a**  perfect
**perfume** (m.)  perfume
**periódico** (m.)  newspaper
**periodista** (m.,f.)  journalist
**período** (m.)  period
**perla** (f.)  pearl
**permanente** (f.)  permanent
**permiso** (m.)  permit
**permitir**  permit
**pero**  but
**perro, -a** (m.,f.)  dog
**persona** (f.)  person
**personaje** (m.)  character
**personal** (m.)  personnel
**personal**  personal
**personalidad** (f.)  personality
**pertenecer**  to belong
**peruano, -a**  Peruvian
**pesado, -a**  heavy
**pesar**  to weigh
**pesca** (f.)  fishing; **ir de** —  to go
  fishing
**pescado** (m.)  fish
**pescar**  to fish, catch (a fish)
**pesebre** (m.)  manger
**peseta** (f.)  Spanish currency
**pesimista** (m.,f.)  pessimistic
**pestaña** (f.)  eyelash
**petróleo** (m.)  oil
**petrolero, -a**  oil-related
**pez** (m.)  fish
**piano** (m.)  piano
**pie** (m.)  foot
**pierna** (f.)  leg
**pimienta** (f.)  pepper
**pintura** (f.)  painting
**piña** (f.)  pineapple
**piropo** (m.)  gallantry; compliment

**pisar**  to step, set foot
**piscina** (*f.*)  swimming pool
**piso** (*m.*)  floor
**pizarra** (*f.*)  blackboard
**plan** (*m.*)  plan
**planchar**  to iron
**planear**  to plan
**planilla** (*f.*)  form
**planta baja** (*f.*)  ground floor
**plástico** (*m.*)  plastic
**plata** (*f.*)  silver; money
**plátano** (*m.*)  banana
**platicar** (*Mex.*)  to talk, converse
**platillo** (*m.*)  saucer
**plato** (*m.*)  dish, plate
**playa** (*f.*)  beach
**plaza** (*f.*)  square
**plazo**  term; **a — fijo**  for a
  specified time; **a plazos**  in
  installments
**plomero** (*m.*)  plumber
**plomo** (*m.*)  lead
**pluma** (*f.*)  pen
**población** (*f.*)  population
**pobre**  poor, unfortunate
**pobreza** (*f.*)  poverty
**poco, -a**  little (*quantity*)
**pocos, -as**  few
**poder** (o>ue)  to be able to
**poder** (*m.*)  power
**poema** (*m.*)  poem
**policía** (*m.,f.*)  policeman,
  policewoman
**polvo** (*m.*)  dust; **— de hornear**
  baking powder
**pollo** (*m.*)  chicken
**poner**  to put, place; **— la mesa**
  to set the table
**ponerse**  to put on; **— a dieta**  to
  go on a diet; **— + *adj.***  to
  become
**por**  around; along; by; for;
  through; per
**por aquí**  this way
**por ciento**  percent
**por ejemplo**  for example
**por eso**  that's why
**por favor**  please

**por fin**  finally, at last
**por lo menos**  at least
**por lo tanto**  so
**¿por qué?**  why?
**por suerte**  luckily
**por supuesto**  of course
**porque**  because
**portaguantes** (*m.*)  glove
  compartment
**portal** (*m.*)  porch
**portero, -a** (*m.,f.*)  janitor
**poseer**  to have, own, possess
**posibilidad** (*f.*)  possibility
**posible**  possible
**postre** (*m.*)  dessert
**práctica** (*f.*)  practice
**practicar**  to practice
**precio** (*m.*)  price
**precioso, -a**  beautiful; precious
**preferible**  preferable
**preferir** (e>ie)  to prefer
**pregunta** (*f.*)  question
**preguntar**  to ask (*a question*)
**premio** (*m.*)  prize
**prensa** (*f.*)  press
**preocupado, -a**  worried
**preocupar(se)**  to worry
**preparar(se)**  to prepare (*oneself*)
**presentar**  to introduce, present
**presente**  present, here
**presidente, -a** (*m.,f.*)  president
**préstamo** (*m.*)  loan
**prestar**  to lend; to borrow
**primavera** (*f.*)  spring
**primero, -a**  first
**primo, -a** (*m.,f.*)  cousin
**principal**  main
**príncipe**  prince
**prisa** (*f.*)  haste
**privado, -a**  private
**probable**  probable
**probablemente**  probably
**probador** (*m.*)  fitting room
**probar** (o>ue)  to try; to test; to
  prove; **— se**  to try on
**problema** (*m.*)  problem
**producir**  to produce
**producto lácteo** (*m.*)  dairy product

**profesión** (*f.*)  profession
**profesional** (*m.,f.*)  professional
**profesor, -a** (*m.,f.*)  professor
**programa** (*m.*)  program; **— de
  estudios** (*m.*)  study program
**progresista**  progressive
**promedio** (*m.*)  average
**promesa** (*f.*)  promise
**pronto: de —**  suddenly
**propiedad** (*f.*)  personal assets
**propina** (*f.*)  tip
**propio, -a**  own, proper
**proponer** (*conj. like* **poner**)  to
  propose
**próximo, -a**  next
**psiquiatra** (*m.,f.*)  psychiatrist
**publicar**  to publish
**pueblo** (*m.*)  town
**puerta** (*f.*)  door, gate
**pues**  for, well, then, therefore
**puesto** (*m.*)  job, position
**puesto, -a** (*p.p. of* **poner** *and adj.*)
  set, placed
**pulgada** (*f.*)  inch
**punto de vista** (*m.*)  point of view
**puntual**  punctual
**pupila** (*f.*)  pupil
**puré de papas** (*m.*)  mashed
  potatoes

# Q

**que**  what; that; who; which; whom
**¿Qué hay de nuevo?**  What's new?
**¡Qué lástima!**  What a pity!
**¿Qué tal?**  How goes it?
**¡Qué va!**  Nonsense!, Are you
  kidding?
**quebrado, -a**  broken
**quebrarse** (e>ie)  to break
**quedar**  to be located; to fit, suit
**quedarse**  to remain, stay
**quejarse** (de)  to complain
**querer** (e>ie)  to want; to love
**querido, -a**  dear, darling, honey
**queso** (*m.*)  cheese
**quien(es)**  that; whom; who; **de —**
  whose

**química** (*f.*)   chemistry
**quince**   fifteen
**quinientos**   five hundred
**quinto, -a**   fifth
**quitar(se)**   to take away; to take off

## R

**radiografía** (*f.*)   X-ray
**raíz** (*f.*)   root
**rajita** (*f.*)   small slice
**ralo, -a**   sparse
**rallar**   to grate
**ramo** (*m.*)   bouquet
**rápido** (*m.*)   express (*train*)
**rápido, -a** (*adj.*)   rapid, fast
**raqueta** (*f.*)   racket
**raro, -a**   strange, rare
**rascacielo** (*m.*)   skyscraper
**rasurar(se)**   to shave
**rato** (*m.*)   while, moment
**razón** (*f.*)   reason
**realizar**   to accomplish
**rebajado, -a**   marked down
**rebelarse**   to rebel
**recámara** (*f.*) (*Mex.*)   bedroom
**recepcionista** (*m.,f.*)   receptionist
**receta** (*f.*)   prescription; recipe
**recetar**   to prescribe
**recibir**   to receive; — (**de**)   to
   graduate
**recibo** (*m.*)   receipt
**reciente**   recent
**recomendación** (*f.*)
   recommendation
**recomendar** (**e>ie**)   to recommend
**reconocer**   to recognize
**recordar** (**o>ue**)   to remember
**recortar**   to trim
**rectangular**   rectangular
**rechazar**   to reject
**reflejar**   to reflect
**refresco** (*m.*)   soda
**refrigerador** (*m.*)   refrigerator
**regalar**   to give (*a gift*)
**regalo** (*m.*)   gift
**registro** (*m.*)   register
**reír** (**e>i**)   to laugh

**relacionado, -a**   related
**relacionar**   to relate
**relieve geográfico** (*m.*)
   geographical relief
**reloj** (*m.*)   watch; clock; — **de**
   **pulsera** (*m.*)   wristwatch
**relleno, -a**   stuffed
**remedio** (*m.*)   medicine; **no hay**
   **más —**   there is no other
   alternative
**remolcar**   to tow
**rentar**   to rent
**reñir** (**e>i**)   to fight
**repetir** (**e>i**)   to repeat
**requisito** (*m.*)   requirement
**reservación** (*f.*)   reservation
**reservar**   to reserve
**residencia universitaria** (*f.*)
   dorm
**responsabilidad** (*f.*)   responsibility
**restaurante** (*m.*)   restaurant
**resto** (*m.*)   rest
**resultado** (*m.*)   result
**retirar**   to claim; to withdraw; to
   remove
**retraso** (*m.*)   delay
**reunirse**   to get together
**revisar**   to check; to revise
**revista** (*f.*)   magazine
**revolver** (**o>ue**)   to stir
**rey**   king
**rezar**   to pray
**rico, -a**   rich, tasty
**rincón** (*m.*)   corner
**río** (*m.*)   river
**riqueza** (*f.*)   richness, wealth
**riquísimo, -a**   very tasty
**rizador** (*m.*)   curler
**rizo** (*m.*)   curl
**robar**   to steal
**robo** (*m.*)   robbery
**rodeado, -a** (**de**)   surrounded (by)
**rodilla** (*f.*)   knee
**rojo, -a**   red
**romper(se)**   to break
**ron** (*m.*)   rum
**ropa** (*f.*)   clothes; — **interior** (*f.*)
   underwear

**ropero** (*m.*)   closet
**rosa** (*f.*)   rose
**rosado, -a**   pink
**rostro** (*m.*)   face
**roto, -a** (*p.p. of* **romper** *and adj.*)
   broken, torn
**rubio, -a**   blond
**rueda** (*f.*)   wheel
**ruido** (*m.*)   noise
**ruso** (*m.*)   Russian (*lang.*)

## S

**sábado** (*m.*)   Saturday
**sábana** (*f.*)   sheet
**saber**   to know
**sabor** (*m.*)   flavor
**sabroso, -a**   tasty
**sacar**   to take out; to extract, pull
   out; — (**de**)   to check out;
   — **pasaje**   to buy (*get*) a ticket
**sacudir**   to dust
**sal** (*f.*)   salt
**sala** (*f.*)   living room; — **de clase**
   classroom; — **de emergencia**
   emergency room; — **de equipajes**
   baggage room; — **de espera**
   waiting room; — **de rayos equis**
   X-ray room
**salario** (*m.*)   salary
**saldo** (*m.*)   balance
**salida** (*f.*)   exit, departure
**salir**   to leave, go out
**salmón** (*m.*)   salmon
**salón** (*m.*)   room, ballroom; — **de**
   **belleza**   beauty parlor; — **de**
   **estar**   family room
**salsa** (*f.*)   sauce
**¡salud!** (*f.*)   cheers!
**saludar**   to greet
**saludo** (*m.*)   greeting
**salvar**   to save
**salvavidas** (*m.,f.*)   lifeguard
**sandalia** (*f.*)   sandal
**sandía** (*f.*)   watermelon
**sándwich** (*m.*)   sandwich
**sangrar**   to bleed
**sangre** (*f.*)   blood

**sangría** (*f.*)   drink made with fruit and wine
**santo, -a**   saint
**sartén** (*f.*)   frying pan
**sastre** (*m.*)   tailor
**secador** (*m.*)   hair dryer
**secar**   to dry
**sección** (*f.*)   section; **— de pagos** payroll department
**secretario, -a** (*m.,f.*)   secretary
**sed** (*f.*)   thirst
**seda** (*f.*)   silk
**seguir** (**e>i**)   to follow; to continue
**según**   according to
**segundo, -a**   second
**seguramente**   surely
**seguro, -a** (*adj.*)   sure; **estar —**   to be sure
**seguro** (*n.m.*)   insurance
**seis**   six
**seiscientos**   six hundred
**sello** (*m.*)   stamp
**semáforo** (*f.*)   traffic light
**semana** (*f.*)   week
**Semana Santa** (*f.*)   Holy Week
**semestre** (*m.*)   semester
**sencillo, -a**   single; simple
**sentado, -a**   sitting
**sentar(se)** (**e>ie**)   to sit, sit down
**sentido** (*m.*)   sense
**sentimental**   romantic, sentimental
**sentimiento** (*m.*)   feeling
**sentir(se)** (**e>ie**)   to feel; to be sorry, regret
**señalar**   to point out
**señor** (*abr.* Sr.)   Mister, sir, gentleman
**señora** (*abr.* Sra.)   Mrs., Madam, lady
**señorita** (*abr.* Srta.)   Miss, young lady
**separado, -a**   separated
**septiembre**   September
**séptimo, -a**   seventh
**ser**   to be
**sereno, -a**   calm
**sereno** (*m.*)   watchman
**serio: en —**   seriously, really

**servilleta** (*f.*)   napkin
**servir** (**e>i**)   to serve
**sesenta**   sixty
**setecientos**   seven hundred
**setenta**   seventy
**sexto, -a**   sixth
**si**   if
**sí**   yes
**sicología** (*f.*)   psychology
**sidra** (*f.*)   cider
**siempre**   always
**siento: lo —**   I am sorry
**siete**   seven
**siguiente**   following
**silenciador** (*m.*)   muffler
**silla** (*f.*)   chair
**sillón** (*m.*)   armchair
**simpático, -a**   nice, charming
**sin**   without; **— embargo**   however
**sinceramente**   sincerely
**sino**   but
**sistema** (*m.*)   system
**situación** (*f.*)   situation
**sobrante**   remaining
**sobrar**   to be over and above
**sobre**   about, on
**sobre todo**   above all
**sobrecama** (*f.*)   bedspread
**sobrenombre** (*m.*)   nickname
**sobresalir**   to be outstanding
**sobrina**   niece
**sobrino**   nephew
**social**   social
**sociedad** (*f.*)   society
**sociología**   sociology
**sofá** (*m.*)   couch
**sol** (*m.*)   sun
**solamente**   only
**solicitar**   to apply for; to request
**solicitud** (*f.*)   application
**solo, -a**   alone
**sólo**   only
**soltar** (**o>ue**)   to let go, loosen; to set free
**soltero, -a**   single
**solución** (*f.*)   solution
**solucionar**   to solve
**sombra** (*m.*)   shade

**sombrero** (*m.*)   hat
**sombrilla** (*f.*)   parasol
**sonreír**   to smile
**sonar** (**o>ue**)   to ring
**sopa** (*f.*)   soup
**sorpresa** (*f.*)   surprise
**su**   his, her, its, your (*formal*), their
**suave**   soft
**subdesarrollado, -a**   underdeveloped
**subir(se)**   to climb, go up; to get on
**súbito, -a**   sudden
**subvencionado, -a**   subsidized
**suceder**   to happen
**sucesivo, -a**   following
**sucio, -a**   dirty
**sucursal** (*f.*)   branch
**suegra**   mother-in-law
**suegro**   father-in-law
**sueldo** (*m.*)   salary
**sueño** (*m.*)   dream, sleep
**suerte** (*f.*)   luck
**suéter** (*m.*)   sweater
**suficiente**   enough, sufficient
**sufrir**   to suffer; **— del corazón**   to have heart trouble
**sugerencia** (*f.*)   suggestion
**sugerir** (**e>ie**)   to suggest
**suicidarse**   to commit suicide
**suma** (*f.*)   amount
**sumamente**   extremely, very
**superior**   superior
**supermercado** (*m.*)   supermarket
**supervisor, -a** (*m.,f.*)   supervisor
**suponer**   to suppose (*conj. like* **poner**)   to suppose
**sur** (*m.*)   South
**suroeste**   Southwest
**suyo(-s), suya(-s)** (*pron.*)   yours, his, hers, theirs

**T**

**tacaño, -a**   stingy
**talonario de cheques** (*m.*)   checkbook
**talla** (*f.*)   size

**taller** (*m.*)   repair shop

**también**   also, too

**tampoco**   neither, not either

**tan**   as, so

**tanque** (*m.*)   tank

**tanto, -a**   so much

**taquígrafo, -a** (*m.,f.*)
  stenographer

**tarde**   late

**tarde** (*f.*)   afternoon

**tarea** (*f.*)   homework

**tarifa** (*f.*)   rate

**tarjeta** (*f.*)   card; **— de crédito**
  credit card; **— de turista**   tourist
  card; **— postal**   postcard

**taxi** (*m.*)   taxi

**taza** (*f.*)   cup

**tazón** (*m.*)   bowl

**te** (*pron.*)   you (*fam.*), to you (*to*)
  yourself

**té** (*m.*)   tea

**teatro** (*m.*)   theater

**techo** (*m.*)   roof

**tela** (*f.*)   fabric

**teléfono** (*m.*)   telephone

**telégrafo** (*m.*)   telegraph

**telegrama** (*m.*)   telegram

**telenovela** (*f.*)   soap opera

**televisión** (*f.*)   television

**televisor** (*m.*)   television set

**tema** (*m.*)   subject, theme

**temer**   to fear, be afraid

**templo** (*m.*)   temple

**temporada** (*f.*)   season

**temprano**   early

**tender** (e>ie)   to tend

**tenedor** (*m.*)   fork

**tenedor, -a de libro** (*m.,f.*)
  bookkeeper

**tener**   to have; **tener... años**   to
  be . . . years old; **— calor**   to be
  warm; **— frío**   to be cold; **—
  hambre**   to be hungry; **— miedo**
  to be afraid; **— prisa**   to be in a
  hurry; **— razón**   to be right;
  **— sed**   to be thirsty; **— sueño**
  to be sleepy; **—... de atraso**   to
  be late, behind; **— de retraso**   to

be late, behind; **— un pinchazo**
  to get a flat tire

**tener que**   to have to

**tenis** (*m.*)   tennis

**teñir** (e>i)   to dye

**tercero, -a**   third

**terminar**   to finish, end

**terraza** (*f.*)   terrace

**terrible**   terrible

**tétano** (*m.*)   tetanus

**ti** (*obj. of prep.*)   you (*fam. sing.*)

**tía**   aunt

**tiburón** (*m.*)   shark

**tiempo** (*m.*)   time; weather

**tienda** (*f.*)   store

**tienda de campaña** (*f.*)   tent

**tierra** (*f.*)   land

**tijeras** (*f.*)   scissors

**timbre** (*m.*)   stamp; doorbell

**tímido, -a**   shy

**tinta** (*f.*)   ink

**tinto**   red (*wine*)

**tío**   uncle

**típico, -a**   typical

**tipo** (*m.*)   type; guy

**tirar**   to throw

**tiza** (*f.*)   chalk

**toalla** (*f.*)   towel

**tobillo** (*m.*)   ankle

**tocadiscos** (*m.*)   record player

**tocador** (*m.*)   dresser

**tocar**   to touch; to play (*a musical
  instrument*)

**toda la mañana**   all morning long

**toda la noche**   all night long

**toda la tarde**   all afternoon

**todavía**   yet, still

**todo, -a**   all, whole, entire, every;
  (*pron.*)   everything

**todo el día**   all day long

**todo el mundo**   everybody

**todo el tiempo**   all the time

**todos(as)**   everybody, all

**tomar**   to take; to drink; **— le el
  pelo a alguien**   to tease someone,
  pull someone's leg

**tomate** (*m.*)   tomato

**tontería** (*f.*)   nonsense, foolishness

**tonto, -a**   silly, foolish

**toro**   bull

**toronja** (*f.*)   grapefruit

**torpeza** (*f.*)   stupidity

**torre** (*f.*)   tower

**torta** (*f.*)   cake

**tortilla** (*f.*)   omelette; **— de maíz**
  (*f.*)   Mexican corn tortilla

**trabajador, -a**   hardworking

**trabajar**   to work

**trabajo** (*m.*)   work, job

**traducción** (*f.*)   translation

**traducir**   to translate

**traductor, -a** (*m.,f.*)   translator

**traer**   to bring

**tragar**   to swallow

**trágico, -a**   tragic

**traje** (*m.*)   suit

**traje de baño** (*m.*)   bathing suit

**transacción** (*f.*)   transaction

**trasbordar**   to transfer

**trasladar**   to transfer

**tratamiento** (*m.*)   treatment

**tratar**   to try

**trece**   thirteen

**treinta**   thirty

**tren** (*m.*)   train

**tres**   three

**trescientos**   three hundred

**trigo** (*m.*)   wheat

**trimestre** (*m.*)   quarter

**triste**   sad

**tristeza** (*f.*)   sadness

**triunfar**   to triumph

**trozo** (*m.*)   piece

**trucha** (*f.*)   trout

**tu**   your (*fam. sing.*)

**tú**   you (*fam. sing.*)

**turismo** (*m.*)   tourism

**turista** (*m.,f.*)   tourist

**turno** (*m.*)   appointment

**tuyo(-s), tuya(-s)** (*pron.*)   yours
  (*fam. sing.*)

# U

**últimamente**   lately

**último, -a**   last

un(a) (*m.,f.*)   a, an, one
un rato   a short while
un poco (de)   a little (of)
único, -a   only, unique; lo —   the only thing
unido, -a   united
uniforme (*m.*)   uniform
unir   to unite
universidad (*f.*)   university
uno (*m.*)   one
urólogo (*m.,f.*)   urologist
uruguayo, -a   Uruguayan
usar   to wear; to use
uso (*m.*)   use, usage
usted (*abr.* **Ud.**)   you (*form.*)
ustedes (*abr.* **Uds.**)   you (*pl.*)
uva (*f.*)   grape

## V

vacaciones (*f. pl.*)   vacation; de —   on vacation
vacante   vacant
vacío, -a   empty
vacuna (*f.*)   vaccination
vagón (*m.*)   coach
¡Vale!   Okay!
valer   to be worth
válido, -a   valid
valija (*f.*)   suitcase
valorado, -a   appraised
valla (*f.*)   fence
¡vamos!   come on!; let's go!
vaquero, -a (*m.,f.*)   cowboy, cowgirl
varios, -as   several, various
vascuence (*m.,f.*)   Basque
vaso (*m.*)   glass

vecino, -a   neighbor
veinte   twenty
velocidad (*f.*)   speed; — máxima   speed limit
vendar   to bandage
vender   to sell
venir   to come
ventana (*f.*)   window
ventanilla (*f.*)   window (*of a vehicle*)
ventoso, -a   windy
ver   to see; a —   let's see
verano (*m.*)   summer
verdad (*f.*)   truth
verde   green
verdura (*f.*)   vegetable
vergüenza (*f.*)   shame
vermut (*m.*)   vermouth
vertir (e>ie)   to pour
vestido (*m.*)   dress
vestir(se) (e>i)   to dress, get dressed
vez (*f.*)   time
vía aérea   air mail
viajar   to travel
viaje (*m.*)   trip
viajero, -a   traveler
vida (*f.*)   life
vidriera (*f.*)   window
viejo, -a (*adj.*)   old; (*n.m.*)   old man, old woman
viento (*m.*)   wind
viernes (*m.*)   Friday
vinagre (*m.*)   vinegar
vino (*m.*)   wine
viña (*f.*)   vineyard
violento, -a   violent
violeta (*f.*)   violet

virar   to turn over
visa (*f.*)   visa
visitador, -a social (*m.,f.*)   social worker
visitar   to visit
vista (*f.*)   view
visto, -a (*p.p.* of **ver** *and adj.*)   seen
viuda   window
viudo   widower
¡Viva... !   ¡Long live . . . !
vivir   to live
volante (*m.*)   steering wheel
volar (o>ue)   to fly
voltear   to turn over
volver (o>ue)   to return
vosotros, -as (*m.,f.*)   you (*inf. pl.*)
voz (*f.*)   voice
vuelo (*m.*)   flight
vuelto (*m.*)   change
vuestro, -a   your (*inf. pl.*)
vuestro, -a (*pron.*)   yours (*fam. pl.*)

## Y

y   and
ya   already
ya que   since
ya verás   you'll see
yerno   son-in-law
yo   I

## Z

zanahoria (*f.*)   carrot
zapatería (*f.*)   shoe store
zapatero, -a (*m.,f.*)   shoemaker
zapato (*m.*)   shoe
zoología (*f.*)   zoology

## English-Spanish

### A

**a**  un, -a
**ability**  habilidad (*f.*)
**about**  acerca (de), a eso (de), sobre
**above all**  sobre todo
**accelerator**  acelerador (*m.*)
**accept**  aceptar
**accident**  accidente (*m.*)
**accomplish**  realizar, llevar a cabo
**according (to)**  según
**account**  cuenta (*f.*)
**accounting**  contabilidad (*f.*)
**ache**  doler (o>ue)
**activity**  actividad (*f.*)
**actor**  actor
**actress**  actriz
**ad**  anuncio (*m.*), aviso (*m.*)
**add**  agregar, añadir
**address**  dirección (*n.f.*), domicilio (*n.m.*)
**address**  dirigirse (a)
**administrative**  administrativo, -a
**advice**  consejo (*m.*)
**advisor**  consejero, -a (*m.,f.*)
**affair**  asunto (*m.*)
**affectionately**  afectuosamente
**after**  después (de)
**afternoon**  tarde (*f.*); **all afternoon** toda la tarde
**afternoon snack**  merienda (*f.*)
**again**  otra vez
**against**  contra
**age**  edad (*f.*)
**agent**  agente (*m.,f.*)
**agree**  estar de acuerdo, convenir
**agricultural**  agrícola
**air conditioner**  aire acondicionado (*m.*)
**air force**  fuerza aérea (*f.*)

**air mail**  vía aérea
**airport**  aeropuerto (*m.*)
**aisle**  pasillo (*m.*)
**alcoholic**  alcohólico, -a
**all**  todos, -as
**allergic**  alérgico, -a
**allow**  dejar
**all right**  está bien
**almost**  casi
**alone**  solo, -a
**already**  ya
**also**  también
**although**  aunque
**always**  siempre
**ambulance**  ambulancia (*f.*)
**among**  entre
**amusement**  diversión (*f.*)
**amusing**  divertido, -a
**an**  un, -a
**analysis**  análisis (*m.*)
**and**  y, e
**anesthesia**  anestesia (*f.*)
**angel**  ángel (*m.*)
**ankle**  tobillo (*m.*)
**anniversary**  aniversario (*m.*)
**announce**  anunciar
**another**  otro, -a
**answer**  contestar, responder
**anthropology**  antropología (*f.*)
**any**  alguno, -a; cualquier, -a
**apartment**  apartamento (*m.*)
**appendicitis**  apendicitis (*m.*)
**apple**  manzana (*f.*)
**application**  solicitud (*f.*)
**apply**  solicitar
**appointment**  turno (*m.*)
**appreciate**  apreciar
**April**  abril
**argue**  discutir

**arm**  brazo (*m.*), arma (*f.*)
**armchair**  sillón (*m.*), butaca (*f.*)
**around**  alrededor (de), por
**architect**  arquitecto (*m.,f.*)
**arrange**  arreglar
**arrival**  llegada (*f.*)
**arrive**  llegar
**art**  arte (*m.*)
**article**  artículo (*m.*)
**as**  como, tan
**as soon as**  en cuanto
**as soon as possible**  lo antes posible
**as usual**  como siempre
**ask**  (*question*) preguntar; (*request*) pedir (e>i)
**aspirin**  aspirina (*f.*)
**assets**  propiedad personal (*f.*)
**assist**  ayudar
**assistant**  ayudante (*m.,f.*)
**astronomy**  astronomía (*f.*)
**at**  en; — **the same time**  al mismo tiempo
**athlete**  atleta (*m.,f.*)
**August**  agosto
**aunt**  tía
**automatic**  automático, -a
**autopsy**  autopsia (*f.*)
**autumn**  otoño (*m.*)
**avenue**  avenida (*f.*)
**average**  promedio (*m.*)

### B

**back**  espalda (*f.*)
**backyard**  patio (*m.*)
**bad(ly)**  malo, -a (*adj.*); mal (*adv.*)
**bad breath**  mal aliento (*m.*)
**baggage room**  sala de equipajes (*f.*)

**baker**   panadero, -a (*m.,f.*)

**bakery**   panadería (*f.*)

**baking powder**   polvo de hornear (*m.*)

**bald**   calvo, -a

**ball**   pelota (*f.*)

**banana**   plátano (*m.*)

**bandage**   vendar

**bank**   banco (*n.m.*); bancario, -a (*adj.*)

**bar**   bar (*m.*)

**barbecue**   asado (*m.*)

**barber**   barbero, -a (*m.,f.*)

**barber shop**   barbería (*f.*)

**bark**   ladrar

**baseball glove**   guante de pelota (*m.*)

**basketball**   básquetbol (*m.*)

**Basque**   vascuence (*m.,f.*)

**bathe**   bañar(se)

**bathing suit**   traje de baño (*m.*)

**bathroom**   baño (*m.*)

**battery**   batería (*f.*), acumulador (*m.*)

**battle**   batalla (*f.*)

**be**   estar, ser, quedar; — **able** poder; — **afraid**   tener miedo; — **behind**   tener... de atraso; — **born**   nacer; — **cold**   tener frío; — **cold** (*weather*)   hacer frío; — **hot** (*weather*)   hacer calor; — **hungry**   tener hambre; — **in a hurry**   tener prisa; — **late** llegar tarde; — **right**   tener razón; — **sleepy**   tener sueño; — **sunny**   hacer sol; — **thirsty** tener sed; **warm**   tener calor; — **windy**   hacer viento; — ... **years old**   tener (cumplir) ... años

**beach**   playa (*f.*)

**bean**   frijol (*m.*)

**beard**   barba (*f.*)

**beat**   batir

**beautiful**   precioso, -a, bello, -a, hermoso, -a

**beauty parlor**   peluquería (*f.*), salón de belleza (*m.*)

**become**   ponerse + *adj.*

**bed**   cama (*f.*)

**bedroom**   dormitorio (*m.*), alcoba (*f.*), cuarto (*m.*), recámara (*f.*) (*Mex.*)

**bedspread**   sobrecama (*f.*)

**beer**   cerveza (*f.*)

**before**   antes (de)

**beg**   rogar (o>ue)

**begin**   empezar (e>ie), comenzar (e>ie)

**behind**   detrás

**behind** (*schedule*)   atrasado, -a

**believe**   creer, pensar (e>ie)

**bellboy**   botones (*m.*)

**bell pepper**   ají (*m.*)

**belly**   barriga (*f.*)

**belong**   pertenecer

**below**   abajo, debajo de

**bend**   doblar

**berth**   litera (*f.*)

**besides**   además

**best**   (el, la) mejor

**better**   mejor

**between**   entre

**bicycle**   bicicleta (*f.*)

**big**   grande

**bilingual**   bilingüe

**bill**   cuenta (*f.*); billete (*m.*)

**biology**   biología (*f.*)

**bird**   pájaro (*m.*)

**birth**   nacimiento (*m.*)

**birthday**   cumpleaños (*m.*)

**black**   negro, -a

**blackboard**   pizarra (*f.*)

**blanket**   frazada (*f.*)

**bleed**   sangrar

**block**   cuadra (*f.*)

**blond**   rubio, -a

**blood**   sangre (*f.*)

**blouse**   blusa (*f.*)

**blue**   azul

**blurred**   borroso, -a

**boarding house**   pensión (*f.*)

**boat**   barco (*m.*)

**boil**   hervir (e>ie)

**book**   libro (*m.*)

**bookkeeper**   tenedor, -a de libros (*m.,f.*)

**bore**   aburrir

**boring**   aburrido, -a

**borrow**   pedir prestado (e>i)

**botany**   botánica (*f.*)

**bother**   molestar

**bottle**   botella (*f.*)

**bouquet**   ramo (*m.*)

**bowl**   tazón (*m.*)

**box**   caja (*f.*)

**boy**   muchacho, chico

**brake**   freno (*m.*)

**branch**   sucursal (*f.*)

**brand**   marca (*f.*)

**bread**   pan (*m.*)

**bread crumbs**   pan rallado (*m.*)

**break**   romper, quebrarse (e>ie)

**breakfast**   desayuno (*m.*)

**breast**   pecho (*m.*)

**brief**   breve

**bring**   traer

**broken**   roto, -a; quebrado, -a

**broom**   escoba (*f.*)

**brother**   hermano

**brother-in-law**   cuñado

**brown**   marrón, café

**brunette**   moreno, -a

**brush**   cepillo (*n.m.*); cepillar(se)

**building**   edificio (*m.*)

**bull**   toro

**bullfight**   corrida (*f.*)

**bus**   ómnibus (*m.*)

**business**   asunto (*m.*), negocio (*m.*)

**businessman**   hombre de negocios

**busy**   ocupado, -a

**but**   pero, sino

**butter**   mantequilla (*f.*)

**buy**   comprar; — (**get**) **a ticket** sacar pasaje

## C

**cabin**   cabaña (*f.*)

**cafeteria**   cafetería (*f.*)

**cake**   torta (*f.*)

**calculator**   calculadora (*f.*)

**call**   llamar

**calm**   sereno, -a

**camera**   cámara fotográfica (*f.*)

**camp**   acampar
**can**   lata (*f.*), bote (*m.*) (*Mex.*)
**cancel**   cancelar
**candy**   dulce (*m.*)
**candy shop**   dulcería (*f.*)
**capable**   capaz
**capacity**   capacidad (*f.*)
**capital**   capital (*f.*)
**car**   carro (*m.*), coche (*m.*),
   automóvil (*m.*)
**caramel**   caramelo (*m.*)
**carburetor**   carburador (*m.*)
**card**   tarjeta (*f.*)
**cardiologist**   cardiólogo, -a (*m.,f.*)
**career**   carrera (*f.*)
**carnation**   clavel (*m.*)
**carpenter**   carpintero, -a (*m.,f.*)
**carpet**   alfombra (*f.*)
**carrot**   zanahoria (*f.*)
**carry off**   llevarse
**case**   caso (*m.*)
**cash**   cobrar; al contado
**cashier**   cajero, -a (*m.,f.*)
**catch up (with)**   ponerse al día
**cause**   causa (*f.*)
**cavity**   carie (*f.*)
**celebrate**   celebrar
**celery**   apio (*m.*)
**cent**   centavo (*m.*)
**certainty**   certidumbre (*f.*)
**certificate**   certificado (*m.*)
**certified**   certificado, -a
**Certified Public Accountant**
   contador público, -a (*m.,f.*)
**chair**   silla (*f.*)
**chalk**   tiza (*f.*)
**champagne**   champán (*m.*)
**change**   cambio (*n.m.*); vuelto (*m.*);
   cambiar
**change one's mind**   cambiar de idea
**channel**   canal (*m.*)
**chapter**   capítulo (*m.*)
**character**   personaje (*m.*)
**charming**   simpático, -a
**cheap**   barato, -a
**cheat**   hacer trampa
**check**   cheque (*n.m.*); revisar
**check (out)**   sacar (de)

**checkbook**   talonario de cheques
   (*m.*)
**checking account**   cuenta corriente
   (*f.*)
**cheek**   mejilla (*f.*)
**cheerful**   alegre
**cheers!**   ¡salud!
**cheese**   queso (*m.*)
**chemistry**   química (*f.*)
**chess**   ajedrez (*m.*)
**chest**   pecho (*m.*)
**chest of drawers**   cómoda (*f.*)
**chew**   mascar
**chicken**   pollo (*m.*)
**chief**   jefe, -a (*m.,f.*)
**child**   niño, -a, hijo, -a (*m.,f.*)
**childhood**   infancia (*f.*)
**children**   hijos (*m.*)
**Chilean**   chileno, -a
**chin**   barbilla (*f.*)
**Chinese** (*lang.*)   chino (*m.*)
**chocolate**   chocolate (*m.*)
**Christmas**   Navidad (*f.*)
**Christmas Eve**   Nochebuena (*f.*)
**choose**   escoger, elegir (e>i)
**church**   iglesia (*f.*)
**cider**   sidra (*f.*)
**cigarette**   cigarrillo (*m.*)
**citizen**   ciudadano, -a (*m.,f.*)
**city**   ciudad (*f.*)
**claim**   reclamar, retirar
**claim check**   comprobante (*m.*)
**class**   clase (*f.*)
**classified**   clasificado, -a
**classroom**   aula (*f.*), sala de clase
   (*f.*)
**clean**   limpio, -a; limpiar
**cleaning**   limpieza (*f.*)
**clear**   claro, -a
**clerk**   empleado, -a (*m.,f.*)
**client**   cliente, -a (*m.,f.*)
**climate**   clima (*m.*)
**climb**   subir, escalar
**clock**   reloj (*m.*)
**close**   cerrar (e>ie)
**close**   reñido (*adj.*) (*game*)
**closet**   ropero (*m.*)
**clothes**   ropa (*f.*)

**clothing store**   tienda de ropa (*f.*)
**clove**   diente (de ajo) (*m.*)
**club soda**   gaseosa (*f.*)
**coach**   entrenador, -a (*m.,f.*), coche
   (*m.*), vagón (*m.*)
**coal**   carbón (*m.*)
**coat**   abrigo (*m.*)
**cocktail**   cóctel (*m.*)
**coffee**   café (*m.*)
**coffee table**   mesa de centro (*f.*)
**coin**   moneda (*f.*)
**cold**   frío (*m.*); frío, -a (*adj.*)
**coldness**   frialdad (*f.*)
**collect**   cobrar; coleccionar
**college**   facultad (*f.*)
**colonel**   coronel, -a (*m.,f.*)
**color**   color (*m.*)
**comb**   peine (*n.m.*); (*hair*) peinar(se)
**come**   venir (e>ie)
**come on!**   ¡vamos!
**comedian**   comediante (*m.,f.*)
**comfort**   comodidad (*f.*)
**comfortable**   cómodo, -a
**command**   orden (*f.*)
**comment**   comentar
**commit suicide**   suicidarse
**compact**   compacto, -a
**company**   compañía (*f.*)
**competition**   competencia (*f.*)
**complain**   quejarse (de)
**compliment**   piropo (*m.*)
**computer**   computadora (*f.*)
**concert**   concierto (*m.*)
**conclusion**   conclusión (*f.*)
**conduct**   conducir
**confirm**   confirmar
**consist**   consistir (en)
**contact lenses**   lentes de contacto
   (*m.*)
**content**   contento, -a
**continue**   continuar, seguir (e>i)
**contract**   contrato (*m.*)
**contrary**   contrario, -a; **on the —**
   al contrario
**contribute**   contribuir
**conversation**   conversación (*f.*)
**converse**   conversar
**cook**   cocinero, -a (*n.m.,f.*); cocinar

**cool**  enfriar

**copper**  cobre (*m.*)

**corn**  maíz (*m.*)

**corn meal**  harina de maíz (*f.*)

**corner**  rincón (*m.*)

**cost**  costar (o>ue); **— an arm and a leg**  costar un ojo de la cara

**costume**  disfraz (*m.*)

**costume dance**  baile de disfraces (*m.*)

**couch**  sofá (*m.*)

**counselor**  consejero, -a (*m.,f.*)

**count**  contar (o>ue)

**country**  país (*m.*)

**couple**  pareja (*f.*)

**course**  curso (*m.*)

**cousin**  primo, -a (*m.,f.*)

**cover**  cubrir

**covered (with)**  cubierto, -a (de)

**cowboy**  vaquero (*m.*)

**crab**  cangrejo (*m.*)

**crazy**  loco, -a

**cream**  crema (*f.*)

**credit card**  tarjeta de crédito (*f.*)

**cross**  cruz (*f.*); cruzar

**Cuban**  cubano, -a

**cup**  taza (*f.*)

**curl**  rizo (*m.*)

**curler**  rizador (*m.*)

**current**  corriente

**curtain**  cortina (*f.*)

**curve**  curva (*f.*)

**custard**  flan (*m.*)

**custom**  costumbre (*f.*)

**customer**  cliente, -a (*m.,f.*)

**customs**  aduana (*f.*)

**cut (oneself)**  cortar(se)

## D

**daily**  diario, -a

**dairy product**  producto lácteo (*m.*)

**daisy**  margarita (*f.*)

**dance**  baile (*n.m.*); bailar

**dandruff**  caspa (*f.*)

**dark**  oscuro, -a

**darling**  cariño, querido, -a

**date**  fecha (*n.f.*); cita (*n.f.*); fechar

**daughter**  hija

**daughter-in-law**  nuera

**day**  día (*m.*); **all day long**  todo el día

**dead**  muerto, -a

**deal**  asunto (*m.*)

**dear**  querido, -a

**death**  muerte (*f.*)

**debt**  deuda (*f.*)

**December**  diciembre

**decide**  decidir

**declare**  declarar

**deer**  ciervo

**defend**  defender (e>ie)

**degree**  grado (*m.*)

**delay**  retraso (*m.*)

**deliver**  entregar

**dental floss**  hilo dental (*m.*)

**dented**  abollado, -a

**dentist**  dentista (*m.,f.*)

**deny**  negar (e>ie)

**department**  departamento (*m.*)

**departure**  salida (*f.*)

**depend (on)**  depender (de)

**deposit**  depositar

**deposit slip**  modelo de depósito (*m.*)

**dermatologist**  especialista de la piel (*m.,f.*)

**descend**  bajar

**desert**  desierto (*m.*)

**desk**  escritorio (*m.*)

**dessert**  postre (*m.*)

**developed**  desarrollado, -a

**diabetes**  diabetes (*f.*)

**diabetic**  diabético, -a

**dictation**  dictado (*m.*)

**die**  morir (o>ue)

**diet**  dieta (*f.*); **to go on a diet**  ponerse a dieta

**difference**  diferencia (*f.*)

**different**  diferente, nuevo, -a, distinto, -a

**difficult**  difícil

**dining car**  coche-comedor (*m.*)

**dining room**  comedor (*m.*)

**dinner**  cena (*f.*); **have dinner or supper**  cenar

**director**  jefe, -a (*m.,f.*)

**dirty**  sucio, -a

**discount**  descuento (*m.*)

**discover**  descubrir

**discuss**  discutir

**disease**  enfermedad (*f.*)

**dish**  plato (*m.*)

**dishwasher**  lavaplatos (*m.*)

**disinfect**  desinfectar

**disposition**  disposición (*f.*)

**divide**  dividir

**divorced**  divorciado, -a

**dizziness**  mareo (*m.*)

**do**  hacer

**doctor**  doctor, -a (*m.,f.*)

**doctor's office**  consultorio (*m.*)

**document**  documento (*m.*)

**dog**  perro, -a (*m.,f.*)

**dollar**  dólar (*m.*)

**door**  puerta (*f.*)

**double**  doble

**double boiler**  baño María (*m.*)

**doubt**  duda (*n.f.*); dudar

**doubtful**  dudoso, -a

**due to**  debido a

**during**  durante

**down**  abajo

**downstairs**  abajo

**downtown**  centro (*m.*)

**dozen**  docena (*f.*)

**drama**  drama (*m.*)

**dream**  sueño (*m.*)

**dress**  vestido (*m.*)

**dresser**  tocador (*m.*)

**drink**  bebida (*n.f.*); tomar, beber

**drive**  conducir, manejar

**driver's license**  licencia para conducir (*f.*)

**drizzle**  lloviznar

**drowned**  ahogado, -a

**drunk**  borracho, -a

**dry**  secar

**dust**  polvo (*n.m.*); sacudir

**dye**  teñir (e>i)

## E

**each**  cada

**ear**  oído (*m.*), oreja (*f.*)

early   temprano
earn   ganar
ease   facilidad (*f.*)
East   este (*m.*)
Easter   Pascua Florida (*f.*)
easy   fácil
eat   comer
economics   economía (*f.*)
economist   economista (*m.,f.*)
efficiency   eficiencia (*f.*)
efficient   eficiente
effort   esfuerzo (*m.*)
egg   huevo (*m.*)
eight   ocho
eighteen   diez y ocho
eighth   octavo, -a
eight hundred   ochocientos
eighty   ochenta
elbow   codo (*m.*)
elect   elegir (e>i)
electric   eléctrico, -a
electrician   electricista (*m.,f.*)
electricity   electricidad (*f.*)
elegant   elegante
elevator   ascensor (*m.*); elevador
   (*m.*)
eleven   once
embassy   embajada (*f.*)
emergency   emergencia (*f.*); —
   room   sala de emergencia (*f.*)
emperor   emperador (*m.*)
employ   emplear
empty   vacío, -a
end   fin (*m.*)
engineer   ingeniero (*m.*)
English (language)   inglés (*m.*);
   inglés, inglesa
enjoy   gozar
enormous   enorme
enough   suficiente
enter   entrar (en, a)
entertain   entretener (e>ie)
entrance   entrada (*f.*)
envy   envidia (*f.*)
er . . .   este...
eraser   borrador (*m.*)
escalator   escalera mecánica (*f.*)
even   aun, hasta

evening   noche (*f.*)
evening gown   vestido de noche (*m.*)
ever   alguna vez
everybody   todos, -as
everywhere   por todas partes
exaggerate   exagerar
exam   examen (*m.*)
examination   examen (*m.*)
examine   examinar
example   ejemplo (*m.*); for —   por
   ejemplo
excellent   excelente
except   excepto
exception   excepción (*f.*)
excess   exceso (*m.*)
exchange   cambio (*m.*); cambiar
excited   entusiasmado, -a; excitado,
   -a
excitement   animación (*f.*)
exit   salida (*f.*)
expensive   caro, -a
experience   experiencia (*f.*)
experiment   experimentar
explain   explicar
explanation   explicación (*f.*)
export   exportación (*f.*)
express (train)   expreso (*m.*), rápido
   (*m.*)
extract   extraer
extraordinary   extraordinario, -a
extremely   sumamente,
   extremadamente
eye   ojo (*m.*)
eye doctor   oculista (*m.,f.*)
eyebrow   ceja (*f.*)
eyelash   pestaña (*f.*)

**F**

fabric   tela (*f.*)
face   cara (*f.*), rostro (*m.*);
   enfrentarse
fact: the — is . . .   es que...
failure   fracaso (*m.*)
faint   desmayarse, desfallecer
faithful   fiel
fall   caer(se)
fall asleep   dormirse (o>ue)

fall in love (with)   enamorarse (de)
familiar   familiar
family   familia (*f.*)
family room   salón de estar (*m.*)
famous   famoso, -a
fantastic   estupendo, -a; fantástico,
   -a
far   lejos
fare   pasaje (*m.*)
fashion   moda (*f.*)
fashion magazine   figurín (*m.*)
fat   gordo, -a
father   padre
father-in-law   suegro
favorite   favorito, -a
fear   temer
February   febrero
feel   sentir(se) (e>ie)
feeling   sentimiento (*m.*)
fender   guardafango (*m.*)
few   pocos, -as
field   campo (*m.*)
fight   pelea (*f.*), lucha (*f.*); luchar,
   pelear, reñir (e>i)
fifteen   quince
fifth   quinto, -a
fifty   cincuenta
fill   llenar; — (*cavity*)   empastar;
   — (*a vacancy*)   ocupar(se)
filter   filtro (*m.*)
finally, at last   por fin
financial   económico, financiero
find   encontrar (o>ue)
find out   enterarse, averiguar
finger   dedo (*m.*)
finish   concluir, terminar, acabar
fire   lumbre (*f.*), fuego (*m.*),
   incendio (*m.*)
firefighter   bombero (*m.*)
firm   firma (*f.*)
first   primer, primero, -a; at —   al
   principio
fish   pez, pescado (*m.*); pescar
fishing   pesca (*f.*); to go —   ir de
   pesca
fishing rod   caña de pescar (*f.*)
fit   caber; to fit, to suit   quedar
fitting room   probador (*m.*)

five   cinco
five hundred   quinientos
fix   arreglar
fixed   fijo, -a
flat tire   pinchazo (*m.*)
flavor   sabor (*m.*)
flight   vuelo (*m.*)
float   carroza (*f.*)
floor   piso (*m.*)
flower   flor (*f.*)
fly   mosca (*f.*); volar (o>ue)
fog   niebla (*f.*)
folder   carpeta (*f.*)
follow   seguir (e>i)
following   siguiente, sucesivo, -a
foot   pie (*m.*)
football   fútbol (*m.*)
for   para, por, pues
forehead   frente (*f.*)
foreigner   extranjero, -a (*m.*,*f.*)
forget   olvidar(se)
forgive   perdonar
fork   tenedor (*m.*)
form   planilla (*f.*)
former   antiguo, -a
fortune   fortuna (*f.*)
forty   cuarenta
found   fundar
four   cuatro
four hundred   cuatrocientos
fourteen   catorce
fourth   cuarto, -a
France   Francia (*f.*)
free   libre, gratis
freeway   autopista (*f.*)
frequent   frecuente
Friday   viernes (*m.*)
fried   frito, -a
friend   amigo, -a (*m.*,*f.*)
from   de, desde
fruit   fruta (*f.*)
fruit trees   árboles frutales (*m.*)
fry   freír
frying pan   sartén (*f.*)
full   lleno, -a
full of people   concurrido, -a
function   funcionar
funeral home   funeraria (*f.*)

furious   furioso, -a
furniture   muebles (*m.*)

## G

gallantry   piropo (*m.*)
game   partido (*f.*)
garage   garaje (*m.*)
garbageman   basurero (*m.*)
garden   jardín (*m.*)
gargle   hacer gárgaras
garlic   ajo (*m.*)
gasoline   gasolina (*f.*)
gear shift   cambio de velocidades (*m.*)
Gee   caramba, caray
gelatin   gelatina (*f.*)
general   general
gentleman   caballero
geographical relief   relieve geográfico (*m.*)
geography   geografía (*f.*)
geology   geología (*f.*)
germ   microbio (*m.*)
German (**language**)   alemán (*m.*)
get   conseguir (e>i), obtener; — dressed vestirse; — married casarse; — old envejecer; — (**something**) dirty ensuciar; — together reunirse; — undressed desvestirse; — up levantarse; — up early madrugar; — used (to) acostumbrarse (a)
gift   regalo (*m.*)
girdle   faja (*f.*)
girl   chica
girlfriend   novia, amiga
give   dar; — (**a gift**) regalar; — service to atender (e>ie)
glad   contento, -a; be — alegrarse de
glance   mirada (*f.*)
glass   vaso (*m.*)
glasses   gafas (*f.*), anteojos (*m.*), espejuelos (*m.*)
glove   guante (*m.*)
glove compartment   portaguantes (*m.*)

go   ir; — by pasar; — down bajar; — for a walk or a ride pasear; — out salir; — to bed acostarse; — up subir; — away irse; — in entrar (en, a)
goblet   copa (*f.*)
God   Dios
God grant   ojalá
godson   ahijado
gold   oro (*m.*)
golden (**brown**)   dorado, -a
golf   golf (*m.*)
golf club   palo de golf (*m.*)
good   bueno, -a
good afternoon   buenas tardes
good-bye   adiós
good evening   buenas noches
good morning   buenos días, buen día
good night   buenas noches
grade   nota (*f.*)
grade school   escuela primaria (*f.*)
graduate   recibirse (de), graduarse
granddaughter   nieta
grandfather   abuelo
grandmother   abuela
grandson   nieto
grape   uva (*f.*)
grapefruit   toronja (*f.*)
grate   rallar
great   gran, grande; estupendo, -a
green   verde
greet   saludar
greeting   saludo (*m.*)
grey   gris; — hair cana (*f.*)
grind   moler
groceries   comestibles (*m.*)
ground   molido, -a
grow   crecer, cultivar
guide   guiar
gum   encía (*f.*)
gynecologist   ginecólogo, -a (*m.*,*f.*)
gypsy   gitano, -a

## H

habit   costumbre (*f.*), hábito (*m.*)
hair   pelo (*m.*), cabello (*m.*)

**haircut**   corte (*m.*)
**hairdo**   peinado (*m.*)
**hairdresser**   peluquero, -a (*m.,f.*)
**hair dryer**   secador (*m.*)
**half**   medio, -a (*adj.*); mitad (*n.f.*)
**hallway**   pasillo (*m.*), corredor (*m.*)
**ham**   jamón (*m.*)
**hamburger**   hamburguesa (*f.*)
**hand**   mano (*f.*)
**handbag**   bolso de mano (*m.*)
**handkerchief**   pañuelo (*m.*)
**hand luggage**   maletín (*m.*)
**handsome**   guapo, -a
**happen**   suceder, pasar, ocurrir
**happiness**   felicidad (*f.*)
**happy**   feliz, contento, -a
**happy-go-lucky**   despreocupado, -a
**hard**   duro, -a
**hardly**   apenas
**hard worker**   trabajador, -a
**hat**   sombrero (*m.*)
**have**   poseer, tener, haber (*aux.*);
   **— a good time**   divertirse; **— a
   nice trip**   Buen viaje; **— a seat**
   tome asiento; **— breakfast**
   desayunar; **— dinner**   cenar; **—
   just**   acabar de; **— lunch**
   almorzar; **— to**   tener que
**he**   él
**head**   cabeza (*f.*)
**headache**   dolor de cabeza (*m.*)
**hear**   oír
**heart**   corazón (*m.*)
**heat**   calentar (e>ie)
**heaven**   cielo (*m.*)
**heavy**   pesado, -a
**hello**   hola
**help**   ayudar
**her**   su(s) (*adj.*)
**here**   aquí
**hers**   suyo, -a, suyos, -as; (el, la,
   los, las) de ella
**high**   alto, -a
**highway**   carretera (*f.*)
**hip**   cadera (*f.*)
**hire**   emplear
**his**   su(s) (*adj.*)

**his**   suyo, -a, suyos, -as; (el, la, los,
   las) de él
**history**   historia (*f.*)
**holiday**   feriado (*m.*)
**Holy Week**   Semana Santa (*f.*)
**home**   hogar (*m.*), casa (*f.*)
**home economics**   economía
   doméstica (*f.*)
**homeland**   patria (*f.*)
**homely**   feo, -a
**homework**   tarea (*f.*)
**honey**   miel (*f.*)
**hood**   capucha (*f.*), capó (*m.*)
   cubierta (*f.*)
**hope**   esperar; **it is to be hoped**   es
   de esperar
**hors d'œuvres**   entremeses (*m.*)
**horse**   caballo
**hospital**   hospital (*m.*)
**hot**   caliente
**hot water bottle**   bolsa de agua
   caliente (*f.*)
**hour**   hora (*f.*)
**house**   casa (*f.*)
**how**   cómo, qué
**How goes it?**   ¿Qué tal?
**how long**   cuánto tiempo
**how many**   cuántos, -as
**how much**   cuánto, -a
**however**   sin embargo
**hug**   abrazo (*m.*); abrazar
**human**   humano, -a
**humid**   húmedo, -a
**hundred, one (a) hundred**   cien,
   ciento
**hunger**   hambre (*f.*)
**hunt**   cazar
**hurry**   apresurarse, darse prisa
**hurt**   doler (o>ue), lastimar(se)
**husband**   esposo

**I**

**I**   yo
**ice**   hielo (*m.*)
**ice cream**   helado (*m.*)
**iced**   helado, -a

**ice pack**   bolsa de hielo (*f.*)
**idea**   idea (*f.*)
**if**   si
**illiterate**   analfabeto, -a
**immediately**   inmediatamente
**import**   importación (*f.*)
**importance**   auge (*m.*), importancia
   (*f.*)
**important**   importante
**impossible**   imposible
**(im)probable**   (im)probable
**improvement**   mejora (*f.*)
**in**   en, dentro, dentro de
**(in) cash**   (en) efectivo
**in charge**   encargado, -a
**in front of**   frente a
**in love**   enamorado, -a
**in order**   en regla
**in spite of**   a pesar de
**in (within)**   dentro (de)
**inch**   pulgada (*f.*)
**include**   incluir
**increase**   aumento (*m.*); aumentar
**incredible**   increíble
**independence**   independencia (*f.*)
**Indian**   indio, -a
**inexpensive**   barato, -a
**infected**   infectado, -a
**inferior**   inferior
**inflation**   inflación (*f.*)
**influence**   influir
**information**   información (*f.*)
**inhabitant**   habitante (*m.,f.*)
**injection**   inyección (*f.*)
**ink**   tinta (*f.*)
**inside**   adentro
**insist**   insistir
**inspector**   inspector, -a (*m.,f.*)
**install**   instalar; **on installments**   a
   plazos
**instead of**   en lugar de, en vez de
**insurance**   seguro (*m.*)
**insure**   asegurar
**intelligent**   inteligente
**interest**   interés (*m.*)
**interesting**   interesante
**interior**   interior

**interpreter**   intérprete (*m.,f.*)
**interview**   entrevistar
**introduce**   presentar
**invent**   inventar
**invite**   invitar
**iron**   hierro (*m.*); planchar
**irresistible**   irresistible
**island**   isla (*f.*)
**Italian**   italiano, -a
**its**   su(s) (*adj.*)

**J**

**jacket**   chaqueta (*f.*)
**jail**   cárcel (*f.*), prisión (*f.*)
**janitor**   portero, -a (*m.,f.*)
**January**   enero
**Japanese** (*lang.*)   japonés (*m.*)
**job**   empleo (*m.*)
**joint account**   cuenta conjunta (*f.*)
**joke**   bromear
**journalist**   periodista (*m.,f.*)
**judge**   juzgar; juez (*n.m.,f.*)
**juice**   jugo (*m.*)
**July**   julio
**June**   junio
**justify**   justificar

**K**

**keep**   guardar
**key**   llave (*f.*)
**kid**   bromear
**kill**   matar
**kilogram**   kilo, kilogramo (*m.*)
**kilometer**   kilómetro (*m.*)
**kiss**   besar
**kitchen**   cocina (*f.*)
**knee**   rodilla (*f.*)
**knife**   cuchillo (*m.*)
**knight**   caballero
**know**   conocer, saber

**L**

**lack**   faltar
**ladder**   escalera (*f.*)
**lake**   lago (*m.*)

**lamb**   cordero (*m.*)
**lament**   lamentar
**lamp**   lámpara (*f.*)
**land**   tierra (*f.*)
**landscape**   paisaje (*m.*)
**language**   idioma (*m.*)
**lard**   manteca (*f.*)
**large**   grande
**last**   último, -a (*adj.*); durar; **at —**
    por fin; **— night**   anoche
**late**   tarde
**lately**   últimamente
**later**   después, más tarde, luego
**laugh**   reír (e>i)
**law**   ley (*f.*)
**lawn**   césped (*m.*), zacate (*m.*)
    (*Mex.*)
**lawyer**   abogado, -a (*m.,f.*)
**lead**   plomo (*m.*)
**leaf**   hoja (*f.*)
**learn**   aprender, averiguar, saber
**least: at —**   por lo menos
**leather**   cuero (*m.*)
**leave**   dejar, salir
**left**   izquierdo, -a
**leg**   pierna (*f.*)
**lemonade**   limonada (*f.*)
**lemon tree**   limonero (*m.*)
**Lent**   cuaresma (*f.*)
**less**   menos
**lesson**   lección (*f.*)
**letter**   carta (*f.*)
**lettuce**   lechuga (*f.*)
**level**   nivel (*m.*)
**liar**   mentiroso, -a (*m.,f.*)
**librarian**   bibliotecario, -a (*m.,f.*)
**library**   biblioteca (*f.*)
**liberty**   libertad (*f.*)
**license plate**   chapa (*f.*)
**lie**   mentir (e>ie)
**life**   vida (*f.*)
**lifeguard**   salvavidas (*m.*)
**light**   lumbre (*f.*), luz (*f.*), foco (*m.*)
**like**   como
**likely**   probable, fácil
**like this** (**that**)   así
**line**   línea (*f.*)

**lip**   labio (*m.*)
**list**   lista (*f.*)
**listen** (**to**)   escuchar
**literature**   literatura (*f.*)
**little** (*quantity*)   poco, -a; (*size*)
    pequeño, -a
**live**   vivir
**living**   vida (*f.*)
**living room**   sala (*f.*)
**loan**   préstamo (*m.*)
**lobster**   langosta (*f.*)
**locked in**   encerrado, -a
**long**   largo, -a
**long live . . . !**   ¡Viva... !
**look**   mirar, parecer
**look for**   buscar
**look like**   parecerse (a)
**lose**   perder (e>ie)
**love**   amor (*n.m.*), cariño (*n.m.*);
    sentimental (*adj.*); amar, querer
    (e>ie)
**low**   bajo, -a; **at low temperature**
    a fuego lento
**lower berth**   litera baja (*f.*)
**luck**   suerte (*f.*)
**luggage**   equipaje (*m.*)
**lunch**   almuerzo (*m.*)

**M**

**M.D.**   médico, -a (*m.,f.*)
**machine**   máquina (*f.*)
**Madam**   señora
**made**   hecho, -a
**magazine**   revista (*f.*); **fashion —**
    figurín (*m.*)
**magnificent**   magnífico, -a
**mail**   correo (*m.*)
**mailman**   cartero (*m.*)
**main**   principal
**major**   mayor (*m.,f.*), especialización
    (*f.*), especialidad (*f.*)
**majority**   mayoría (*f.*)
**make**   hacer; **— a phone call**
    llamar por teléfono; **— an**
    **appointment**   pedir turno (e>i)
**make up**   hacer las paces

**makeup** maquillaje (*n.m.*)
**male** macho
**man** hombre
**manage** administrar
**manager** gerente (*m.,f.*)
**manger** pesebre (*m.*)
**many** muchos, -as
**map** mapa (*m.*)
**March** marzo
**Mardi Gras** carnaval (*m.*)
**margarine** margarina (*f.*)
**marital status** estado civil (*m.*)
**marked down** rebajado, -a
**market** mercado (*m.*)
**marriage** matrimonio (*m.*)
**married** casado, -a
**martini** martini (*m.*)
**mashed potatoes** puré de papas
**massage** masaje (*m.*)
**match** hacer juego
**mathematics** matemáticas (*f.*)
**matter** importar; **it doesn't matter** no importa
**mattress** colchón (*m.*)
**May** mayo
**maybe** tal vez, puede ser, quizá(s)
**me** me (*dir. and indir. obj.*); mí (*after prep.*)
**meal** comida (*f.*)
**means** medios (*m.*)
**meanwhile** mientras tanto
**measles** sarampión (*m.*)
**meat** carne (*f.*)
**meatball** albóndiga (*f.*)
**meat cutter, butcher** carnicero, -a (*m.,f.*)
**meat market** carnicería (*f.*)
**mechanic** mecánico (*m.*)
**medal** medalla (*f.*)
**medical center** centro médico (*m.*)
**medicine** medicina (*f.*), remedio (*m.*)
**meet** encontrarse (con) (o>ue)
**melon** melón (*m.*)
**melt** derretir (e>i)
**mention** mencionar
**menu** menú (*m.*)

**merry** alegre
**Mexican** mexicano, -a
**Mexican corn tortillas** tortillas de maíz (*f.*)
**microbiology** microbiología (*f.*)
**microscope** microscopio (*m.*)
**middle** mitad (*f.*)
**midnight** medianoche (*f.*)
**midnight mass** Misa del Gallo (*f.*)
**midterm** mitad de curso (*f.*)
**mile** milla (*f.*)
**mileage** millaje (*m.*)
**milk** leche (*f.*)
**milkman** lechero (*m.*)
**million** millón (*m.*)
**millionaire** millonario, -a
**mine** mío, -a, míos, -as (*pron.*)
**mineral water** agua mineral (*f.*)
**minimum** mínimo, -a
**minute** minuto (*m.*)
**mirror** espejo (*m.*)
**Miss, young lady** señorita
**miss** extrañar
**Mister, sir** señor
**mix** mezcla (*f.*); mezclar
**model** modelo (*m.,f.*)
**modern** moderno, -a
**mold** molde (*m.*)
**Mom** mamá
**moment** momento (*m.*), rato (*m.*)
**Monday** lunes (*m.*)
**money** dinero (*m.*), plata (*f.*)
**money order** giro postal (*m.*)
**monkey** mono, -a (*m.,f.*)
**monthly** mensual
**moon** luna (*f.*)
**more** más
**morning** mañana (*f.*); **all — long** toda la mañana
**mortgage** hipoteca (*f.*); hipotecar
**mother** madre
**mother-in-law** suegra
**motor** motor (*m.*)
**mount** montar
**mountain** montaña (*f.*)
**moustache** bigote (*m.*)
**mouth** boca (*f.*)

**move** mover; — (*from one house or place to another*) (o>ue); mudarse
**movie** película (*f.*)
**movie theater** cine (*m.*)
**much** mucho, -a
**muffler** silenciador (*m.*)
**museum** museo (*m.*)
**music** música (*f.*)
**musical** musical
**must** deber, hay que
**my** mi(s) (*adj.*)

## N

**nail** clavo (*m.*)
**name** nombre (*m.*)
**napkin** servilleta (*f.*)
**national** nacional
**nativity scene** nacimiento (*m.*), pesebre (*m.*)
**navy** marina (*f.*)
**near** cerca
**nearsighted** miope
**necessary** necesario, -a
**neck** cuello (*m.*)
**need** necesitar
**needle** aguja (*f.*)
**neighbor** vecino, -a (*m.,f.*)
**neighborhood** barrio (*m.*)
**neither** ni, tampoco
**nephew** sobrino
**neurologist** neurólogo, -a (*m.,f.*)
**never** jamás, nunca
**new** nuevo, -a
**news** noticias (*f.*)
**newspaper** periódico (*m.*)
**next** próximo, -a
**next (door) to** al lado de
**next (to)** junto (a); **the — day** al día siguiente
**nice** simpático, -a
**niece** sobrina
**night** noche (*f.*); **all — long** toda la noche
**nine** nueve
**nine hundred** novecientos

**nineteen**   diez y nueve
**ninth**   noveno, -a
**ninety**   noventa
**no**   no; **— buts about it**   no hay pero que valga
**nobody**   nadie
**no one**   nadie
**noise**   ruido (*m.*)
**none**   ninguno
**nonsense**   qué va, tontería (*f.*)
**noon**   mediodía (*m.*)
**nor**   ni
**North**   norte (*m.*)
**North American**   norteamericano, -a
**nose**   nariz (*f.*)
**not**   no
**not any**   ningún, ninguno, -a
**not either**   tampoco
**notary public**   notario público (*m.*)
**note**   nota (*f.*)
**notebook**   cuaderno (*m.*)
**nothing**   nada
**notice**   notar
**novel**   novela (*f.*)
**November**   noviembre
**now**   ahora
**nowadays**   hoy en día
**number**   número (*m.*)
**nurse**   enfermero, -a (*m.,f.*)

## O

**obey**   obedecer
**object**   objeto (*m.*)
**obtain**   lograr, conseguir (e>i)
**occasion**   ocasión (*f.*)
**ocean**   océano (*m.*)
**o'clock**   en punto
**October**   octubre
**oculist**   oculista (*m.,f.*)
**of**   de
**of course!**   ¡claro que sí!, por supuesto
**offer**   ofrecer
**office**   oficina (*f.*)
**often**   a menudo

**oil**   petróleo (*m.*); aceite (*m.*)
**Okay!**   ¡Vale!
**old**   antiguo, -a; viejo, -a
**older**   mayor
**oldest**   (el, la) mayor
**olive tree**   olivo (*m.*)
**omelette**   tortilla
**on**   sobre; **— foot**   a pie; **— the rocks**   con hielo; **— vacation**   de vacaciones; **— installments**   a plazos; **— time**   a tiempo
**one**   uno, -a
**one way**   de ida
**onion**   cebolla (*f.*)
**only**   solamente, sólo, único, -a
**open**   abierto, -a; abrir
**operate**   operar
**opportunity**   oportunidad (*f.*)
**optimistic**   optimista
**or**   o
**orange**   anaranjado, -a (*adj.*); naranja (*f.*)
**orange tree**   naranjo (*m.*)
**orchard**   huerta (*f.*)
**orchestra**   orquesta (*f.*)
**orchid**   orquídea (*f.*)
**order**   encargar, pedir (e>i)
**order**   pedido (*m.*)
**organization**   organización (*f.*)
**orthopedist**   ortopédico, -a (*m.,f.*)
**other**   otro, -a
**other(s)**   demás (*adj. and pron.*)
**ours**   nuestro, -a, nuestros, -as (*pron.*)
**out of order**   descompuesto, -a
**outside**   afuera
**outstanding: to be —**   sobresalir
**oven**   horno (*m.*)
**over: to be — and above**   sobrar
**owe**   deber
**own**   propio, -a (*adj.*); poseer

## P

**pack**   hacer las maletas
**package**   paquete (*m.*)
**page**   página (*f.*)

**pain**   dolor (*m.*)
**painting**   pintura (*f.*), cuadro (*m.*)
**pair**   par (*f.*)
**Palm Sunday**   Domingo de Ramos
**palm tree**   palmera (*f.*)
**pants**   pantalón (*m.*), pantalones
**pantyhose**   pantimedias (*f.*)
**paper**   papel (*m.*)
**parade**   desfile (*m.*)
**parasol**   sombrilla (*f.*)
**pardon**   perdón (*m.*); **Pardon?**   ¿Cómo?
**parents**   padres (*m.*)
**participate**   participar
**party**   fiesta (*f.*)
**pass**   pasar, aprobar (o>ue)
**passbook**   libreta de ahorros (*f.*)
**past**   pasado, -a
**pay**   pagar
**payment**   pago (*m.*)
**payroll**   pago (*m.*)
**payroll department**   sección de pagos (*f.*)
**peach**   melocotón (*m.*), durazno (*m.*)
**pear**   pera (*f.*)
**pearl**   perla (*f.*)
**pediatrician**   especialista de niños (*m.,f.*), pediatra (*m.,f.*)
**peel**   pelar
**pen**   pluma (*f.*)
**pencil**   lápiz (*m.*)
**penicillin**   penicilina (*f.*)
**people**   gente (*f.*)
**pepper**   pimienta (*f.*)
**per cent**   por ciento
**perfect**   perfecto, -a
**perfume**   perfume (*m.*)
**period**   período (*m.*)
**permanent**   permanente (*m.*)
**permit**   permitir, permiso (*m.*)
**person**   persona (*f.*), individuo (*m.*)
**personal**   personal
**personality**   personalidad (*f.*)
**personnel**   personal (*m.*)
**Peruvian**   peruano, -a
**pessimistic**   pesimista
**pharmacist**   farmacéutico, -a (*m.,f.*)

**pharmacy**   farmacia (*f.*)
**photograph**   foto (*f.*), fotografía (*f.*)
**physical education**   educación física (*f.*)
**physics**   física (*f.*)
**piano**   piano (*m.*)
**picture**   cuadro (*m.*)
**piece**   trozo (*m.*)
**pillow**   almohada (*f.*)
**pillowcase**   funda (*f.*)
**pineapple**   piña (*f.*)
**pink**   rosado, -a
**pity**   lástima (*f.*)
**place**   lugar (*m.*); poner
**plan**   planear, pensar (e>ie); plan (*m.*)
**plane**   avión (*m.*)
**plastic**   plástico (*m.*)
**plate**   plato (*m.*)
**platform**   andén (*m.*)
**play**   tocar, jugar
**player**   jugador, -a (*m.,f.*)
**pleasant**   agradable
**please**   por favor; complacer, gustar
**pleasure**   gusto (*m.*), placer (*m.*)
**poem**   poema (*m.*)
**poet**   poeta (*m.*)
**point of view**   punto de vista (*m.*)
**point out**   señalar
**policeman**   policía (*m.*)
**police station**   estación de policía (*f.*)
**politely**   atentamente
**political science**   ciencia política (*f.*)
**poor**   pobre
**population**   población (*f.*)
**porch**   portal (*m.*)
**possess**   poseer
**possibility**   posibilidad (*f.*)
**post card**   tarjeta postal (*f.*)
**post office**   oficina de correos (*f.*)
**Post Office Box**   apartado postal (*m.*)
**potato**   papa, patata (*f.*)
**pound**   libra (*f.*)
**pour**   verter (e>ie)
**poverty**   pobreza (*f.*)
**power**   poder (*m.*)

**practice**   práctica (*f.*); practicar
**pray**   rezar, orar
**precious**   precioso, -a
**prefer**   preferir (e>ie)
**preferable**   preferible
**pregnant**   embarazada
**prepare (oneself)**   preparar(se)
**prescribe**   recetar
**prescription**   receta (*f.*)
**present**   presentar
**president**   presidente, -a (*m.,f.*)
**press**   prensa (*f.*)
**pretty**   bonito, -a, bello, -a
**previous**   antiguo, -a
**price**   precio (*m.*)
**pride**   orgullo (*m.*)
**prince**   príncipe
**prize**   premio (*m.*)
**probably**   probablemente
**problem**   problema (*m.*)
**produce**   producir
**profession**   profesión (*f.*)
**professional**   profesional (*m.,f.*)
**professor**   profesor, -a (*m.,f.*)
**program**   programa (*m.*)
**progressive**   progresista
**promise**   promesa (*f.*)
**promissory note**   pagaré (*m.*)
**property**   propiedad (*f.*)
**propose**   proponer
**prove**   probar (o>ue)
**psychiatrist**   psiquiatra (*m.,f.*)
**psychology**   sicología (*f.*)
**publish**   publicar
**punctual**   puntual
**pupil**   pupila (*f.*)
**purpose**   empresa (*f.*), propósito (*m.*)
**purse**   bolsa (*f.*); cartera (*f.*)
**put**   poner
**put on**   ponerse
**put out** (*a fire*)   apagar
**put to bed**   acostar (o>ue)

**Q**

**quality**   cualidad (*f.*)

**quantity**   cantidad (*f.*)
**quarter**   cuarto, -a, trimestre (*m.*)
**question**   pregunta (*f.*), cuestión (*f.*)

**R**

**race**   carrera (*f.*)
**racket**   raqueta (*f.*)
**rain**   lluvia (*f.*); llover (o>ue)
**raincoat**   impermeable (*m.*)
**rainy**   lluvioso, -a
**raise**   criar, levantar
**rapid**   rápido, -a
**rare**   raro, -a
**rate**   tarifa (*f.*)
**rather**   más bien
**razor**   máquina de afeitar (*f.*)
**read**   leer
**ready**   listo, -a
**real estate agency**   agencia de bienes raíces (*f.*)
**realize**   darse cuenta (de)
**rebel**   rebelarse
**receipt**   recibo (*m.*)
**receive**   recibir
**recent**   reciente
**receptionist**   recepcionista (*m.,f.*)
**recipe**   receta (*f.*)
**recognize**   reconocer
**recommend**   recomendar (e>ie)
**recommendation**   recomendación (*f.*)
**record**   disco (*m.*); — **player** tocadiscos (*m.*)
**rectangular**   rectangular
**red**   rojo, -a; (*wine*) tinto
**redheaded**   pelirrojo, -a
**reflex**   reflejar
**refrigerator**   refrigerador (*m.*)
**register**   registro (*m.*); matricularse
**registered**   certificado, -a
**registration**   licencia (*f.*), matrícula (*f.*)
**regret**   sentir (e>ie)
**regrettable**   lamentable
**reject**   rechazar

**relate**  relacionar

**related**  relacionado, -a

**remain**  quedar(se)

**remaining**  sobrante

**remember**  acordarse (de) (o>ue), recordar (o>ue)

**remove**  retirar

**rent**  alquilar, rentar; alquiler (*m.*)

**repair shop**  taller (*m.*)

**repeat**  repetir (e>i)

**request**  solicitar

**requirement**  requisito (*m.*)

**reservation**  reservación (*f.*)

**reserve**  reservar

**responsibility**  responsabilidad (*f.*)

**rest**  resto (*m.*), demás

**restaurant**  restaurante (*m.*)

**result**  resultado (*m.*)

**return**  volver; devolver (o>ue)

**revenue**  ingreso (*m.*)

**rice**  arroz (*m.*)

**rich**  rico, -a

**ride**  montar

**right**  derecho, -a (*adj.*); derecho (*n.m.*) (*law*); — **away** en seguida; — **now** ahora mismo; — **there** ahí mismo

**ring**  anillo (*m.*); sonar

**rinse (out)**  enjuagar(se)

**river**  río (*m.*)

**road**  carretera (*f.*), camino (*m.*)

**roast**  asado, -a; barbecue (*m.*)

**robbery**  robo (*m.*)

**rod**  palo (*m.*)

**role**  papel (*m.*)

**roll**  enrollar

**roof**  techo (*m.*)

**room**  habitación (*f.*), cuarto (*m.*), salón (*m.*)

**root**  raíz (*f.*)

**rose**  rosa (*f.*)

**rug**  alfombra (*f.*)

**rum**  ron (*m.*)

**run**  correr

**run away**  huir, escapar

**run into**  atropellar

**Russian** (*lang.*)  ruso (*m.*)

## S

**sad**  triste

**sadness**  tristeza (*f.*)

**safe deposit box**  caja de seguridad (*f.*)

**saint**  santo, -a

**salad**  ensalada (*f.*)

**salary**  sueldo (*m.*)

**sale**  venta (*f.*)

**salmon**  salmón (*m.*)

**salt**  sal (*f.*)

**same: the — thing**  lo mismo

**sandal**  sandalia (*f.*)

**sandwich**  bocadillo (*m.*) (*Sp.*), sándwich (*m.*)

**sargeant**  sargento, -a (*m.,f.*)

**Saturday**  sábado (*m.*)

**sauce**  salsa (*f.*)

**saucepan**  cacerola (*f.*)

**saucer**  platillo (*m.*)

**save**  salvar, ahorrar

**savings**  ahorros (*m.*); — **account** cuenta de ahorros (*f.*)

**say**  decir (e>i)

**schedule**  horario (*m.*), itinerario (*m.*)

**school**  escuela (*f.*)

**schoolteacher**  maestro, -a (*m.,f.*)

**scissors**  tijeras (*f.*)

**scream**  gritar

**sea**  mar (*m.*)

**seafood**  mariscos (*m.*)

**search**  buscar

**season**  temporada (*f.*), estación (*f.*)

**seat**  asiento (*m.*)

**second**  segundo, -a

**second half**  segundo tiempo (*m.*)

**secretary**  secretario, -a (*m.,f.*)

**section**  sección (*f.*)

**see**  ver; **let's —**  a ver

**seem**  parecer

**sell**  vender

**semester**  semestre (*m.*)

**send**  enviar

**sense**  sentido (*m.*)

**sentimental**  sentimental

**separated**  separado, -a

**September**  septiembre

**serious**  grave

**seriouly**  en serio

**serve**  servir (e>i)

**service**  servicio (*m.*)

**service station**  gasolinera (*f.*), estación de servicio (*f.*)

**set**  fijo, -a; puesto, -a; peinado (*m.*)

**set foot**  pisar

**set the table**  poner la mesa

**seven**  siete

**seven hundred**  setecientos

**seventeen**  diez y siete

**seventh**  séptimo, -a

**seventy**  setenta

**several**  varios, -as

**sewing machine**  máquina de coser (*f.*)

**shade**  sombra (*f.*)

**shame**  vergüenza (*f.*)

**shampoo**  champú (*m.*)

**shave**  afeitar(se), rasurar(se)

**she**  ella

**sheet**  sábana (*f.*)

**ship**  barco (*m.*)

**shirt**  camisa (*f.*)

**shoe**  zapato (*m.*)

**shoemaker**  zapatero, -a (*m.,f.*)

**shoe store**  zapatería (*f.*)

**shopping: to go —**  ir de compras

**short**  bajo, -a; **a — while** (un) rato

**short**  corto, -a; pequeño, -a

**shot**  inyección (*f.*)

**shoulder**  hombro (*m.*)

**shout**  gritar

**show**  espectáculo (*m.*); función (*f.*)

**show** (*v.*)  mostrar (o>ue), demostrar (o>ue)

**shrimp**  camarones (*m.*)

**shy**  tímido, -a

**sick**  enfermo, -a

**sickness**  enfermedad (*f.*)

**side**  costado (*m.*), lado (*m.*)

**sideburn**  patilla (*f.*)

**sidewalk**  acera (*f.*)

**sidewalk cafe**  café al aire libre (*m.*)

**sign**  letrero (*m.*); firmar

**signature**   firma (*f.*)
**silk**   seda (*f.*)
**silver**   plata (*f.*)
**since**   ya que
**sincerely**   sinceramente
**sing**   cantar
**singer**   cantante (*m.,f.*)
**single**   sencillo, -a; soltero, -a (*unmarried*)
**sink**   fregadero (*m.*)
**sister**   hermana
**sister-in-law**   cuñada
**sit (down)**   sentar(se) (e>ie)
**sitting**   sentado, -a
**situation**   situación (*f.*)
**six**   seis
**six hundred**   seiscientos
**sixteen**   diez y seis
**sixth**   sexto, -a
**sixty**   sesenta
**size**   talla (*f.*), medida (*f.*)
**sleep**   dormir (o>ue)
**sleeper car (Pullman)**   coche-cama (*m.*)
**slender**   delgado, -a
**smoke**   fumar
**so**   de modo que
**soap**   jabón (*m.*)
**soft**   suave
**solution**   solución (*f.*)
**solve**   solucionar
**some**   alguno, -a
**somebody**   alguien
**someone**   alguien
**something**   algo
**sometimes**   a veces
**son**   hijo
**song**   canción (*f.*)
**son-in-law**   yerno
**sorry: be —**   lamentar, sentir (e>ie)
**soup**   sopa (*f.*)
**source**   fuente (*f.*)
**South**   sur (*m.*)
**Spanish**   español (*m.*) *lang.*; español, -a (*m.,f., and adj.*)
**spark plug**   bujía (*f.*)
**sparse**   ralo, -a
**special**   especial

**specialty**   especialidad (*f.*), especialización (*f.*)
**speak**   hablar
**speed**   velocidad (*f.*)
**spell**   deletrear
**spend**   (*money*) gastar; (*time*) pasar
**spoon**   cuchara (*f.*)
**spoonful**   cucharada (*f.*)
**sport**   deporte (*m.*)
**spring**   primavera (*f.*)
**square**   plaza (*f.*)
**squid**   calamar (*m.*)
**stadium**   estadio (*m.*)
**stairs**   escaleras (*f.*)
**stamp**   estampilla (*f.*), timbre (*m.*), sello (*m.*)
**stand in line**   hacer cola
**standard**   nivel (*m.*)
**standard shift**   de cambios mecánicos; mecánico, -a
**standing**   parado, -a
**star**   estrella (*f.*)
**start**   empezar (e>ie), comenzar (e>ie)
**station**   estación (*f.*)
**stay**   quedar(se)
**steak**   biftec (*m.*)
**steal**   robar
**steering wheel**   volante (*m.*)
**stenographer**   taquígrafo, -a (*m.,f.*)
**step**   pisar
**still**   todavía, aún
**stir**   revolver (o>ue)
**stocking**   media (*f.*)
**stomach**   estómago (*m.*)
**stop**   parar
**stop over**   hacer escala
**stove**   estufa (*f.*); cocina (*f.*)
**straight**   lacio, -a, derecho, -a
**straight ahead**   derecho
**strange**   extraño, -a, raro, -a
**strawberry**   fresa (*f.*)
**street**   calle (*f.*)
**strict**   estricto,-a
**strike**   huelga (*f.*)
**student**   alumno, -a (*m.,f.*), estudiante (*m.,f.*)
**study**   estudio (*m.*); estudiar

**study program**   programa de clases (*m.*)
**stuffed**   relleno, -a
**style: to be in —**   estar de moda
**subject**   tema (*m.*), materia (*f.*); asignatura (*f.*)
**subway**   metro (*m.*)
**success**   éxito (*m.*)
**sudden**   súbito, -a
**suddenly**   de pronto
**suffer**   sufrir
**sufficient**   suficiente
**sugar**   azúcar (*m.*)
**suggest**   sugerir (e>ie)
**suggestion**   sugerencia (*f.*)
**suit**   traje (*m.*); quedar, convenir (e>ie)
**suitcase**   maleta (*f.*), valija (*f.*)
**summer**   verano (*m.*)
**sun**   sol (*m.*)
**Sunday**   domingo (*m.*)
**superior**   superior
**supermarket**   supermercado (*m.*)
**supervisor**   supervisor, -a (*m.,f.*)
**supper**   cena (*f.*)
**suppose**   suponer
**sure**   seguro, -a
**surely**   seguramente, cómo no
**surgeon**   cirujano, -a (*m.,f.*)
**surname**   apellido (*m.*)
**surprise**   sorpresa (*f.*)
**swallow**   tragar
**sweater**   suéter (*m.*)
**sweep**   barrer
**sweet**   dulce (*adj.*); dulce (*n.m.*)
**sweetheart**   corazón
**swim**   nadar
**swimming pool**   piscina (*f.*), alberca (*f.*) (*Mex.*)
**swollen**   inflamado, -a
**system**   sistema (*m.*)

**T**

**table**   mesa (*f.*)
**tablecloth**   mantel (*m.*)
**take**   tomar, llevar; **— (a certain) size (in shoes)**   calzar; **— away**

quitarse; — **care**  cuidar; — **off**
quitarse; — **out**  sacar; — **place**
ocurrir, suceder

**talk**  conversar, hablar

**tall**  alto, -a

**tank**  tanque (*m.*)

**tape**  cinta (*f.*)

**taste: to —**  a gusto

**tasty**  sabroso, -a

**tax**  impuesto (*m.*)

**taxi**  taxi (*m.*)

**tea**  té (*m.*)

**teach**  enseñar

**teacher**  maestro, -a (*m.,f.*)

**team**  equipo (*m.*)

**tearoom**  confitería (*f.*)

**tease** (**someone**)  tomarle el pelo (a
alguien)

**teaspoon**  cucharita (*f.*)

**teaspoonful**  cucharadita (*f.*)

**telegram**  telegrama (*m.*)

**telegraph**  telégrafo (*m.*)

**telephone**  teléfono (*m.*); — **number**
número de teléfono (*m.*)

**television**  televisión (*f.*)

**television set**  televisor (*m.*)

**tell**  contar (o>ue), decir (e>i)

**temple**  templo (*m.*)

**ten**  diez

**tend**  cuidar, tender (e>ie)

**tenderloin steak**  filete (*m.*)

**tennis**  tenis (*m.*)

**tent**  tienda de campaña (*f.*)

**tenth**  décimo, -a

**term**  plazo (*m.*)

**terrace**  terraza (*f.*)

**terrible**  terrible

**test**  análisis (*m.*); probar (o>ue)

**tetanus**  tétano (*m.*)

**thank you**  gracias

**thank you very much**  muchas
gracias

**that**  (*adj.*) (*near person addressed*)
ese, esa (-os, -as); (*distant*) aquel,
aquella (-os, -as); (*pron.*) ése, ésa
(-os, -as), aquél, aquélla (-os, -as),
(*neuter*) eso, aquello; (*relative
pron.*) que, quien

**the**  el (*m. sing.*), la (*f. sing.*), los
(*m. pl.*), las (*f. pl.*)

**theater**  teatro (*m.*)

**their**  su(s) (*adj.*)

**theirs**  (*pron.*) suyo, -a, suyos,
-as (el, la, los, las) de ellos
(ellas)

**theme**  tema (*m.*)

**then**  entonces, pues, luego

**there**  allí

**there is, there are**  hay

**there's no other alternative**  (*idiom*)
no hay más remedio

**these**  (*adj.*) estos, estas; (*pron.*)
éstos, éstas

**they**  ellos, -as (*m.,f.*)

**thief**  ladrón, -ona (*m.,f.*)

**thin**  delgado, -a

**thing: the only —**  lo único

**think**  pensar (e>ie)

**third**  tercero, -a

**thirst**  sed (*f.*)

**thirteen**  trece

**thirty**  treinta

**this**  (*adj.*) este, esta; (*pron.*) **this**
(**one**) éste, ésta; (*neuter*) esto

**those**  (*adj.*) (*near person addressed*)
esos, -as; (*distant*) aquellos, -as;
(*pron.*) ésos, -as, aquéllos, -as

**thousand**  mil

**thread**  hilo (*m.*)

**three**  tres

**three hundred**  trescientos

**through**  por, a través de

**Thursday**  jueves (*m.*)

**ticket**  pasaje (*m.*), billete (*m.*),
boleto (*m.*); — **office**  despacho
de boletos (*m.*)

**tie**  corbata (*f.*)

**tighten**  apretar (e>ie)

**timber**  madero (*m.*)

**time**  hora (*f.*), tiempo (*m.*), vez
(*f.*); **all the —**  todo el tiempo; **at
the present —**  actualmente, hoy
en día; **have a good —**  pasarlo
divinamente, pasarlo bien,
divertirse (e>ie)

**time**  época (*f.*)

**time limit certificate**  certificado de
depósito a plazo fijo

**timetable**  itinerario; horario

**tin**  hojalata (*f.*), estaño (*m.*)

**tip**  propina (*f.*)

**tired**  cansado, -a

**tire: flat —**  goma pinchada (*f.*)

**tired: get —**  cansarse

**to**  a

**toast**  brindar

**today**  hoy

**toe**  dedo (*m.*)

**together**  juntos, -as

**toilet tissue**  papel higiénico (*m.*)

**tomato**  tomate (*m.*)

**tomorrow**  mañana

**tongue**  lengua (*f.*)

**tonight**  esta noche

**too**  demasiado, -a

**tooth**  diente (*m.*), muela (*f.*)

**toothbrush**  cepillo de dientes (*m.*)

**toothpaste**  pasta dentífrica (*f.*)

**torn**  roto, -a

**touch**  tocar

**tough**  duro, -a

**tourist**  turista (*m.,f.*)

**tourist card**  tarjeta de turista (*f.*)

**tow**  remolcar (o>ue); — **truck**
grúa (*f.*)

**toward**  hacia

**towel**  toalla (*f.*)

**town**  pueblo (*m.*)

**toy**  juguete (*m.*)

**trade**  oficio (*m.*)

**traffic light**  semáforo (*m.*)

**tragic**  trágico, -a

**train**  tren (*m.*)

**transaction**  transacción (*f.*)

**transfer**  trasladar; trasbordar

**translate**  traducir

**translation**  traducción (*f.*)

**translator**  traductor, -a (*m.,f.*)

**travel**  viajar

**travel agency**  agencia de viajes (*f.*)

**traveler**  viajero, -a (*m.,f.*)

**traveler's check**  cheque de viajero
(*m.*)

**tree**  árbol (*m.*)

trim   recortar
trip   viaje (*m.*); **round —**   de ida y
   vuelta
triumph   triunfar
trout   trucha (*f.*)
truck   camión (*m.*)
trunk   maletero (*m.*), cajuela
   (*Mex.*)
truth   verdad (*f.*)
try   tratar (de); probar (o>ue)
try on   probar(se) (o>ue)
Tuesday   martes (*m.*)
tourism   turismo (*m.*)
turkey   pavo (*m.*)
turn   doblar
turn in   entregar
turn off   apagar
turn on   encender (e>ie)
turn over   virar; voltear
turn signal   indicador (*m.*)
twelve   doce
twenty   veinte
two   dos
two hundred   doscientos
two-way street   calle de dos vías
   (*f.*)
type   tipo (*m.*); escribir a máquina
typewriter   máquina de escribir
   (*f.*)
typical   típico, -a
typing   mecanografía (*f.*)
typist   mecanógrafo, -a (*m.,f.*)

## U

ugly   feo, -a
umbrella   paraguas (*m.*)
uncle   tío
under   bajo
underdeveloped   subdesarrollado, -a
understand   entender (e>ie),
   comprender
underwear   ropa interior (*f.*)
unemployment   desempleo (*m.*)
unfortunate   pobre, desgraciado, -a
uniform   uniforme (*m.*)
unique   único, -a
unite   unir

united   unido, -a
United States   Estados Unidos (*m.*)
university   universidad (*f.*)
unlikely   difícil, improbable
unpleasant   antipático, -a,
   desagradable
until   hasta, hasta que (*conj.*)
upper berth   litera alta (*f.*)
upstairs   arriba
urologist   urólogo, -a (*m.,f.*)
Uruguayan   uruguayo, -a
us   nos (*dir. and indir. obj.*);
   nosotros, -as (*after prep.*)
usage   uso (*m.*)
use   uso (*m.*)
use   usar, gastar
used (**to**)   acostumbrado, -a
usual   acostumbrado, -a

## V

vacant, free   libre, vacante
vacation   vacaciones (*f.*); **to be on**
   **—**   estar de vacaciones
vaccination   vacuna (*f.*)
vacuum   pasar la aspiradora
vcuum cleaner   aspiradora (*f.*)
valid   válido, -a
various   varios, -as
vegetable   verdura (*f.*)
vermouth   vermut (*m.*)
very   muy
very much   muchísimo, -a
view   vista (*f.*)
vinegar   vinagre (*m.*)
vineyard   viña (*f.*)
violent   violento, -a
violet   violeta (*f.*)
visa   visa (*f.*)
visit   visitar
voice   voz (*f.*); **to raise one's —**
   alzar la voz; **at the top of one's —**
   a gritos

## W

waist   cintura (*f.*)
wait   esperar
wait on   atender (e>ie)

waiter   mozo (*m.*), camarero, -a
waiting list   lista de espera (*f.*)
waiting room   sala de espera (*f.*)
wake up   despertar(se) (e>ie)
walk   andar, caminar
wall   pared (*f.*), muro (*m.*)
wallet   billetera (*f.*)
want   querer (e>ie), desear
war   guerra (*f.*)
wash   lavar
watch   reloj (*m.*)
watchman   sereno (*m.*)
water   agua (*f.*)
water pump   bomba de agua (*f.*)
watermelon   sandía (*f.*), melón de
   agua (*m.*)
way   modo (*m.*), manera (*f.*)
we   nosotros, -as (*m.,f.*)
wealth   riqueza (*f.*)
weapon   arma (*f.*)
wear   usar, llevar puesto
wedding   boda (*f.*)
Wednesday   miércoles (*m.*)
week   semana (*f.*)
weekend   fin de semana (*m.*)
weigh   pesar
West   oeste (*m.*)
wet   mojar
what   qué, cual, lo que
what for?   ¿para qué?
What's new?   ¿Qué hay de nuevo?
wheat   trigo (*m.*)
wheel   rueda (*f.*)
when   cuando
where   dónde
where (**to**)   a dónde
which   cual (*pl.* cuales), que, lo
   que, lo cual (*pl.* los cuales)
while   rato (*m.*); mientras; **a —**
   **later**   al rato
white   blanco, -a
who   quien(es), que
whole   entero, -a
whom   quien, que
whose   de quién(es); cuyo(a)
why   por qué
widow   viuda
widower   viudo

**wife**  esposa
**win**  ganar
**wind**  viento (*m.*)
**window**  ventana (*f.*), vidriera (*f.*), ventanilla (*f.*)
**windshield**  parabrisas (*m.*)
**windshield wiper**  limpiaparabrisas (*m.*)
**windy**  ventoso, -a
**wine**  vino (*m.*)
**winter**  invierno (*m.*)
**wisdom tooth**  muela de juicio (*f.*)
**wish**  desear
**with**  con, de, en
**withdraw**  retirar
**within**  dentro (de)
**without**  sin
**woman**  mujer
**wood**  madera (*f.*)
**word**  palabra (*f.*)
**work**  trabajo (*m.*); trabajar, funcionar
**worker**  obrero, -a (*m.,f.*)
**world**  mundo (*m.*)
**worried**  preocupado, -a

**worse**  peor
**worst**  (el, la) peor
**worth: be —**  valer
**wound**  herida (*f.*)
**wrap**  envolver (o>ue)
**wrestling**  lucha libre (*f.*)
**wrist**  muñeca (*f.*)
**wristwatch**  reloj de pulsera (*m.*)
**write**  escribir
**write down**  anotar
**wrong**  equivocado, -a; **to be —** no tener razón (e>ie)

# X

**X-ray**  radiografía (*f.*)
**X-ray room**  sala de rayos equis (*f.*)

# Y

**year**  año (*m.*)
**yearly**  anual
**yellow**  amarillo, -a
**yes**  sí
**yesterday**  ayer
**yet**  todavía

**you**  (*fam. sing.*) tú, (*pl.*) vosotros, -as; (*dir. and indir. obj.*) te, os; (*after prep.*) ti, vosotros, -as
**you**  (*polite*) (*subject pron. and after prep.*) usted (Ud.), ustedes (Uds.); (*dir. obj.*) le, la, los, las; (*indir. obj.*) les, se
**young**  joven
**younger**  menor
**youngest**  (el, la) menor
**young pig**  lechón (*m.*)
**your**  (*adj.*) (*fam.*) tu(s), vuestro(s), -a(s); (*formal*) su(s), de Ud. (Uds.)
**yours**  (*pron.*) (*fam.*) (el) tuyo, (la) tuya, (los) tuyos, (las) tuyas, (el) vuestro, (la) vuestra, (los) vuestros, (las) vuestras; (*formal*) (el) suyo, (la) suya, (los) suyos, (las) suyas, (el, la, los, las) de Ud. (Uds.)
**youth**  juventud (*f.*)

# Z

**zero**  cero
**zoology**  zoología (*f.*)

# INDEX

# Photograph credits

3   4   5   6   7   8   9   0

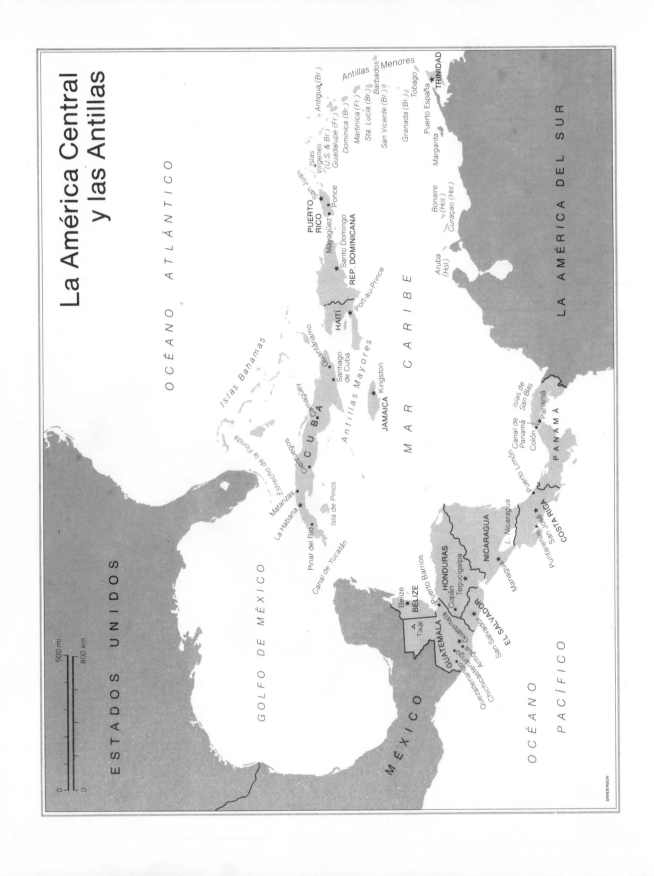

# La América Central
# y las Antillas

OCÉANO ATLÁNTICO

ESTADOS UNIDOS

GOLFO DE MÉXICO

MÉXICO

Islas Bahamas

Estrecho de la Florida

CUBA

Pinar del Río

La Habana

Matanzas

Cienfuegos

Isla de Pinos

Camagüey

Santiago de Cuba

Guantánamo

JAMAICA

Kingston

Antillas Mayores

HAITÍ

Port-au-Prince

REP. DOMINICANA

Santo Domingo

PUERTO RICO

Mayagüez

Ponce

San Juan

Islas Vírgenes (U.S. & Br.)

Antigua (Br.)

Antillas Menores

Guadalupe (Fr.)

Dominica (Br.)

Martinica (Fr.)

Sta. Lucia (Br.)

San Vicente (Br.)

Barbados (Br.)

Granada (Br.)

Tobago

TRINIDAD

Puerto España

Margarita

Bonaire (Hol.)

Curaçao (Hol.)

Aruba (Hol.)

MAR CARIBE

LA AMÉRICA DEL SUR

Canal de Yucatán

Tikal

BELIZE

Belize

Puerto Barrios

Copán

GUATEMALA

Quetzaltenango

Chichicastenango

Antigua

Guatemala

San Salvador

EL SALVADOR

HONDURAS

Tegucigalpa

Managua

NICARAGUA

L. Nicaragua

L. Managua

Puntarenas

San José

COSTA RICA

Puerto Limón

Canal de Panamá

Islas de San Blas

Colón

Panamá

PANAMÁ

OCÉANO PACÍFICO

500 mi

800 km

SANDERSON